“十二五”国家重点图书出版规划项目

上海师范大学法学理论创新团队资助

中国特色社会主义法治理论研究丛书
蒋传光　主编

苏联法学理论对新中国法学的影响

SULIAN FAXUE LILUN DUI
XINZHONGGUO FAXUE DE YINGXIANG

胡志民　著

人民出版社

总　序

蒋传光

全面依法治国,建设社会主义法治国家,应着重从中国的内部寻找变革的动力。这种动力就是中国改革开放和法治国家建设实践中所面临的各种问题。我国一位经济学家曾这样说过,中国的问题就是最前沿的经济学问题,并不是只有美国著名大学里的经济学家研究的问题才是前沿的问题。这句话对当下我国的法学研究和法治国家实践创新也具有启发意义。在中国特色社会主义法治道路探索过程中面临的问题,就是当下法学研究最前沿的问题,并非只有国外学者研究的问题才是最前沿的问题。当今,我国面对世界百年未有之大变局,错综复杂的国际形势和发展、改革、稳定的艰巨繁重任务,正处于经济、政治和社会发展的转型时期。随着改革的深化、开放的扩大和社会主义市场经济的发展,在经济、政治、文化、社会关系和社会利益,以及司法实践等方面存在一系列难点和热点问题,对法学研究和法治国家建设来说,必须要关注这些问题,研究这些问题,然后进行理论概括和总结,实现法治理论体系的创新。一方面丰富中国特色社会主义法治理论体系,另一方面为解决这些问题提供理论支持、学理支撑。加强对中国特色社会主义法治理论体系问题的研究,就是当下中国法治国家建设和法学研究中要面对的问题,要认真研究的最新和最前沿问题。

中国特色社会主义法治理论体系，是和马克思主义法治理论中国化紧密结合在一起的，是伴随着马克思主义法治理论的中国化，总结社会主义法治国家建设的理论和实践而形成的。没有马克思主义法治理论的中国化，没有中华人民共和国成立以来法治建设实践的探索，就没有中国特色社会主义法治理论体系的产生。

在中共十一届三中全会以来改革开放的历史进程中，中国共产党坚持马克思主义的思想路线，不断探索和回答什么是社会主义、怎样建设社会主义，建设什么样的党、怎样建设党，实现什么样的发展、怎样发展，坚持和发展什么样的中国特色社会主义、怎样坚持和发展中国特色社会主义等重大理论和实践问题，不断推进马克思主义中国化，坚持并丰富党的基本理论、基本路线、基本方略。马克思主义基本原理不断与中国国情和实践相结合的过程就是马克思主义中国化的过程。

马克思主义中国化是马克思主义与中国国情、中国实践、中国文化的三大对接。从内容上讲，就是运用马克思主义的立场、观点和方法，研究和解决中国的实际问题，丰富和发展马克思主义的理论宝库；从形式上讲，就是运用中国人民喜闻乐见的民族语言来阐述马克思主义理论，揭示中国革命、建设和改革的本质规律，使之成为具有中国风格和中国气派的马克思主义。中国共产党在漫长的征途中，坚持把马克思主义基本原理与时代特征和中国国情相结合，实现了马克思主义的中国化，产生了其理论成果——毛泽东思想、邓小平理论、“三个代表”重要思想、科学发展观、习近平新时代中国特色社会主义思想。这些理论成果既体现了马克思列宁主义的基本原理，又包含了中华民族的优秀思想和中国共产党人的实践经验，是中国化的马克思主义。

马克思主义法治理论的中国化是中国特色社会主义法治理论体系形成的理论前提。在马克思主义理论体系中,包含着丰富的法治理论。伴随着马克思主义中国化的过程,马克思主义法治理论在指导当代中国法治建设实践的过程中,也实现了中国化。其理论成果构成了中国化的马克思主义的有机组成部分,具体表现为中国特色社会主义法治理论体系。毛泽东思想中的法治思想、邓小平法治思想、“三个代表”重要思想中的法治思想、科学发展观中的法治思想、习近平法治思想,这些理论成果,推动了马克思主义法治理论的创新,开辟了马克思主义法治理论中国化进程的新境界,是当代中国化的马克思主义法治理论,是中国特色社会主义法治理论体系的核心内容。

中国特色社会主义法治理论体系来源于对中国特色社会主义法治道路探索的实践。1949 年 10 月 1 日,中华人民共和国成立,废除以《六法全书》为基础的旧法统,法治国家建设进入一个新的历史时代。新中国成立以来,既有为创立、开拓和发展社会主义法治而进行的卓有成效的工作,也有一系列失误和“文化大革命”的灾难性破坏;随着时代的演进,经过不断探索和艰苦努力,我国法治国家建设积累了丰富的实践经验,但也留下了深刻的教训。新中国成立以来法治国家建设的曲折发展历程,构成了中国特色社会主义法治理论体系形成的实践基础。

在对上述中国特色社会主义法治理论体系形成的理论前提和实践基础进行分析、阐释、概括和总结基础上,《中国特色社会主义法治理论研究丛书》将包括以下方面的研究内容。

中国特色社会主义法治理论体系的思想渊源研究。如马克思主义法治理论的基本原理、列宁的社会主义法治理论、毛泽东思想中的法治思想等,对中国特色社会主义法治理论做出了什么样的理论贡献,起到了什么样的理论推动作用;中国优秀传统法律文化、西方资本主义法治理论、苏联社会主义法治理论对中国特色社会主义法治理论产生了什么样的影响。

马克思主义法治理论中国化的历程研究。着重梳理和阐释中共十一届三中全会以来,邓小平法治思想、“三个代表”重要思想中的法治思想、科学发展观中的法治思想、习近平法治思想,对全面依法治国理论的丰富和完善等;对这些中国特色社会主义法治理论的核心内容产生的时代背景、发展过程、理论特点等,进行概括和总结。

中国特色社会主义法治理论体系形成的路径研究。系统地阐释马克思主义法治理论中国化路径的内容,历时性地探讨从马克思主义法治理论到中国化的马克思主义法治理论之间的路径形成和演变过程,深入总结马克思主义法治理论中国化路径的经验启示,概括马克思主义法治理论中国化的路径理论。

中国特色社会主义法治实践研究。对中华人民共和国成立后,尤其是中共十一届三中全会以来,中国依法治国的理论和实践取得的巨大成就进行总结。对中共十八大以来,党中央明确提出全面依法治国,并将其纳入“四个全面”战略布局予以有力推进,从全局和战略高度对全面依法治国作出一系列重大决策部署,全面依法治国实践取得重大进展等进行总结和阐释。

西方法治文明与中国法治实践研究。对如何处理好学习、借鉴国外法治有益成果和法治经验与立足中国国情、传承中华优秀传统法律文化的关系,西方的法治理论中哪些值得我们学习和借鉴、如何学习和借鉴,结合中国的法治实践进行解读。

中国特色社会主义法治理论体系的基本内容和形成标志。主要研究中国特色社会主义法治理论体系由哪些理论元素构成、形成标志是什么、在什么时候形成等问题,在上述研究的基础上,主要研究中国特色社会主义法治理论的内容，概括和总结其理论体系。

我们要重视马克思主义法治理论的研究，也要重视对马克思主义法治理论中国化成果的研究。中国特色社会主义法治理论体系，作为马克思主义法治理论中国化的理论成果，是在中国法治建设的实践中形成的，同时也包含着广大法学理论工作者的思想智慧。因而，对在中国法治建设实践中形成，并对中国法治国家建设进程产生重要影响的中国特色社会主义法治理论进行研究，是有学术价值的，从事法学理论研究的学者不仅不应回避，还应积极地从建设性的角度进行研究，为完善相关理论提供思想智慧。《中国特色社会主义法治理论研究丛书》就是秉承这一指导思想的研究成果。

本丛书研究中国特色社会主义法治理论体系这一主题，具有理论和实践的双重意义。

从理论意义上来说，第一，中国特色社会主义法治理论体系不是凭空形成的，而是以丰富、深厚的思想理论为基础的。其中，马克思主义法治理论、列宁的社会主义法治理论提供了理论指导；毛泽东思想中的法治思想、邓小平法治思想、“三个代表”重要思想中的法治思想、科学发展观中的法治思想、习近平法治思想，为其奠定了思想理论基础；中华优秀传统法律文化，为其积累了重要的思想文化资源；西方资本主义法治理论和苏联的社会主义法治理论，为其提供了可资利用的学术资源。本丛书尝试通过对这几类思想理论的梳理与分析，揭示中国特色社会主义法治理论体系的知识谱系和历史脉络，有助于深入把握中国特色社会主义法治理论体系的思想内涵。

第二，改革开放以来，中国共产党坚持把马克思主义法治理论与社会主义法治建设实践结合起来，在不断推进中国特色社会主义法治建设伟大事业的基础上，提出一系列具有鲜明中国特色的社会主义法律思想、法治理论，为中国特色社会主义法治理论体系的形成奠定了丰富的思想理论基础。本丛书对中国特色社会主义法治理论发展过程的分析,有助于深入把握中国特色社会主义法治理论体系的形成规律。

第三,有助于全面、系统地把握中国特色社会主义法治理论体系的框架和基本观点。本丛书在对中国特色社会主义法治理论体系产生的历史背景进行分析的基础上,从不同角度,对中国特色社会主义法治理论体系基本内容进行全面的阐述,总结中国特色社会主义法治理论体系基本特征,从而使人们对中国特色社会主义法治理论体系有一个全面系统的了解。

第四,有助于了解中国特色社会主义法治理论体系在对马克思主义法治理论继承的同时,在哪些方面作出了新的理论贡献。中华人民共和国成立后,特别是中共十一届三中全会以来,中国共产党人立足于中国所面临的国际和国内形势,总结国际共产主义运动的经验教训,从建设中国特色社会主义法治国家的实践出发,对社会主义法治国家建设,作出了一系列的论述和阐释,从理论与实践的结合上回答了人们普遍关心、但又容易出现偏差的法治国家建设上的许多重大认识问题,丰富和发展了马克思主义法治理论的内容,在许多方面对马克思主义法治理论作出了原创性的新的理论贡献。

第五,有助于了解中国特色社会主义法治理论体系的历史地位。中国特色社会主义法治理论体系是中国化的马克思主义的重要组成部分。当代中国化的马克思主义理论不仅包括经济、政治、文化、社会、生态文明、国家安全、国防军队、“一国两制”和祖国统一、外交、党的建设等内容丰富的理论,也包括发扬社会主义民主,健全社会主义法制,全面依法治国,建设中国特色社会主义法治体系,建设社会主义法治国家,建设社会主义政治文明等内容丰富的法治理论。中国特色社会主义法治理论体系是马克思主义法治理论发展的一个新阶段。马克思主义的伟大力量，就在于它是同各个国家的具体实践相联系的；对于中国共产党人来说，在中国建设社会主义，就是要学会把马克思主义理论应用于中国的具体环境，必须立足中国国情，按照中国的特点去运用马克思主义。在中国全面依法治国、建设社会主义法治国家，也必须走自己的路，从中国的实际出发，建设有中国特色的社会主义法治国家。在坚持以马克思主义理论为指导的前提下，中国特色社会主义法治理论体系结合中国的国情和社会主义法治建设的实践，不仅为中国特色社会主义法治国家构建了框架、轮廓，勾画了清晰的蓝图，而且也指明了我国法治国家建设的未来走向，从而把马克思主义的法治理论发展到一个新阶段。

从实践意义上来说，依法治国，建设中国特色社会主义法治体系、建设社会主义法治国家，已成为我国全面依法治国的总目标和治国基本方略。如何建设社会主义法治国家，中国的法治之路如何走，为什么实行全面依法治国、怎样实行全面依法治国，无论在理论和实践上都有许多值得探讨的问题，但最根本的一条就是运用中国特色社会主义法治理论，走中国特色社会主义法治道路。

中国特色社会主义法治理论体系的精髓是解放思想、实事求是。解放思想、实事求是，其实质是敢于打破一切僵化思想的束缚，不把书本当教条，不照搬外国模式；其着眼点是立足中国国情，从中国的现实和当代世界发展的特点出发，敢于和善于走自己的路，强调有中国特色。全面依法治国，建设中国特色社会主义法治体系、建设社会主义法治国家，也应运用中国特色社会主义法治理论，坚持解放思想、实事求是，从中国国情出发，在学习、借鉴国外法治有益成果的同时，立足中国实际，进行创造性的建构，建设中国特色社会主义法治国家。

《中国特色社会主义法治理论研究丛书》经人民出版社申报，被列为“十二五”国家重点图书出版规划项目，在此，对人民出版社表达诚挚的谢意。

2020年12月5日于上海

目 录
CONTENTS

序

20世纪二三十年代，苏联法学家根据马克思主义经典作家关于国家与法的精辟论述，结合苏联社会主义法制的具体实践，创立了在世界法学史上有着重要地位的苏联法学理论。这种法学理论不仅在数十年苏联法学研究中居于主导地位，而且从20世纪50年代起深刻地影响了我国社会主义法学的建立和发展。中华人民共和国成立初期，在废除国民党的《六法全书》之后，由于当时特定的历史背景，我国在法学领域采取了全面学习苏联的政策。这种学习是全方位的，从法学教育、法学研究直至立法、司法实践，当时还大批翻译出版了苏联的法学论著，苏联法制被运用到中国法治建设理论及实践的各个方面。新中国法学界对社会主义苏联法治建设理论和实践经验的学习和借鉴，推动了中国法律工作者和研究者的马克思主义法治观的确立。在马克思主义法律思想的指导下，我国进行了卓有成效的法治建设与探索。当然，这其中也有一些脱离中国实际的教条主义解释，以及过分强调阶级斗争等倾向，这种倾向在后来的法治建设中表现出了很大的消极作用。

改革开放以来，苏联法学理论的影响虽然逐渐消退，但没有完全消失。无论人们的态度如何，一个不争的事实是，对于新中国法学的建立和发展，苏联法学理论曾起过重要的作用，并留下了深深的印记。在这种印记淡去的今天，我们不仅需要从苏联法学理论的影响中看清新中国法学形成的理论源头,更重要的是在反思这种影响中找寻中国特色社会主义法学发展的知识资源,这是摆在学者们面前的一项重要任务。为此,本书作者致力于该方向的研究,经过数年不懈的努力,写成《苏联法学理论对新中国法学的影响》一书,为学界增添了一项有价值的研究成果。

苏联法学理论是什么?我们应当如何看待?这是思考其对我国法学影响的前提性问题。苏联学者将法与国家结合起来进行研究,形成国家和法的理论,作者则将其中阐述法的一般问题和法与国家关系内容的学说归结为苏联法学理论,并将其分为法的一般原理和社会主义的法与法制原理两大部分,然后详细梳理了各部分的基本观点。同时,作者对苏联法学理论作出了客观评价:一方面,从立场、观点和方法的角度,论述该理论具有马克思主义属性;另一方面,从法的本质、法与国家的关系和法与政治的关系的方面,分析该理论存在的根本缺陷。

苏联法学体系是由法学理论以及该理论指导的部门法学所组成,而在这个体系中,法学理论占据了核心和主导地位,其阐述的观点和方法贯穿于各个部门法学之中。正因为如此,苏联法学理论引入我国,必然会对我国的法理学直接产生影响,并对我国的部门法学产生深刻影响。作者循着这一思路,具体阐述苏联法学理论对我国法理学和部门法学影响的表现和过程。从法理学来说,作者以法的一般原理和社会主义的法与法制原理的全面继受,来论述苏联法学理论对我国法理学的影响;就部门法学而言,作者是以法的基本观点对于宪法学、刑法学和民法学的基本观点和制度理论的渗入,来具体论证苏联法学理论对我国部门法学的影响。对此,作者引用了大量文献资料进行分析论证,使人们对于苏联法学理论的影响看得非常清晰。

弄清苏联法学理论影响的状况固然重要,但藉此进一步思考其中的深层问题更为重要。20 世纪 80 年代以来,一些学者对于苏联法学理论影响的原因有过探讨,他们多从意识形态、社会状况和中苏关系等方面进行分析;一些学者对于苏联法学理论的影响作过评价,他们或者认为它主要是积极的,或者认为它主要是消极的,或者认为它有积极的一面,也有消极的一面。对此，作者提出了自己的看法，值得关注。一方面，作者从苏联法学理论引入的内外条件分析其影响得以产生的原因，并从苏联法学理论的传播条件分析其影响不断扩大的原因；另一方面，作者从我国社会主义法学建立和发展的视角，就积极和消极两个方面对苏联法学理论进行了客观评价。在此基础上，作者从苏联法学理论影响的经验教训中，就坚持马克思主义方向、秉持实践路径、拓展知识资源、建立良好学术环境四个方面，提出了对中国特色社会主义法学构建的有益启示，这赋予了本课题研究以现实意义和深刻意蕴。

苏联法学理论对我国法学的影响时间长，涉及面广，并经历了由强到衰的过程，其中的原因又比较复杂，许多问题还没有完全弄清楚，这就需要我们对其进行全方位、多视角的研究。更为重要的是，我们期望通过深入研究这段历史，全面客观总结其对新中国法学发展的经验教训，从中获得更多的有益启示和知识资源，为构建中国特色社会主义法学体系提供帮助。本书虽然对这些问题作了较为系统的阐述，但对于完全、准确和深入作出回答的目标来说仅仅是一个起步。希望作者能够继续深入此领域的研究，期待其有更多、更好的成果问世。

是为序。

蒋传光

2020年12月10日于上海

绪　　论

一、研究背景和意义

（一）苏联法学理论的界定

十月革命胜利后，俄国建立了苏维埃社会主义共和国，在此基础上成立了苏维埃社会主义共和国联盟，从此步入社会主义的发展阶段。苏联从成立时起，就开始了社会主义法制建设的探索，以建立起社会主义的法律体系和法律秩序。在此过程中，法学理论的指导至关重要。于是，许多学者投入到马克思主义法学的研究中，并以此为基础构建苏联社会主义法学理论。苏联法学理论从20世纪20年代开始建立，30年代得到发展，到1938年维辛斯基关于法的定义的作出得以成型。自此，以该定义为核心而形成的法学理论，被许多人称为维辛斯基法学，它统治了苏联20年，1956年后虽遭到一些质疑但其影响仍持续了很长时间。

在苏联学者看来，国家与法在其产生、发展中联系紧密，国家高于并决定着法，法是实现国家职能的工具，因而他们将法与国家结合起来进行研究，形成了国家和法的理论这门科学。在这门科学中，它既分别阐述国家和法的一般问题，包括国家和法的本质、功能以及产生、发展和消亡的过程，社会主义国家和社会主义法的基本原理，又详细论述国家与法的关系问题。从目前的学科分类来看，关于国家的问题属于政治学研究的范围，关于法的问题属于法学研究的领域，而法与国家关系的问题应当是政治学和法学共同研究的部分。为了弄清苏联法学理论对新中国法学的影响，本书所说的苏联法学理论是指苏联国家与法的理论中阐述法的一般问题和法与国家关系内容的学说。从历史情况看，20 世纪 50 年代我国从苏联引入的国家与法的理论著作所阐述的法学理论，都是以维辛斯基法的定义为基础构建起来的，因此本人的研究是基于这种法学理论而展开。

（二）苏联法学理论的引入与新中国法学的建立和发展

新中国成立前夕，中共中央发布了《关于废除国民党〈六法全书〉和确定解放区司法原则的指示》，该指示明确宣布废除旧法统和国民党《六法全书》，明确司法机关的办事以适用新民主主义的纲领、法律、命令、条例、决议或者政策为原则，要求司法机关经常以蔑视和批判国民党《六法全书》及其他一切反动的法律法令的精神，以蔑视和批判欧美日本资本主义国家一切反人民法律法令的精神，以学习和掌握马列主义——毛泽东思想的国家观、法律观及新民主主义的政策、纲领、法律、命令、条例、决议的办法，来教育和改造司法干部。① 可见，该指示不仅确立了新中国法制建设的根本基础和指导方针，而且提出了构建以马克思主义法律观为基石的社会主义法学的基本任务。要完成这个基本任务，关键是要建立起以马克思主义法律观为核心内容的法学理论，并将其贯穿于部门法学之中。

我们所要建立的马克思主义法学理论，是对马克思主义经典作家关于法、社会主义法与法制思想的系统阐述。马克思、恩格斯是马克思主义法学的创始人，他们没有撰写专门的法学著作论述其法律思想，而是在论述唯物

① 参见《中共中央文件选集》第十八册，中共中央党校出版社 1992 年版，第 152 页。

史观和科学社会主义理论时阐发了关于法的本质及其产生、发展规律的基本观点，这些观点散见于他们的著作之中。随着十月革命的胜利，第一个社会主义国家在东方建立起来，列宁、斯大林在领导苏联社会主义革命和建设中，对于社会主义法和法制作出了许多阐述，这些阐述同样散见于他们的著作中。因此，学者们要系统阐述马克思主义经典作家的法律思想，并由此构建起完整的法学理论，就需要通过深入研究对这些思想进行认真梳理和系统表达。新中国成立之初，我国既缺少可供研究的马克思、恩格斯、列宁和斯大林著作的中文文本，又缺乏研究马克思主义法学的学者，因而靠自己的力量不可能在短期内完成这样一项艰巨的任务。当时，苏联学者经过30余年的研究，已经建立了系统的马克思主义法学理论，并以此为指导构建起各个部门法学，形成了社会主义的法学体系。因此，选择学习、模仿苏联法学理论构建自己的法学理论，形成我国社会主义法学体系，成为完成我国法学建设任务的最佳路径。在“一边倒”政策的推动下，我国全面引入苏联法学理论和苏联法学体系。我们通过学习很快掌握了苏联的法学理论，并以此为范本建立了我国的法学理论，同时在全面继受贯穿马克思主义法律观的苏联部门法学的基础上构建起我国的部门法学，从此我国法学被赋予了马克思主义的属性，完成了从传统法学向社会主义法学的转型。可以说，苏联法学理论对新中国法学的影响是带有根本性的。

苏联法学理论对我国法学的影响不仅是根本性的，而且具有持续性。20世纪50年代初，我们通过苏联专家的系统传授、开展大学的法学教育和派遣赴苏法学留学生，学习、传播苏联法学理论和以此理论构建起来的苏联部门法学。50年代中期，我们按照苏联法学理论的框架和内容构建我国的理论法学和部门法学，并注重阐述毛泽东法律思想，运用马列主义、毛泽东思想研究中国法制实践中的问题。“反右”运动开始后，我们将苏联法学理论的基本观点、思维方法片面化和极端化，突出法学的批判任务，强调法作为阶级斗争工具的功能，导致法学理论衰落、部门法学凋零。70年代末80年代初，在加强社会主义民主和法制的背景下，我们以50年代时引进的苏联法学理论及其形成的部门法学为知识资源重新恢复了我国的法学。随着改革开放的推进，社会主义市场经济体制的建立，民主政治的不断完善发展，法学界开始对深受苏联法学理论影响的我国法学的基本观点进行质疑、批判，并以中国特色社会主义理论为指导，借鉴西方法学的理论和知识，更新法学观念和法学研究方法，探索构建中国特色社会主义法学。当时，学术界是以摆脱苏联法学理论、清算苏联法学观点来为新法学的构建开辟道路，其结果是从 80 年代末起苏联法学理论对我国法学的影响逐渐式微。但是，直至今天这种影响并没有完全消失，它仍然在一定范围、程度上存在着。可见，我国马克思主义法学理论和社会主义法学的建立与发展，与苏联法学理论的影响有着密切的关系。

（三）研究苏联法学理论对我国法学影响的价值

20 世纪 50 年代苏联法学理论就对我国法学产生深刻影响，但学界对这种影响进行思考则始于 20 世纪 80 年代。当时，我国刚走出“文革”的动乱年代，步入改革开放和社会主义现代化建设的新时期。对于法学界来说，总结“文革”惨痛教训、创立新时期中国法学，成为一项十分重要的任务。为此，一些学者将“反右”运动后产生的极左法律思想和法律虚无主义与苏联法学理论的影响联系起来，另一些学者将苏联法学理论归结为阶级斗争法学，认为其与改革开放新时期的法制要求不相符合，因此他们基本是从负面的角度来看待苏联法学理论及其影响，并将清算、清除苏联法学理论及其影响视为构建新法学的前置性任务。于是，他们一方面从批判苏联法学理论的根基即法的阶级性入手，将社会性加入法的本质之中，以否定或淡化法的阶级本质，或者将权利义务作为法的基本范畴，由此形成权利本位的观点，并以此转向对法的形式研究来消解对法的阶级分析，以引导人们重新思考法的本质、功能，法与国家、法与政策的关系，为实行法治、人权保障、法律平等这些观点的提出开辟了道路；另一方面从批判苏联法学理论的对立法学思维方式即不同社会形态国家的法律和法学理论相互对立的观念入手，提出法的继承性以及批判地借鉴西方国家的法律制度和法律学说的思想，为法学发展获取可资借鉴的各种学术资源提供理论依据。应当说，当时以否定的基调来思考苏联法学理论的影响，对于冲破法学禁锢，创建新法学，是有积极意义的。90年代中期之后，学者们对苏联法学理论及其影响的态度有所改变，如果说80年代时许多学者带有激动的情绪、怪罪的口气和否定的预设，那么这时学者们的情绪已相对平和，开始客观、理性地去看待，并将注意力转向对苏联法学理论影响的具体观点、内在原因和基本评价的分析上。但是，由于当时苏联法学理论的影响日渐式微，对这个问题的讨论已经不再引起学界的关注，因而学者们的研究显得不够全面深入，他们或者集中在法的定义、法的本质等几个重要问题来分析这种影响，或者对照几个观点、举出几个例子对这种影响作出评价。

时至今日，随着中国特色社会主义事业的深入展开，中国特色社会主义理论已经形成并不断丰富，中国特色社会主义制度得以确立且日臻完善，中国特色社会主义道路业已开辟并将更加宽阔。在这样的背景下，我们需要构建完整系统的中国特色社会主义法学理论，并在此基础上建立中国特色社会主义法学体系，以全面推进依法治国，实现法治中国的目标。在构建中国特色社会主义法学理论和法学体系时，我们固然需要立足中国特色社会主义实践和我国的传统文化，也需要充分利用已有的各种法学知识资源，合理借鉴苏联法学理论、西方法律学说中的理论观点和认识方法。这是因为，中国特色社会主义是在马克思主义指导下，在社会主义共同目标指引下，根据中国实际情况所形成的中国现阶段社会主义发展的理论、制度和道路，这就决定了苏联法学理论所阐发的马克思主义的基本法律观点、反映社会主义法与法制一般规律的基本内容，对中国特色社会主义法学理论和法学体系的构建仍具有启发意义。同时，中国特色社会主义不是离开人类文明大道而独辟蹊径建立起来的，而是在吸取人类文明优秀成果基础上的伟大创造，因而吸收借鉴包括苏联法学理论在内的所有法学成果的合理成分，是构建中国特色社会主义法学理论和法学体系的必由之路。

在这样的背景下，深入研究苏联法学理论对我国法学的影响就很有必要，也很有价值。首先，它有助于我们弄清苏联法学理论的核心内容和根本特性。苏联法学理论对于我国法学之所以产生影响，就在于这种理论所具有的内在价值和基本品质，这种价值品质必定在其内容和特性上得以充分显现。同时，我们研究这种影响的一个重要目的，在于从苏联法学理论中寻找到我们所需要的知识资源，这些资源则深藏于其内容、体现在其特性之中。因此，通过研究苏联法学理论对我国法学的影响，我们能够全面把握这一法学理论的实质内容，深刻理解这一法学理论的根本特性。

其次，它有助于我们弄清苏联法学理论对我国法学影响的基本状况。对于苏联法学理论对我国法学的影响是学术界公认的，但是对于这种影响的涉及范围、具体表现和发展过程，学界的认识则是零碎的、表面的、笼统的，甚至是模糊的、错误的。因此，这种研究有助于我们对此问题形成全面、深入和具体的认识，以便形成正确的看法，并从中获得有益的启示。

最后，它有助于我们获得对构建中国特色社会主义法学体系的有益启示。过去学者们考察苏联法学理论对我国法学的影响，更多的是从摆脱影响的目的出发，因而往往阐述这种影响给我们带来的危害。但是，当我们对这种影响进行深入思考时，就会发现影响盛衰的背后有着深刻的原因，其中蕴含的经验教训一定会对推进中国特色社会主义法学理论体系的构建提供有益的启示。因此，当我们抱着这样的目的去审视苏联法学理论对我国法学的影响时，必将不枉此番探究，定会受益良多。

二、研究综述

（一）关于苏联法学理论及其评价的研究

20 世纪 80 年代前，我国法学学者的一项重要工作是传播苏联法学理论，并模仿它建立自己的法学理论，以此为指导形成自己的法学体系。20

世纪80年代后，我国学者开始对这一理论进行研究，主要集中在对该理论的内容、特征和评价上。

1. 对苏联法学理论核心内容进行研究

在我国学者看来，苏联法学理论是以法的概念和本质构建起来的学说，因此他们以此来探究整个理论的内容和特点。这方面的研究成果主要有孙国华、曾斌撰写的《评维辛斯基关于法的定义》①、杨心宇撰写的《苏联苏维埃法概念的形成过程述评》②、杨心宇、李凯撰写的《略论苏联法对我国法学的影响》③、陈景辉撰写的《中国对前苏联法的继受——以法概念的分析为中心》④。

孙国华、曾斌撰写的《评维辛斯基关于法的定义》，首先论述了维辛斯基关于法的定义的形成及主要贡献。他们指出，十月革命胜利后，一些学者开始构建社会主义法学，在法的概念上形成了三种代表性观点，即斯图契卡提出的"法——社会关系体系"、帕舒卡尼斯提出的"法——法律关系体系"和克雷林科提出的"法——规范体系"。这些观点对确立苏联马克思主义法学起了奠基性的作用，但本身都存在着缺陷，因而受到了冷落和批判。1938年，维辛斯基在第一次全苏法律科学工作会议上对这些法学家进行了批判，并提出了对苏联和我国法学产生深远影响的法的定义。该定义为："法是以立法形式规定的表现统治阶级意志的行为规则和为国家政权认可的风俗习惯和公共生活规则的总和，国家为了保护、巩固和发展对于统治阶级有利的和惬意的社会关系和秩序，以强制力量保证它的施行。"⑤该定义的主要贡献，就是强调了法的规范性、国家强制性和阶级意志性。其次，他

① 参见孙国华、曾斌：《评维辛斯基关于法的定义》，载《法学家》1996年第2期。

② 参见杨心宇：《苏联苏维埃法概念的形成过程述评》，载《比较法研究》2000年第4期。

③ 参见杨心宇、李凯：《略论苏联法对我国法学的影响》，载《复旦学报（社会科学版）》2002年第4期。

④ 参见陈景辉：《中国对前苏联法的继受——以法概念的分析为中心》，载《淮北煤师院学报（哲学社会科学版）》2002年第5期。

⑤ ［苏］安·扬·维辛斯基：《国家和法的理论问题》，法律出版社1955年版，第100页。

们论述了苏联法学界对该定义的批判,这种批判主要集中在三个方面:一是它只强调法的阶级意志性,没有指出法的物质制约性,这为主观任意性大开方便之门;二是它强调了国家强制力的作用,强调了统治和服从,但忽视了人们自觉遵守法律的意义;三是它强调法的规范性,忽略了法律调整首先同社会关系相联系的方面,这就削弱了对个人和集体权利的关注,容易为破坏法治的行为作掩护。最后,他们表明了如何看待该定义的态度和观点,认为该定义既反映了当时苏联法学界对法的认识的成就,也反映了历史和认识的局限。一方面,这个定义坚持了马克思主义的阶级分析方法,指出了法的阶级意志性,强调了法与国家权力的内在联系。虽然定义中没有指出法与经济基础的联系,但从他的论述中并没有否定经济基础决定上层建筑的理论。该定义指出了法的外部特征(被奉为法律),强调了法的规范性,这无疑对加强法治、实行法治有好处。另一方面,这个定义的不足之处在于过分强调了法与国家、专政的联系,而对法的内容、法是从社会生活中产生的,有所忽视,特别是在阶级斗争越来越尖锐的指导思想上,对法的公共职能未曾明确指出。这样就会造成一种印象,似乎法单纯是阶级斗争、阶级统治的工具;似乎法是纯粹由国家权力产生的。这种观念不利于民主政治的建设,容易导致滥用权力忽视经济规律、忽视对社会成员权利、自由的保护,容易导致专横非法现象的产生。

杨心宇在撰写的《苏联苏维埃法概念的形成过程述评》一文中,详细阐述了苏维埃法的概念形成的原因和过程。他从 1918 年库尔斯基对无产阶级法即苏维埃法的认识开始谈起,分析了 20 世纪二三十年代苏联法学家、政治家斯图契卡、巴舒卡尼斯、拉祖莫夫斯基、莱斯涅尔、马里茨基、卡冈诺维奇等人对苏维埃法的概念及其形成的思想渊源,以及他们之间的一些争论,阐述了在此基础上由维辛斯基于 1938 年提出、反映当时苏联法学家集体成果的关于法和苏维埃法的定义,并论述了之后对该定义的一些批评。这篇论文的意义正如作者在文中所说的:“当我们纵观以上对苏联传统‘经典’的法学本体论的来龙去脉之后,我们更有理由本着实事求是的态度去评价苏联法学理论对中国法学的影响,重新探讨中国法学的基本理论,尤其是法的本体论这一核心问题。"

杨心宇在与李凯合写的《略论苏联法对我国法学的影响》一文中,进一步梳理了苏联法的定义和苏维埃法概念的形成过程,论述了维辛斯基提出的法和苏维埃法的定义的内容。同时,他们还分析了苏联法学理论关于法的功能的观点,认为苏联的传统法学一直强调法的工具性,将法的功能定位为"阶级统治的工具",因此,把社会主义法说成仅仅为无产阶级政治服务。

陈景辉在《中国对前苏联法的继受——以法概念的分析为中心》一文中,分析了苏联法概念的特征。他认为,如果将维辛斯基的法概念加以分解的话,我们可以发现它由以下几部分组成,或者具有以下几个特征:第一,法律概念中的国家主义,即法律是一个国家自上而下的作用的结果,不存在纯粹私人的关系。即使私人间关系所得到的法律保护仍然需要由国家的认可才能使其具有法律效力,由此私人间的关系披上了一层国家的外衣,具有了国家的性质。国家主义使得作为国家与个人关系调整器的法律,只体现了保护国家的一面,对于个人权利却只字未提。第二,法律概念中的工具主义,即将法律理论看作是贯彻苏维埃政府的一种有效工具,目的在于废除资本主义和实现社会主义。法律的工具主义就是试图取消法律的内在价值,将法律仅仅视为实现特定社会目的的工具而已。第三,法律概念中的规则主义,即认为法律是行为规则(规范)的总和。由此,他得出结论说,维辛斯基所定义的法律,是以规则(规范)分析为形式特征的,以国家为关照对象的,以达到特定社会或国家目标为最终目的的工具。这表明,维辛斯基的法律概念与奥斯丁的以主权者命令为基本模式的实证主义法律概念间存在着天然亲和之处,也反映了苏联法学对于以实证主义为指导的分析法学的继承。

2. 对苏联法学理论的本质特征进行研究

我国学者对苏联法学理论的本质特征进行研究,取得了一定的研究成果。朱祥海在其撰写的《国家主义法哲学：苏联法律理论的本体》①一文中提出，国家主义是苏联法学的本体，是全部法律制度的基点。他首先分析了自由主义和国家主义两种国家观念。自由主义认为国家是一种“必要的恶”，因而它始终对公共权力、政府保持着警醒，一直在寻找方法来限制权力和国家，所采用的方法主要有：以社会制约权力、以权力制约权力、以法律制约权力即法治。国家主义则认为国家既是理性自由的体现，又是道德理念的现实，国家在政治和伦理上都表征着合理、正当。俄国十月革命后，苏联建构了完整的国家理论和法律学说，由此国家成为统合一切社会组织、个体的最高力量，国家优位于社会、个人。在此基础上，他认为，苏联的法和国家的一般理论是以国家主义为基底的，国家主义构成了基调。他分析道，苏联的政治实践不同于马克思的理论，它把国家理解为一种超人格的公意表达和超利益组织，认为国家能够统合所有的社会利益和个人利益，并成为集中的代表。这是国家主义法律哲学最深层的思想根源。这种理论主张，自由来源于国家和法律的赋予，权利同样是国家法律的产品。相对于国家而言，个人的权利和自由依附于国家；只有成为国家机器的一个组成部分，个人的自由才有确实的基础和切实的保障。民主是实现自由、权利的唯一正当的方法。民主仅具有手段性价值，如若缺少必要的控制则导致变异。因此，国家优位成为苏联法学理论体系的内在逻辑。他论述道，维辛斯基的法的定义是典型的政治解释，法律被完全理解为政治的工具，是实现国家政策的工具，表达的是法律工具主义观念，是阶级统治的法律观。由此出发，法的起源是法产生于国家，由国家制定，体现国家意志；法律的本质就是国家为了实现政治理念制裁对立阶级和所有敌对力量的手段；法律的功能被理解为镇压敌对阶级、保护统治阶级的单一职能；法律的价值在于用强力的手段来统合一切社会组织、个人共同接受一整套统一的国家观念、政治信念、

① 参见朱祥海：《国家主义法哲学：苏联法律理论的本体》，载《淮海工学院学报（社会科学版）》2008 年第 1 期。

伦理规范,法律成为推行国家理念和政策、控制社会的工具。

关于法律国家主义,周永坤在其撰写的《法律国家主义评析》①一文中认为,作为系统的法律国家主义,形成于苏联30年代。他从苏联法学家关于国家与法关系论述入手,从认识论角度阐发了法律国家主义的核心内容,认为法律国家主义是以国家为根本立足点和基本价值取向的法学认识论和方法论以及相应的认识成果和法律行为方式。其核心判断是:法律是国家的附属物(或最多是伴生物),法产生于国家,法是实现国家职能的手段,没有国家就没有法,而国家不造法,只是"不行"而已。从这一基本前提出发,演绎出一系列以国家利益、国家意志为根本价值取向的观点,具体包括:第一,法律本体的国家意志论,即任何规范只要打上国家的印记就是法律,反之就不是;第二,法律特征的国家强制论,即法律与国家强制力相联系,以此区分原始习惯和道德等现象;第三,法作用论的国家工具论,即法律是完成国家职能的工具,其职能随国家职能的转变而转变;第四,法律渊源的制定法唯一论,即法律是国家意志并由国家制定,因而制定法为唯一的法律渊源;第五,法类型的公法唯一论,即国家垄断了法源,经法律调整的关系都是"公"的,因而法律只有公法;第六,立法政策中的国家利益至上论,即"个人利益服从集体利益、集体利益服从国家利益"的道德原则上升为立法的根本原则;第七,法律地位的人治论,即国家高于法律,国家又是阶级的工具,阶级政党和领袖领导,这就会产生人治。他认为,基于这种国家主义法律观,产生法律行为中或法律实践中的国家主义,表现为立法中的国家主义和司法中的国家主义。

周永坤在其撰写的《法律工具主义及其对司法的影响》②一文中进一步认为,苏联法学理论所具有的法律国家主义本质必然带来工具主义本质。他指出,在维辛斯基那里,法律是表现为国家意志的统治阶级意志,它是完

① 参见周永坤:《法律国家主义评析》,载《云南法学》1997年第1期。
② 参见周永坤:《法律工具主义及其对司法的影响》,载《学习论坛》2006年第7期。

成国家任务的工具。剥削者的法是剥削的工具，社会主义的法则随着社会主义国家职能的改变而改变。在第一阶段，它是消灭剥削的手段，在第二个阶段，苏维埃国家的职能改变了，法也随之发生变化。可见，他是从法是国家工具角度来阐述法律工具主义的。谢晖在《法律工具主义评析》①一文中，将法律工具主义的内容不局限于国家工具论，而是对其做了更大范围的阐述。他认为，法律工具主义表现为法律是阶级工具论、经济工具论、国家工具论、政策工具论和道德工具论。

3. 对苏联法学理论的评价

对苏联法学理论应当如何评价？学者们有不同的观点。有的学者认为，苏联法学理论是对马克思主义的曲解，是有害的。张宗厚从分析维辛斯基的法的定义入手，分析苏联法学理论的有害性。他指出，维辛斯基的法的定义抽掉了马克思主义关于经济关系对法的决定作用的基本原理，把“统治阶级意志”抬上法学殿堂帅位的教条。维辛斯基的理论，正是“社会主义革命愈深入，阶级斗争就愈尖锐”的“左”的理论的产物，反过来，它又为“肃反”扩大化这个“左”的错误行动提供了理论服务，因此，维辛斯基的“左”的法学基础理论，和他的“共犯”理论、依据口供就可定罪的刑法理论一样，在实际生活中都产生了极其有害的影响。② 杜飞进、王永清认为，苏联法学理论与其说是马克思主义创始人有关法的论述或观点的理论化，倒不如说是他们根据特殊需要对这些经典作家某些论述的片面理解甚至是曲解之下形成的理论。因为它主张：(1)法律作为实现政府政策的工具的至高无上性，不是表白法律本身的威力，而是来自国家的强权、领导者的重视；(2)法律规范的运用只是为了消灭阶级这一总的需要，消灭阶级的手段只有阶级斗争。现实生活中的有关公民权利的法律规定也仅仅是满足这一需要的逻辑结论。③

---

① 参见谢晖：《法律工具主义评析》，载《中国法学》1994 年第 1 期。

② 参见张宗厚：《法学理论必须变革和更新》，载《中国法学》1988 年第 1 期。

③ 参见杜飞进、王永清：《马克思主义与法学》，载《中国法学》1988 年第 2 期。

有的学者认为，苏联法学理论包含对马克思主义法律观的阐发，不能全盘否定。尤俊意指出，全盘照搬苏联一套的法学理论，当然错误，但全盘否定苏联对马克思主义法学的研究成果也是不妥当的。[①] 也就是说，苏联法学理论有正确的内容值得借鉴。李林认为，尽管维辛斯基的法的概念是在一种不正常的背景下出台的，但它在某些基本方面还是坚持了马克思主义的法律观的，诸如坚持法的阶级性、法的国家意志的强制性、法的普遍的规范性等，这些基本观点至今仍得到苏联法学界的肯定。苏联科学院国家和法研究所所长、法学院士库德里亚夫采夫和该所副所长、法学博士瓦西里耶夫，在 1985 年第 7 期《苏维埃国家和法》杂志上撰文指出，法的概念作为所有法律学科知识的总和，其特征包括：(1) 国家意志，它体现为政权制定的法律；(2) 国家意志受执政阶级的物质生活条件、文化水平和历史传统的制约，其政权体现了该阶级的利益、目的和价值观；(3) 国家意志具体体现为规范性规定——鼓励、允许、禁止；(4) 有专门的国家机关保证和适用法律规范，等等。其实，苏联 50 年代末对维辛斯基定义的批判，是在苏共提出了“全民国家”“全民法”的背景下展开的，而且只是批判了他定义中的两个缺陷，即没有指出法律规范是由社会的物质生活条件所决定，过高估计了社会主义条件下作为保障适用法律规范手段的国家强制力，而没有否定这个定义的基本理论框架。[②] 杜飞进、孔小红认为，尽管维辛斯基法学理论本身内含着矛盾与缺陷，但它作为一种理论体系而存在，仍有其某些正确的、合理的成分。例如，从最具有代表性的关于法的概念的理论来说，它揭示了阶级对立社会中法律存在的某些基本特征和根据，揭示了法律与其他上层建筑和经济基础的一般关系。其中某些理论原则，直到今天我们也仍无充分理由对其作出彻底修正。[③]

---

① 参见尤俊意：《法的本质属性是阶级性》，载《法学》1986 年第 2 期。

② 参见李林：《关于法的本质的思考——兼谈“更新法学理论”的几个问题》，载《中国社会科学院研究生院学报》1987 年第 3 期。

③ 参见杜飞进、孔小红：《转折与追求（上）——新时期法学论析》，载《中国法学》1989 年第 1 期。

（二）关于苏联法学理论对我国法学影响的研究

关于苏联法学理论对我国法学的影响，学者们主要围绕影响的范围、影响的原因、影响的评价等方面展开研究。

1. 关于影响的范围

有的学者从内容方面入手，研究苏联法学理论对我国法学的影响。杨心宇、李凯在《略论苏联法的一般理论及对我国法学的影响》一文中，从法的概念、功能方面分析了苏联法学理论对我国法学理论的影响。他们认为，新中国成立后，苏联法的概念在中国的法制教育、法学研究等领域产生了十分深刻的影响。当时我国的法学教材或论著中，普遍采用了苏联法学的主流观点，突出强调了法的统治阶级意志即阶级性。对此，他们从 20 世纪 50 年代和 80 年代我国学者关于法和社会主义法律的概念的论述中，分析其受维辛斯基提出的法和苏维埃法的定义的影响。他们还认为，长期以来，苏联法学理论关于法的功能的论述即法的工具论，对我国法学理论产生深远影响，我国的法学教科书及法学论著无不渗透着这种观念，普遍认为法律是阶级统治和阶级斗争的工具。尤其是，这种工具论对我国刑法学的影响突出，学者强调刑法的阶级性，刑事立法采用类推制度。①

有的学者从我国教材入手，研究苏联法学理论对我国法理学的影响。黄建武在《苏联法理学对中国法理学的影响——从教材角度的透视》一文中指出，我国法理学教材是在引进、接受和消化苏联法理学教材的基础上发展起来的，因此必然受到后者的极大影响，它表现在对教材结构、重要观点和叙事方式上。从教材结构看，他比较了苏联学者卡列娃主编的《国家和法的理论》和中国人民大学 1957 年编写的《国家和法权理论讲义》以及 20 世纪 80 年代初陈守一、张宏生主编的《法学基础理论》和孙国华主编的《法

---

① 参见杨心宇、李凯：《略论苏联法的一般理论及对我国法学的影响》，载《法学研究》编辑部、黑龙江大学法学院编：《俄罗斯法论丛》（第 1 卷），中国社会科学出版社 2006 年版，第 12—18 页。

学基础理论》,认为它们的基本内容和编写顺序基本相同。在此基础上,他论述道,这种教材结构的基本思路,是将法律作为国家的一种工具,或者说是一种阶级专政的工具,并力图从历史唯物主义的理论角度去解释它的历史发展,同时着重阐明社会主义法与已往法律的重大区别及其在社会主义社会中的重要作用。从重要观点看,他认为我国教材中的许多重要观点是源于苏联学者或从其基础上发展起来的,比如法的起源、法的概念、法的本质、法的职能、法与经济、法与政治、法的历史类型、社会主义法的本质、法律关系、法律规范的结构等方面的基本观点,以及对旧法的批判方面的基本观点等。然后,他从法的本质和定义、法的历史类型、法律关系和法律规范的结构四个方面,分析了苏联法学理论对我国法理学教材观点的影响。从叙事方式看,他认为苏联教材采用"批判的叙事方式"对我国影响很大,这种叙事方式不仅表现在教材结构上安排了对剥削阶级法的批判,而且在阐述社会主义法时,以批判资本主义法来反衬社会主义法的优越性、先进性。①

2. 关于影响的原因

苏联法学理论为什么会对我国法学产生深刻而长久的影响?这是学者们思考的一个重要问题。大家从不同的视角进行研究,给出了不尽相同的结论。有的学者就某个方面深入分析原因,有的学者从各方面解释个中缘由。

张宗厚在《法学理论必须变革和更新》一文中认为,这种影响与我国推行阶级斗争这一需要有关。他指出,为什么在苏联30年代形成的法学教条后来又在中国的法坛长期占据统治地位,这很明显,与我们在阶级对立消灭以后又长期坚持"以阶级斗争为纲"和"极端夸大意识形态领域里的阶级斗争"有关。②

---

① 参见黄建武:《苏联法理学对中国法理学的影响——从教材角度的透视》,载法学研究编辑部、黑龙江大学法学院编:《俄罗斯法论丛》(第1卷),中国社会科学出版社2006年版,第21—32页。

② 参见张宗厚:《法学理论必须变革和更新》,载《中国法学》1988年第1期。

杜飞进、孔小红在《转折与追求——新时期法学论析》一文中，综合分析了维辛斯基法学理论即苏联法学理论对我国产生影响的原因。他们认为这些原因主要包括以下几个方面：首先，中国法学在萌芽和发育时期的特点无形中促成了它与维辛斯基法学理论的认同。当时激烈的阶级斗争使人们只能通过法律对阶级敌人的镇压和制裁去理解法律存在的意义和作用，而维辛斯基的理论突出强调法律的国家意志性、强制性和阶级性，强调法律是阶级压迫和镇压的工具，这与我们对法律的理解不谋而合。其次，从中国法律文化传统来看，我国也具有培植维辛斯基法学理论的肥沃土壤。中国传统法律观中没有个人权利概念，注重刑事制裁，而维辛斯基法学在强调法律强制性和阶级性时，实际上抹煞了法律在维护个人权利和社会正义、公平方面的作用，因而与中国刑律相通的法律文化传统在较深层次上达成了默契。再次，中国的法学家们对维辛斯基的法学理论给中国法学的发展所设置的障碍和束缚也许难辞其咎。法学家们在频繁的政治运动中，不是用科学的态度去对待维辛斯基的法学理论，而只是忙于思考如何使这套从苏联照搬过来的理论更适合当时的政治需要，在服从某种政治意图之下去阐释和论述这些法学理论，使得这一理论与当下的政治形势达成了结合，并使其向更“左”的方向发展。①

蔡定剑在《历史与变革——新中国法制建设的历程》一书中，从意识形态和中苏关系两个方面分析原因。他指出，意识形态的相同和50年代初中苏关系的全面热化，为引进苏联法制填补空白提供了时机。一时间兴起学习苏联法律热，大量照搬移植苏联法律教科书和法学观点。并且这种引进是全方位的，从法学教育、法学研究及其法学观点，以及立法、司法实践。从那时起，就开始了苏联法学对中国法学几十年的“统治”。②

① 参见杜飞进、孔小红：《转折与追求（上）——新时期法学论析》，载《中国法学》1989年第1期。

② 参见蔡定剑：《历史与变革——新中国法制建设的历程》，中国政法大学出版社1999年版，第15页。

唐永春在《苏联法学对中国法学消极影响的深层原因——从马克思东方社会理论出发所作的分析》一文中,从历史传统的因素上分析原因。他认为,苏联法学对中国法学产生过深刻的消极影响,其原因除了社会制度、意识形态、国际环境等直接因素外,还存在着更深层次历史传统的因素,这就是两国传统政治文化的同质性,即基于古代东方亚细亚生产方式而形成的东方专制主义传统的遗存及其影响。他以马克思东方社会理论为指导,分析了作为古代中国和俄罗斯同质文化的专制主义传统的形成,从苏联法学关于法本质的唯意志论和片面阶级意志论、法功能的纯粹工具主义、国家主义倾向等方面对我国法学的消极影响,揭示了这种专制主义传统与这种影响的密切联系。①

陈景辉在《中国对前苏联法的继受:以法概念的分析为中心》一文中,从维辛斯基的法律概念被我国法学接受入手,分析苏联法学理论影响我国法学的原因。他认为,由于维辛斯基的法律概念与中国传统的法律概念存在着相同与暗合这一法律上的原因,再加上两个法律之外的政治与社会原因——中国与苏联的意识形态的相关性和中国与苏联社会的同质性共同作用下,使得维辛斯基的法律理论为代表的苏联法律理论与法律制度在中国长驱直入,没有受到普通民众的“温柔的抵抗”,迅速在中国生根发芽,成为近四十年来的主流法律观。他着重分析了我国传统法律概念与维辛斯基法律概念在国家主义、工具主义和规则主义上的暗合。②

3. 关于影响的评价

苏联法学理论对中国法学产生的影响,究竟是积极的,还是消极的,抑或是两者兼具? 学者们提出了不同观点。

有学者认为,这种影响主要是积极的。孙国华认为,苏联法学对我国还

---

① 参见唐永春:《苏联法学对中国法学消极影响的深层原因——从马克思东方社会理论出发所作的分析》,载《法学研究》2002 年第 2 期。

② 参见陈景辉:《中国对前苏联法的继受:以法概念的分析为中心》,载《淮北煤师院学报(哲学社会科学版)》2002 年第 5 期。

是积极影响多，特别是我们学习苏联，走上了社会主义道路。首先，苏联法学对我国最大的贡献就是给我们带来了系统的马克思主义的法律观。法是有阶级性的，是掌握国家政权的阶级意志的体现，但不应把法简单地理解为仅仅是统治阶级的意志。其次，苏联法学还有一个贡献就是明确了社会主义法的必然性、必要性，这个问题在苏联初期是不明确的，社会主义国家是否需要社会主义法不明确。再次，苏联法学的第三个积极影响就是法的概念。苏联的概念坚持了《共产党宣言》的原理，但也有历史局限。法与国家的关系有内在不可分的联系。消极的影响多是我们在学的时候出的问题。①

有学者认为，这种影响完全是消极的。张宗厚认为，受苏联影响而产生的“以阶级斗争为纲”的法学理论对我国的现代化建设和民主法制建设损害极大。它不仅片面夸大法的阶级性，抹煞法的科学性，妨碍法制建设遵循规律地发展，而且导致法律虚无主义和人民对法律漠不关心的心理。从更直接的关系上讲，法学中“统治阶级意志论”同我们现实生活中存在的以人代法、以权代法、恃权凌法、徇私枉法以及使封建法制观念借尸还魂等现象，都有很大的关系。② 张文显认为，以维辛斯基为代表的苏联法学输入我国并同我国传统法律文化融合而形成的我国主流法学理论，有三个突出特点或核心观点：一是将阶级性看成法的唯一属性，认为“阶级统治”“阶级专政”是法的首要功能，即阶级斗争论；二是以“规则”或“规范”为法的核心范畴，把法归结于规则，把活生生的法律现象描述为没有活性的、封闭的规则体系，即“规则模式论”；三是以义务为本位，把义务作为法的逻辑起点和终点，即“义务本位论”。他认为，这三个观点都不是马克思主义的真谛，都是不科学的。③ 马长山认为，受苏联法学理论影响建立起来的我国法学理论

---

① 参见张少瑜等：《苏联俄罗斯法学与中国法学学术研讨会纪要》，载《法学研究》2001年第5期。

② 参见张宗厚：《法学理论必须变革和更新》，载《中国法学》1988年第1期。

③ 参见张文显：《改革和发展呼唤着法学更新》，载《现代法学》1988年第5期。

已经成为我国经济社会发展的障碍。他指出,我国的法学理论最初是以苏联法学理论为范本的,其局限性也必然在我国法学发展和法制建设中表现出来,而且这种局限性随着改革开放和社会主义市场经济的发展而日益成为一种障碍。所以,“法是统治阶级意志的体现”这一命题曾一度受到法学界的群起发难,发表了诸多颇具启迪意义的新见解。但不无遗憾的是,这一命题至今仍身居“正宗”,大有坚不可摧之势。他认为,有必要以市民社会理论对“统治阶级意志论”做进一步否证。①

有学者认为,这种影响主要是消极的。孙光妍、于逸生认为,新中国成立以后,我们将已成功运转几十年的苏联法制模式,作为新中国法制的楷模而大量引进,苏联的法学理论与教学模式也成为新中国法学教育的楷模。这种“全盘苏化”虽对当时的中国法制建设具有填补空白的积极意义,但与之相伴随的法律教条主义、阶级斗争论、政治是法律的终极点、政策可以取代法律,以及法律虚无主义等等负面影响把中国的法制建设引向了歧途,弊大于利。②

有学者认为,这种影响有积极的一面,也有消极的一面。黄建武认为,苏联法理学对我国的影响既有正面的,也有负面的。正面影响主要有两方面:第一,苏联法理学为中国法理学的产生和发展,发挥了基础性作用,具有开创意义。新中国成立初期,我们借用和借鉴苏联的理论,这对于我国法理学的学科建设和法学教育的开创,的确具有重要的基础作用,无论苏联后来的命运如何,我们都不应当否认这种借用和借鉴曾发生过的积极作用。第二,培养了新中国早期的法学和法律工作者。新中国早期的法学和法律工作者,除了少量被留用的民国时期的人员外,基本都是在运用苏联法学教材或以苏联教材为基础编写的本土教材教育培养出来的。负面影响主要是僵

① 参见马长山:《从市民社会理论出发对法本质的再认识》,载《法学研究》1995 年第 1 期。

② 参见张少瑜等:《苏联俄罗斯法学与中国法学学术研讨会纪要》,载《法学研究》2001 年第 5 期。

化的认识方式和一些错误观点误导了中国的法理学研究，禁锢了人们的思想。僵化的认识方式主要是形而上学的标签方式，即社会主义社会的一切都好，资本主义社会的一切都坏。这种认识方式不仅体现在法理学的内容上，而且体现在批判的叙事方式上。错误观点主要有与其思想方式相应的"一刀切"的观点，资本主义社会的一切都不好，社会主义社会的一切都好；法是实现国家职能的工具，是阶级斗争的工具；在忽略了物质制约性的条件下强调法是统治阶级的意志等。这些观点对于我们研究、教育以及实践中将法律仅仅看作统治阶级的"刀把子"有很大的关联。①

综上所述，学术界对本书的相关问题有所研究，但是在此基础上至少还可以在以下方面加强研究：第一，在苏联法学理论的内容和特点上需要加强研究。学者们对该理论的研究尚集中在法的概念、本质、功能等部分内容上，并在此基础上阐发其特点，显然这方面还有研究空间。第二，在苏联法学理论对我国法学的影响范围和进程上需要加强研究。从研究情况看，学者们关注于苏联法学理论对我国法学理论的影响，而它对我国宪法学、刑法学、民法学等部门法学的影响较少论及，这需要我们进一步挖掘。第三，在苏联法学理论对我国法学影响的思考上需要加强研究。学者们就苏联法学理论对我国法学影响的原因、评价作了一些探讨，但对其中的诸多问题没有完全搞清楚，这正如苏联法学研究专家杨心宇所说："苏联从对法的本质的认识到各种具体问题的看法，形成了一整套的理论，对我国产生了深刻的影响。但有一些问题我们至今并不清楚。"②因此，对于这种影响还需要我们去深入思考，细致分析。

---

① 参见黄建武：《苏联法理学对中国法理学的影响——从教材角度的透视》，载法学研究编辑部、黑龙江大学法学院编：《俄罗斯法论丛》（第1卷），中国社会科学出版社2006年版，第32—34页。

② 张少瑜等：《苏联俄罗斯法学与中国法学学术研讨会纪要》，载《法学研究》2001年第5期。

三、研究的思路和方法

（一）研究思路

研究苏联法学理论对我国法学的影响，首先就必须对苏联法学理论的内容和特性有一个充分的认识，因而笔者以苏联法学理论本身的研究入手，以20世纪50年代引入我国的苏联法学家关于国家与法的理论的论著为基础，从法的一般原理和社会主义法与法制原理两大部分阐述该理论的基本内容。在法的一般原理部分，着重论述关于法的本质和目的、法与其他社会现象的关系、法的历史类型等问题的基本观点；在社会主义法与法制原理部分，则重点阐述社会主义法的产生、社会主义法的本质和目的、社会主义法与其他社会现象的关系、社会主义法制与社会主义法律秩序以及社会主义法的运行等问题的基本观点。在此基础上，笔者对苏联法学理论的属性和特点进行探讨，从马克思主义的立场、观点和方法的角度分析其所具有马克思主义根本属性，从研究内容、研究重点和所处地位三个方面揭示其主要特点。

笔者在对苏联法学理论本身进行阐述的基础上，研究这种理论对于我国理论法学和部门法学的影响。在理论法学方面，从法理学的内容构建和法理学本体问题认识两个方面出发，分析苏联法学理论对我国法理学所产生的影响以及这种影响的变化。在部门法学方面，选取了宪法学、刑法学、民法学这三个部门法学进行研究，这主要是考虑到以下一些因素：一是宪法学、刑法学、民法学是部门法学中的主要部分，因而20世纪50年代时我国构建的部门法学主要集中在它们三个①，它们受到苏联法学理论的影响也

---

① 20世纪50年代时，作为中国法学的“工作母机”、苏联法学传播基地的中国人民大学法律系设立了5个教研室，即国家法教研室、民法教研室、刑法教研室、国家法权理论教研室、国家与法权历史教研室（参见唐仕春：《建国初期来华苏联法学专家的群体考察》，载《环球法律评论》2010年第5期）。可见，当时我国部门法学主要集中在国家法学即宪法学、民法学和刑法学。

是最大的,因而对它们进行分析能比较充分地反映苏联法学理论对部门法学的影响;二是将其他部门法学也纳入其中加以考察,一方面缺少20世纪50、60年代的资料,另一方面也使本书的篇幅过于庞大。为了深入地考察苏联法学理论对我国这三个部门法学的影响,本书分成三章分别加以论述。在研究中,笔者从部门法的法律观、法律制度理论和学科认识三个方面,分析苏联法学理论对这三个部门法学所产生的影响。

揭示苏联法学理论对我国法学的影响及其变化过程固然重要,但我们不能停留于此,而是要在此基础上对这种影响进行深入思考,以此获得一些启示,从而更好地推动中国特色社会主义法学理论和法学体系的构建和发展。因而,本书在最后部分就苏联法学理论对新中国法学影响进行了反思。首先,分析了苏联法学理论引入对我国法学产生影响的两大原因:一是直接原因,即从我国建立马克思主义法学理论和社会主义法学需要和条件出发,阐述了引入苏联法学理论的必然性;二是推动因素,论述了“一边倒”政策和苏联建设成就对于苏联法学理论引入的推动作用。其次,揭示了苏联法学理论影响我国法学的两个途径:一是通过开展法学教育,学习和传播苏联法学,培养掌握苏联法学的人才,为苏联法学理论的影响奠定基础;二是通过批判和运动,清除旧法观点,清理和改造旧法人员,为苏联法学理论的影响扫清障碍。再次,就苏联法学理论对我国法学影响作出了基本评价。从积极方面说,它帮助我国建立、发展了马克思主义法学理论和社会主义法学,培养了我国马克思主义的法学队伍;从消极方面说,知识资源和研究方法单一给我国法学的发展带来了困难。最后,从苏联法学理论影响的经验教训中,给出了对构建中国特色社会主义法学理论和法学体系的四个方面的启示,即坚持我国法学发展的马克思主义方向,秉持我国法学发展的实践路径,拓展我国法学发展的知识资源,建立我国法学发展的良好学术环境。

(二)研究方法

一般来说,社会科学的研究方法可以分为宏观、中观和微观三个层次,宏观层次的方法是指哲学层面的方法论，中观层次的方法是指研究的视角和建构理论框架的方法，微观层次的方法是指获得和处理资料的基本手段，以及开展研究所需的技术工具。本书研究以辩证唯物主义方法论为指导，主要运用历史研究、分析和综合相结合的方法。

1. 唯物辩证的方法

唯物辩证法是马克思主义的哲学方法，是法学研究方法论的核心和基础，也是本书研究首先需要运用的方法。苏联法学理论对新中国法学的影响，是在中国特定的社会历史条件下发生的，它与中国社会的经济、政治和文化等状况密切相关，同时这种影响又是随着这些状况的改变而发生变化，因此我们在研究这种影响时，必须将其置于我国特定的社会历史条件中，结合我国经济、政治和文化的发展状况，来认识这种影响产生的必然性和持续性，全面、客观地分析这种影响给我国法学建立、发展所带来的积极效应和消极后果。

2. 历史研究的方法

历史研究法就是运用所掌握的历史资料，按照历史发展的顺序对已经发生的事件或某个事物进行研究，从中揭示其本质和规律或者给予某种启示的方法。它要求研究者既要尊重历史事实，又要对历史作出客观评价。在史与论的关系上，要遵循“论从史出”的原则，在弄清史实的基础上，对由此产生的问题提出看法。20 世纪 50 年代初，苏联法学理论被引入我国，并对我国法学产生了很大影响，这种深刻影响持续了三十余年，之后随着改革开放和社会主义现代化建设的推进，这种影响逐渐式微。本书的一个重要内容就是要研究苏联法学理论对于我国法学影响的产生和发展过程，以此看出这种影响在各个阶段的状况和特点，并对这些影响作出评价。因此，笔者在研究中运用历史研究的方法，根据“论从史出”的原则，通过搜集和分析从 20 世纪 50 年代至今相关法学论著中学者所提出的学术观点，来论述苏联法学理论对我国法学产生了哪些影响、影响的程度以及这些影响的变化，并对这种影响作出客观评价。

3. 分析和综合相结合的方法

分析和综合的方法是自然科学的研究方法，它也可以被运用于社会科学研究中。分析就是把整体分解为部分，将复杂事物分解为若干要素分别加以研究的思维方法，其任务就是从事物或现象的总体中，分出所构成的部分、方面或要素，分别认识这些部分、方面或要素的属性和本质。综合就是把事物或现象的各个部分、方面和要素联结起来加以研究的思维方法，它是在分析基础之上运用的方法，其任务就是通过连接事物各个部分、方面和要素，从总体上把握一个事物的属性和本质。苏联法学理论对新中国法学产生的影响，从门类上说，既涉及理论法学，又涉及部门法学；从范围上看，既涉及对法律的认识，又涉及对法学本身的认识。因此，我们要搞清这种影响并从中获得启示，就不能对之进行笼统的研究，而是要采用分析和综合相结合的方法，也就是先要将法学分成若干部分，分别研究苏联法学理论对理论法学和各个部门法学的影响，在对某一部分法学研究时还要分成若干方面来进行，以此获得对这种影响的状况的分别把握，然后综合这些情况进行整体思考，以揭示这种影响的总体状况、深层原因和利弊得失，从中获得有益的启示。

第一章

苏联法学理论的基本阐释

新中国法学是在苏联法学理论的影响下建立起来的，这种影响其实就是苏联法学理论所持观点和方法对我国法学形成和发展所起的作用。为了更好地论述和评价这种影响，我们应当对苏联法学理论的内容、属性和特点有一个基本认识。

一、苏联法学理论的主要内容

苏联法学理论是苏联学者所建构的不同于以往的一种法学理论，它一方面对马克思、恩格斯、列宁和斯大林的法律思想进行系统阐述，另一方面以此为指导着重分析社会主义法的本质、规律和运行、社会主义法制的实施和社会主义法律秩序的实现，因而它以马克思列宁主义法的一般原理为基础，以社会主义法和法制原理为核心。

（一）关于法的一般原理

苏联法学理论根据马克思主义经典作家关于法律的论述，以法的起源为出发点、以法的定义为核心，系统阐述了法的一般原理。

1. 法的本质论

法的本质是法学中的核心问题，是建构法学理论体系的基石。苏联学者从阶级、国家和法的产生入手，从法的物质生活条件为基础，深刻揭示了法的本质，即阶级意志性、国家意志性和物质制约性。

(1)法的阶级意志性。苏联法学理论认为，法的本质问题是与法的起源问题联系在一起的。法不是自人类社会产生起就存在，而是其发展到一定阶段的产物，是伴随阶级、国家的出现而产生的。苏联学者指出，“国家是在社会分成阶级的时候，在阶级矛盾客观上不可调和的地方出现了的”①，因此，“国家与法律是历史的范畴，这种历史范畴是在社会产生私有财产和分裂为阶级的地点、时间和限度内所产生出来的”②。他们分析道：“单单是不同阶级底出现还不能成为国家——阶级斗争与阶级统治的工具——的产生的原因。相互斗争的阶级间之敌对性，及其矛盾的不可调和性，才向我们说明了作为统治阶级底特殊社会组织的国家之产生的原因。……从这些矛盾不可调和性上，产生出一个敌对阶级以强力镇压另一阶级，一个阶级统治另一阶级底不可避免性与历史的必然性。”③因此，国家的本质是“阶级的统治、阶级的专政、维护并发展那些适合而有利于统治阶级的制度，镇压敌对阶级”④。也就是说，“国家是阶级统治的机关，是实行镇压的特别力量，是统治阶级用来约束自己的阶级敌人的机器”⑤。

① [苏]苏达里可夫、贝可夫：《苏维埃国家与法问题讲座》，中央人民政府法制委员会编译室编译，中央人民政府法制委员会 1951 年印，第 10 页。

② [苏]苏达里可夫、贝可夫：《苏维埃国家与法问题讲座》，中央人民政府法制委员会编译室编译，中央人民政府法制委员会 1951 年印，第 24 页。

③ [苏]苏联科学院法权研究院科学研究者集体编著：《马克思列宁主义关于国家与法权理论教程》，中国人民大学马列主义关于国家与法权理论教研室译，华东政法学院教务处 1953 年翻印，第 98—99 页。

④ [苏]苏联科学院法权研究院科学研究者集体编著：《马克思列宁主义关于国家与法权理论教程》，中国人民大学马列主义关于国家与法权理论教研室译，华东政法学院教务处 1953 年翻印，第 110 页。

⑤ [苏]玛·巴·卡列娃等：《国家和法的理论》(上册)，李嘉恩等译，中国人民大学出版社 1956 年版，第 44 页。

苏联学者进一步指出:“法是统治阶级的意志的表现,它是和国家同时产生的。”①也就是说,“伴随着国家的出现也出现了法律”②。他们论述道:“在阶级产生以前的社会中,旧习惯是为了整体的利益而建立的规则。由于原始公社制度的解体而组成的统治阶级,制定了只代表它本身的意志、而不是代表整个社会意志的规则来代替旧的习惯。在个别情况下,统治阶级也改变原始公社制度的习惯,使它们适合于自己的利益。”③“为了保证使社会上全体成员遵行这些规则,有系统地施用强力就成为必要的了。特殊的国家机关——法庭与专用的公务人员出现了,它们检举法权规范的违反者,处以罚款,向居民收税,对严重违反既定规则者,处以死刑。”④因此,“废除了原始公社制度下的某些旧的氏族习惯的法权规范底阶级本质,已经鲜明地公开地表现在法权规范上面了”⑤。

由此,苏联学者将法的阶级意志性视为法的核心本质,这从维辛斯基对法所下的定义中看到这一点。他指出:“法是以立法形式规定的表现统治阶级意志的行为规则和为国家政权认可的风俗习惯和公共生活规则的总和,国家为了保护、巩固和发展对于统治阶级有利的和惬意的社会关系和秩序,以强制力量保证它的施行。”⑥对此,苏达里可夫和贝可夫分析道:“在法律的内容中,直接表现着统治阶级底意志、它的阶级目的、利益、它的意识形

① [苏]玛·巴·卡列娃等:《国家和法的理论》(上册),李嘉恩等译,中国人民大学出版社1956年版,第29页。

② [苏]苏达里可夫、贝可夫:《苏维埃国家与法问题讲座》,中央人民政府法制委员会编译室编译,中央人民政府法制委员会1951年印,第15页。

③ [苏]玛·巴·卡列娃等:《国家和法的理论》(上册),李嘉恩等译,中国人民大学出版社1956年版,第31页。

④ [苏]苏联科学院法权研究院科学研究者集体编著:《马克思列宁主义关于国家与法权理论教程》,中国人民大学马列主义关于国家与法权理论教研室译,华东政法学院教务处1953年翻印,第80页。

⑤ [苏]苏联科学院法权研究院科学研究者集体编著:《马克思列宁主义关于国家与法权理论教程》,中国人民大学马列主义关于国家与法权理论教研室译,华东政法学院教务处1953年翻印,第81页。

⑥ [苏]安·扬·维辛斯基:《国家和法的理论问题》,法律出版社1955年版,第100页。

态和道德观。”①卡列娃说道：“在任何社会中，在任何国家中，法按其阶级本质说来都是统一的，而且这个阶级本质总是决定于哪一个阶级掌握对社会的国家领导权。当对社会的国家领导权由一个阶级的手中转移到另一个阶级的手中时，法的阶级本质也会发生变化，因为新的统治阶级会制定体现本身意志的新法律并废除体现被推翻阶级的意志的旧法律。如果在新阶级掌握对社会的国家领导权后，一部分旧的法律仍在继续生效，那么这只是表明，在这些旧的法律中已经注入了新的阶级内容。”②可见，法的阶级性不仅体现在它是统治阶级意志、利益的表达，而且体现在它对于统治阶级目的的维护，即保护、巩固和发展统治阶级所需要的社会关系和社会秩序。按照这一认识，苏联学者认为，在不同社会中，法都是体现和维护统治阶级的意志、利益和目的，但其性质和内容则不同。“资产阶级的法是居于统治的少数人的意志，并且保护资本主义的剥削秩序，而社会主义的法是被人民提升为国家法律的劳动群众的意志、人民自己的意志，这一意志的目的是要保证社会摆脱人对人的剥削和建成新的共产主义的社会。”③因此，社会主义法与资本主义法有着原则区别。

（2）法的国家意志性。苏联法学理论认为，法是统治阶级意志的表现，但是以国家意志的形式表现出来。也就是说，法是被奉为法律的统治阶级意志，即“法是国家按照统治阶级的意志来制定或者认可的、受国家强制力保护的（国家制裁可能发生的违法行为）法律规范（即人们的行为规则）的总和”④。在苏联学者看来，国家意志的形式是法区别于其他社会规范的基

① ［苏］苏达里可夫、贝可夫：《苏维埃国家与法问题讲座》，中央人民政府法制委员会编译室编译，中央人民政府法制委员会1951年4月印，第16页。

② ［苏］玛·巴·卡列娃等：《国家和法的理论》（上册），李嘉恩等译，中国人民大学出版社1956年版，第78页。

③ ［苏］彼·斯·罗马什金等主编：《国家和法的理论》，中国科学院法学研究所译，法律出版社1963年版，第347页。

④ ［苏］玛·巴·卡列娃等：《国家和法的理论》（上册），李嘉恩等译，中国人民大学出版社1956年版，第75页。

本点。他们分析道:“法律规范只是社会规范(即在社会上起着作用的人们的行为规则)的一种。它不同于该社会中起着作用的一切其他行为规则(如道德、不具有法律性质的习惯、礼仪规则等等)的地方在于:它是经国家制定或认可的,它在实现中依靠于国家的强制力,而且国家对于违反法律规范者所采取的强制的性质是由法律规范本身预先规定好的。正是这一点使得统治阶级的一定的要求和意志表现具有了法律上的效力。”①也就是说,“凡是人们的行为规则,国家赋予它一种强制力,也就是把它公式化,并正式承认它是强制的、必须执行的规则,这种行为规则,才是法权规范”②。因此,对于法这种行为规则来说,国家强制力是必要条件。显然,苏联法学理论在强调法的国家意志形式的同时,明确了法的规范性和法的国家强制性。

(3)法的物质制约性。苏联法学理论在强调法的阶级意志和国家形式的同时,阐述了法具有物质制约性这一本质特征。维辛斯基在对法下了定义之后,对这个问题作了论述。他在批判狄骥、凯尔逊等规范主义者的法的定义时指出:“他们没有认识法是各该社会统治阶级利益的表现,法的内容是从社会上占统治地位的某种经济条件或生产条件中产生的。归根到底,生产和交换决定着社会关系的整个性质。法是这些社会关系的调节者。”③卡列娃认为,马克思、恩格斯在《共产党宣言》中对资产阶级法所作的阐述,揭示了任何一种法所具有的重要特征,即“任何一种法都是被奉为法律的统治阶级的意志,这个意志归根到底是由这个阶级的物质生活条件所决定的”④。她进一步指出,法不是“由社会物质生产条件、是由整个社会的物质需要自发地产生的”,而是“根据那些因物质生活条件的一致而组成经济上

① [苏]玛·巴·卡列娃等:《国家和法的理论》(上册),李嘉恩等译,中国人民大学出版社 1956 年版,第 75—76 页。

② [苏]苏联科学院法权研究院科学研究者集体编著:《马克思列宁主义关于国家与法权理论教程》,中国人民大学马列主义关于国家与法权理论教研室译,华东政法学院教务处 1953 年翻印,第 136 页。

③ [苏]安·扬·维辛斯基:《国家和法的理论问题》,法律出版社 1955 年版,第 101 页。

④ [苏]玛·巴·卡列娃等:《国家和法的理论》(上册),李嘉恩等译,中国人民大学出版社 1956 年版,第 73—74 页。

和政治上占统治地位的阶级的人们的意志而制定的”①。她分析道:“在对抗性的社会里,统治阶级和被压迫阶级的物质生活条件是迥然不同的,社会上各个对立阶级的物质生活条件的不同,也就造成了它们的意志内容的根本不同。……只有在经济上和政治上占统治地位的阶级,才能使自己的意志具有普遍的约束力。它利用法来维护自己的物质生活条件,不让它们受到敌对阶级的任何侵犯。因此,法所反映的正是这样一些社会物质需要,满足这些需要是有利于并适合于统治阶级的,是能巩固统治阶级的物质生活条件的。”②

值得注意的是,在苏联法学理论中,尽管论述了法的物质制约性这一重要特征,但在法学家集体讨论通过的法的定义③中并没有提到,在那个定义中重点论述了法的阶级性的内容。这是因为在苏联法学家看来,法的阶级性是“法所独有的特征”,是“法的最重要最本质的特征”,而法的物质制约性“这个特征不是法所专有的”,“上层建筑的任何其他部分也都是由统治阶级的物质条件所决定的”。④ 可见,苏联法学理论突出强调了法的阶级本质。

2. 法的目的论

苏联学者在揭示法的本质时,阐述了法的目的,这不仅使法的本质得以进一步阐释,而且是对法的本质认识的延展。维辛斯基在其所下的定义中

① [苏]玛·巴·卡列娃等:《国家和法的理论》(上册),李嘉恩等译,中国人民大学出版社 1956 年版,第 78 页。

② [苏]玛·巴·卡列娃等:《国家和法的理论》(上册),李嘉恩等译,中国人民大学出版社 1956 年版,第 78—79 页。

③ 这个定义是由维辛斯基提出,其初稿经过苏联科学院法律研究所讨论通过,然后提交 1938 年全苏法律科学工作者会议集体讨论,最后经广泛交换意见后通过,因而属于苏联法学家集体认可的权威定义。参见[苏]安·扬·维辛斯基:《国家和法的理论问题》,法律出版社 1955 年版,第 100 页;[苏]玛·巴·卡列娃等:《国家和法的理论》(上册),李嘉恩等译,中国人民大学出版社 1956 年版,第 76 页。

④ [苏]玛·巴·卡列娃等:《国家和法的理论》(上册),李嘉恩等译,中国人民大学出版社 1956 年版,第 74、75 页。

写道，法的目的即国家制定和实施法律的目的，就是“保护、巩固和发展对于统治阶级有利的和惬意的社会关系和秩序”①。对此，苏联学者解释道：“掌握国家权力的统治阶级，通过在法律规范中为社会成员、社会团体和国家机关规定一定的权利和义务的办法，通过法律调整他们之间的关系的办法，确立了有利于并适合于本阶级的社会秩序。”②他们认为，法的目的反映着统治阶级的意志和利益，实现着自己的统治。他们分析说：“由于法权中反映着统治阶级底意志，所以法权就具有统治阶级利用他们所制定或认可的法权规范而来达到的一定的目的。这一目的就是保护、巩固和发展有利于并便利于统治阶级的社会关系与社会秩序。”“法权始终是在为统治阶级的利益调整着社会关系，巩固、保护它们并促进它们的发展。法权永远是社会关系的调整器，统治阶级运用这种调整器来加强自己的统治，保证自己的利益，与统治权的侵犯者进行斗争。”③可见，这种以实现阶级利益和阶级统治为内容的法的目的，充分体现了法的阶级本质，也蕴涵着法是阶级统治或者阶级专政工具的思想。

从法的目的的论述中，我们可以看出苏联法学理论对于法的价值和法的功能的认识。法的价值是现代西方政治学和法学理论中经常使用的一个概念。什么是法的价值？有学者认为，法的价值就是法这个客体（制度化的对象）对个人、群体、社会或国家的需要的积极意义和一定的满足。它包括三种：即法所中介的价值、法的工具性价值和法本身的价值，而确认、保护和发展对统治阶级有利的社会关系和社会秩序的价值属于工具性价值。④

---

① ［苏］安·扬·维辛斯基：《国家和法的理论问题》，法律出版社 1955 年版，第 100 页。

② ［苏］玛·巴·卡列娃等：《国家和法的理论》（上册），李嘉恩等译，中国人民大学出版社 1956 年版，第 76 页。

③ ［苏］苏联科学院法权研究院科学研究者集体编著：《马克思列宁主义关于国家与法权理论教程》，中国人民大学马列主义关于国家与法权理论教研室译，华东政法学院教务处 1953 年翻印，第 139—140 页。

④ 参见孙国华、何贝倍：《法的价值研究中的几个基本理论问题》，载《法制与社会发展》2001 年第 4 期；孙国华主编：《法理学教程》，中国人民大学出版社 1994 年版，第 94—102 页。

有学者则认为,在法学研究中,“法的价值”的涵义有三种:一是指称法律在发挥其社会作用的过程中能够保护和助长哪些值得期冀、希求的或美好的东西,这种价值为目的价值、对象价值或外在价值;二是指称法律自身所应当具有的值得追求的性质和属性,这种价值为内在价值或形式价值;三是指称法律所包含的价值评价标准。[①] 还有学者指出,法的价值有三种含义,即法促进哪些价值、法本身有哪些价值和法的评价准则,其中第一种价值就是法的本质与目的问题。[②] 由此可见,苏联学者关于法的目的的论述,实际上阐述了法的目的价值。这种价值反映了法的本质和目的,强调统治阶级所需要的社会关系和社会秩序,它往往通过法的基本原则加以体现。

关于法的功能,有的学者将其称为法的职能、法的作用,就是法对个人和社会产生的影响。它可以分为两种:一是法的规范功能;二是法的社会功能。[③] 有学者认为,从法的社会功能来说,它一方面发挥着法的阶级统治功能,就是统治阶级利用法来调整统治阶级内部各阶级、阶层之间的关系,团结统治阶级的力量,建立有利于整个统治阶级的秩序。同时,法又具有执行社会公共事务功能。这一功能与阶级统治功能是有联系的,其目的是一致的。[④] 从上述苏联学者的论述中可以看到,法的目的体现着统治阶级的意志和利益,最终实现着统治阶级的阶级统治。从这个意义上说,法的目的内含的仅仅是法的社会功能,这种功能是以确认和维护统治阶级所需要的社会关系和社会秩序为内容,强调法的阶级统治功能。因此他们将这种功能与法的目的联系起来去认识法,将法归结为阶级统治或阶级专政的工具。

3. 法的关系论

苏联法学理论认为要看清法的本质、功能和地位,就必须将其置于社会

---

① 参见张文显主编:《法理学》,高等教育出版社、北京大学出版社 2007 年版,第 296—297 页。

② 参见沈宗灵主编:《法理学》,北京大学出版社 2000 年版,第 72 页。

③ 参见孙国华主编:《法理学教程》,中国人民大学出版社 1994 年版,第 62—69 页;沈宗灵主编:《法理学》,北京大学出版社 2000 年版,第 119—130 页;张文显主编:《法理学》,高等教育出版社、北京大学出版社 2007 年版,第 82—86 页。

④ 参见孙国华主编:《法理学教程》,中国人民大学出版社 1994 年版,第 66—69 页。

中加以考察，也就是在分析法与经济、政治、道德等其他社会现象的关系中进行认识。

（1）法与经济的关系。苏联法学理论认为，法与经济的关系非常紧密。首先，法是建立在社会的经济基础之上，并决定于这个基础。苏联学者指出："根据马克思主义来看，法是建筑在构成社会经济结构的生产关系总和之上的上层建筑的一部分。"①"归根结底，它是由社会经济结构来决定的，也就是说决定于生产关系底总和。"②他们进一步指出："在《德意志意识形态》一书中，马克思再一次强调，法是依据生产关系的，是由这些关系产生的。他说：'人们的生产关系，应当表现为法律关系和政治关系。'"③正因为法决定于生产关系，法与生产关系之间则是形影不离、步调一致。他们在引用马克思的论述后说道："在马克思的这个指示里，也说明了法是一定要发展的，但它并没有自己的发展历史，它的发展史和'市民社会'的发展史，即社会关系，首先是生产关系的发展有机地联系着，而从生产关系中，并在生产关系的基础上，产生法，产生像法这样的上层建筑，以及像政治这样的上层建筑。只是因为这种缘故，法是不能高于该社会的经济水平的，但同时也不能低于这种水平。它应该适应于这种水平，或内在地和这种水平相适应。"④

其次，法对经济基础具有反作用。苏联学者指出："法权上层建筑对自己的基础，即经济，有着反作用的。法权保护并巩固存在于社会中的经济关系。它各方面地，用各种形式，按照各种不同的社会政治条件把经济关系'神圣化起来'。"⑤他们进一步指出："这种反作用的性质和范围，归根到底

---

① ［苏］安·扬·维辛斯基：《国家和法的理论问题》，法律出版社1955年版，第22页。

② ［苏］苏联科学院法权研究院科学研究者集体编著：《马克思列宁主义关于国家与法权理论教程》，中国人民大学马列主义关于国家与法权理论教研室译，华东政法学院教务处1953年翻印，第147页。

③ ［苏］安·扬·维辛斯基：《国家和法的理论问题》，法律出版社1955年版，第27页。

④ ［苏］安·扬·维辛斯基：《国家和法的理论问题》，法律出版社1955年版，第47页。

⑤ ［苏］苏联科学院法权研究院科学研究者集体编著：《马克思列宁主义关于国家与法权理论教程》，中国人民大学马列主义关于国家与法权理论教研室译，华东政法学院教务处1953年翻印，第148页。

是由社会的基础和在社会上起着作用的经济规律来决定的。"①他们分析道,这种反作用表现在两个方面:一方面,法对经济起着促进作用,即"统治阶级使自己的法适合于社会上一定的经济规律的作用。甚至在这些规律还没有被人们认识以前,它们的作用就已经反映在法上。因为经济的必然性总是在为自己开辟道路,推动统治阶级制定相应的法律规范来帮助实现各种已经成熟的经济要求"。另一方面,法对经济起着阻碍作用,即"当实现社会上已经成熟的经济要求威胁到剥削阶级的统治地位时,剥削者的法就从促进经济规律的要求实现的有力手段变成了阻碍经济规律发生作用的人为障碍"。② 他们认为,"只有社会主义的法才在其发展的各个阶段上始终为了全社会的利益而积极促使经济规律的作用实现"。之所以这样说,"原因在于:对社会实行着国家领导的工人阶级始终是利用经济规律来为社会谋福利的旗手,它的目的不是要永远保持自己的统治,而是要建成无阶级的、共产主义的社会"。③

(2)法与国家的关系。苏联法学理论认为,法与国家的关系十分密切。苏联学者指出:"只有在存在着国家的社会里,才存在法。"④这就意味着法与国家形影相随,同生同灭。从法的历史看,"它与国家同时产生"⑤,即都是伴随着私有制和阶级的产生而产生,到了共产主义社会它又伴随着阶级、国家的消亡而消亡。同时,法与国家之间存在着内在关联。具体来说,一方

---

① [苏]玛·巴·卡列娃等:《国家和法的理论》(上册),李嘉恩等译,中国人民大学出版社1956年版,第80页。

② [苏]玛·巴·卡列娃等:《国家和法的理论》(上册),李嘉恩等译,中国人民大学出版社1956年版,第80页。

③ [苏]玛·巴·卡列娃等:《国家和法的理论》(上册),李嘉恩等译,中国人民大学出版社1956年版,第80页。

④ [苏]玛·巴·卡列娃等:《国家和法的理论》(上册),李嘉恩等译,中国人民大学出版社1956年版,第82页。

⑤ [苏]苏联科学院法权研究院科学研究者集体编著:《马克思列宁主义关于国家与法权理论教程》,中国人民大学马列主义关于国家与法权理论教研室译,华东政法学院教务处1953年翻印,第78页。

面,“国家制定法律规范、监督它们的遵行,并对不遵守法律规范的人采取强制措施。另一方面,法是实现国家的基本任务和职能的重要手段,是在立法上确认国家机构的重要手段”①。

在苏联学者看来,在上层建筑中,国家比起法更重要,法不过是实现国家职能的手段。苏达里可夫在引用斯大林的论述后指出:“在适合于一定经济基础的上层建筑体系里,政治观点和政治制度是起着最重要的作用的。最重要的政治制度就是国家。”②苏联学者指出:“国家是阶级统治的政治组织,对法权来说,它是一种直接的决定力量,因为国家:一、制定或认可法权规范;二、用自己的强制的机关的力量保证法权规范的实施和遵守”③,而法不过“是实现国家的基本任务和职能的重要手段,是在立法上确认国家机构的重要手段”④。可见,法律不过是国家的工具,是国家达到不同目的、完成不同职能的工具,这体现了法律国家主义的法观念。⑤

基于这种观点,苏联学者批判将国家置于法律之下的资产阶级学说,指出:“大部分自由主义资产阶级法学家企图证明法律的至高至上,把国家描写成为与法律有关联、凭借法律并根据法律而行动的一种机关。法治国家的理论即由此而来。凡承认立法机关所制定的各项法则都必须遵守的国家,才算得是法治国家。这派理论家谓在法治国家中政权最高机关的职权由宪法规定的,保证国会所通过的法案高于政府的法令,规定司法不受管理

---

① [苏]玛·巴·卡列娃等:《国家和法的理论》(上册),李嘉恩等译,中国人民大学出版社 1956 年版,第 2 页。

② [苏]苏达里可夫:《关于国家与法律问题的讲座》,华东政法学院 1954 年翻印,第 32 页。

③ [苏]苏联科学院法权研究院科学研究者集体编著:《马克思列宁主义关于国家与法权理论教程》,中国人民大学马列主义关于国家与法权理论教研室译,华东政法学院教务处 1953 年翻印,第 151 页。

④ [苏]玛·巴·卡列娃等:《国家和法的理论》(上册),李嘉恩等译,中国人民大学出版社 1956 年版,第 2 页。

⑤ 参见周永坤:《法律国家主义评析》,载《云南法学》1997 年第 1 期。

机关的干涉，地方自治机关不受政府的干涉。照法治国的理论讲，国家的政治制度只能在法律基础上来改变，绝非革命所能改变的。这种理论实系资产阶级立宪国家的概念。"①他们在批判的同时强调："法律直接依赖国家。国家的阶级实质怎样，法律的阶级实质也就是那样。没有国家政权，则法律对于所要压制与对之不利的人就无法施用了。"②在他们看来，国家高于法律并决定法律，而不是法律约束国家。

(3)法与政治的关系。苏联法学理论认为，法与政治的关系也很密切。什么是政治？苏联学者在引用了列宁关于政治的定义的几段著名论述后指出："政治底本质在于敌对阶级的斗争，在于友好阶级的合作，在于同一阶级底某部分与其他部分的相互关系。"③也就是说，政治就是阶级之间的相互关系与敌对阶级之间的斗争。关于政治与法的关系，他们认为，"任何国家的法权都反映着这一国家底政治。法权本身就是掌握国家政权的阶级底意志的反映，法权具有政治的内容"④。他们分析道："政治是经济的集中表现，它对法权的关系是极其接近的。"他们进一步指出："国家底政治是表现在法权上的，国家的政治措施固定在法律和国家的其他法令上面，国家底政治是依靠组成国家现行法律的法权规范才能公式化并实行的。因此，法权是统治阶级的政治工具。"⑤所以，阶级之间的关系反映在国家制定的法律

---

① ［苏］杰尼索夫：《国家与法律的理论》（下），方德厚译，中华书局 1951 年版，第 416—417 页。

② ［苏］杰尼索夫：《国家与法律的理论》（下），方德厚译，中华书局 1951 年版，第 417 页。

③ ［苏］苏联科学院法权研究院科学研究者集体编著：《马克思列宁主义关于国家与法权理论教程》，中国人民大学马列主义关于国家与法权理论教研室译，华东政法学院教务处 1953 年翻印，第 153 页。

④ ［苏］苏联科学院法权研究院科学研究者集体编著：《马克思列宁主义关于国家与法权理论教程》，中国人民大学马列主义关于国家与法权理论教研室译，华东政法学院教务处 1953 年翻印，第 152 页。

⑤ ［苏］苏联科学院法权研究院科学研究者集体编著：《马克思列宁主义关于国家与法权理论教程》，中国人民大学马列主义关于国家与法权理论教研室译，华东政法学院教务处 1953 年翻印，第 153 页。

规范中,“阶级关系的变化也反映在法律规范中”①。对此,他们举例说:“制定新宪法即制定国家的新的根本法,经常是国内阶级力量对比关系变化的结果。”②

在苏联法学理论看来,法与政治之间的这种密切关系集中体现在法与统治阶级政策的关系上。对此,苏联学者指出:“法是实现统治阶级的政策的手段之一。”③为什么得出这个结论呢?他们分析道:“政治是有关阶级间相互关系的范畴,它反映社会上阶级力量的配置和这些阶级的要求。在对抗性的社会中,各个对立的阶级都奉行自己的政策。”④也就是说,不同阶级在政治活动中都是通过制定政策来表达自己的政治目标、要求和任务,但它们因经济利益和政治地位不同,所制定的政策内容和实现途径也是不同的。对于统治阶级来说,它“掌握着国家权力,因而有极广泛的可能来保证把自己的政策体现在法中”。再者,“法既然是统治阶级意志的表现,因而也为这个阶级的政策服务,保证这个阶级达到自己的政治目的,完成自己的政治任务,实现自己的具体政治要求”。⑤ 同时,他们认为不能将法等同于政策,因为“法虽然是奉行统治阶级政策的工具,但它有自己专有的特征。因此不能把法归结为政策,不能把法的概念融合在政策的概念中。政策不仅体现在法中,而且体现在上层建筑的各个其他部分中。只有法才使统治阶级的政策的要求成为具有普遍约束力的规则”⑥。

---

① [苏]玛·巴·卡列娃等:《国家和法的理论》(上册),李嘉恩等译,中国人民大学出版社1956年版,第84页。

② [苏]玛·巴·卡列娃等:《国家和法的理论》(上册),李嘉恩等译,中国人民大学出版社1956年版,第84页。

③ [苏]玛·巴·卡列娃等:《国家和法的理论》(上册),李嘉恩等译,中国人民大学出版社1956年版,第84页。

④ [苏]玛·巴·卡列娃等:《国家和法的理论》(上册),李嘉恩等译,中国人民大学出版社1956年版,第84页。

⑤ 参见[苏]玛·巴·卡列娃等:《国家和法的理论》(上册),李嘉恩等译,中国人民大学出版社1956年版,第84页。

⑥ [苏]玛·巴·卡列娃等:《国家和法的理论》(上册),李嘉恩等译,中国人民大学出版社1956年版,第85页。

4. 法的历史类型论

苏联法学理论认为,法是一个历史范畴,它不是从来就有且永恒存在的社会现象,而是"在人类社会发展的一定阶段中才产生的","是在原始公社制度解体的基础上随着阶级社会的产生而出现的",①"自共产主义在全世界胜利之日起,……开始消亡,逐渐消亡"②。同时,作为阶级社会现象的法律"由于历史必然性的结果而产生后,就从来不是一成不变的——它们也像其他一切社会现象一样,经常地有着重大的变化,并由一个阶段向另一个阶段过渡着"③。也就是说,作为阶级社会现象的法在其发展中呈现出不同的历史类型。

为什么法会发生变化且呈现出不同的历史类型呢?苏联法学理论认为,其主要或基本原因是社会生产方式即经济基础的变更。苏联学者指出:"在社会里所发生的一切变化之主要的、基本的、有决定意义的力量,是人类生存所必需的生活资料的生产方式和受此种生产方式所制约的生产资料和主要的生产工具的所有制的形式。"④他们分析道:"社会的全部历史——就是新陈代谢的生产方式发展史。所以生产方式的变更或经济基础的变更就会引起上层建筑的变更。因为任何上层建筑正是只适应于为某一基础服务的,而不是为任何其他基础服务的,任何上层建筑都是服务于某一个统治阶级底利益——如果统治阶级有了变更,那么它也就要把一切机关制度和服务于旧有阶级的人们底思想体系加以变更,并建立新的机关制度和新的思想体系。"⑤由此可以得出这样的结论,即"国家

① 参见[苏]吉尼索夫、基里钦科:《苏维埃国家与法律基础》,法制委员会编译室译,中国人民大学1953年版,第2、3页。

② [苏]杰尼索夫:《国家与法律的理论》(下),方德厚译,中华书局1951年版,第498页。

③ [苏]苏达里可夫、贝可夫:《苏维埃国家与法问题讲座》,中央人民政府法制委员会编译室编译,中央人民政府法制委员会1951年印,第4页。

④ [苏]苏达里可夫、贝可夫:《苏维埃国家与法问题讲座》,中央人民政府法制委员会编译室编译,中央人民政府法制委员会1951年印,第28页。

⑤ [苏]苏达里可夫、贝可夫:《苏维埃国家与法问题讲座》,中央人民政府法制委员会编译室编译,中央人民政府法制委员会1951年印,第30页。

与法律底历史和整个社会史是分不开的，任何单独的、特殊的、孤立的国家与法律底历史是没有的。马克思主义的国家和法律史科学也正是在这些原则上建立起来的"①。可见，社会生产方式即经济基础的变更，意味着掌握生产资料、在经济上占统治地位的阶级的更替，这个新的统治阶级必然会建立新的法律以维护其经济利益、政治统治和社会秩序。

上述分析已经阐明，法是随着生产方式的变更而变更，并呈现出不同的历史类型，那么怎样理解法的历史类型？其判断依据是什么？苏联学者指出："我们把法权类型仅能了解为法权特性的总合，这些特性都表现着法权的阶级本质，并且是产生于同一类型底生产关系的基础上的一切法权所具有的。"②这表明，法的历史类型的判断依据有两个，即法由以建立的生产方式和其表现的阶级本质。在此基础上，他们还阐述了法由一种类型进到另一种类型的条件，指出："以另一法权类型代替某一法权类型，都是产生于政权从某一阶级手中转移于另一阶级的革命的变革底结果。"③

苏联学者认为，既然生产方式即经济基础的变化是法的历史类型变更的根本原因，那么"阶级社会的每一种生产关系的历史类型，都有同它相适应的法的类型"。在人类社会发展中，随着奴隶制、封建制、资本主义经济基础的先后更替，产生了与此相适应的奴隶占有制类型的法、封建制类型的法、资产阶级类型的法。社会主义类型的法也是如此，它"是同社会主义基础的萌芽同时产生的，它代替了随同资本主义基础和上层建筑一起崩溃的

① ［苏］苏达里可夫、贝可夫：《苏维埃国家与法问题讲座》，中央人民政府法制委员会编译室编译，中央人民政府法制委员会 1951 年印，第 30 页。

② ［苏］苏联科学院法权研究院科学研究者集体编著：《马克思列宁主义关于国家与法权理论教程》，中国人民大学马列主义关于国家与法权理论教研室译，华东政法学院教务处 1953 年翻印，第 179 页。

③ ［苏］苏联科学院法权研究院科学研究者集体编著：《马克思列宁主义关于国家与法权理论教程》，中国人民大学马列主义关于国家与法权理论教研室译，华东政法学院教务处 1953 年翻印，第 179 页。

资产阶级类型的法”。①

他们进一步指出，奴隶制法、封建制法和资本主义法，都是体现剥削阶级意志、维护剥削阶级利益的法，而“社会主义法权是新类型的和最高类型的法权，它与任何剥削者国家底法权根本不同。社会主义法权与在伟大十月社会主义革命胜利前任何时期存在过的、或是现时在资本主义国家仍然存在着的一切法权体系是对立的”②。对此，有学者分析道：“苏联社会主义法律，就其本质来说，是一种新的法律，因为它所表现的意志，在社会主义建设时期内是占着压倒多数的人民底意志，在社会主义胜利条件下是全体人民底意志。苏联社会主义法律，就其形式来说，也是一种新的法律，因为法律调整底性质、原则和目标，在本质上都已有了变更。苏联社会主义法律接受着、发展着和丰富着几百年来法律文化在法律形式方面所创造出的那些精华，坚决地抛弃了一切与新社会不相容的东西。”③

（二）关于社会主义的法与法制原理

苏联法学理论的重要任务是构建社会主义法的基本理论，以此指导苏维埃社会主义法律体系的建立和社会主义法制的建设。因此，它在探讨法的一般原理的基础上，着重阐述了社会主义法和社会主义法制的原理。

1. 社会主义法的产生论

(1)社会主义法产生的规律。苏联法学理论认为，与剥削阶级的法产生相比，社会主义法的产生有其特殊规律，它是在摧毁旧的国家机器和旧法

① 参见[苏]玛·巴·卡列娃等：《国家和法的理论》（上册），李嘉恩等译，中国人民大学出版社 1956 年版，第 81 页。

② [苏]苏联科学院法权研究院科学研究者集体编著：《马克思列宁主义关于国家与法权理论教程》，中国人民大学马列主义关于国家与法权理论教研室译，华东政法学院教务处 1953 年翻印，第 433 页。

③ [苏]维辛斯基等：《苏联社会主义法律》，万叶译，生活·读书·新知三联书店 1950 年版，第 3—4 页。

的基础上产生的。苏联学者指出，社会主义革命和资产阶级革命完全不同。“资产阶级革命是在较为现成的资本主义经济形式已经具备时开始发生的，这种形式是在旧的封建社会内部生长和成熟的”，因此“资产阶级革命的基本任务是消灭封建主的统治，将国家政权交给当时进步的阶级，即资产阶级掌握。资产阶级使夺得的国家政权适合于已有的资本主义经济，并利用它来消灭旧的封建基础和与之相适应的上层建筑，从而保证资本主义获得广阔的发展余地”。但是，社会主义的经济形式不可能在资本主义社会中生长出来，因而“社会主义革命和它的机关——也就是由于这个革命而产生的社会主义国家(无产阶级专政)——的基本任务，就是建立和组织新的社会主义经济，消灭旧的资本主义基础和与之相适应的上层建筑，消灭旧的阶级，建成共产主义社会”。“社会主义革命不是像资产阶级革命那样，以一种剥削形式来代替另一种剥削形式，以一个剥削集团来代替另一个剥削集团，而是消灭一切剥削，消灭一切剥削者和压迫者。”①

苏联学者进一步指出：“既然资产阶级革命只限于以一个剥削集团代替另一个剥削集团去执掌政权，那么，政权本身的剥削本质也就没有改变，它无须摧毁旧的国家机器。资产阶级在夺取政权后，就改善夺得的国家机器，使它适合于解决自身的任务，适合于自己的经济和政治制度。”②然而，“无产阶级革命底基本任务，却是要在夺取政权以后来建设新的社会主义经济”③，它“同资产阶级的任务是根本对立的”，因而无产阶级“并不迁就地接受那个只适合于压迫和镇压劳动群众的任务的旧的资产阶级国家机器，而是将它摧毁”，同时，“为了解决无产阶级胜利后就立刻摆在它面前的

---

①　参见[苏]玛·巴·卡列娃等：《国家和法的理论》(下册)，李嘉恩等译，中国人民大学出版社1956年版，第172—173页。

②　[苏]玛·巴·卡列娃等：《国家和法的理论》(下册)，李嘉恩等译，中国人民大学出版社1956年版，第173页。

③　[苏]苏联科学院法权研究院科学研究者集体编著：《马克思列宁主义关于国家与法权理论教程》，中国人民大学马列主义关于国家与法权理论教研室译，华东政法学院教务处1953年翻印，第273页。

任务,就必须有新的国家、新的国家机器”。[①] 可见,无产阶级要建立社会主义经济基础,消灭剥削和压迫,就必须摧毁旧的国家机器,建立新的国家机器。由于社会主义国家担负着组织社会主义经济的任务,而社会主义的法和社会主义国家之间存在着紧密关系,因而苏联学者说道:“社会主义类型的法是同社会主义基础的萌芽同时产生的,它代替了随同资本主义基础和上层建筑一起崩溃的资产阶级类型的法。若不能摧毁旧的国家机器,社会主义的法是不可能产生和确立的。这是社会主义的法产生和发展的最重要的特殊规律之一。”[②]

对于社会主义的法来说,由于它所反映的社会主义经济基础与资本主义的经济基础有着本质不同,因而它不是由资产阶级的法发展而来,而是在消灭资产阶级的法的基础上产生的。对此,苏联学者论述道:“苏维埃社会主义法权并不是由资产阶级法权进一步发展而成的。这是新类型的法权,是在无产阶级社会主义革命胜利之后建立起来的法权。伟大十月社会主义革命粉碎了旧的、资产阶级与地主的国家机构,消灭了在二月革命以后仅经少许更改的沙皇旧法权。无产阶级消灭了旧法权之后,便建立了新的、苏维埃的、社会主义法权。”[③]这表明,社会主义法与以往剥削阶级法有着本质的不同。

(2)社会主义法产生的必要性。苏联法学理论认为,社会主义社会需要法。对此,苏联学者指出:“马克思列宁主义教导说,从资本主义社会里刚刚脱胎而出的社会,在各方面(经济、道德、思想方面)都还保留着资本主义的胎斑,因此无论是国家——无产阶级专政的国家——或是法律规范,都

① 参见[苏]玛·巴·卡列娃等:《国家和法的理论》(下册),李嘉恩等译,中国人民大学出版社1956年版,第173页。

② [苏]玛·巴·卡列娃等:《国家和法的理论》(上册),李嘉恩等译,中国人民大学出版社1956年版,第81页。

③ [苏]苏联科学院法权研究院科学研究者集体编著:《马克思列宁主义关于国家与法权理论教程》,中国人民大学马列主义关于国家与法权理论教研室译,华东政法学院教务处1953年翻印,第433页。

还有保留的必要。”①因为社会主义社会还保留着资本主义的残余，人们还不可能不需要法律而自觉地替社会劳动，因此在社会主义社会仍然存在着一定范围的“资产阶级式的法”，它在生产资料公有制条件下确立按等量劳动分配等量产品的原则。与资产阶级法不同的是，“无产阶级专政条件下的法，是社会——即社会中的统治阶级——对劳动量和消费量实行监督的一定方法”。②

维辛斯基还从实现无产阶级专政任务的角度，阐述了法律存在的必要性。他讲道：“什么叫做无产阶级专政呢？斯大林同志以无产阶级专政的三个基本方面的特征来回答这一问题。斯大林同志指出无产阶级专政的三个基本方面如下：‘（一）利用无产阶级政权来镇压剥削者，保卫国家，巩固和其他各国无产者之间的联系，促进世界各国革命的发展和胜利。（二）利用无产阶级政权来使被剥削的劳动群众完全脱离资产阶级，巩固无产阶级和这些群众的联盟，吸引这些群众参加社会主义建设事业，保证无产阶级对这些群众实行国家领导。（三）利用无产阶级政权来组织社会主义社会，消灭阶级，过渡到无阶级的社会，即过渡到社会主义社会。无产阶级专政就是所有这三方面的结合。’……为了解决上述任务，无产阶级需要国家，需要国家机关，需要建立一定的国家秩序，即社会主义的法律秩序。这意味着要巩固社会主义社会关系、社会主义纪律，要尊重社会主义的共同生活规则，重视和保护社会主义公共财产——整个苏维埃制度的基础——的神圣不可侵犯性，遵守一切苏维埃法律。”③他还说：“马克思主义教导说，无产阶级需要国家，用以来镇压剥削者，领导广大人民群众从事社会主义经济建设。在这里，像法院这样的一些国家机关是起着巨大作用的，因为法院的活动和法

---

① ［苏］玛·巴·卡列娃等：《国家和法的理论》（下册），李嘉恩等译，中国人民大学出版社1956年版，第293页。

② 参见［苏］安·扬·维辛斯基：《国家和法的理论问题》，法律出版社1955年版，第12—13页。

③ ［苏］安·扬·维辛斯基：《国家和法的理论问题》，法律出版社1955年版，第16—17页。

律制度、规则、规范、法律、具有法律性质的习惯、法律观点以及整个的法是有机地联系着的。”“无产阶级需要法院和法律。无产阶级需要刑法典、民法典、诉讼法典。”①因此，他指出：“设想在共产主义第一阶段，在无产阶级专政条件下可以不需要法，那是空想社会主义。”②对此，他批判了巴舒坎尼斯、别尔曼等人用虚无主义对待苏维埃的法，轻视法律制度，并认为它不久即将消亡的观点。在此基础上，他从社会主义法的功能上进一步阐述了其必要性，指出：“马克思主义教导我们，必须把法看做是为社会主义而斗争的一种工具，把它作为在社会主义基础上改造人类社会的一种工具来加以运用。”“苏维埃的法——工农社会主义国家的法。这是社会主义的法。它的使命是服务于跟社会主义敌人作斗争的任务，是服务于社会主义社会建设事业。作为社会主义的法的苏维埃的法，自其产生之时起，就在实现着自己的任务。”“苏维埃的法实现着保护惬意和有益于苏维埃国家的劳动人民——工人、农民、劳动者知识界的社会关系和社会秩序，并为巩固和发展这种关系、秩序而服务。”③

2. 社会主义法的本质论

什么是社会主义的法？苏联学者作出如下定义：“社会主义的法是经社会主义国家所制定或认可的，体现工人阶级和全体劳动者的意志的，归根到底是受社会主义社会物质生活基础所制约的，在适用中受到社会主义国家强制力的保障的，旨在保护、巩固和发展社会主义秩序和关系的行为规则（规范）的总和。”④这一定义是在对社会主义法的本质进行概括的基础上得出的。

首先，社会主义的法是工人阶级领导的全体人民意志的体现。苏联

---

① ［苏］安·扬·维辛斯基：《国家和法的理论问题》，法律出版社 1955 年版，第 49 页。

② ［苏］安·扬·维辛斯基：《国家和法的理论问题》，法律出版社 1955 年版，第 15 页。

③ ［苏］安·扬·维辛斯基：《国家和法的理论问题》，法律出版社 1955 年版，第 48—49 页。

④ ［苏］玛·巴·卡列娃等：《国家和法的理论》（下册），李嘉恩等译，中国人民大学出版社 1956 年版，第 295 页。

学者认为，“一切法权都是高升为法律的统治阶级的意志”，因而“社会主义社会底法权也是反映着统治阶级——工人阶级——的意志”。[①] 同时，社会主义的法又是全体人民意志的体现。他们论述道：“在社会主义社会中，剥削阶级已被消灭，因而取得了对社会实行国家领导权底工人阶级，就是全体劳动人民利益与意志的表达者。”[②]也就是说，“苏联工人阶级是和全体人民的意志融成一片的。因此，我们可以有根据地说，苏维埃社会主义的法是全体人民意志的表现”[③]。可见，“苏维埃社会主义的法是胜利的工人阶级和全体苏联人民的意志的表现”[④]，是阶级性和人民性的统一。在苏联学者看来，人民性是社会主义的法与资本主义的法的本质区别。维辛斯基讲道：“在资本主义社会中，也说什么人民的意志，这不过是掩饰资产阶级国家剥削本质的屏障而已。我国情况则根本不同：我国形成了苏维埃人民统一的、不可摧毁的意志。”[⑤]此外，社会主义的法所体现的阶级意志，充分体现在社会主义法的目的上，即保护、巩固和发展对于工人阶级和全体劳动者有利的和合适的社会关系和社会秩序，即社会主义的社会关系和社会秩序。社会主义法的目的表达了工人阶级和全体劳动者的意志，实际上也规定了社会主义的法的基本任务和内在功能。

其次，社会主义的法是社会主义国家意志的体现。苏联学者认为，“法权是统治阶级用以实现其意志的一种手段，统治阶级赋予这种意志以一般的强制性，并把这种意志表现在经国家制定或认可并以国家强制力所保证

① 参见［苏］苏联科学院法权研究院科学研究者集体编著：《马克思列宁主义关于国家与法权理论教程》，中国人民大学马列主义关于国家与法权理论教研室译，华东政法学院教务处 1953 年翻印，第 139 页。

② ［苏］苏联科学院法权研究院科学研究者集体编著：《马克思列宁主义关于国家与法权理论教程》，中国人民大学马列主义关于国家与法权理论教研室译，华东政法学院教务处 1953 年翻印，第 139 页。

③ ［苏］安·扬·维辛斯基：《国家和法的理论问题》，法律出版社 1955 年版，第 103 页。

④ ［苏］安·扬·维辛斯基：《国家和法的理论问题》，法律出版社 1955 年版，第 100 页。

⑤ ［苏］安·扬·维辛斯基：《国家和法的理论问题》，法律出版社 1955 年版，第 103 页。

着的行为规则上面。”[①]也就是说，法都是以国家意志的形式表达出来，并以国家强制力来实现这种意志，因而社会主义的法也是如此。他们说道：“社会主义国家所制定或认可的行为规则（规范）是有普遍约束力的规则。社会主义国家保证法律规范得到严格的遵守，对违反法律规范的人采取各种国家强制措施。”[②]由此他们认为，体现工人阶级和人民意志的社会主义的法最终是以国家制定和认可的行为规则即法律规范的形式表现出来，因此“社会主义的法，也和一切法一样，是行为规则（规范）的总和”[③]。

最后，社会主义的法的内容是由社会主义社会物质生活条件所决定。苏联学者认为，法的内容归根结底是由统治阶级的物质生活条件决定的，社会主义的法的内容根本上受到社会主义社会物质生活条件的制约。他们分析道：“我们决不能认为，社会主义的法律规范所体现的工人阶级和它所领导的劳动群众的意志的内容，单单由社会物质生活条件来决定，而社会精神生活在这一方面却不起任何作用。”他们认为，对于法律形成和发展的社会文化因素很多，包括公民文化水平和觉悟程度、本国和他国进步的政治观点和法律观点发展的历史传统、国际革命工人运动的经验、社会主义阵营各国政权建设和制法活动的经验等，“但是归根到底决定社会主义的法的变化和发展的，却是社会主义社会物质生活条件和社会基础的发展”。[④]

3. 社会主义法的目的论

苏联法学理论认为，法的目的是法的本质的体现，也是对法的本质的进

① ［苏］苏联科学院法权研究院科学研究者集体编著：《马克思列宁主义关于国家与法权理论教程》，中国人民大学马列主义关于国家与法权理论教研室译，华东政法学院教务处1953年翻印，第138页。

② ［苏］玛·巴·卡列娃等：《国家和法的理论》（下册），李嘉恩等译，中国人民大学出版社1956年版，第295页。

③ ［苏］玛·巴·卡列娃等：《国家和法的理论》（下册），李嘉恩等译，中国人民大学出版社1956年版，第294页。

④ 参见［苏］玛·巴·卡列娃等：《国家和法的理论》（下册），李嘉恩等译，中国人民大学出版社1956年版，第294—295页。

一步阐述，因此它将社会主义法的目的作为社会主义法的本质的重要组成部分。苏联学者在对社会主义的法下定义时指出，社会主义的法“旨在保护、巩固和发展社会主义秩序和关系”。他们分析道：“全部社会主义的法律规范的基本使命在于保护、巩固和发展社会主义秩序和关系，为进一步巩固社会主义生产关系（这是决定社会主义生产力发展的主要的和决定性的力量）而提供创造性的服务。”①在他们看来，社会主义的法本身不是目的，它不过是建立新的社会制度的手段和方法。正如有的苏联学者所说：“苏维埃社会主义法律是建立新社会制度——共产主义底重要手段和方法之一。苏维埃国家每一立法法令，以及整个全部立法，都是服务于一个目的——即加速铲除在经济中和在人们意识中的资本主义残余，促进共产主义社会的胜利。”“无论过去和现在我们从来也没有把法律看成是一种自我目的。它永远是而现在也依旧只是帮助建立共产主义的方法、工具和手段。”②同时，他们将社会主义国家作为建立共产主义的基本力量，指出：“我国的劳动者在建成社会主义国家后，就利用它当作改造社会的杠杆，就利用它当作完全建成共产主义的基本力量。”③因此，社会主义法必然就成为无产阶级专政、社会主义国家的工具。

从社会主义法的目的中可以看到，它是以确立和维护社会主义的社会关系和社会秩序作为其价值追求和基本功能。就社会主义法的价值而言，它体现在社会主义法的基本原则上，也使得社会主义的法与资本主义的法区分开来。基于此，苏联学者详尽阐述了苏维埃法的基本原则或基本特征。苏联学者认为，这些原则或特征包括社会主义原则、体现工人阶级和农民的利益、贯彻真正的民主主义、实行彻底的国际主义、权利义务的公平分配、个

① 参见［苏］玛·巴·卡列娃等：《国家和法的理论》（下册），李嘉恩等译，中国人民大学出版社 1956 年版，第 295 页。

② ［苏］苏达里可夫、贝可夫：《苏维埃国家与法问题讲座》，中央人民政府法制委员会编译室编译，中央人民政府法制委员会 1951 年印，第 137 页。

③ ［苏］苏达里可夫、贝可夫：《苏维埃国家与法问题讲座》，中央人民政府法制委员会编译室编译，中央人民政府法制委员会 1951 年印，第 92 页。

人利益和社会利益的结合等。[①] 其中,社会主义原则被置于首位,它包括生产工具和生产资料的社会主义所有制、剥削制度和剥削阶级的消灭、失业现象的消灭、劳动成为有劳动能力的公民的义务和光荣的事情等。之所以如此,因为它被看成苏维埃法的基础,它“决定了苏维埃的法同资产阶级的法的根本的质的区别”[②]。他们还讲道:“苏维埃的法不仅是社会主义的主要基石和原则的反映,而且还是工人阶级和全体劳动者用来在生活中每时每刻切实实现这些原则,实现社会主义经济规律、国民经济有计划(按比例)发展的规律、按劳分配的规律以及其他社会主义社会中起着作用的经济规律的要求的有力杠杆。”[③]

4. 社会主义法的关系论

苏联法学理论认为,要深入把握社会主义法的本质,深刻理解社会主义法的功能和地位,就必须将其置于社会中加以考察,即分析社会主义的法与社会主义经济、政治、道德等其他社会现象的关系。

(1)社会主义的法与经济的关系。苏联法学理论认为,根据法与经济关系的原理,社会主义的法与社会主义经济之间存在着紧密的关系,但与资产阶级的法与资本主义经济之间的关系有着本质区别。苏联学者指出:“社会主义法权决定于社会主义生产关系,反转过来它又影响着经济,促使社会主义经济关系底巩固和发展。”[④]但是,他们还指出:“经济与法权的关

---

① 参见[苏]玛·巴·卡列娃等:《国家和法的理论》(下册),李嘉恩等译,中国人民大学出版社 1956 年版,第 296—301 页;[苏]苏达里可夫、贝可夫:《苏维埃国家与法问题讲座》,中央人民政府法制委员会编译室编译,中央人民政府法制委员会 1951 年 4 月印,第 138—144 页。

② [苏]玛·巴·卡列娃等:《国家和法的理论》(下册),李嘉恩等译,中国人民大学出版社 1956 年版,第 296、298 页。

③ [苏]玛·巴·卡列娃等:《国家和法的理论》(下册),李嘉恩等译,中国人民大学出版社 1956 年版,第 301 页。

④ [苏]苏联科学院法权研究院科学研究者集体编著:《马克思列宁主义关于国家与法权理论教程》,中国人民大学马列主义关于国家与法权理论教研室译,华东政法学院教务处 1953 年翻印,第 149 页。

系，在资产阶级国家和社会主义国家中有基本和重大的区别。这种区别是由资产阶级革命与无产阶级革命的区别而产生的。”他们分析道：“资产阶级革命开始于资产阶级经济关系已经在封建制度内部成熟的时候，因此，资产阶级在掌握了政权以后，就应该使这政权适合于当时的资产阶级经济”，其法权的基本任务就是保护和巩固已经存在的资产阶级经济关系。“无产阶级革命则是开始于资产阶级社会中还没有或是几乎没有社会主义结构的时候，因此，无产阶级革命的任务是建立新的社会主义经济”，其法权的基本任务是帮助国家建立并巩固社会主义经济。① 对此，他们进一步分析道：“当伟大十月社会主义革命胜利后，产生了苏维埃社会主义的国家与法权时，还没有社会主义的经济关系，那时社会主义经济还不存在，苏维埃国家就利用自己的全部杠杆，其中包括法权杠杆，来建立新的社会主义经济。所以社会主义法权对社会主义经济的影响，是本质上不同的影响，在内容上和方法上完全不同的影响：法权是一种手段，苏维埃国家借助于这种手段来建立新的社会主义经济、新的经济关系。”②

在苏联学者看来，正因为社会主义经济基础决定法律，所以立法就要遵循社会主义客观经济法则。他们说道：“苏维埃国家在其成立后全部时期的立法活动过去是，现在仍然是决定于在它的每一发展阶段中社会主义基础所特有的那些客观的经济法则。”基于此种关系，“苏维埃国家与法律的创造性作用的源泉，就在于它们的活动不是违反着客观经济法则，而是严格地适合于它们，而是建基于对这些法则的科学认识”。因此，“苏维埃国家立法的内容不是随意制定的”，而是要“在认识一定的客观法则的基础上制定的”。③

---

① 参见［苏］苏联科学院法权研究院科学研究者集体编著：《马克思列宁主义关于国家与法权理论教程》，中国人民大学马列主义关于国家与法权理论教研室译，华东政法学院教务处1953年翻印，第149页。

② ［苏］苏联科学院法权研究院科学研究者集体编著：《马克思列宁主义关于国家与法权理论教程》，中国人民大学马列主义关于国家与法权理论教研室译，华东政法学院教务处1953年翻印，第149页。

③ 参见［苏］安·扬·维辛斯基等：《苏维埃法学中的几个问题》，石健等译，人民出版社1954年版，第14、15页。

同时,他们还指出:"法律与国家形式为某一基础所产生的上层建筑之一部分,因此,它们随着该基础消灭而消灭,并代之以新的法律和国家形式。"根据这种观点,他们认为,"在法学中,还有大量的公式、原理和名词并不完全适合于社会主义关系",要彻底丢弃和振刷。对此,他们举例说,"把国家企业彼此供应生产资料视为一种买卖关系的传统看法是错误的。斯大林同志十分明确地说,国家并不出售生产资料,而是把它们分配给自己的企业。清楚得很,社会主义组织间的供应合同与买卖合同有着本质的不同";"'实体真理'的概念,'主体权利'的概念,把'法律渊源'、'犯罪构成'以及其他概念传统地划分为'形式'意义上的和'实体'意义上的概念","反映出资产阶级法学的影响"。①

(2)社会主义的法与国家的关系。苏联法学理论认为,社会主义的法与社会主义国家关系密切。苏联学者指出,一方面,社会主义的法要发挥作用必须依靠社会主义国家,即"苏维埃社会主义的法依靠苏维埃社会主义国家的强大威力,对社会生活和政治生活起着创造性的、符合工人阶级和整个社会绝大多数人的利益的作用"。另一方面,社会主义国家需要通过社会主义的法加以确立和巩固,即"借助于法律(首先是'苏联宪法'、各加盟共和国和自治共和国的宪法)的规范,在苏维埃社会中确立了苏维埃国家机关的整个体系。苏维埃法律规定了自上到下各级苏维埃国家机关的组织和活动的真正民主的原则。苏维埃法律依照人民的意志,确定并划分了苏维埃国家各种机关的权限,规定了这些机关执行本身任务的程序和方式"。②

在苏联学者看来,社会主义国家比起社会主义的法更重要,社会主义的法不过"是巩固苏维埃国家的一个杠杆"③,是苏维埃国家借以建立新的社

---

① 参见[苏]安·扬·维辛斯基等:《苏维埃法学中的几个问题》,石健等译,人民出版社1954年版,第20—21、23—24页。

② 参见[苏]玛·巴·卡列娃等:《国家和法的理论》(下册),李嘉恩等译,中国人民大学出版社1956年版,第302页。

③ [苏]玛·巴·卡列娃等:《国家和法的理论》(下册),李嘉恩等译,中国人民大学出版社1956年版,第302页。

会主义经济、新的经济关系的手段①。也就是说，社会主义的法只是社会主义国家的工具。从本质上说，“社会主义国家是无产阶级专政的国家”②，因而社会主义的法也是无产阶级专政的工具。他们认为，社会主义法的工具性体现在它对社会主义国家职能实现的积极作用上。对此，他们结合苏维埃国家两个阶段的职能分析道：“在苏维埃国家第一个主要发展阶段上，社会主义的法的使命是保证实现苏维埃国家的两种基本职能：镇压国内被推翻的阶级的职能和保卫国家以防御外来侵犯的职能。同时，这一阶段上的苏维埃的法，对于当时已经存在的、但没有得到重大发展的经济组织和文化教育职能的实施，也起了很大的作用。”③“苏维埃国家之进入第二个主要发展阶段，不能不引起整个上层建筑，包括苏维埃的法在内的重大变化。苏维埃国家废除了那些已经不适合新条件和新任务的旧的法律规范，制定了由第二个阶段的基本任务所产生的新的法律规范。……无论新的法律规范或是从前制定的、但仍继续有效的规范，都是实现苏维埃国家在第二个主要发展阶段上的三个基本职能的重要杠杆，这些职能就是：国家机关的经济组织和文化教育工作的职能，防范人民财富的盗窃者和侵吞者以保护社会主义财产的职能，保卫国家以防外来侵犯的职能。”④

(3)社会主义的法与政治的关系。苏联法学理论认为，社会主义的法是社会主义政治的工具，它反映国内阶级力量的对比关系。因此，苏联学者将国内阶级力量的对比关系列为决定社会主义法律规范内容的

① 参见[苏]苏联科学院法权研究院科学研究者集体编著：《马克思列宁主义关于国家与法权理论教程》，中国人民大学马列主义关于国家与法权理论教研室译，华东政法学院教务处 1953 年翻印，第 149 页。

② [苏]玛·巴·卡列娃等：《国家和法的理论》（下册），李嘉恩等译，中国人民大学出版社 1956 年版，第 169 页。

③ [苏]玛·巴·卡列娃等：《国家和法的理论》（下册），李嘉恩等译，中国人民大学出版社 1956 年版，第 302 页。

④ [苏]玛·巴·卡列娃等：《国家和法的理论》（下册），李嘉恩等译，中国人民大学出版社 1956 年版，第 307 页。

基本因素。①

苏联法学理论还认为,社会主义的法与社会主义政治的关系集中体现在社会主义的法与共产党和苏维埃国家的政策上。在社会主义国家中,苏维埃法是实现共产党和国家政策的工具。苏联学者指出,“苏维埃法律过去和现在一直是实现共产党政策的最重要的工具之一”,因为苏维埃法律是工人阶级意志的体现,而“共产党集中了和表达了苏联工人阶级的意志”,“共产党的政策是以对于经济法则的科学认识作为基础的,它决定着苏维埃国家在其每一发展阶段中的活动方向和为实现其职能所应采用的手段”。② 苏联学者还指出:“在苏维埃社会主义国家,共产党和苏维埃政权的政策决定着苏维埃法权底形成和发展。共产党和苏维埃政权的政治任务是有赖于苏维埃法权的助力来完成的”。这是因为“共产党和苏维埃政权的政策是科学的、马列主义的政策,它构成了苏维埃制度的生活基础”。③ 他们进一步指出:“共产党与苏维埃国家的政策对苏维埃法权的决定性的意义表现在,苏维埃法律与国家政权的其他法令都反映着这种政策,并且是这种政策的传导者。政策的改变随之而引起有关的法权规范的改变。”对此,他们举例说:“由于苏维埃政权由限制与排挤富农政策转为在全盘集体化的基础上消灭富农阶级,因而立法也发生了改变。”④

5. 社会主义法制与法律秩序论

苏联法学理论认为,法是统治阶级意志的表现,是统治阶级实行政治统

① 参见[苏]玛·巴·卡列娃等:《国家和法的理论》(下册),李嘉恩等译,中国人民大学出版社1956年版,第294页。

② 参见[苏]安·扬·维辛斯基等:《苏维埃法学中的几个问题》,石健等译,人民出版社1954年版,第146页。

③ 参见[苏]苏联科学院法权研究院科学研究者集体编著:《马克思列宁主义关于国家与法权理论教程》,中国人民大学马列主义关于国家与法权理论教研室译,华东政法学院教务处1953年翻印,第155页。

④ [苏]苏联科学院法权研究院科学研究者集体编著:《马克思列宁主义关于国家与法权理论教程》,中国人民大学马列主义关于国家与法权理论教研室译,华东政法学院教务处1953年翻印,第155页。

治的工具,其目的是保护、巩固和发展有利于统治阶级的社会秩序,当这种社会秩序成为法律秩序时,这种目的就能得到实现。法律秩序的形成必须以法律和法制的存在为基础。

什么是法律秩序?苏联学者认为,“在法权上,在法权规范上所表现出来和巩固起来的社会中人们相互关系的秩序,叫做法权秩序”。“法权秩序是与现行法权相互联系着的,它是现行法权底实现。”①可见,法律秩序不仅以法律的存在为基础,而且是法律实现的结果。对此,他们论述道:“法权秩序并不是形式上的概念,也不是自然而然地从法权规范的效力中产生出来的。当人们底关系,政权机关与公民的关系,公民之间的关系实际上都建立在法权、法律的基础上时,法权秩序才存在。”②在苏联学者看来,法律秩序的基本属性是保护公民的权利。他们指出,“被法律所保护的公民权利的制度是法权秩序本身必须具备的属性”。因此,“在没有法权秩序的地方,即使有着法权、法律和国家政权机关底其他法令,但是那里的政权机关活动底原则是专横和蔑视法纪,那里的公民被剥夺了权利,那里的人们关系建立在明目张胆的强力的基础上”。③ 同时,他们把法律秩序建立在法制的基础上,指出:“法权秩序是建立在法制基础上的人们关系底秩序。凡是没有法制的地方,即使有着法律,但是也不会有法权秩序。”④

苏联学者认为,“法权秩序……是有阶级性的,它表现着本国的社会制

---

① [苏]苏联科学院法权研究院科学研究者集体编著:《马克思列宁主义关于国家与法权理论教程》,中国人民大学马列主义关于国家与法权理论教研室译,华东政法学院教务处1953年翻印,第167—168页。

② [苏]苏联科学院法权研究院科学研究者集体编著:《马克思列宁主义关于国家与法权理论教程》,中国人民大学马列主义关于国家与法权理论教研室译,华东政法学院教务处1953年翻印,第168页。

③ 参见[苏]苏联科学院法权研究院科学研究者集体编著:《马克思列宁主义关于国家与法权理论教程》,中国人民大学马列主义关于国家与法权理论教研室译,华东政法学院教务处1953年翻印,第168页。

④ [苏]苏联科学院法权研究院科学研究者集体编著:《马克思列宁主义关于国家与法权理论教程》,中国人民大学马列主义关于国家与法权理论教研室译,华东政法学院教务处1953年翻印,第168页。

度,保护和维护着统治阶级的利益”,因此“所谓‘一般’法制是没有的,只有资产阶级法制与社会主义法制”。① 他们分析道,当资产阶级国家全盛时期,法制原则被提到第一位,要求“国家政权机关的活动必须以法律为根据,不能越出法律的范围”。但是,“在资本主义制度发生危机和劳动大众革命高涨的条件下,法制制度就变成为资产阶级统治道路上的障碍物了。它便抛弃法制,并改用恐怖的方式来镇压劳动者”。② 所以,在资产阶级国家里,法制与法权秩序经常地被破坏。然而,“在社会主义国家里,坚决地执行着并遵守着社会主义法制,并且保护着社会主义法权秩序”,因此“只有社会主义法制与社会主义法权秩序才是真正的法制与真正的法权秩序”。③

什么是社会主义法制和社会主义法律秩序?苏联学者指出:“社会主义法制是实现无产阶级专政的一个主要方法,它的实质就在于保证国家机关、社会团体、公职人员和公民不偏不倚地确切地遵守由法律和根据法律发布的社会主义国家的其他文件所制定的法律规范,同时社会主义国家尽一切可能地保护公民及其团体的权利和自由。”④显然,他们将社会主义法制的本质归结为两条:一是依法办事,二是保护公民与团体的权利。他们进一步指出:“社会主义法律秩序就是社会主义社会在该发展阶段所固有的、归根到底由社会基础所决定的、由于实现社会主义法制原则而形成的社会关系的体系。”⑤可见,社

---

① 参见[苏]苏联科学院法权研究院科学研究者集体编著:《马克思列宁主义关于国家与法权理论教程》,中国人民大学马列主义关于国家与法权理论教研室译,华东政法学院教务处 1953 年翻印,第 168 页。

② 参见[苏]苏联科学院法权研究院科学研究者集体编著:《马克思列宁主义关于国家与法权理论教程》,中国人民大学马列主义关于国家与法权理论教研室译,华东政法学院教务处 1953 年翻印,第 168—169 页。

③ 参见[苏]苏联科学院法权研究院科学研究者集体编著:《马克思列宁主义关于国家与法权理论教程》,中国人民大学马列主义关于国家与法权理论教研室译,华东政法学院教务处 1953 年翻印,第 170、171 页。

④ [苏]玛·巴·卡列娃等:《国家和法的理论》(下册),李嘉恩等译,中国人民大学出版社 1956 年版,第 327 页。

⑤ [苏]玛·巴·卡列娃等:《国家和法的理论》(下册),李嘉恩等译,中国人民大学出版社 1956 年版,第 328 页。

会主义法律秩序的内容取决于社会主义经济基础，而其形成和巩固的法律基础是贯彻社会主义法制原则，因此“随着苏维埃国家与社会的发展，社会主义法制的内容起了变化，社会主义法权秩序也起了变化”①。对此，苏联学者详细论述了苏维埃国家两个阶段苏维埃社会的法制和法律秩序状况。② 正因为社会主义法制与社会主义法律秩序存在着内在关联，因而对于社会主义法律秩序的实现来说，保证法律执行就显得尤为重要。如何做到这一点，苏联学者按照列宁的相关论述总结道：“保证法律执行的方法有两种：一种是对法律执行情况进行监督，另一种是对不执行法律的人进行制裁。”③同时，他们对这两种办法进行了具体论述。④

苏联法学理论将法制和法律秩序、统治阶级统治联系起来。他们指出：“资产阶级的法制是实现资产阶级专政的方法之一，是维持资产阶级经济统治和政治统治的工具之一。”⑤他们还说道，“社会主义法制是实现无产阶级专政的一个主要方法”，“巩固法制和法律秩序是巩固社会主义国家的主要手段之一，是巩固工人阶级专政的方法之一”，因此，巩固社会主义法制和法律秩序成为国家一切机关的首要职责，也得到共产党和各种社会团体的关心。⑥

6. 社会主义法的运行论

苏联法学理论认为，法是统治阶级意志的体现，其目的是保护、巩固和发

---

① [苏]苏联科学院法权研究院科学研究者集体编著：《马克思列宁主义关于国家与法权理论教程》，中国人民大学马列主义关于国家与法权理论教研室译，华东政法学院教务处1953年翻印，第172页。

② 参见[苏]玛・巴・卡列娃等：《国家和法的理论》（下册），李嘉恩等译，中国人民大学出版社1956年版，第334—347页。

③ [苏]玛・巴・卡列娃等：《国家和法的理论》（下册），李嘉恩等译，中国人民大学出版社1956年版，第328页。

④ 参见[苏]玛・巴・卡列娃等：《国家和法的理论》（下册），李嘉恩等译，中国人民大学出版社1956年版，第328—329页。

⑤ [苏]玛・巴・卡列娃等：《国家和法的理论》（下册），李嘉恩等译，中国人民大学出版社1956年版，第331页。

⑥ 参见[苏]玛・巴・卡列娃等：《国家和法的理论》（下册），李嘉恩等译，中国人民大学出版社1956年版，第327、329—331页。

展有利于并适合于统治阶级的社会关系和社会秩序，而法的阶级意志和目的是通过法律规范加以确立的。苏联学者指出，法律规范"使得统治阶级的一定的要求和意志表现具有了法律上的效力"①。"掌握国家权力的统治阶级，通过在法律规范中为社会成员、社会团体和国家机关规定一定的权利和义务的办法，通过法律调整他们之间的关系的办法，确立了有利于并适合于本阶级的社会秩序"②。苏联法学理论还认为，只有实行法制即遵守和执行法律规范，法的目的才能得以实现。可见，法律规范及其实施即法的运行，是实现法的目的的保证。由此，社会主义法的目的也是通过社会主义法的运行得以实现的。

(1)社会主义法律规范和法律体系。苏联法学理论认为，社会主义法律规范与以往历史类型的法律规范有着相同的地方。苏联学者指出，"一切法律规范都是由国家(通过在这方面有权的国家机关)制定或认可的规则"，"法律规范无论何时何地都始终体现着对社会实行国家领导的那个阶级的意志"，"法律规范具有强制性，即以强制力为后盾，它对违反这一法律规范的人采取强制"。③ 也就是说，这种共同性体现在国家意志、统治阶级意志和国家强制力上。苏联法学理论还认为，社会主义法律规范"反映了最高类型的法所独具的特点"④，因而与以往历史类型的法律规范有着原则区别。首先，体现的意志不同。苏联学者指出："社会主义法律规范是经社会主义国家制定或认可的、体现工人阶级领导下的劳动人民在某一个问题上的意志的行为规则。"⑤其次，体现的强制性不同。他们讲道："由于社会

① [苏]玛・巴・卡列娃等:《国家和法的理论》(上册)，李嘉恩等译，中国人民大学出版社 1956 年版，第 75—76 页。

② [苏]玛・巴・卡列娃等:《国家和法的理论》(上册)，李嘉恩等译，中国人民大学出版社 1956 年版，第 76 页。

③ 参见[苏]玛・巴・卡列娃等:《国家和法的理论》(下册)，李嘉恩等译，中国人民大学出版社 1956 年版，第 371—372 页。

④ [苏]玛・巴・卡列娃等:《国家和法的理论》(下册)，李嘉恩等译，中国人民大学出版社 1956 年版，第 371 页。

⑤ [苏]玛・巴・卡列娃等:《国家和法的理论》(下册)，李嘉恩等译，中国人民大学出版社 1956 年版，第 372 页。

主义国家和体现在社会主义法律规范中的意志具有原则上不同的新的性质，因此，社会主义法律规范的强制性也和以往各种历史类型的法律规范的强制性有深刻的区别。”他们分析道：“在社会主义社会里，强制是在说服社会上大多数人，使他们确信有采取强制的必要的基础上对少数人采用的。……在社会主义社会里，绝大多数居民都自愿地履行着社会主义法律规范的要求。”①

在法律规范的逻辑结构上，苏联法学理论在西方法学两分法②的基础上，依据社会主义法制的要求提出了三分法，即假定、处理和制裁。苏联学者解释道：“假定就是法律规范中规定该规范适用条件和情况的那一部分。处理就是法律规范中规定该规范所要求的、所允许的或所禁止的一定行为的特征的一部分。制裁就是法律规范中指出不遵守这一规范、违反这一规范将要招致的法律后果的那一部分。”③可见，“苏联学者的三分法只注意到否定式法律后果，而忽视了肯定式法律后果”④。但是，这符合苏联法学理论提出的人们遵守法律的社会主义法制要求和实现社会主义社会秩序的法律目的。同时，苏联法学理论对法律规范按照不同标准作出分类，其中两种分类体现出它的重要性和独特性：其一，按照法律调整的客体，将法律规范分成国家法规范、行政法规范、民事法律规范、劳动法规范、集体农庄法规范、刑事法律规范等。⑤ 这种分类的重要性在于，它“是建立各种法的部门（民法、刑法、行政法、集体农庄法等）的根据……对进行苏维埃立法编纂和建立社会主义法的体系具有重大意义，并且对正确适用法律规范和在实际

---

① ［苏］玛·巴·卡列娃等：《国家和法的理论》（下册），李嘉恩等译，中国人民大学出版社 1956 年版，第 372—373 页。

② 有些西方法学著作认为，每一个法律规范都是由假定和处理两部分构成的。参见张文显：《对法律规范的再认识》，载《吉林大学社会科学学报》1987 年第 6 期。

③ ［苏］玛·巴·卡列娃等：《国家和法的理论》（下册），李嘉恩等译，中国人民大学出版社 1956 年版，第 377 页。

④ 张文显：《对法律规范的再认识》，载《吉林大学社会科学学报》1987 年第 6 期。

⑤ 参见［苏］玛·巴·卡列娃等：《国家和法的理论》（下册），李嘉恩等译，中国人民大学出版社 1956 年版，第 378—379 页。

中正确实现社会主义法制具有重大意义"①。显然,它体现了苏联法学理论对法律规范所调整的社会关系的重视。其二,按照法律规范规定的表现形式即权利和义务,将法律规范分为义务性规范、禁止性规范和授权性规范,②这种分类成为最重要的分类,因为它"可以更深刻地显示出苏维埃法的本质,同时不仅在国家政权与公民之间的相互关系上,并且在社会主义社会公民与社会主义国际机关之间的相互关系上,以及在公民之间的相互关系上都可以对苏维埃法作更深刻的理解"③。它也表明苏联法学理论在关注权利、义务这些法律形式的同时,更加看重义务性规范和禁止性规范。

苏联法学理论认为,"每一个国家中的现行法律规范,尽管它们的具体内容各不相同,但构成一个统一的整体"④。之所以是统一的,主要有两个理由:首先,"它们有着共同的经济基础,因而也有着共同的阶级内容",即它们都是这个国家中的统治阶级意志的表现,⑤而"这个意志,就直接赋予构成法权的一切法权规范以统一性"⑥。其次,"它们有着共同的基本的主导原则,这些原则保证各种不同的法律规范在一定程度上互相协调"。⑦ 也就是说,"一个国家各种法权规范底总和,均基于由该社会的社会经济结构

---

① [苏]彼·斯·罗马什金等主编:《国家和法的理论》,中国科学院法学研究所译,法律出版社1963年版,第443页。

② 参见[苏]玛·巴·卡列娃等:《国家和法的理论》(下册),李嘉恩等译,中国人民大学出版社1956年版,第380—383页。

③ [苏]彼·斯·罗马什金等主编:《国家和法的理论》,中国科学院法学研究所译,法律出版社1963年版,第444页。

④ [苏]玛·巴·卡列娃等:《国家和法的理论》(下册),李嘉恩等译,中国人民大学出版社1956年版,第460页。

⑤ 参见[苏]玛·巴·卡列娃等:《国家和法的理论》(下册),李嘉恩等译,中国人民大学出版社1956年版,第460页。

⑥ [苏]苏联科学院法权研究院科学研究者集体编著:《马克思列宁主义关于国家与法权理论教程》,中国人民大学马列主义关于国家与法权理论教研室译,华东政法学院教务处1953年翻印,第534页。

⑦ [苏]玛·巴·卡列娃等:《国家和法的理论》(下册),李嘉恩等译,中国人民大学出版社1956年版,第460页。

中产生的各个统一的原则"①。基于此，苏联学者认为，"法的体系就是归根到底由社会经济基础决定的法的统一和法的划分（即分成各个互相联系的组成部分——法的部门和法律制度）"。"社会主义法的体系就是归根到底由社会主义基础决定的各种相互联系并相互协调的社会主义法律规范的统一整体，它分成各个部门和法律制度。"②他们进一步指出："由于社会主义的基础和上层建筑同资本主义社会的基础和上层建筑有原则性的区别，因此社会主义法的体系同资产阶级法的体系（以及任何剥削者法的体系）也就有根本的区别。"③这种区别形成了社会主义法的体系的特点，即"法是统一的，各种法律规范是内在联系的、互相协调的，一切法律规范都贯穿着社会主义原则"④。

那么，社会主义的法应当按照什么依据来划分法律部门呢？苏联学者认为，按照马克思在《政治经济学批判序言》中的论述，"为了使法权规范的分类有科学和客观的根据起见，应当由那些经法权所调整的和巩固起来的社会关系出发。因此法权体系的建立，必须根据经法权所调整的社会关系，把法权规范分成各种类别，再根据一定类别的社会关系底联系和差别，把法权规范底各类加以分界"⑤。也就是说，按照调整的社会关系来区分法律部门和法律制度。据此，他们讲道："苏维埃社会主义的法反映了它所调整的社会关系的多样性，反映了法律调整范围的广阔，它包括许多

---

① ［苏］苏联科学院法权研究院科学研究者集体编著：《马克思列宁主义关于国家与法权理论教程》，中国人民大学马列主义关于国家与法权理论教研室译，华东政法学院教务处1953年翻印，第534页。

② ［苏］玛·巴·卡列娃等：《国家和法的理论》（下册），李嘉恩等译，中国人民大学出版社1956年版，第462—463页。

③ ［苏］玛·巴·卡列娃等：《国家和法的理论》（下册），李嘉恩等译，中国人民大学出版社1956年版，第462页。

④ ［苏］玛·巴·卡列娃等：《国家和法的理论》（下册），李嘉恩等译，中国人民大学出版社1956年版，第463页。

⑤ ［苏］苏联科学院法权研究院科学研究者集体编著：《马克思列宁主义关于国家与法权理论教程》，中国人民大学马列主义关于国家与法权理论教研室译，华东政法学院教务处1953年翻印，第547页。

法的部门。”[①]对此，他们花费大量篇幅论述这些基本部门。[②] 从这个标准出发，他们对资产阶级法学关于公、私法的划分进行了批判，得出了三点结论：一是“资产阶级法权之分为公法和私法，是以生产工具和生产资料私有制的统治为基础的”；二是“私法是私有制底直接表现，并且随同私有制共同发展起来”；三是“公法就是以保护建立于私有制基础上的各种资产阶级社会关系为目的的资产阶级政权组织底法权形式”。在他们看来，“公、私法的这种分法，是和把国家当作保护公民相互间自由关系（经济关系）而不妨碍这些关系的‘更夫’的论述有其历史上的联系”。[③] 可见，公、私法划分是建立在资本主义私有制和国家原则的基础上，并以保护私有制和自由经济为目标。公、私法划分是否适用于社会主义法的体系呢？苏联学者在引用了列宁关于社会主义民法是公法的著名论述后指出，“公法和私法之分对于苏维埃社会主义的法是不适用的”，这是因为“随着生产资料私有制的消灭和社会主义经济基础的确立，产生资产阶级社会中国家、社会和个人利益之间的实际矛盾的基础，以及由此而产生的公法和私法划分的基础也消失了”。[④] 他们分析道：一方面，“私法是私有财产者利益的表现而且是保护这些利益的工具”，“苏维埃国家内没有生产工具与生产资料的私有制，因而就失去了区分出私法来的根据”；另一方面，“连那个被叫做公法的（国家

---

① [苏]玛·巴·卡列娃等：《国家和法的理论》（下册），李嘉恩等译，中国人民大学出版社1956年版，第464—465页。

② 苏联学者认为，这些基本部门包括国家法、行政法、财政法、民法、劳动法、土地法、集体农庄法、家庭法、刑法、刑事诉讼法、民事诉讼法、法院组织和检察工作组织的基本规范。参见[苏]玛·巴·卡列娃等：《国家和法的理论》（下册），李嘉恩等译，中国人民大学出版社1956年版，第467—479页；[苏]苏联科学院法权研究院科学研究者集体编著：《马克思列宁主义关于国家与法权理论教程》，中国人民大学马列主义关于国家与法权理论教研室译，华东政法学院教务处1953年翻印，第549—557页。

③ 参见[苏]苏联科学院法权研究院科学研究者集体编著：《马克思列宁主义关于国家与法权理论教程》，中国人民大学马列主义关于国家与法权理论教研室译，华东政法学院教务处1953年翻印，第543页。

④ 参见[苏]玛·巴·卡列娃等：《国家和法的理论》（下册），李嘉恩等译，中国人民大学出版社1956年版，第465页。

法、行政法等)，在苏维埃法权中也有着和资产阶级法权完全不同的意义和内容”。[①] 再者，“苏联社会的经济基础和政治基础能够保证个人利益和集体利益、公民利益和国家利益协调一致，因此也就消除了产生公法和私法划分的基础”[②]。

(2)社会主义法律渊源。苏联法学理论认为，法必须通过法律规范才能实现统治阶级的意志和有利于统治阶级的社会秩序，因此“法律规范是由统治阶级的具有明确目的的意志所制定的，这个目的就是建立符合于自己观点的法律秩序”[③]。从这个意义上说，法律规范的内容是对有利于统治阶级的各种社会关系的确认，最终取决于统治阶级的物质生活条件，即“制法活动归根到底是由经济基础所制约的，是以经济基础为渊源的”。但是，“统治阶级的意志要成为法律规范，就应该作为国家的意志而表现出来，同时还应该具有一定的特殊形式”。[④] 苏联学者认为，这种表现统治阶级意志的特殊形式就是法律渊源，而法律渊源“则是具有各种不同表现形式的国家意志”。也就是说，法律渊源是“国家机关制定法律规范的各种文件”。[⑤]

法律渊源与国家机关的制法活动有关，因而任何类型的国家都有自己的法律渊源。在苏联法学理论看来，苏维埃国家的法律渊源与其他类型国家的法律渊源有着原则区别。首先，苏维埃法律渊源是苏维埃国家机关制

① 参见[苏]苏联科学院法权研究院科学研究者集体编著:《马克思列宁主义关于国家与法权理论教程》，中国人民大学马列主义关于国家与法权理论教研室译，华东政法学院教务处 1953 年翻印，第 544—546 页。

② [苏]玛·巴·卡列娃等:《国家和法的理论》(下册)，李嘉恩等译，中国人民大学出版社 1956 年版，第 466 页。

③ 参见[苏]玛·巴·卡列娃等:《国家和法的理论》(下册)，李嘉恩等译，中国人民大学出版社 1956 年版，第 387 页。

④ 参见[苏]玛·巴·卡列娃等:《国家和法的理论》(下册)，李嘉恩等译，中国人民大学出版社 1956 年版，第 387 页。

⑤ [苏]玛·巴·卡列娃等:《国家和法的理论》(下册)，李嘉恩等译，中国人民大学出版社 1956 年版，第 387、388 页。

定的规范性文件，主要包括苏联、加盟共和国和自治共和国的法律，苏联、加盟共和国和自治共和国最高苏维埃主席团颁布的法令，苏联、加盟共和国和自治共和国政府的决议，各部长在本部权限范围内发布的命令和指示，地方权力机关发布的规范性文件，以及某些规范性的条约。[①] 其次，苏维埃的立法不承认判例是法律渊源，因为"法院的任务只是在各别具体情况下来适用法权"[②]。苏联学者批判道，某些资产阶级国家将判例作为法律渊源，它为法官的恣意妄为打开方便之门，法院可以利用判例来使法适合于垄断资本家的利益，损害劳动群众利益。[③] 第三，法律在苏维埃法律渊源中占主导地位。苏联学者指出，资产阶级学者常常把法律说成为两个对立的概念：实际意义上的法律和形式意义上的法律。前者"就是载有一般规范的文件，而不管这些规范是由哪个机关制定的"；后者"就是不论内容如何，但必须是由立法机关依特定的立法程序颁布的文件"。这种观点的目的是为资产阶级国家反民主的现状，即把立法工作交给宪法没有授权的管理机关（政府甚至各部）而不交给议会去做的情况辩护。但是，"苏维埃法的体系的特点是法律在各项法的渊源中占居首要的、主导的地位，这是完全符合苏维埃国家制度的民主精神的"。[④] 第四，制定法律有独特的程序，以体现民主精神。苏联学者总结道，每一项法律的形成要通过四个阶段，即立法提案、法律草案的讨论、法律的通过和法律的公布。他们分析说，在资产阶级国家里，除讨论和通过法律草案外，认为法律须经国家元首的批准。议会通过的法律，国家元首有权不予批准，即行使"否决权"。国家元首的"否决

① 参见［苏］玛·巴·卡列娃等：《国家和法的理论》（下册），李嘉恩等译，中国人民大学出版社 1956 年版，第 388—389 页。

② ［苏］苏联科学院法权研究院科学研究者集体编著：《马克思列宁主义关于国家与法权理论教程》，中国人民大学马列主义关于国家与法权理论教研室译，华东政法学院教务处 1953 年翻印，第 478 页。

③ 参见［苏］玛·巴·卡列娃等：《国家和法的理论》（下册），李嘉恩等译，中国人民大学出版社 1956 年版，第 389—390 页。

④ 参见［苏］玛·巴·卡列娃等：《国家和法的理论》（下册），李嘉恩等译，中国人民大学出版社 1956 年版，第 398—399 页。

权”只不过是用以对抗议会所通过的、但不合统治集团胃口的某些立法措施的一种手段。苏联宪法并没有规定法律经最高苏维埃通过后还须加以批准,而且也没有授权任何机关积压或否定最高苏维埃所作的各项决定。①

(3)社会主义法律规范的适用。苏联法学理论认为,法律规范的适用是法律在社会生活中的实现。苏联学者指出:“法权的适用就是法权的生效,是法权的实行,是法权所制定的那些规定与规则底实现。”②因此,“社会主义法律规范的适用就是这些规范所体现的劳动者的意志在生活中的实现”③。可见,法律规范的适用实际上是指法律的实施,社会主义法律规范的适用就是社会主义法律的实施。

苏联学者认为,苏维埃社会主义法律的性质“决定着它底适用——正确地、始终不渝地严格遵守苏维埃法律及严格的社会主义法制的制度”④。首先,“苏维埃社会主义法权适用的任务,就是苏维埃法律与国家政权的其他法令,在正确符合其意义,而绝无些微违背法律的情况中之完全实行”。因此,社会主义法律适用的基本形式就是“公民们、公职人员、权力机关对现行法权规范的正确遵守”,而另一种则是“在此方面具有全权的国家机关或公职人员来完成在个别的具体的场合下实施法权规范的特殊行为:如国家机关或公职人员在其职权范围内处理与裁决某一具体问题时,把一定的法权规范适用于这一场合,并确定法权规范对该种场合所产

① 参见[苏]玛·巴·卡列娃等:《国家和法的理论》(下册),李嘉恩等译,中国人民大学出版社1956年版,第400—401页。

② [苏]苏联科学院法权研究院科学研究者集体编著:《马克思列宁主义关于国家与法权理论教程》,中国人民大学马列主义关于国家与法权理论教研室译,华东政法学院教务处1953年翻印,第511页。

③ [苏]玛·巴·卡列娃等:《国家和法的理论》(下册),李嘉恩等译,中国人民大学出版社1956年版,第414页。

④ 参见[苏]苏联科学院法权研究院科学研究者集体编著:《马克思列宁主义关于国家与法权理论教程》,中国人民大学马列主义关于国家与法权理论教研室译,华东政法学院教务处1953年翻印,第513页。

生的法的后果”。[①] 从形式来看，社会主义法律适用既包括各种主体对法的遵守，也包括行政机关、司法机关对法的执行。其次，“苏维埃社会主义法权适用是以苏维埃社会主义法制原则为基础”。因此，“法院与其他国家机关（行政机关等）不能违背法律，变更法律，或任意的解释法律，这就是说，不能纵容任何的破坏法律的行为”。[②] 对此，他们还提出了适用苏维埃法律规范的具体要求。[③]

苏联学者还认为，社会主义法律规范的适用和剥削者社会中法律规范的适用是根本不同的，这是因社会主义国家的法和剥削阶级国家的法在阶级性质上的不同而产生的。首先，各社会阶级对法律规范适用的态度不同。他们分析道：在社会主义社会中，法体现着工人阶级和广大人民的意志，因而“全体劳动者都关心社会主义法律规范的实现，关心一般规范在具体情况中的正确适用。阶级敌人和劳动人民中的落后分子违反法律规范的行为，……不仅为对社会实行国家领导的工人阶级所反对，而且也为整个社会所反对。国家机关、公职人员、社会团体和个别公民为了把社会主义法律规范正确地适用到各种生活情况中，都完全依照社会利益而进行活动”。“资本主义国家的情况就完全不同。在那里，法律规范体现着当权的资产阶级的意志，替资本主义垄断组织的利益服务。……工人、农民和进步知识分子为废除那些体现资本主义垄断组织的私利并对劳动者的权利规定种种限制的法律规范而斗争。只有资产阶级才关心这种规范的实现。”[④]其次，法律

---

① 参见［苏］苏联科学院法权研究院科学研究者集体编著：《马克思列宁主义关于国家与法权理论教程》，中国人民大学马列主义关于国家与法权理论教研室译，华东政法学院教务处 1953 年翻印，第 513 页。

② 参见［苏］苏联科学院法权研究院科学研究者集体编著：《马克思列宁主义关于国家与法权理论教程》，中国人民大学马列主义关于国家与法权理论教研室译，华东政法学院教务处 1953 年翻印，第 514 页。

③ 参见［苏］玛·巴·卡列娃等：《国家和法的理论》（下册），李嘉恩等译，中国人民大学出版社 1956 年版，第 419 页。

④ ［苏］玛·巴·卡列娃等：《国家和法的理论》（下册），李嘉恩等译，中国人民大学出版社 1956 年版，第 419—420 页。

规范适用的强制性不同。他们论述道:“在剥削者国家内,法权就是剥削阶级以其自己的意志强迫被剥削阶级,强迫一切劳动人民服从的工具。因此在剥削者国家之中,法权对人民大众的适用,经常是和一切剥削者的法权所固有的和必要的暴力与压迫相关联的。”“苏维埃社会主义法权是为工人阶级与一切劳动者,一切劳动的苏维埃人民底利益而生效与适用的。因此苏维埃社会主义法权底适用,首先依靠以苏维埃人民的自觉性及其对……苏维埃法律之尊重。苏维埃法权的适用,当然也由国家强制、国家机构的力量来保证的,但是这种强制是对破坏社会主义秩序与社会纪律的人们,是对违犯苏维埃法律的人们,是对苏维埃国家的敌人,是对卖国者与叛国者,是对外国侦探机关的奸细而适用的。”①

苏联法学理论认为,为了正确地适用法律,就需要对法律规范进行解释。但是,法律解释是有阶级性的。苏联学者指出:“在资产阶级国家内,法律的解释经常以保证这种法律的适用符合资产阶级的阶级利益为其任务。”②“法律规范的解释是统治阶级运用这些规范来镇压劳动者的手段之一”③。对此,他们分析道:到了帝国主义阶段,资产阶级法学理论、立法和审判实践中贯穿着一条原则,即“在解释法律时法官底广泛自由,甚至法官有权违背法律,不适用法律,和审判案件时不按法律而自行处理”。这种原则是自由法学派学说的体现,该学说的依据是与法制原则对立的合理性原则。合理性原则“表现出资产阶级法权及资产阶级法官及行政官吏在适用法权时的真正阶级政治作用”,也就是“当‘合理’时,即对资产阶级和资本家有利时,法律就适用得很精确,严格而毫不歪曲,当法律的精确适用‘不

---

① ［苏］苏联科学院法权研究院科学研究者集体编著:《马克思列宁主义关于国家与法权理论教程》,中国人民大学马列主义关于国家与法权理论教研室译,华东政法学院教务处1953年翻印,第511—512页。

② ［苏］苏联科学院法权研究院科学研究者集体编著:《马克思列宁主义关于国家与法权理论教程》,中国人民大学马列主义关于国家与法权理论教研室译,华东政法学院教务处1953年翻印,第519页。

③ ［苏］玛·巴·卡列娃等:《国家和法的理论》(下册),李嘉恩等译,中国人民大学出版社1956年版,第433页。

合理'时,即不合资产阶级利益时,法律就要被破坏,不适用或作歪曲的解释"。[①] 然而,社会主义法律规范的解释与资本主义国家的法律解释具有完全不同的性质,"它是贯彻体现在法律规范中的劳动者意志的重要手段"[②]。他们指出:"在苏联当适用和解释法律时,坚决反对把法制和合理性对立起来,借口精确和严格适用法律有不合理性而破坏法制,是丝毫不允许的。"在他们看来,"苏联的法律在本质上全是合理的",因此对其在适用上的解释,"是在于说明它的真正的和精确的意义,是在于保证更严格地遵守它"。[③] 在此基础上,他们对苏维埃法律规范的解释作出了以下三种分类:一是按照解释的主体,将它分为具有法律效力的解释和不具有法律效力而依靠社会舆论威信的解释;二是按照解释的方法,将它分为历史解释、系统解释、文法解释和逻辑解释;三是按照解释的范围,将它分为扩大解释和限制解释。[④]

苏联法学理论认为,在刑事、民事案件判决而没有法律规定时,类推适用是必要的,因为"任何法律,任何法典,无论它怎样详细,它也不可能预先将可能发生的多种多样的生活现象与情况都规定出来"[⑤]。对此,苏联学者在分析 1922 年允许类推适用时指出:"这是迫于向新经济政策过渡和恢复国民经济时期的政治形势,向新经济政策过渡引起了资产阶级阶级斗争的

---

① 参见[苏]苏联科学院法权研究院科学研究者集体编著:《马克思列宁主义关于国家与法权理论教程》,中国人民大学马列主义关于国家与法权理论教研室译,华东政法学院教务处 1953 年翻印,第 521—522 页。

② [苏]玛·巴·卡列娃等:《国家和法的理论》(下册),李嘉恩等译,中国人民大学出版社 1956 年版,第 434 页。

③ 参见[苏]苏联科学院法权研究院科学研究者集体编著:《马克思列宁主义关于国家与法权理论教程》,中国人民大学马列主义关于国家与法权理论教研室译,华东政法学院教务处 1953 年翻印,第 522 页。

④ 参见[苏]玛·巴·卡列娃等:《国家和法的理论》(下册),李嘉恩等译,中国人民大学出版社 1956 年版,第 421—433 页。

⑤ [苏]苏联科学院法权研究院科学研究者集体编著:《马克思列宁主义关于国家与法权理论教程》,中国人民大学马列主义关于国家与法权理论教研室译,华东政法学院教务处 1953 年翻印,第 531 页。

新形式。这些形式可能表现为实施在制定法典的时候不可能规定的社会危害行为，由于在法典中没有直接规定这些行为的条文，这就使阶级敌对分子有可能逃避实施对社会显然有危害的行为的刑事责任。类推适用的必然性也由于缺乏足够的同劳动者中个别的不坚定分子所实施的社会危害行为作斗争的经验总结。”①苏联学者还认为，法律类推的实际适用在不同的国家有着不同的意义：“在许多资产阶级国家里，法律的类推适用，是当作回避法律和任意适用法律的手段的”；“在苏维埃法权中，……它不是回避法律的工具，而是为保证法律真正正确适用的工具。换句话说，……法律的类推适用是不准抵触法律和不顾及法律的，只准根据法律和在法律范围内适用”。② 例如，“苏维埃立法……虽然允许对刑法规范作类推适用，但为此规定了严格的范围”，即“刑事法律规范只有在具备若干条件之下才能作类推适用”③。1958 年 12 月 25 日苏联最高苏维埃通过的《苏联和各加盟共和国刑事立法基础》放弃了类推，对此苏联学者论证道：“在刑法中的类推不能看作是社会主义刑法不可变的原则。在我国社会主义社会已经建成，特别是在全面展开共产主义社会建设时期的条件下，已经没有这种必要。”④

(4)社会主义法律关系。苏联法学理论认为，法律对各种社会关系的调整，是采取规定各种法律规范即规定各种人们行为规则以及适用这些规范的方式来进行的。法律规范调整着人们之间的相互关系，他们相互的权

① [苏]彼·斯·罗马什金等主编：《国家和法的理论》，中国科学院法学研究所译，法律出版社 1963 年版，第 458 页。

② [苏]苏联科学院法权研究院科学研究者集体编著：《马克思列宁主义关于国家与法权理论教程》，中国人民大学马列主义关于国家与法权理论教研室译，华东政法学院教务处 1953 年翻印，第 531 页。

③ [苏]玛·巴·卡列娃等：《国家和法的理论》(下册)，李嘉恩等译，中国人民大学出版社 1956 年版，第 435 页。

④ [苏]彼·斯·罗马什金等主编：《国家和法的理论》，中国科学院法学研究所译，法律出版社 1963 年版，第 458 页。

利和义务,由此产生法律关系。[1] 因此,“法律关系是根据现行法律规范而形成的一种社会关系,它的参加者是法律规范所规定和保障的,因此也是受到国家保护的某种相互权利和法律义务的担当者”[2]。

苏联学者指出:“法律关系是一种意志关系。……一切意志关系都属于思想关系的范畴。”他们分析道:“法律关系之所以属于思想关系的范畴,是因为这种关系在形成之前要通过人们的意识。”[3]因此,“作为思想社会关系的法权关系,是属于社会底思想上层建筑,它和全部上层建筑一样,归根到底是由经济基础所决定”[4]。同时,法律关系具有意志的性质,这是因为,首先,“凡是法律关系都是用法律规范规定的,而法律规范则体现着对社会实行国家领导的统治阶级的意志。由此可见,统治阶级的意志正是通过法律关系而实现的”。其次,“每一个单独的具体法律关系,通常是通过该法律关系的所有参加者或其中一个参加者(对某几种法律关系来说)的意志表示而产生的”。即使法律关系并没有通过主体的意志表示,而是因法律或其他法律文件的规定,或因某个事件而产生,“要使这一法律关系的参加者行使权利或履行义务,也必须通过他们的意志行为”[5]。基于此,苏联学者认为法律关系是发生在人与人之间的社会关系,因而资产阶级法学家认为它可以发生在人与物之间的关系的论调是错误的,其目的是“想‘证明’法律关系不是意志社会关系,因此不应当从它们是否符合人们意志和社会

---

① 参见[苏]苏联科学院法权研究院科学研究者集体编著:《马克思列宁主义关于国家与法权理论教程》,中国人民大学马列主义关于国家与法权理论教研室译,华东政法学院教务处1953年翻印,第492页。

② [苏]玛·巴·卡列娃等:《国家和法的理论》(下册),李嘉恩等译,中国人民大学出版社1956年版,第437页。

③ [苏]玛·巴·卡列娃等:《国家和法的理论》(下册),李嘉恩等译,中国人民大学出版社1956年版,第438页。

④ [苏]苏联科学院法权研究院科学研究者集体编著:《马克思列宁主义关于国家与法权理论教程》,中国人民大学马列主义关于国家与法权理论教研室译,华东政法学院教务处1953年翻印,第493页。

⑤ [苏]玛·巴·卡列娃等:《国家和法的理论》(下册),李嘉恩等译,中国人民大学出版社1956年版,第439页。

利益这一点着眼来对它们进行分析”①。他们进一步指出，承认法律关系的意志性并不等于否认法律关系的客观基础，“社会的经济基础归根到底决定该社会的全部法律关系”②。

苏联学者认为，社会主义法律关系虽然有着任何历史类型法律关系共同的法律标志，但却有着自己的特征，这主要表现在三个方面：第一，它归根到底是由社会主义的生产关系决定的，社会主义的生产关系以社会主义的公有制为基础；第二，作为思想关系，它反映了苏维埃社会主义思想、社会主义社会的政治思想；第三，它是表现工人阶级及全体苏维埃人民的意志的社会主义法律规范所规定和调整的社会主义社会内人民的关系，所以它是巩固和发展社会主义社会秩序过渡到共产主义社会的工具。③ 他们还指出：“既然社会基础是社会发展的一定阶段上的经济制度，那么很自然的，在任何阶级社会中，法律关系在同一社会经济形态内也不是一成不变的。它随着基础的发展而发展和变化。”④

在此基础上，他们阐述了社会主义法律关系与资本主义社会法律关系在构成要素上存在的原则区别。首先，在法律关系的主体方面，这种区别表现在各种主体的地位上，“苏联公民都是苏维埃宪法所保障的权利的全权主体，他们也是权利的平等主体”。但在资本主义社会，“在资本家和雇佣工人之间，在高利贷者和受他盘剥的手工业者或农民之间，虽然在契约中他们都是权利平等的当事人，但是不可能有真正的平

① ［苏］玛·巴·卡列娃等：《国家和法的理论》（下册），李嘉恩等译，中国人民大学出版社 1956 年版，第 440 页。

② ［苏］玛·巴·卡列娃等：《国家和法的理论》（下册），李嘉恩等译，中国人民大学出版社 1956 年版，第 440 页。

③ 参见［苏］苏联科学院法权研究院科学研究者集体编著：《马克思列宁主义关于国家与法权理论教程》，中国人民大学马列主义关于国家与法权理论教研室译，华东政法学院教务处 1953 年翻印，第 497 页。

④ ［苏］玛·巴·卡列娃等：《国家和法的理论》（下册），李嘉恩等译，中国人民大学出版社 1956 年版，第 442 页。

等”。[①] 其次，在法律关系的客体方面，这种区别表现在“社会主义法律关系的客体始终是人的作为、行为，而不是人格，不是人本身”。“凡是有损于人格尊严、缩小或限制个人的公民权利、使公民无法行使自己权利或履行自己义务的行为，都不能成为社会主义法律关系的客体”。然而，“在万物都可以成为买卖对象的资产阶级社会中，在私有主的世界中，盛行着公开践踏人格尊严和人权的法律关系”。另外，“在社会主义社会中，不可能有以人们私自占有生产工具和生产资料的行为为客体的法律关系。例如土地、地下蕴藏、森林、水流、工厂、矿井、国营农业企业（国营农场、机器拖拉机站）等，都是不能买卖的”。但是，“在资产阶级社会里，上述各种生产资料都是资本家的私有财产，而资产阶级法律关系大部分也就是以私有主之间互相转让这些生产资料的行为为客体的”。[②] 最后，在法律关系的内容方面，这种区别表现在苏维埃法律中，权利“不仅是被宣布，而且实际予以保证与保障”[③]。同时，“权利与义务彼此密切地相联系着，权利与义务是相一致的。谁享有权利，同时也就负有义务，谁负有义务，同时也就享有权利”[④]。“而资产阶级法律则剥夺掉劳动者们最起码的权利，只让他们履行义务，同时却赋予剥削者们以全部权利，而免除他们履行其所‘负担的’义务”[⑤]。

---

① 参见［苏］玛·巴·卡列娃等：《国家和法的理论》（下册），李嘉恩等译，中国人民大学出版社1956年版，第444页。

② 参见［苏］玛·巴·卡列娃等：《国家和法的理论》（下册），李嘉恩等译，中国人民大学出版社1956年版，第451—452页。

③ ［苏］苏联科学院法权研究院科学研究者集体编著：《马克思列宁主义关于国家与法权理论教程》，中国人民大学马列主义关于国家与法权理论教研室译，华东政法学院教务处1953年翻印，第507页。

④ ［苏］苏联科学院法权研究院科学研究者集体编著：《马克思列宁主义关于国家与法权理论教程》，中国人民大学马列主义关于国家与法权理论教研室译，华东政法学院教务处1953年翻印，第508页。

⑤ ［苏］苏达里可夫：《关于国家与法律问题的讲座》，华东政法学院1954年8月翻印，第121页。

二、苏联法学理论的基本评价

（一）苏联法学理论的马克思主义属性

什么样的法学理论属于马克思主义的法学理论？张文显认为，对于马克思主义的法学理论，我们既不能将其归结为马克思主义创始人马克思、恩格斯关于法律的观点和思想，或者由这些观点、思想形成的法学理论体系，因为这会把马克思和恩格斯的法律思想与整个无产阶级的法学理论体系脱节，并导致对马克思主义的教条主义，还会使得马克思主义法学理论学科成为一个历史学科；也不能将其理解为马克思主义革命家和理论家关于法律的系统思考和研究，它包括马克思、恩格斯创立的法学基本理论，也包括列宁、毛泽东、邓小平等伟大的无产阶级革命家和理论家对马克思和恩格斯的法学基本理论的丰富和发展，因为这难免陷入"英雄创造历史"的误区，似乎只有无产阶级的革命导师和领袖才能发展马克思主义法学理论。正确的认识是，应当将其理解为在马克思主义世界观和方法论的指导下不断丰富和发展起来的法学理论体系，它既包括前两种意义下的法学理论，也包括学者在内的其他人所提出的符合无产阶级和广大人民群众利益，揭示法律本质和规律的法律思想、观点和理论，这才使马克思主义法学理论成为一个开放系统，使它更加密切地与人民群众的法律实践相结合，发挥出其应有的社会价值。① 显然，从广义的角度理解马克思主义的法学理论，为这种理论的不断发展提供了可能性，也使这种理论保有指导社会实践的意义。需要注意的是，这种广义的马克思主义法学理论是建立在无产阶级和广大人民群众的立场上，在马克思主义的世界观和方法论指导下形成的法学理论，这表明法学理论的马克思主义性质取决于其立场、观点和方法的马克思主义属

① 参见张文显主编：《马克思主义法理学——理论、方法和前沿》，高等教育出版社 2003 年版，第 3—4 页。

性。苏联法学理论是苏联学者对马克思主义法律思想的具体解读和系统论述，其内容贯穿了马克思主义的基本立场、观点和方法，这使其具有了马克思主义的属性。

1. 苏联法学理论立足于马克思主义的基本立场

马克思主义是无产阶级的科学世界观和方法论，是无产阶级争取自身解放和整个人类解放的科学理论，是关于无产阶级斗争的性质、目的和解放条件的学说，其鲜明特征就是阶级性，即立足于无产阶级立场，服务于无产阶级利益，因而无产阶级立场成为马克思主义观察、分析和解决问题的根本立足点和出发点。

苏联法学理论认为，法学是有阶级性的，马克思主义法学是为无产阶级利益服务的科学。苏联学者指出："马克思主义的法律科学同整个马克思主义的社会科学一样，公开承认自己的阶级性，用科学的共产主义的党性来表达这一点。这意味着，科学公开地和有目的地为工人阶级和全体劳动人民——共产主义社会的建设者的历史任务服务。……这就是马克思主义法律科学同站在剥削阶级立场上的资产阶级法律科学的根本区别。"①相反，"一般资产阶级科学，特别是资产阶级法律科学却坚决否认其阶级本质，并想尽方法力图作出自己的超阶级的、与任何阶级利益无关的结论来"②。正因为法学具有阶级性，因而法学与政治紧密联系，它应当服务于政治，服务于统治阶级的政策。对此，他们说道："马列主义科学也公开承认并证实任何一种科学与政治的联系。特别重要的是要注意，法律科学、国家科学与政治是联系着的。马克思主义者公然宣称，国家与法律是为实现一定阶级的政策而服务的。法律如离开政治就什么也不是了，政治是法律和法纪的基础，法律的任务，就是要在法律上表现出政治思

① ［苏］彼·斯·罗马什金等主编：《国家和法的理论》，中国科学院法学研究所译，法律出版社 1963 年版，第 10 页。

② ［苏］苏达里可夫、贝可夫：《苏维埃国家与法问题讲座》，中央人民政府法制委员会编译室编译，中央人民政府法制委员会 1951 年 4 月印，第 49 页。

想、政治目的和政治任务。”①

苏联法学理论是以马列主义国家与法权理论为内容构建起来的，因而它强调这种理论的无产阶级立场。苏联学者指出：“工人阶级的天才领袖马克思、恩格斯、列宁、斯大林所创立的国家与法权理论是无产阶级的理论。它代表工人阶级的利益。这种利益不仅丝毫不与发扬真理及对国家与法权科学的客观的认识相矛盾，而且相反的，违背科学、违背正确地研究实际，是与它根本无关，是对它深深有害的。”②正是基于这种公开的、鲜明的无产阶级立场，马列主义国家与法权理论成为一种科学理论。他们分析道：“真理、科学底利益与工人阶级底利益是不相矛盾的，相反地，它们是完全一致的。”③“工人阶级为了反对资产阶级制度，为了解放一切劳动人民摆脱压迫与剥削，并为了建立共产主义社会，就需要严肃地科学地了解国家与法权。他的利益与一切劳动人民的正当的利益是一致的。他没有社会其他阶级所具有的阶级狭隘性。工人阶级为自己在国家与法权问题上胜利地实现自己的政策与阶级路线，它不需要自欺，更不需要欺人。恰巧相反，他竭力要消灭剥削阶级为保证其对被剥削者的统治而故意传播与支持的一切欺骗与自欺，一切谬论与妄想。”④他们还讲道：“马列主义国家与法权理论与资产阶级关于国家与法权理论的学说不同，它毫不隐藏，毫不伪装，毫不蒙蔽，毫不装饰，而是实事求是地说明国家与法权。因而，这种理论是完全合乎实际，

---

① ［苏］苏达里可夫、贝可夫：《苏维埃国家与法问题讲座》，中央人民政府法制委员会编译室编译，中央人民政府法制委员会1951年印，第49页。

② ［苏］苏联科学院法权研究院科学研究者集体编著：《马克思列宁主义关于国家与法权理论教程》，中国人民大学马列主义关于国家与法权理论教研室译，华东政法学院教务处1953年翻印，第13页。

③ ［苏］苏联科学院法权研究院科学研究者集体编著：《马克思列宁主义关于国家与法权理论教程》，中国人民大学马列主义关于国家与法权理论教研室译，华东政法学院教务处1953年翻印，第26页。

④ ［苏］苏联科学院法权研究院科学研究者集体编著：《马克思列宁主义关于国家与法权理论教程》，中国人民大学马列主义关于国家与法权理论教研室译，华东政法学院教务处1953年翻印，第13—14页。

合乎事实的。”①

苏联学者进一步指出，资产阶级思想家不能也不愿意以真正科学的观点来对待国家与法权问题，就是因为其基于维护本阶级狭隘利益的立场。他们分析道，资产阶级思想家“谈到国家与法权本质与作用底解释时，谈到国家与法权发展规律，以及诸如此类的科学问题时，就表现出自己的完全孤立与毫无根据，表现出本阶级狭隘性与局限性，表现出其为自己的直接利害关系而颠倒事实”②。他们进一步讲道：“由于资产阶级是社会中的少数，他是借助于自己的国家与法权来镇压并压迫多数人民，由于他的阶级地位，他也和任何剥削阶级一样，不得不在关于国家与法权的本质、及其在社会生活中的作用与使命上故意欺骗群众。资产阶级需要撒谎，蒙蔽真理，传播错觉，俾使在群众眼前为其剥削者国家与法权‘辩护’，并尽可能想使劳动者远离反对资产阶级制度的斗争。”③

苏联法学理论不仅强调无产阶级立场，而且以此作为展开全部法学理论的根本出发点。它从这一立场出发，将法放到社会历史中加以考察，深刻揭示了法的阶级本质和经济根源，并以此为基础阐述法的功能、价值、历史发展等法律观，阐述各种类型的剥削阶级法律的本质，阐述社会主义的法和法制的基本原理。同时，这种立场还体现在它对法学任务的论述上。苏联学者认为，法学的阶级性决定了法学的任务就是为统治阶级的国家和法服务。维辛斯基在分析苏维埃社会主义法律科学的基本任务时指出：“法律科学应当动员自己的一切力量对从尽量巩固苏维埃国家和苏维埃的法这一

① ［苏］苏联科学院法权研究院科学研究者集体编著：《马克思列宁主义关于国家与法权理论教程》，中国人民大学马列主义关于国家与法权理论教研室译，华东政法学院教务处1953年翻印，第12页。

② ［苏］苏联科学院法权研究院科学研究者集体编著：《马克思列宁主义关于国家与法权理论教程》，中国人民大学马列主义关于国家与法权理论教研室译，华东政法学院教务处1953年翻印，第14页。

③ ［苏］苏联科学院法权研究院科学研究者集体编著：《马克思列宁主义关于国家与法权理论教程》，中国人民大学马列主义关于国家与法权理论教研室译，华东政法学院教务处1953年翻印，第15—16页。

任务中产生的某些问题，进行科学研究。”①他认为，必须“肃清苏维埃法学理论中反马克思主义、反列宁主义的各种敌对观点”，“根据马克思、恩格斯、列宁的异常丰富的遗产和斯大林的天才著作来建立苏维埃社会主义法律科学”。② 他还指出：“我们和苏维埃科学面临着许多重大的任务，这就是对社会主义建设任务所产生的一系列问题，须在法律上加以研究。要从事这种研究工作，就必须完全、透彻地精通马克思列宁主义和马克思、恩格斯、列宁、斯大林的全部理论。”③可见，无产阶级立场决定了苏联法学的两大任务，即批判各种反马克思主义的法律观点，根据马克思主义理论研究社会主义建设中的问题来构建苏联社会主义法学。

2. 苏联法学理论阐明了马克思主义的基本观点

苏联法学理论是由法的一般原理和社会主义法与法制原理所构成，这些原理反映了马克思主义关于法律的基本观点。从内容来看，苏联法学理论既是对马克思、恩格斯、列宁、斯大林有关法律的观点和思想的学术总结，也是在马克思主义世界观、方法论指导下，运用马克思主义法律观对社会主义法律、法制的本质和规律的理论表达。

首先，苏联法学理论是对马克思主义经典作家关于法律的基本观点的系统阐述。苏联法学理论是以法的一般原理为基础构建起来的，它包括法的本质，法的产生和发展，法的历史类型，法与经济、政治和国家的关系等有关法的基本观点，这些原理的核心内容并不是苏联学者所创造，而是对马克思、恩格斯、列宁、斯大林法律观点和法律思想的系统阐述。马克思、恩格斯是马克思主义法学的创始人，列宁、斯大林是马克思主义法学的发展者，他们以辩证唯物主义和历史唯物主义为基础，将法放在社会历史中加以考察，来揭示法的本质及其发展规律。苏联学者就是以他们的论述为依据，阐述

---

① [苏]安·扬·维辛斯基：《国家和法的理论问题》，法律出版社 1955 年版，第 94 页。

② 参见[苏]安·扬·维辛斯基：《国家和法的理论问题》，法律出版社 1955 年版，第 65 页。

③ [苏]安·扬·维辛斯基：《国家和法的理论问题》，法律出版社 1955 年版，第 79 页。

马克思主义的法律观，由此形成法的一般原理。

法的一般原理是建立在法的本质和定义的基础上的，而对于这个核心原理的揭示就是从马克思、恩格斯和列宁的论述中总结出来的。为揭示法的本质，苏联学者找到了马克思、恩格斯在《共产党宣言》中的一段著名论述，即“你们的观念本身是资产阶级的生产关系和所有制关系的产物，正像你们的法不过是被奉为法律的你们这个阶级的意志一样，而这种意志的内容是由你们这个阶级的物质生活条件来决定的”①。在他们看来，这段话虽然不是在专门论述法的本质，而是在揭露资产阶级意识形态的本质时讲的，但可以从中看清资产阶级法的本质乃至法的一般本质。对此，维辛斯基指出：“这就是我们在《共产党宣言》一书中所读到的对资产阶级所说的且确定了马克思主义法律概念的语句。”②卡列娃则说道，马克思和恩格斯在《共产党宣言》中的经典定义，“不但揭示了资产阶级的法的本质，而且提供了认清任何一种法的本质的钥匙”。“无论哪一种法都具有上面引用的‘共产党宣言’中的经典性定义在谈到资产阶级的法时所具体地指出的那些一般特征”。③ 这些本质特征就是阶级意志性和物质制约性。同时，苏联学者引用了列宁关于国家与法的关系的论述，即“如果是国家的意志，就应该表现为政权机关所制定的法律，否则‘意志’一词不过是放空炮而已”④。“如果

① 《马克思恩格斯选集》第1卷，人民出版社2012年版，第417页。许多苏联学者在其著作中引用这段话，参见[苏]安·扬·维辛斯基：《国家和法的理论问题》，法律出版社1955年版，第47页；[苏]玛·巴·卡列娃等：《国家和法的理论》（上册），李嘉恩等译，中国人民大学出版社1956年版，第73页；等等。

② [苏]安·扬·维辛斯基：《国家和法的理论问题》，法律出版社1955年版，第47页。

③ 参见[苏]玛·巴·卡列娃等：《国家和法的理论》（上册），李嘉恩等译，中国人民大学出版社1956年版，第73、74页。

④ 《列宁全集》第30卷，人民出版社2017年版，第308页。苏联学者引用列宁这段论述的情况，参见[苏]安·扬·维辛斯基：《国家和法的理论问题》，法律出版社1955年版，第50页；[苏]苏达里可夫：《关于国家与法律问题的讲座》，华东政法学院教务处1954年翻印，第36页；[苏]苏联科学院法权研究院科学研究者集体编著：《马克思列宁主义关于国家与法权理论教程》，中国人民大学马列主义关于国家与法权理论教研室译，华东政法学院教务处1953年翻印，第139页。

没有一个能够强制人们遵守权利准则的机构，权利也就等于零。”①从这些论述中，他们概括出法具有国家意志性和国家强制性这一本质特征。由此，他们将这些本质特征加以总结，形成了法的定义。

除此之外，法的一般原理中的其他观点也是这样形成的。例如，关于法与经济的关系，苏联学者引用了马克思在《〈政治经济学批判〉序言》和《哲学的贫困》中关于法决定于物质生活关系即生产关系的论述以及列宁关于政治上层建筑与经济基础关系的论述②，阐述了经济对法的决定作用以及法对经济的反作用。关于法与国家的关系，苏联学者引用列宁的相关论述③，分析了国家与法律相互依存的关系，提出了国家比法律

---

① 《列宁选集》第3卷，人民出版社2012年版，第200页。苏联学者引用列宁这段论述的情况，参见［苏］苏联科学院法权研究院科学研究者集体编著：《马克思列宁主义关于国家与法权理论教程》，中国人民大学马列主义关于国家与法权理论教研室译，华东政法学院教务处1953年翻印，第137页；［苏］玛·巴·卡列娃等：《国家和法的理论》（上册），李嘉恩等译，中国人民大学出版社1956年版，第83页；［苏］苏达里可夫、贝可夫：《苏维埃国家与法问题讲座》，中央人民政府法制委员会编译室编译，中央人民政府法制委员会1951年印，第17页。

② 苏联学者引用马克思的论述是，“法的关系正像国家的形式一样，既不能从它们本身来理解，也不能从所谓人类精神的一般发展来理解，相反，它们根源于物质的生活关系”（《马克思恩格斯选集》第2卷，人民出版社2012年版，第2页）“人们在自己生活的社会生产中发生一定的、必然的、不以他们的意志为转移的关系，即同他们的物质生产力的一定发展阶段相适合的生产关系。这些生产关系的总和构成社会的经济结构，即有法律的和政治的上层建筑竖立其上并有一定的社会意识形式与之相适应的现实基础。”（《马克思恩格斯选集》第2卷，人民出版社2012年版，第2页）“无论是政治的立法或市民的立法，都只是表明和记载经济关系的要求而已。”（《马克思恩格斯全集》第4卷，人民出版社1958年版，第121—122页）苏联学者引用的列宁的论述为：“任何政治上层建筑……归根到底是为生产服务的，并且归根到底是由该社会中的生产关系决定的。”（《列宁选集》第4卷，人民出版社2012年版，第405页）苏联学者引用这些论述的情况，参见［苏］安·扬·维辛斯基：《国家和法的理论问题》，法律出版社1955年版，第11、42页；［苏］苏联科学院法权研究院科学研究者集体编著：《马克思列宁主义关于国家与法权理论教程》，中国人民大学马列主义关于国家与法权理论教研室译，华东政法学院教务处1953年翻印，第148页；［苏］彼·斯·罗马什金等主编：《国家和法的理论》，中国科学院法学研究所译，法律出版社1963年版，第36页。

③ 苏联学者引用列宁的论述是：“如果是国家的意志，就应该表现为政权机关所制定的法律，否则，‘意志’一词不过是放空炮而已。”（《列宁全集》第30卷，人民出版社2017年版，

更重要的观点。关于法与政治的关系，苏联学者引用列宁关于政治的含义、政治与经济关系以及法与政策的相关论述①，从而将政治归结为阶级关系和阶级斗争，将政治看成经济的集中反映，由此提出政治通过统治阶级政策集中反映在法律上，而法律仅仅是政策、政治的反映和工具的观点。关于法的产生，苏联学者引用恩格斯、列宁关于阶级和国家、法律产生的相关论述②，阐述了法律是随着私有制、阶级的出现和国家的产生而产生的观点。关于法的历史类型，苏联学者引用马克思于1846年12月28日致帕·瓦·

第308页）“如果没有一个能够强制人们遵守权利准则的机构，权利也就等于零。”（《列宁选集》第3卷，人民出版社2012年版，第200页）苏联学者引用这些论述的情况，参见［苏］苏联科学院法权研究院科学研究者集体编著：《马克思列宁主义关于国家与法权理论教程》，中国人民大学马列主义关于国家与法权理论教研室译，华东政法学院教务处1953年翻印，第137、139页；［苏］玛·巴·卡列娃等：《国家和法的理论》（上册），李嘉恩等译，中国人民大学出版社1956年版，第83页。

① 苏联学者引用列宁的论述是：“政治就是参与国家事务，给国家定方向，确定国家活动的形式、任务和内容。”（《列宁全集》第31卷，人民出版社1985年版，第128页）“政治就是各阶级之间的斗争”。（《列宁选集》第4卷，人民出版社2012年版，第308页）“政治是经济的最集中的表现”。（《列宁选集》第4卷，人民出版社2012年版，第381页）“法律是一种政治措施，是一种政治。”（《列宁选集》第2卷，人民出版社2012年版，第754页）苏联学者引用以上论述的情况，参见［苏］苏联科学院法权研究院科学研究者集体编著：《马克思列宁主义关于国家与法权理论教程》，中国人民大学马列主义关于国家与法权理论教研室译，华东政法学院教务处1953年翻印，第152—153页。

② 苏联学者引用恩格斯的论述是：“国家是社会在一定阶段上的产物；国家是承认：这个社会陷入了不可解决的自我矛盾，分裂为不可调和的对立面而又无力摆脱这些对立面。”（《马克思恩格斯选集》第4卷，人民出版社2012年版，第186—187页）“在社会发展的某个很早的阶段，产生了这样一种需要：把每天重复着的产品生产、分配和交换用一个共同规则约束起来，借以使个人服从生产和交换的共同条件。这个规则首先表现为习惯，不久便成了法律。随着法律的产生，就必然产生出以维护法律为职责的机关——公共权力，即国家。”（《马克思恩格斯选集》第3卷，人民出版社2012年版，第260页）苏联学者引用列宁的论述是：“曾经有过一个时候是没有国家的。国家是在社会划分为阶级的地方和时候、在剥削者和被剥削者出现的时候才出现的。”（《列宁选集》第4卷，人民出版社2012年版，第27页）苏联学者引用这些论述的情况，参见［苏］苏联科学院法权研究院科学研究者集体编著：《马克思列宁主义关于国家与法权理论教程》，中国人民大学马列主义关于国家与法权理论教研室译，华东政法学院教务处1953年翻印，第60、81页；［苏］玛·巴·卡列娃等：《国家和法的理论》（上册），李嘉恩等译，中国人民大学出版社1956年版，第17、32页。

安年科夫的信中关于经济基础与上层建筑关系的论述,①认为法律与国家一样都是社会的政治形式,它是随着生产关系类型的变化而形成相应的类型,这些类型包括奴隶制法、封建制法、资本主义的法和社会主义的法,而社会主义的法是最高类型的法。

其次,苏联法学理论是对马克思主义基本观点的具体运用。苏联法学理论认为,世界上没有抽象的一般的法,马克思主义法的理论在区分法的具体历史类型的法之后,将社会主义的法作为研究的重点。关于社会主义法和法制的问题,马克思主义经典作家的直接论述不多,因此苏联学者在构建社会主义法和法制原理时,除了系统阐述他们提出的关于社会主义法的必要性、社会主义法的公法属性、加强社会主义法制等重要论述外,更多的是通过具体运用马克思主义的基本理论、特别是有关法律的基本观点来加以阐发。例如,在论述社会主义法产生的规律时,他们首先根据马克思主义关于经济基础与上层建筑关系的原理和无产阶级专政的学说,阐述了打碎旧的国家机器、建立新的国家机器对于构建社会主义经济基础的重要性,然后依据国家与法的关系的原理,强调法的产生对于国家政权的依赖,在此基础上提出了摧毁旧的国家机器是社会主义法产生的规律的观点。再如,他们运用马克思主义关于法的本质的观点,即法具有阶级意志性、国家意志性和物质制约性,来考察社会主义的法,形成了对社会主义法的本质的认识,即它是工人阶级和全体人民的意志的表现,是社会主义国家意志的体现并由国家强制力保障实施的行为规则,它决定于社会主义社会物质生活条件和社会基础的发展。又如,他们将法与经济、国家和政治等社会现象关系的基本观点,运用到社会主义法与社会主义的经济、国家和政治的关系的考察

---

①　苏联学者引用马克思的论述是:"在生产、交换和消费发展的一定阶段上,就会有相应的社会制度形式、相应的家庭、等级或阶级组织,一句话,就会有相应的市民社会。有一定的市民社会,就会有不过是市民社会的正式表现的相应的政治国家。"(《马克思恩格斯选集》第4卷,人民出版社2012年版,第408页)苏联学者引用这段话的情况,参见[苏]苏联科学院法权研究院科学研究者集体编著:《马克思列宁主义关于国家与法权理论教程》,中国人民大学马列主义关于国家与法权理论教研室译,华东政法学院教务处1953年翻印,第176页。

中,由此作出了社会主义法与这些社会现象之间相互关系的基本结论。此外,他们将法的定义中关于法律规范和法的目的的内容,用来考察社会主义法制,阐述了社会主义法制与法律秩序之间的关系,形成了社会主义法的运行的原理。显然,这种运用马克思主义基本观点所形成的对社会主义法和法制的认识,是马克思主义基本原理与苏联社会主义法律实践相结合的理论成果。

3. 苏联法学理论奠立于马克思主义的基本方法

辩证唯物论是马克思主义哲学的基本观点,马克思、恩格斯运用这种观点去认识自然和社会,创立了马克思主义的理论体系,也使它成为马克思主义的方法论。这种方法论就是要求人们运用唯物主义和辩证法的方法研究各种自然现象和社会现象,以此得出科学的结论。在社会科学领域,判断一种理论是否属于马克思主义,根本上看其是否运用了马克思主义的方法论。苏联法学理论之所以具有马克思主义的性质,就是因为它以辩证唯物论作为自己的方法论。

苏联学者认为,苏联法学理论之所以是科学的,就是因为它建立在马克思主义的方法论之上。维辛斯基在《苏维埃社会主义法律科学的基本任务》一文中指出:“研究工作的方法论是创立正确科学理论的锁钥。资产阶级学者们既没有掌握辩证唯物主义方法论这一可靠的指南针,于是在法的定义上就弄得糊涂起来。我们这里的情况就完全不同了。我们掌握了进行真正科学研究工作的可靠的指南针——马克思列宁主义方法论,马克思、恩格斯、列宁、斯大林的学说。在这个基础上,我们能够建立法和国家理论。”①苏联学者还讲道:“马列主义国家与法权理论是唯一真正严肃的科学的国家与法权理论”,它的“全部主张都建立在精确的经过考验具有客观真理意义的正确的知识上”。之所以如此,“首先因为它是以唯一科学的哲学——辩证唯物论武装起来的。把辩证唯物论用在对一切社会生活——包

① [苏]安·扬·维辛斯基:《国家和法的理论问题》,法律出版社1955年版,第86页。

括国家与法权——的研究上,然后这种研究便成为真正的科学。"①也就是说,"唯一正确的、真正科学的马克思列宁主义的研究方法使国家和法的理论能揭示国家和法的本质,能正确地回答国家和法的一切根本问题"②。相反,资产阶级法学家由于采用了唯心主义和形而上学的方法,其所建立的法学理论注定是不科学的。对此,他们分析道:"资产阶级法学家所创立的各种研究国家和法的方法,如实证主义方法、社会学方法、实在主义方法、心理学方法以及诸如此类的其他方法,都只不过是同一种唯心主义方法的不同变种而已。唯心主义的方法论,无论它的哪一种变种,都不能使研究者得出正确的、科学的关于国家和法的结论,因为它在研究这些现象时,不是以社会发展的客观规律为基础,因此在实质上就等于拒绝了对现象的科学的认识。"③他们还讲道:资产阶级法学采用形而上学的思维方法研究国家和法,"这样的方法或者把他们引到绝路上去或是把他们引到形式逻辑矛盾底圈子里去",对于法律现象"终不免得出不正确的结论"④。

在此基础上,苏联法学理论揭示了唯物主义和辩证法方法的内涵,以及它们在法学领域中的要求,并将其运用到法的基本原理的阐释上。苏联学者认为,"苏维埃国家与法权科学与一切由形而上学方法所统治的资产阶级学说相反。它在研究其对象时,应用着唯物的辩证法底一切法则"⑤。首先,苏联法学理论强调运用联系的方法研究法。苏联学者指出:"从辩证法

---

① 参见[苏]苏联科学院法权研究院科学研究者集体编著:《马克思列宁主义关于国家与法权理论教程》,中国人民大学马列主义关于国家与法权理论教研室译,华东政法学院教务处 1953 年翻印,第 12—13 页。

② [苏]玛·巴·卡列娃等:《国家和法的理论》(上册),李嘉恩等译,中国人民大学出版社 1956 年版,第 12 页。

③ [苏]玛·巴·卡列娃等:《国家和法的理论》(上册),李嘉恩等译,中国人民大学出版社 1956 年版,第 12—13 页。

④ [苏]苏达里可夫、贝可夫:《苏维埃国家与法问题讲座》,中央人民政府法制委员会编译室编译,中央人民政府法制委员会 1951 年印,第 2 页。

⑤ [苏]苏联科学院法权研究院科学研究者集体编著:《马克思列宁主义关于国家与法权理论教程》,中国人民大学马列主义关于国家与法权理论教研室译,华东政法学院教务处 1953 年翻印,第 34 页。

的观点来看，自然界和社会生活的一切现象不应看成彼此孤立的，而应把它们看成密切联系和相互依存着的，彼此相互制约着的。”他们还讲道：“从马克思主义的立场来说，国家与法律是社会发展的产物，它们是与阶级社会底其他一切现象极密切地联系着的，因此只有在我们不是孤立地去研究它们，而是与社会底经济基础、阶级斗争、统治阶级底政策、整个社会发展史、并从而与生产力发展底一定水平、与文化发展底一定阶段等等密切联系起来加以研究的时候，才能够了解它们。”①基于这种方法，苏联法学理论将法与国家联系起来，将法置于社会历史中加以考察，着重分析法与经济、国家、政治、道德等社会现象之间的相互关系，以此来揭示法的本质。其次，苏联法学理论强调运用发展的方法研究法。苏联学者指出，从辩证法的立场来讲，“自然界和社会中的一切现象都处在不断运动和不断变化中，处在不断革新和不断发展中”，因此，“马克思列宁主义的方法要求我们从国家和法的发展和变化中，而不是从静止和不变中来对它们进行考察”。② 根据这种方法，苏联法学理论阐述了法的历史类型的更替以及法的消亡的规律性。再次，苏联法学理论强调运用量变和质变的方法研究法。苏联学者指出：辩证法“把发展的本身和它的变化看成是这样的一种过程，即：‘由细小的不显露的数变进到显露的变，进到根本的变，进到质变’”③。因此，“马克思列宁主义国家和法的理论把国家和法产生和发展的过程，把国家和法的历史类型的更替看作是在社会中发生的由微小的、隐蔽的量变转化为显露的、根本的质变，转化为革命变革的过程”④。依据这种方法，苏联法学理论中专门阐述了由社会革命引发法的历史类型的更替，以及通过无产阶级革命建

---

① [苏]苏达里可夫、贝可夫：《苏维埃国家与法问题讲座》，中央人民政府法制委员会编译室编译，中央人民政府法制委员会 1951 年印，第 3 页。

② 参见[苏]玛·巴·卡列娃等：《国家和法的理论》（上册），李嘉恩等译，中国人民大学出版社 1956 年版，第 6—7 页。

③ [苏]苏达里可夫、贝可夫：《苏维埃国家与法问题讲座》，中央人民政府法制委员会编译室编译，中央人民政府法制委员会 1951 年印，第 4 页。

④ [苏]玛·巴·卡列娃等：《国家和法的理论》（上册），李嘉恩等译，中国人民大学出版社 1956 年版，第 8 页。

立起社会主义的过程，揭示了法由低级向高级发展的过程和社会主义的法的最高类型的原理。最后，苏联法学理论强调运用矛盾的方法研究法。苏联学者指出，“马克思列宁主义的科学在研究国家和法的时候，依据马克思主义辩证法关于每一种现象内部存在矛盾、存在新旧斗争、存在新生的和衰颓的斗争的原理”。“马克思列宁主义的方法的这个要求，指导我们去仔细地研究社会中的矛盾”，“这就是阶级社会的矛盾”。“按照这个要求来研究国家和法，就能断定国家和法是由于社会分裂为对立阶级以及对立阶级开始斗争的结果而产生的；此外，还能揭示国家和法的阶级本质，以及它们在每一个具体社会的阶级斗争和新旧斗争中的作用。”①可见，这种方法引出了阶级分析的方法。按照这种方法，苏联法学理论阐述了法的产生和发展的阶级根源、法的阶级本质、法与统治阶级政策的关系等。

苏联学者认为，“马列主义理论依据哲学唯物论和历史唯物论底原则，将国家与法权看作统一的物质世界的现象。我们的观点是唯物的观点。它与统治着资产阶级法学的唯心观点是相敌对的”②。这表明，苏联法学理论运用唯物主义的原理去分析法的本质，从而使自己与资产阶级的法学理论区别开来。他们认为，这些唯物主义的原理包括：“世界的物质性和世界按照不依人们的意识和意志为转移的规律发展，物质第一性和意识第二性，世界的可知性和它的规律性。”因此，我们对于“法的研究以及科学提出的每一个理论原理，都应当以社会发展的规律为基础，以研究这些规律为基础，而不应当以‘杰出人物’的善良愿望为基础，以‘理性’、‘普遍道德’的要求等等为基础”。③ 基于唯物主义的基本原理，马克思主义国家与法的理论认

① ［苏］玛·巴·卡列娃等：《国家和法的理论》（上册），李嘉恩等译，中国人民大学出版社 1956 年版，第 8—9 页；［苏］苏达里可夫、贝可夫：《苏维埃国家与法问题讲座》，中央人民政府法制委员会编译室编译，中央人民政府法制委员会 1951 年印，第 5 页。

② ［苏］苏联科学院法权研究院科学研究者集体编著：《马克思列宁主义关于国家与法权理论教程》，中国人民大学马列主义关于国家与法权理论教研室译，华东政法学院教务处 1953 年翻印，第 42 页。

③ 参见［苏］玛·巴·卡列娃等：《国家和法的理论》（上册），李嘉恩等译，中国人民大学出版社 1956 年版，第 10 页。

为,“法形成和发展的源泉,归根到底是社会物质生活条件,即社会存在”。也就是说,“这个理论把法律观念、观点、理论以及与此相应的政治和法律等制度这样一些人们自觉运动的产物看作是社会发展一定阶段上一定的社会物质生活条件的反映”。[①] 正因为如此,苏联法学理论将社会物质生活条件视为法的本质属性,阐述社会的经济基础对于法的内容以及在法的产生、发展中的决定性作用,在此基础上论述法对于社会经济基础的反作用,以此来正确地认识法的本质、作用以及法产生、发展的规律。

(二)苏联法学理论的主要特点

1. 将法与国家联合起来加以研究

苏联法学理论的一个重要特点就是它不是对法进行孤立的、单纯的研究,而是将法与国家联合起来加以研究,因为“该社会现象中所存在的那些特殊的内在联系即正是这种联合底基础”[②]。对于这些内在联系,苏联学者作出了具体分析。首先,两者因共同的阶级基础而同时产生、同时消灭。他们讲道:“谈到国家与法权底产生问题,我们要肯定,它们是同时产生的,是由于社会分化为阶级而产生的。它们的存在是与阶级之存在不可分隔的。当共产主义最后胜利时,即当消灭了资本主义包围的时候,在没有阶级的共产主义社会中,国家与法权将不再存在了。”其次,两者实现共同的阶级任务。他们讲道:“国家与法权是阶级统治底工具。它们俩有着特殊的强制力量,它们实现同一的任务,即实现阶级统治组织底任务,统治阶级专政底任务。”再次,两者在组织和作用上互相交错、相互依赖。他们讲道:“国家与法权是不可分离地互相联系着的,在它们的组织上、作用上是互相交错的。国家底结构,国家机构底组织,国家制度都反映并固定在法律规范

① 参见[苏]玛·巴·卡列娃等:《国家和法的理论》(上册),李嘉恩等译,中国人民大学出版社 1956 年版,第 10—11 页。

② [苏]苏联科学院法权研究院科学研究者集体编著:《马克思列宁主义关于国家与法权理论教程》,中国人民大学马列主义关于国家与法权理论教研室译,华东政法学院教务处 1953 年翻印,第 3 页。

中。国家底日常活动,国家职能底实现必须包括创造法权规范,直接用法权规范并保证其效果。至于法权,如果没有国家,它就没有意义,而且也不可能存在。国家用自己的威力给予法权规范以一般强制和强制的特性。”①

在苏联学者看来,在国家与法的关系中,国家比法更加重要,法不过是实现国家任务和职能的工具。苏达里可夫讲道:“在适合于一定经济基础的上层建筑体系里,政治观点和政治制度是起着最重要的作用的。最重要的政治制度就是国家。”②卡列娃指出:“法是实现国家的基本任务和职能的重要手段,是在立法上确认国家机构的重要手段。”③从这个意义上说,离开对国家及其任务、职能的研究,离开对国家机构的性质和职责的认识,研究法是没有意义的。因此,苏联法学理论对法进行研究离不开对国家的研究,同时将其置于对国家研究之后的从属地位。

2. 重点研究苏维埃社会主义的法

苏联学者在阐述国家与法的理论的研究对象时指出,“没有,也不可能有什么不变的、超历史的‘一般法权’,只能有社会主义法权,有剥削者法权。后者在实际生活中便表现为奴隶主的、封建制的、资产阶级的法权等形态。归根结底没有什么资产阶级的‘一般’法权,除掉历史条件之改变,除掉一定的国家之外,有的是英帝国主义法权,美帝国主义法权等等而已。资产阶级法权按剥削阶级本质看来是统一的,但在不同的历史条件下、不同的国家中资产阶级法权的表现是不统一的。由此可见,没有,而且也不可能有抽象的法权,即不属于一定社会、一定国家、一定时

① 参见[苏]苏联科学院法权研究院科学研究者集体编著:《马克思列宁主义关于国家与法权理论教程》,中国人民大学马列主义关于国家与法权理论教研室译,华东政法学院教务处1953年翻印,第3—4页。

② [苏]苏达里可夫:《关于国家与法律问题的讲座》,华东政法学院1954年翻印,第32页。

③ [苏]玛·巴·卡列娃等:《国家和法的理论》(上册),李嘉恩等译,中国人民大学出版社1956年版,第2页。

代底法权。”[①]他们进一步讲道：“这就是为什么马列主义国家与法权理论不同于资产阶级的国家与法权理论，……资产阶级的国家与法权理论，所讨论的是‘一般’的国家与法权，‘永恒’和‘不变’的法权原则（但资产阶级国家与法权理论认为资产阶级的法权原则就是这样的东西），马列主义国家与法权理论明确区分历史上的和现代的国家与法权历史类型，集中自己的注意力来说明最高类型的国家与法权——苏维埃社会主义国家与法权底一切伟大的优点。”[②]可见，苏联法学理论不是将法看成是抽象的、一般的东西，而是将其视为具体的社会现象，以此区分和研究不同历史类型的法，但其目的是重点研究苏维埃社会主义的法，具体阐述其本质、内容、任务、作用及其相比剥削阶级类型法的优越性。维辛斯基在谈到苏维埃社会主义法律科学的基本任务时就明确指出：“苏维埃社会主义的法是胜利的工人阶级和全体苏联人民的意志的表现，目前，我们应当使苏维埃的法和国家科学把注意力放在研究苏维埃社会主义的法的内容问题上。”[③]

正是基于这样的目的，苏联学者在构建其法学理论时，都将社会主义国家与法的学说作为主要部分加以安排。之所以这样做，他们认为主要有以下理由：第一，工人阶级专政的学说、社会主义国家与法的学说是马列主义的主要组成部分，“这些学说提供出对直到社会主义革命胜利为止国家与法权全部历史发展底总结，揭示出社会主义国家与法权底阶级本质及其历史使命，它与剥削阶级国家底根本区别，作为最高历史类型的国家与法权的它的特点”。第二，“这一学说已在历史上第一个伟大的苏维埃社会主义国家底实际经验中受到了检查与考验。以列宁与斯大林关于苏维埃社会主义

---

① ［苏］苏联科学院法权研究院科学研究者集体编著：《马克思列宁主义关于国家与法权理论教程》，中国人民大学马列主义关于国家与法权理论教研室译，华东政法学院教务处1953年翻印，第6—7页。

② ［苏］苏联科学院法权研究院科学研究者集体编著：《马克思列宁主义关于国家与法权理论教程》，中国人民大学马列主义关于国家与法权理论教研室译，华东政法学院教务处1953年翻印，第7页。

③ ［苏］安·扬·维辛斯基：《国家和法的理论问题》，法律出版社1955年版，第100页。

国家与法权学说来总结了的我国国家与法权底经验，应当成为目前所有从理论上研究国家与法权问题的人们集中注意之点”。第三，在我们生存的通向共产主义的时代，“凡资本主义尚存在的地方，资产阶级国家将为社会主义所代替已成为历史的必然性与不可避免性。未来是属于这一新的社会主义的国家。当然，国家与法权科学应当注意到未来，要为未来而斗争，而主要的应当注意于社会主义国家与法权问题”。① 对于苏联法学理论需要研究的重要问题，维辛斯基认为，“我们目前的任务是给苏维埃的社会主义的法下一个正确的定义”。“除了法的定义以外，苏维埃法的理论中最重要的问题，就是研究无产阶级专政、社会主义民主制和作为巩固和发展社会主义制度的方法和武器的法的等等问题。”②

3. 从社会关系与法律规范的结合上来认识法

什么是法？这是法学理论的核心问题，因为对于这个问题的不同回答，不仅反映了人们对于法的本质的不同认识，而且决定着法学理论的不同走向和法学原理的不同阐述。就苏联法学理论而言，其内容也是建立在对于法是什么这一基本问题的认识之上的。

对于这个问题，十月革命胜利后苏联学者就开始研究并加以回答。当时他们反对资产阶级法学所主张的法律形式主义，在揭露资产阶级法律规定往往与现实脱节的过程中，提出了法是社会关系或法律关系总和的观点。1919年，斯图契卡在《俄罗斯联邦刑法指导原则》中给法下了一个定义，即“法是与统治阶级利益相适应的、由该阶级有组织的力量保护着的社会关系体系（或秩序）”③。他认为，这一定义“抛弃了法的纯形式观点，在其中可以见到的不是永恒的范畴，而是在阶级斗争中变化着的社会现象”。他

---

① 参见［苏］苏联科学院法权研究院科学研究者集体编著：《马克思列宁主义关于国家与法权理论教程》，中国人民大学马列主义关于国家与法权理论教研室译，华东政法学院教务处1953年翻印，第32—33页。

② ［苏］安·扬·维辛斯基：《国家和法的理论问题》，法律出版社1955年版，第100—101页。

③ 转引自孙国华主编：《法理学教程》，中国人民大学出版社1994年版，第72页。

进一步讲道:“我用‘社会关系,即生产和交换关系的组织形式’这个词代替了‘制度’等等。可能必须更清楚地强调,统治阶级是一切法的基本内容、基本特征。”①可见,斯图契卡更多地从统治阶级所需要的社会关系角度来认识法的本质,因而强调法的阶级性而否定法的规范性。20 世纪 20 年代,苏联法学家帕舒卡尼斯同样反对法律形式主义,认为应从社会关系的角度看待法,指出:“作为形式的法律并不存在于博学的法学家的头脑和理论中,它与真实的历史十分相似,后者不仅表现为一个思想体系,而且表现为一种关系的体系。”②但是,他认为法的效力只有在现实的社会关系具有法律关系的形式的地方才表现出来,因此法是法律关系的体系。③ 在他看来,所有的法律本质上都和商品交换关系相关联,因此他把法定义为与商品交往过程相联系的经验事实,法律关系是“商品所有者的关系”“商品生产社会中的社会关系”④。可见,他把商品交换关系看成法律关系,法不过是商品交换关系的表达而已,当商品交换关系消灭时法也就不存在了,因而他与斯图契卡一样忽视法的规范性。但是,克雷连科不同意上述看法,他将法的规范性注入法的定义中。他在 1924 年所写的《关于法和国家的谈话》中指出:“法是成文的现行法律或不成文的习惯法,它们反映着在该社会生产关系基础上形成的,为了该社会统治阶级的利益而被调整着并以强制力保护着的人们之间的社会关系。”⑤在这个定义中,他既论述了法是对合乎统治阶级利益的社会关系的反映,又阐述了法是国家确立和保护的法律规范体系,试图将法的阶级性、规范性、国家强制性和物质制约性结合起来。

1938 年 7 月,维辛斯基在第一次全苏联苏维埃法律和国家科学会议所

---

① 转引自杨心宇:《苏联苏维埃法概念的形成过程述评》,载《比较法研究》2000 年第 4 期。

② [苏]帕舒卡尼斯:《法的一般理论与马克思主义》,杨昂、张玲玉译,中国法制出版社 2008 年版,第 6 页。

③ 参见孙国华主编:《法理学教程》,中国人民大学出版社 1994 年版,第 72 页。

④ 苏瑞莹、马拥军:《叶夫根尼·帕舒卡尼斯马克思主义法学理论研究》,载《理论月刊》2014 年第 5 期。

⑤ 转引自孙国华主编:《法理学教程》,中国人民大学出版社 1994 年版,第 73 页。

作的《苏维埃社会主义法律科学的基本任务》报告中，批判了资产阶级法学家和斯图契卡、帕舒卡尼斯、克雷连科等苏联学者有关法的定义，按照马克思、恩格斯、列宁和斯大林的论述提出了法的定义，即“法是以立法形式规定的表现统治阶级意志的行为规则和受为国家政权认可的风俗习惯和公共生活规则的总和，国家为了保护、巩固和发展对于统治阶级有利的和惬意的社会关系和秩序，以强制力量保证它的施行”①。该定义表明，他不仅从统治阶级所需要的社会关系去认识法，而且从国家制定、认可并保证实施的社会规范去看待法。由于过去的学者忽视法的规范性，因此维辛斯基强调指出：“法不是社会关系的制度，也不是生产关系的形式，法是为国家政权批准的、并由国家政权以强制方式加以保证的行为规则或规范，不仅是规范，而且还有风俗习惯和共同生活规则的总和。”同时，他认为强调规范要与资产阶级法学中的规范主义区别开来。他讲道：“我们的定义，和规范主义的某些定义毫无共同之处。规范主义是从完全错误的法律概念出发的，它把法说成是‘社会连带’（狄骥），是包含全部法的内容的规范（凯尔逊），可是竟不管实际上决定着法的内容的社会关系如何。”②在他看来，法应当是决定着法的内容的社会关系与法的形式的法律规范的结合。由此可见，维辛斯基将法的内容和形式、法的阶级性和国家性统一于法的定义之中。

这个定义是经苏联科学院法学研究所集体讨论通过的，③是“当时苏联法学界关于法的概念问题争论的总结，可以说是集体智慧的结果，而不单纯是维辛斯基个人的意见”，因而它“在苏联法学界很长一段时间里占主导地位”。④ 其结果不仅使苏联法学界形成了对法的概念的统一认识，而且使苏联法学理论的内容变得丰富和重要起来。首先，注重从法的内容和形式的

① ［苏］安·扬·维辛斯基：《国家和法的理论问题》，法律出版社1955年版，第100页。

② 参见［苏］安·扬·维辛斯基：《国家和法的理论问题》，法律出版社1955年版，第100页。

③ 参见［苏］安·扬·维辛斯基：《国家和法的理论问题》，法律出版社1955年版，第100页。

④ 参见孙国华、曾斌：《评维辛斯基关于法的定义》，载《法学家》1996年第2期。

结合去构建法的基本原理。从社会关系和法律规范的结合去看待法,使得苏联法学理论既从法与经济的关系切入考察法的本质和目的、法的起源和发展、法的历史类型等问题,又以分析法与国家的关系为基础阐述法律规范的制定和实施中的各种问题,这丰富了法学理论的内容,也克服了以往法学家忽视法与国家联系、法的确定性和法的实现的缺陷。其次,从内容和形式统一的法的定义出发形成社会主义法与法制原理。结合社会关系和法律规范所形成的法的定义,既使人们从法与社会、国家的关系中把握法的本质,又为认识法的目的实现途径提供了理论前提。将这种定义运用到对社会主义法的认识中,苏联法学理论不仅阐述了社会主义法的本质和目的,而且揭示了社会主义法制对于社会主义法的目的实现的保障作用,继而分析了社会主义法在制定和实施中的一些基本问题,由此构建起社会主义法与法制原理。社会主义法制内容的引入,使得人们对于社会主义的法有了更加全面的认识,更为重要的是避免了社会主义法沦为“活的法”而为专横非法、有法不依提供依据。

4. 将其自身作为苏联法学体系建立的基础

苏联学者认为,给予国家与法权“这些重要的社会现象以真正科学知识的马列主义国家与法权理论是基本的社会科学之一”。但是,“研究国家与法权的不仅是国家与法权理论这一门学科,此外尚有许多其它法权学科:国家法、行政法、刑法、民法、集体农场法、家庭法、国际法、刑事诉讼、民事诉讼、法院组织法、土地法、财政法等。这些学科称之为‘部门’或‘专门’学科”。[①] 对于国家与法的理论与部门法学之间的关系,苏联学者分析道:“国家与法权理论不同于其它各‘部门’学科,它的对象是全面研究国家与法权。因此对其它各门学科来说,它是共同性的一门学科。它所研究的问题,对其它有关国家与法权的科学有着共同的意义。这是因为这些问题是同该

① 参见[苏]苏联科学院法权研究院科学研究者集体编著:《马克思列宁主义关于国家与法权理论教程》,中国人民大学马列主义关于国家与法权理论教研室译,华东政法学院教务处 1953 年翻印,第 5 页。

国家与法权许多各个不同部门中所具有的共同性密切相联的。”①由于苏联法学理论的重点是研究苏维埃社会主义法的问题，各部门学科的基本任务则是研究苏维埃法律部门的具体问题，因此“国家与法权理论全面地说明苏维埃法权所有的特征，阐明对各个部门法权科学都具有意义的一切问题”，而“在国家与法权底其他各个部门中也经常表现着这些特征，特别是在各个部门中更专门的、具体的、详细的表明出这些特征，但这些特征都有着一个为它们所共同具备的社会主义本质，一些共同的原则”。因此，“我们所有的法权学科，都在研究着同样一个关于苏维埃社会主义法权特征的问题，关于最高类型的法权——苏维埃社会主义法权——同资产阶级法权的深刻的区别的问题，但并不是在任何情况下所研究的完完全全都是一样的东西。国家与法权理论是全面地从我国国家与法权的性质上来研究这一问题，而其它‘部门’学科则是说明应如何在该门法权学科领域内反映社会主义国家与法权底性质、本质、使命，及其在社会生活中的作用”。② 可见，苏联法学理论因其研究法的一般特征和共同问题而成为各个部门法学构建的共同理论基础，因而这种理论就成为各个部门法学阐述法律观点和制度理论的根本依据。由此，苏联法学理论也就成为苏维埃社会主义法学体系建立的基础。

（三）苏联法学理论的根本缺陷

苏联法学理论是苏联学者对马克思、恩格斯、列宁和斯大林法律思想作出的一种理论概括，它立足于马克思主义法学的基本立场，阐述了马克思主义法学的基本观点，形成了法的一般原理和社会主义法与法制原理，使自身

① [苏]苏联科学院法权研究院科学研究者集体编著：《马克思列宁主义关于国家与法权理论教程》，中国人民大学马列主义关于国家与法权理论教研室译，华东政法学院教务处1953年翻印，第5页。

② 参见[苏]苏联科学院法权研究院科学研究者集体编著：《马克思列宁主义关于国家与法权理论教程》，中国人民大学马列主义关于国家与法权理论教研室译，华东政法学院教务处1953年翻印，第6页。

具有了马克思主义的品质。但是,出于服务当时苏联政治的需要,这种法学理论存在着明显的缺陷。

首先,在法的本质上,过分强调法的阶级性,忽视法的社会性。苏联法学理论认为,法的本质是多方面的,阶级性则是最根本、最核心的。在苏联学者看来,法具有阶级性、国家意志性和物质制约性这些本质特征,其中法的阶级性是"法所独有的特征",是"法的最重要最本质的特征",它使得不同社会的法得以区分开来。① 法的国家意志性则是法的形式本质特征,它使得法与其他社会规范区别开来,而法的物质制约性不是法所独有的特征。② 法的阶级性意味着"在法律的内容中,直接表现着统治阶级底意志、它的阶级目的、利益、它的意识形态和道德观"③;意味着法的目的"是为了保护、巩固并发展惬意和有利于统治阶级的社会关系和社会秩序"④。因而,作为社会主义法的苏维埃法是工人阶级和全体劳动人民意志的体现,它"实现着保护惬意和有益于苏维埃国家的劳动人民——工人、农民、劳动者知识界的社会关系和社会秩序,并为巩固和发展这种关系、秩序而服务"⑤。正因为如此,法的功能就集中在阶级统治这一方面,法自然成为统治阶级实行阶级统治的工具,社会主义的法就是无产阶级专政的工具。由此,法的社会性必然被法的阶级性所吞噬,法执行社会公共事务管理的功能不可能形成。

其次,在法与国家的关系上,过分强调国家对法的主导性,忽视法对国家的制约性。苏联法学理论认为,虽然法与国家同时产生,并且两者之间存在着内在关联,都需要依靠对方而存在,但两者在地位上是不同的。国家比

---

① 参见[苏]玛·巴·卡列娃等:《国家和法的理论》(上册),李嘉恩等译,中国人民大学出版社1956年版,第74页。

② 参见[苏]玛·巴·卡列娃等:《国家和法的理论》(上册),李嘉恩等译,中国人民大学出版社1956年版,第75—76页。

③ [苏]苏达里可夫、贝可夫:《苏维埃国家与法问题讲座》,中央人民政府法制委员会编译室编译,中央人民政府法制委员会1951年印,第16页。

④ [苏]安·扬·维辛斯基:《国家和法的理论问题》,法律出版社1955年版,第49页。

⑤ [苏]安·扬·维辛斯基:《国家和法的理论问题》,法律出版社1955年版,第49页。

法更为重要，法不过是实现国家职能的手段。苏联学者指出，“国家是阶级统治的政治组织，对法权来说，它是一种直接的决定力量，因为国家：一、制定或认可法权规范；二、用自己的强制的机关的力量保证法权规范的实施和遵守”①，而法不过“是实现国家的基本任务和职能的重要手段，是在立法上确认国家机构的重要手段”②。在他们看来，“作为权力组织的国家，具有强制遵守其规定的能力。它对其敌人采用强力，这种强力并无任何限制，它所凭借的就是在法权上毫无限制的权力——它就是专政”③。可见，国家主导着法，它决定着法的制定和实施，而法只是服务于国家职能的工具，不能成为制约国家权力的手段。对此，他们批判资产阶级自由主义法学家提出的将国家置于法律之下、受法律制约的法治国家理论。④ 由此，他们在阐述无产阶级专政国家与法律的关系时指出，社会主义的法不过“是巩固苏维埃国家的一个杠杆”⑤，是苏维埃国家借以建立新的社会主义经济、新的经济关系的手段。⑥ “无产阶级专政是不受任何法律限制的一种政权。”⑦这种观点导致的一个结果就是强调社会主义法对国家权力的确认和保障，忽视社会主义法对国家权力的约束和对公民权利的保护，这使得社会主义法治无法建立，极易导致国家权力的滥用和公民权利的损害。这种观点导致的

① ［苏］苏联科学院法权研究院科学研究者集体编著：《马克思列宁主义关于国家与法权理论教程》，中国人民大学马列主义关于国家与法权理论教研室译，华东政法学院教务处1953年翻印，第151页。

② ［苏］玛·巴·卡列娃等：《国家和法的理论》（上册），李嘉恩等译，中国人民大学出版社1956年版，第2页。

③ ［苏］苏联科学院法权研究院科学研究者集体编著：《马克思列宁主义关于国家与法权理论教程》，中国人民大学马列主义关于国家与法权理论教研室译，华东政法学院教务处1953年翻印，第106页。

④ 参见［苏］杰尼索夫：《国家与法律的理论》（下），方德厚译，中华书局股份有限公司1951年版，第416—417页。

⑤ ［苏］玛·巴·卡列娃等：《国家和法的理论》（下册），李嘉恩等译，中国人民大学出版社1956年版，第302页。

⑥ 参见［苏］苏联科学院法权研究院科学研究者集体编著：《马克思列宁主义关于国家与法权理论教程》，中国人民大学马列主义关于国家与法权理论教研室译，华东政法学院教务处1953年翻印，第149页。

⑦ ［苏］安·扬·维辛斯基：《国家和法的理论问题》，法律出版社1955年版，第18页。

另一个结果就是强调无产阶级专政国家的重要性，贬低社会主义法的应有作用，为法律虚无主义思想的产生提供了理论前提。

最后，在法与政治的关系上，过分强调政策对法的决定作用，忽视法对政策的制约作用。苏联法学理论认为，统治阶级的政策决定法的内容，法是实现统治阶级政策的手段。苏联学者论述道：对于统治阶级来说，它“掌握着国家权力，因而有极广泛的可能来保证把自己的政策体现在法中”。再者，“法既然是统治阶级意志的表现，因而也为这个阶级的政策服务，保证这个阶级达到自己的政治目的，完成自己的政治任务，实现自己的具体政治要求”。因此，“法是实现统治阶级的政策的手段之一”。① 他们以此来阐述共产党与苏维埃国家的政策与社会主义法的关系，指出：“共产党与苏维埃国家的政策对苏维埃法权的决定性的意义表现在，苏维埃法律与国家政权的其他法令都反映着这种政策，并且是这种政策的传导者。政策的改变随之而引起有关的法权规范的改变。”②他们认为，“党的政策就是苏维埃国家的政策”③，因此“苏维埃法律过去和现在一直是实现共产党政策的最重要的工具之一”④。可见，苏联法学理论将法仅视作政策的表达工具，只强调政策对法的决定作用，忽视了法对政策的制约作用。因此，这种观点一方面会使人们形成政策比法更为重要的观念，以至于形成以政策代替法的思想，使法律虚无主义容易滋长；另一方面会使党和国家制定政策的行为脱离法律的约束，导致法治难以形成。

---

① 参见［苏］玛·巴·卡列娃等：《国家和法的理论》（上册），李嘉恩等译，中国人民大学出版社1956年版，第84页。

② ［苏］苏联科学院法权研究院科学研究者集体编著：《马克思列宁主义关于国家与法权理论教程》，中国人民大学马列主义关于国家与法权理论教研室译，华东政法学院教务处1953年翻印，第155页。

③ ［苏］苏达里可夫：《关于国家与法律问题的讲座》，华东政法学院教务处1954年翻印，第115页。

④ ［苏］安·扬·维辛斯基等：《苏维埃法学中的几个问题》，石健等译，人民出版社1954年版，第146页。

第二章

苏联法学理论对新中国法理学的影响

20世纪50年代，苏联法学理论在我国广泛传播，对我国马克思主义法学的建立产生了深刻影响，这种影响首先表现在我国的理论法学即法理学的构建上。当时，我国法理学就是按照苏联法学理论的体系结构和主要观点建立起来的，并根据这一理论所阐释的学科性质和研究方法往前发展的。20世纪70年代末、80年代初，我国法理学在苏联法学理论的知识框架下得以恢复和重建。之后，随着中国特色社会主义的道路探索和理论构建，苏联法学理论在我国法理学中的影响逐步减弱。

一、苏联法学理论与我国法理学知识体系的建构

苏联法学理论是对马克思主义法律观的系统阐释，并以此为指导构建起社会主义法与法制的基本理论，因而它是以马克思主义法的一般原理为基础、以社会主义法与法制的基本原理为核心所形成的理论体系，并在此框架下展开理论观点的系统阐述。因此，我们首先可以从法的一般原理和社会主义法与法制的基本原理中的基本观点入手，分析苏联法学理论对我国法理学知识体系建构所产生的影响。

（一）法的一般原理

苏联法学理论是以法的一般原理为基础建立起来的，它从法的定义入手，在法的本质和目的、法与其他社会现象的关系、法的历史类型等方面，系统阐述了马克思主义的法律观。苏联法学理论所阐述的这些观点为我国学者所接受，并被植入我国的法理学中。

1. 法的本质论

在苏联法学理论中，法的定义及相关论述揭示了法的本质，即法的阶级性、国家意志性和物质制约性，它对我国法理学产生了深刻影响。20世纪50年代时，我国学者完全按照维辛斯基的论述对法作了如下定义："法是由国家制定或认可的，并具有国家强制性的，表现统治阶级意志的行为规范的总和，其目的在于保护、巩固和发展对统治阶级有利的和方便的社会关系和社会秩序。"①对于该定义，他们分析道："它完整地反映了一切历史类型的法的共同的基本特点。"②这些特点实际上反映了法的本质属性，它们包括：第一，法的阶级性，即法"是统治阶级意志的表现"。它主要表现在两个方面：一方面，"法是为一定的统治阶级利益所决定的，它贯串着一定的统治阶级的利益和要求"。因为"在阶级社会中，由于各个阶级对于生产资料的关系的不同，因而各有各的利益和要求，尤其是统治阶级和被统治阶级，它们的利益是根本对立的，它们没有真正共同的利害。因此，作为统治阶级意志的法，只能反映着统治阶级的利益和要求，而不可能同时代表被统治阶级的利益和要求"。另一方面，它表现在法的目的上，即"保护、巩固和发展对统治阶级有利的和方便的社会关系和社会秩序"。由此，法不过是实现统治阶级统治目的的手段，即"法是统治阶级实施阶级专政的一种重

① 中央政法干部学校国家和法的理论教研室编著：《国家和法的理论讲义》，法律出版社1957年版，第36页。关于法的定义和本质的阐述，还可参见王绎亭：《"国家与法的基本理论讲话"第一讲国家与法是阶级统治的工具》，载《法学》1958年第1期。

② 中央政法干部学校国家和法的理论教研室编著：《国家和法的理论讲义》，法律出版社1957年版，第36页。

要工具”。[1] 第二,法的国家意志性,即“法是由国家制定或认可的,并具有国家强制性的行为规范的总和”。“这是法的外部标志”,它“可以使我们将法与其他社会规范区别开来”。[2] 第三,法的物质制约性,即法的内容“归根结蒂是由统治阶级物质生活条件所决定的”[3]。在我国学者看来,法的阶级性在法的本质中更为重要,因为国家意志性只是法的外部标志,而统治阶级意志则是统治阶级经济利益的反映。[4] 法的阶级性使得社会主义的法与资产阶级的法是对立的,没有继承可言。[5]

20 世纪 80 年代,我国多数学者仍然持这种观点,他们认为,“法律的本质,即法律的根本属性,是指法律这一事物内在的必然联系”[6]。根据马克思、恩格斯在《共产党宣言》中的经典论述,法具有阶级性、国家意志性和物质制约性。[7] 有的学者更加看重其中的两个属性:阶级性和物质制约性。关于法的阶级性,有学者分析道:“在有阶级(或阶级残余)存在的阶级社会中,统治阶级和被统治阶级之间存在着根本对立的意志。法从根本上说,只能代表统治阶级的意志。”“事实上,在阶级或阶级残余还存在的社会里,没有也不可能有所谓保护‘全民’利益的‘全民的法’,只有也只能有保护少数人或保护多数人利益的法,在社会主义社会发展到相当高的阶段时,也只能

---

① 参见中央政法干部学校国家和法的理论教研室编著:《国家和法的理论讲义》,法律出版社 1957 年版,第 38—39 页。

② 参见中央政法干部学校国家和法的理论教研室编著:《国家和法的理论讲义》,法律出版社 1957 年版,第 36—37 页。

③ 中央政法干部学校国家和法的理论教研室编著:《国家和法的理论讲义》,法律出版社 1957 年版,第 38 页。

④ 参见中央政法干部学校国家和法的理论教研室编著:《国家和法的理论讲义》,法律出版社 1957 年版,第 37、42 页。

⑤ 参见西北大学法律系国家和法的理论与历史教研组编:《国家和法的理论基本知识》,陕西人民出版社 1958 年版,第 20—22 页。

⑥ 北京大学法律系法学理论教研室编:《法学基础理论》,北京大学出版社 1984 年版,第 19 页。

⑦ 参见陈守一、张宏生主编:《法学基础理论》,北京大学出版社 1981 年版,第 70—77 页;北京大学法律系法学理论教研室编:《法学基础理论》,北京大学出版社 1984 年版,第 19—24 页;王子琳、李放主编:《法学基础理论》,吉林大学出版社 1987 年版,第 20—25 页。

有代表绝大多数人的利益的法，而不是代表所谓‘全民’的。”正因为如此，法“是统治阶级专政的工具”。[①] 与此同时，少数学者开始质疑法的阶级本质。有的学者认为，法不是阶级社会的特有现象，原始社会就存在法，共产主义也有法，因而法不是阶级斗争的产物，把法归结为统治阶级的意志是不正确的，阶级性也不是法的本质属性，主张法具有社会性、强制性和规范性三个本质属性。[②] 对此，学术界展开了热烈的讨论。有的学者不同意上述观点，仍然坚持法是阶级社会的特有现象，强调法的阶级性。[③] 还有一些学者提出，法的本质是阶级性和社会性的统一。[④]

90 年代后，法的本质仍然是学者探讨的重要问题。有些学者认为从马克思对资产阶级法的批判来看，马克思不仅没有把法的阶级性作为法的本质，而且他对法的阶级性持批判的态度。[⑤] 一些学者在坚持法的阶级性的基础上将法的本质分为不同的层次，而阶级性被看作法的浅层本质。例如，有学者认为，至少可以从三个层次上来认识法的本质，即法的第一级本质是被奉为法律的统治阶级的意志；法的第二级本质是被一定历史条件所决定

---

① 参见张友渔：《关于社会主义法制的若干问题》，法律出版社 1982 年版，第 4—5 页。

② 参见周凤举：《法单纯是阶级斗争工具吗——兼论法的社会性》，载《法学研究》1980 年第 1 期；张宗厚：《对法的三个基本概念的质疑》，载《法学》1986 年第 1 期；张宗厚：《法学理论必须变革和更新》，载《中国法学》1988 年第 1 期。

③ 例如，吴大英、刘翰：《论我国社会主义法的阶级性》，载《学习与探索》1980 年第 3 期；邵诚：《阶级性是法的本质属性——对“法的社会性”的看法》，载《西北政法学院学报》1984 年第 1 期；尤俊意：《法的本质属性是阶级性》，载《法学》1986 年 2 期；李林：《关于法的本质的思考——兼谈“更新法学理论”的几个问题》，载《中国社会科学院研究生院学报》1987 年第 3 期；李积桓：《关于法的本质属性的几点理解——兼论“法学理论更新”的问题》，载《中南政法学院学报》1987 年第 3 期；李道重：《阶级性是法的本质属性》载《青海社会科学》1988 年第 6 期；等等。

④ 例如，孙国华、朱景文：《试论法的阶级性和社会性》，载《法学研究》1982 年第 4 期；任中杰、王启富：《试论法的阶级性和法的社会性的统一》，载《中国政法大学学报》1984 年第 1 期；张浩：《论法的阶级性与社会性》，载《政法论坛》1986 年第 1 期；卓泽渊：《法的阶级性和法的社会性》，载《青海社会科学》1986 年第 2 期；熊继宁：《法的本质是社会性和阶级性的统一》，载《法学》1986 年第 2 期；周凤举：《论法的本质与原理》，载《中国法学》1988 年第 6 期；等等。

⑤ 参见蒋德海：《马克思对法的阶级性的理解》，载《探索与争鸣》1991 年第 5 期。

的人们的行为自由与纪律，它表现为一种事实上的社会权利与义务；法的第三级本质是社会生活、特别是经济发展的客观需要。[①] 有的学者认为，法的本质有三级，即初级本质是“法是国家意志的表现”，二级本质是“法是掌握国家政权的阶级意志的表现”，深层本质是“法的内容是由统治阶级的物质生活条件决定的”。[②] 还有学者认为，法的本质的层次包括：法的第一层次的本质是国家意志即统治阶级意志、掌握国家政权的阶级的意志的表现；法的第二层次的本质是物质生活条件、经济条件；法的第三层次的本质是经济以外的因素。[③] 随着建立社会主义市场经济体制和实行依法治国方略的提出，学者们开始运用市民社会理论、法律功能理论、法与法律关系的原理、解构主义的方法论原则，对法律本质问题进行了多视角、多层面的研究。[④] 这些研究突破对法的本质的传统认识，试图对此作出新的概括。

21 世纪后，学者们完全摆脱苏联法学理论对法的本质论述的束缚，立足新的时代，根据中国实际，对法的本质提出各自的观点。例如，有的学者将法的本质概括为规律性与意志性的结合、利益性与正义性的结合、社会性与阶级性的结合三个方面。[⑤] 有的学者认为，法是社会性和意志性的统一，法的社会性是指法的物质制约性，法的意志性是法的主观性、目的性，在阶级社会首先体现为阶级性，但阶级性表明法律以反映统治阶级意志为主导，也要顾及被统治阶级的利益要求，同时阶级性仅仅是意志性的一个方面，法律还要反映不同社会阶层的利益和意志。[⑥] 有的学者在批判中国传统的权力意志论与维辛斯基观点相结合所形成的法的统治意志说，提出当代中国

---

① 参见孙国华主编：《法理学教程》，中国人民大学出版社 1994 年版，第 57—59 页。

② 参见卢云主编：《法学基础理论》，中国政法大学出版社 1999 年版，第 35—43 页。

③ 参见沈宗灵主编：《法理学》，北京大学出版社 2000 年版，第 55—60 页。

④ 参见季金华：《改革开放三十年我国法律本质理论的回顾》，载《北方法学》2009 年第 1 期。

⑤ 参见李步云主编：《法理学》，经济科学出版社 2000 年版，第 41—53 页。

⑥ 参见刘作翔主编：《法理学》，社会科学文献出版社 2005 年版，第 51—56 页。

法理学关于法的本质的理解,即法是由社会物质生活条件决定的统治阶级意志的体现。①

2. 法的目的论

苏联法学理论认为,法的目的就是保护、巩固和发展对于统治阶级有利的和惬意的社会关系和社会秩序,它是法的阶级本质的体现。由此,它蕴涵着法是阶级统治或者阶级专政工具的观点,形成了以确立、维护统治阶级所需要的社会关系和社会秩序为内容的法的价值取向和基本功能。20 世纪 50 年代时,这种观点被引入我国法学理论。当时,我国学者在所编的教科书中指出:"国家颁布法,并保证执行,其目的是为了确立起对统治阶级有利的和方便的社会关系和社会秩序,而这种社会关系和社会秩序,从根本上说,对被统治阶级是不利和不方便的。这里,明显地表现出了法的阶级本质。"他们进一步分析道,"国民党的法,是镇压、束缚广大人民群众的工具。它所保护和巩固的是对帝国主义、封建地主阶级和官僚资产阶级有利和方便的社会关系和社会秩序。相反的,中华人民共和国的法,它所要保护、巩固和发展的社会关系和社会秩序,却是对工人阶级领导的全国广大人民群众极为有利和极为方便的,而对于人民的敌人,则是不利和不方便的。"②可见,法的目的反映着掌握国家政权的统治阶级的意志和利益,而这种目的也是统治阶级实行阶级专政的基本使命,因此"法是统治阶级实施阶级专政的一种重要工具"③。

80 年代时,法的目的论以及由此形成的法是阶级专政或阶级统治工具的观点得以延续。有学者指出:"法律无论是镇压敌对阶级的反抗,还是调整统治阶级的内部矛盾,其目的都是要建立和维护有利于统治阶级的社会

① 参见李龙主编:《法理学》,武汉大学出版社 2011 年版,第 83—85 页。

② 中央政法干部学校国家和法的理论教研室编著:《国家和法的理论讲义》,法律出版社 1957 年版,第 39 页。

③ 中央政法干部学校国家和法的理论教研室编著:《国家和法的理论讲义》,法律出版社 1957 年版,第 38 页。

关系和社会秩序。”[①]在他们看来，法律目的实际上体现了法的阶级本质和阶级利益，实现统治阶级的对社会的领导，巩固统治阶级的统治。对此，他们分析道，“统治阶级制定法律的目的在于建立、维护和发展有利于自己的社会关系，并且通过对这些社会关系的调整，形成有利于自己的社会秩序，从而顺利地实现对整个社会的领导，使社会按照本阶级的意志和利益的方向发展，巩固自己的统治”。因此，从法律的作用即功能看，其“最基本的作用在于调整社会关系，维护和巩固统治阶级的统治”。同时法律还有执行社会公共事务的作用，但是“统治阶级利用法律执行公共事务，同样是为了达到建立、维护并发展有利于自己的社会关系和社会秩序，巩固自己的统治的目的”，因此，“法律作为一个整体，其基本作用是阶级统治的工具”。[②]可见，学者们在法律目的中看到了法律的阶级统治功能。同时，有的学者开始从法的目的中认识法的价值，将追求法律秩序作为法的工具性价值。[③]还有学者提出，法除了社会功能以外，还具有规范功能。[④]

90 年代后，一些学者仍然强调确认、保护和发展有利于统治阶级的社会关系和社会秩序为内容的法的目的，并由此提出了以建立、维护统治阶级需要的社会关系和社会秩序为内容的法的价值追求和阶级统治功能的观点。[⑤] 但是，学者们对于法的价值和法的功能的认识有所发展。在法的价值的认识上，许多学者不局限于建立和维护社会秩序的价值，而在此基础上提出了其他目的价值，诸如平等、自由、公平、正义、人权、效益、和谐等，并提出了法律自身的价值，即形式价值，如法律应当具有公开性、稳定性、连续

---

① 陈守一、张宏生主编:《法学基础理论》,北京大学出版社 1981 年版,第 85 页。

② 参见北京大学法律系法学理论教研室编:《法学基础理论》,北京大学出版社 1984 年版,第 29—33 页。这种观点还可参见孙国华主编:《法学基础理论》,法律出版社 1982 年版,第 52—58 页;王子琳、李放主编:《法学基础理论》,吉林大学出版社 1987 年版,第 29—31 页。

③ 参见孙国华:《论法的价值》,载《中国人民大学学报》1989 年第 3 期。

④ 参见王子琳、李放主编:《法学基础理论》,吉林大学出版社 1987 年版,第 28—29 页。

⑤ 参见孙国华主编:《法理学教程》,中国人民大学出版社 1994 年版,第 63、80、96 页;张文显主编:《法理学》,法律出版社 1997 年版,第 49、260、281—282 页;卢云主编:《法学基础理论》,中国政法大学出版社 1999 年版,第 43、47—48、192—193 页。

性、严谨性、灵活性、实用性、明确性、简练性等。① 在法的功能的认识上，许多学者在法的本质的讨论中将社会性引入并看到了阶级性和社会性的差异，因而不再将法的社会作用全部归结为阶级统治。例如，有学者认为，法的阶级统治作用和社会管理作用是有区别的，因而在阶级关系严重对立或对抗的社会，法主要侧重于阶级统治作用；在阶级关系缓和或非对抗社会，法主要侧重于社会管理作用。但是，这两种作用并非截然分开的，它们在很多方面是相互结合、交互作用的。② 还有学者认为，在阶级对立的社会中，法的社会作用总体上说可以分为维护阶级统治和执行社会事务这两方面，但就具体法律而言，有的明显地体现了前一方面的作用，有的明显地体现了后一方面的作用，然而也存在着两种作用交错并存的法律。③

3. 法的关系论

苏联法学理论认为，要认识法的本质，就要将法置于社会中加以理解，即从法与经济、政治、道德等其他社会现象的关系中加以考察。这种思想为我国法学理论所认同，并将对法与其他社会现象关系的分析作为其重要内容。

(1)法与经济的关系。苏联法学理论认为，法的内容决定于一个社会的经济基础，同时社会的经济基础又反作用于法。自 20 世纪 50 年代至今，这种观点一直为我国学者所认可。50 年代时，我国学者就指出："法和国家一样，是建立在一定经济基础之上的上层建筑，是上层建筑的一个重要组成部分。法绝对不能脱离经济基础而独立存在。社会的经济制度怎样，建立在这个基础之上的法也便怎样。法的产生、本质、特点和作用，以及它的发展变化，归根到底是由经济基础所决定的。抛开社会经济基础，就无从理解

① 参见孙国华主编：《法理学教程》，中国人民大学出版社 1994 年版，第 99—110 页；张文显主编：《法理学》，法律出版社 1997 年版，第 284—288 页；卓泽渊：《论法的价值》，载《中国法学》2000 年第 6 期；孙国华：《论法的和谐价值》，载《法学家》2008 年第 5 期。

② 参见张文显主编：《法理学》，法律出版社 1997 年版，第 260 页。

③ 参见沈宗灵主编：《法理学》，北京大学出版社 2000 年版，第 128—129 页。

法的本质。"从这个意义上说，作为法的本质的统治阶级意志，"正是统治阶级经济利益的反映"。同时，"法对经济基础也起着巨大的反作用"，这种反作用"表现在它维护着自己的基础，促使自己基础的形成和巩固，同时摧毁或阻碍不符合于统治阶级利益的经济关系的存在和发展。正因如此，统治阶级才借助于国家把它制定出来，并赋予普遍的约束力。"①可见，这种反作用对社会的发展可能起着促进作用，也可能起着阻碍作用，这主要是取决于它所服务的经济基础的性质。从80年代开始，我国学者仍然从决定和反作用来阐述两者的关系，只不过论述得更加具体、多样。②

（2）法与政治的关系。苏联法学理论认为，法反映一个国家的政治，即反映一个国家的阶级关系，它是统治阶级的政治工具，而两者之间的这种关系集中体现在法与统治阶级政策的关系上，法是实现统治阶级政策的手段。对于这种观点，20世纪50年代时我国学者予以接受并加以阐发。他们论述道："政治，简单来说，就是阶级关系和阶级斗争。""法是阶级斗争的工具。对于敌对阶级，法是专政的工具；对于统治阶级本身，它是调整自己内部矛盾的手段，以便于对敌对阶级实行专政。"因此，"法是为政治服务的"。③ 同时，他们认为，法与政治的关系集中体现在法与统治阶级政策的关系上。对此，他们分析道："各个阶级之间的关系和斗争，各个阶级的政治要求，又具体地表现在各个阶级的政策里面。""统治阶级的政策，是由统治阶级手中所掌握的国家和它的阶级组织、阶级群众来实现的。由于国家

① 参见中央政法干部学校国家和法的理论教研室编著：《国家和法的理论讲义》，法律出版社1957年版，第42—43页。

② 参见陈守一、张宏生主编：《法学基础理论》，北京大学出版社1981年版，第103—109页；北京大学法律系法学理论教研室编：《法学基础理论》，北京大学出版社1984年版，第63—69页；王子琳、李放主编：《法学基础理论》，吉林大学出版社1987年版，第42—47页；卢云主编：《法学基础理论》，中国政法大学出版社1999年版，第56—60页；张文显：《法理学》，高等教育出版社、北京大学出版社2007年版，第355—358页；沈宗灵主编：《法理学》，高等教育出版社2009年版，第143—147页；李龙主编：《法理学》，武汉大学出版社2011年版，第98—101页。

③ 参见中央政法干部学校国家和法的理论教研室编著：《国家和法的理论讲义》，法律出版社1957年版，第44—45页。

是统治阶级进行专政的工具,所以统治阶级的政策也就是国家的政策。”他们继续讲道:“法和国家政策之间,有着极其密切的关系。这种关系表现为:法是国家政策的具体化、定型化、条文化,而国家的政策是法的灵魂。”① 同时,“政策常常需要以法律规范的形式表现出来”②,因为法是政策实现的重要方式。他们还认为,法和国家政策虽然关系密切,但“毕竟是两个不同的事物”,因而“将法和国家政策混为一谈,而否认法的作用的观点也是错误的”。③ 对此,有学者指出,两者的区别是“法律具有特殊强制力,并且不包括全部政策,它仅是政策的主要表现形式和最有效的形式”④,即这种区别表现在两个方面:一是法律具有强制力而政策没有;二是政策不完全体现在法律中。“反右”运动时,我国学者突出强调政策的作用,将其置于不恰当的位置,为法律虚无主义的产生提供了基础。例如,有学者批判政策不具有强制性的观点,认为统治阶级的政策是具有强制力的,而且不能不具有强制力。他论证道:“统治阶级的政策是用来指导本阶级进行阶级斗争和领导国家活动的重要工具,单这一点就决定了统治阶级的政策必须具有强制力,否则,它又怎能得到贯彻?”⑤

80年代,我国学者基本延续了上述观点⑥,但对部分内容提出了修正,认为政治的内容不局限于阶级斗争。有的学者指出:“在无产阶级专政的

---

① 中央政法干部学校国家和法的理论教研室编著:《国家和法的理论讲义》,法律出版社1957年版,第45页。关于法与政策关系的这种表述,还可参见朱恩霖:《法律和政策的关系》,载《法学》1957年第6期。

② 中央政法干部学校国家和法的理论教研室编著:《国家和法的理论讲义》,法律出版社1957年版,第45页。

③ 参见中央政法干部学校国家和法的理论教研室编著:《国家和法的理论讲义》,法律出版社1957年版,第47页。

④ 朱恩霖:《法律和政策的关系》,载《法学》1957年第6期。

⑤ 赵擎:《关于法律和政策的若干问题——对朱恩霖的“法律和政策的关系”一文的意见》,载《法学》1958年第2期。

⑥ 参见陈守一、张宏生主编:《法学基础理论》,北京大学出版社1981年版,第109—114页;北京大学法律系法学理论教研室编:《法学基础理论》,北京大学出版社1984年版,第69—74页;王子琳、李放主编:《法学基础理论》,吉林大学出版社1987年版,第47—51页。

国家里，虽然还存在着阶级斗争，但其主要的政治是从事社会主义建设事业，发展社会生产力。”①到了90年代，有学者开始从文化的角度阐述法与政治的关系②，但是许多学者仍然从阶级的视角分析政治及其与法的关系，并将法与党的政策的关系作为其中的重要内容。中共十五大提出依法治国方略后，学者们对法与党的政策关系的认识有了质的飞跃。有学者认为，法与党的政策的关系有三方面的内容：一是思想内容上的指导与被指导关系，即法律的制定和实施要接受党的政策的指导；二是规范效力上的约束与被约束关系，即党的领导机关制定和贯彻各项政策的活动要受法律的约束；三是在实施过程中的相互促进关系，即法律的制定和实施坚持以党的政策为指导，能保证法律的合理性、可行性和顺利实施；党的政策通过法定程序上升为法律后，由国家强制力保障而使其实施力度大大增强。③ 21世纪后，这种观点为许多学者所认同。④

（3）法与国家的关系。苏联法学理论认为，法与国家不仅同时产生而且有着内在关联，法由国家制定并保障其实施，法则是确认国家机构、实现国家职能的手段，因而国家比法更重要。我国法学理论深受此种观点的影响。20世纪50年代时，我国学者指出：“法是同国家一道产生的”，“是人类社会发展到一定的阶段上，即出现了人剥削人的时候，在出现了阶级与阶级斗争不可调和的地方才产生的”，⑤“它们实现着同一的任务，即统治阶级专政的任务”⑥。他们还分析了法与国家有着内在关联。首先，法依靠国家制

① 陈守一、张宏生主编：《法学基础理论》，北京大学出版社1981年版，第111页。

② 参见梁忠前、董博芳：《对法与政治关系的文化考察》，载《江苏社会科学》1994年第5期。

③ 参见张文显：《法理学》，法律出版社1997年版，第425—426页。

④ 参见陈庭忠：《论政策和法律的协调与衔接》，载《理论探讨》2001年第1期；卓泽渊：《论法政治学的创立》，载《现代法学》2005年第1期；肖金明：《为全面法治重构政策与法律关系》，载《中国行政管理》2013年第5期等。

⑤ 西北大学法律系国家和法的理论与历史教研组编：《国家和法的理论基本知识》，陕西人民出版社1958年版，第1页。

⑥ 中央政法干部学校国家和法的理论教研室编著：《国家和法的理论讲义》，法律出版社1957年版，第5页。

定和保障实施。他们指出:“法的各个规范都是由国家制定的,所以就以国家意志面貌出现,因而就获得国家强制力去保障它实现。”①其次,法则是确认国家机构、实现国家职能的手段。他们讲道:“国家若不依靠法,也就不可能实现自己的任务和职能。”②就两者地位来说,他们认为,“法是统治阶级实施阶级专政的一种重要工具”③。也就是说,国家决定法,法是国家的工具。60 年代时,我国学者仍然持这种观点,他们指出:“法和国家的正确关系应该是:国家是第一位的,法是第二位的;国家权力是主要的,法是从属的。”④“有什么样的国家,就有什么样的法。国家的性质不同,任务不同,法的性质和作用也就不可能相同。”⑤

80 年代初期,苏联法学理论有关法与国家关系的观点,仍然为我国许多学者所接受。⑥ 但当时学界开始讨论人治与法治问题⑦,讨论中各派观点不一,其中赞成实行法治的学者提出法律的权威及法律对于国家权力形成、行使的依据作用和规范作用。有学者指出,法治“就是要使法律具有极大的权威,国家的组织和统治权之行使,社会或个人相互关系之调整,概以法律为准绳”⑧。还有学者指出:“‘以法治国’或‘依法治国’(即法治),也就是要十分重视运用法律这种行为准则并严格依照它的规定来治理国家的

① 西北大学法律系国家和法的理论与历史教研组编:《国家和法的理论基本知识》,陕西人民出版社 1958 年版,第 18 页。

② 中央政法干部学校国家和法的理论教研室编著:《国家和法的理论讲义》,法律出版社 1957 年版,第 5 页。

③ 中央政法干部学校国家和法的理论教研室编著:《国家和法的理论讲义》,法律出版社 1957 年版,第 38 页。

④ 陈处昌:《对编写〈国家和法的理论〉的几点意见》,载《政法研究》1962 年第 2 期。

⑤ 徐鹤皋:《谈谈我国社会主义法的性质及其他》,载《政法研究》1962 年第 3 期。

⑥ 参见陈守一、张宏生主编:《法学基础理论》,北京大学出版社 1981 年版,第 114—116 页;北京大学法律系法学理论教研室编:《法学基础理论》,北京大学出版社 1984 年版,第 75—78 页。

⑦ 参见《法治与人治问题讨论集》编辑组:《法治与人治问题讨论集》,社会科学文献出版社 2003 年版。

⑧ 王礼明、刘海年、罗耀培:《法制与法治》,载《学习与探索》1979 年第 5 期。

意思。”[①]这意味着一些学者开始认识到法对国家权力的制约功能。经过这场讨论，对于法与国家何者重要或者何者优先的问题，我国学者的论述开始不同于苏联法学理论的观点。例如，有的学者在承认国家与法在社会作用上的主导和从属关系的前提下，对于两者地位作出了具体分析。他们指出：“如果从法由国家来立、改、废这一点上看，国家似乎是大于法的；然而，如果从任何国家机构都应该在法规定的范围内活动，任何组织和个人都必须对自己的违法行为负法律责任这一点看，法又似乎是大于国家的。”他们进一步指出：“在国家与法的关系中，任何一方的权威性都不可能也不应该绝对地优越于另一方。如果法是绝对优越的，……国家对法律的任何修改和废除都是不可能的了。如果国家是绝对优越的，那么，就意味着一个政权可以任意抛弃和践踏现有的法律秩序。”[②]显然，我国学者开始将法与国家置于同等重要的地位。

90 年代时，一些学者认为法与国家权力是不可分的。有学者说道，“离开国家权力的认可、保障，体现统治阶级价值观的规范就不成其为法律规范”，“法实际上也是国家权力的经常的、有系统的、有组织的表现，国家权力的组织运作离不开法”。[③] 自 20 世纪末开始，随着依法治国战略的提出，我国学界重新思考法与国家的关系。有的学者在论述国家对法的制定和实施中的作用的同时，强调法对于政权维持和运行中的保障作用：一方面，国家机构的组织即国家机关的设置、产生、权限的划分等，需要法来加以确认；另一方面，国家机构的活动原则也需要法来加以确认，这样既保证权力的正常运行，体现国家的性质，又防止权力的旁落和滥用，也是对具体行使权力人的制约。[④] 这表明，学者开始强调法对于国家权力的确认和制约功能。在法与国家谁优先的问题上，有学者指出，目前许多学术著作和教科书所采

① 李步云：《法治概念的科学性》，载《法学研究》1982 年第 1 期。
② 王子琳、李放主编：《法学基础理论》，吉林大学出版社 1987 年版，第 54 页。
③ 孙国华主编：《法理学》，中国人民大学出版社 1994 年版，第 60 页。
④ 参见卢云主编：《法学基础理论》，中国政法大学出版社 1999 年版，第 48 页。

用的法与国家互从论是比较中庸的观点，它可以避免在法与国家关系上的片面认识，使我们更清楚地把握法与国家相互之间的影响与互动，更清楚地把握法对国家的作用与国家对法的作用。但是，这种观点看似客观，其实忽略了法与国家的不同性质所决定的应然关系配置，会导致主张者意想不到的后果发生。他分析道，由于二者的特性不同，法是一种普遍而公开的行为规则，国家是一种具有强力的又不能不为特定的少数人管理或运作的公共组织，因此，在法与国家共存的历史期间，运用法律规制国家将是永恒的课题。否则，组成国家的民众的意志就无法受到尊重，利益就无法得到保障。从这个意义上说，法律应当优先于国家。[①] 可见，在该学者看来，法不是由处于被国家决定的地位，也不是与国家之间形成并列互动关系，而是扮演着优于国家、规制国家的角色。

4. 法的历史类型论

苏联法学理论认为，法是一个历史范畴，是阶级社会中存在的现象。在人类社会发展中，随着经济基础的先后更替，产生了与此相适应的奴隶占有制类型的法、封建制类型的法、资产阶级类型的法和社会主义类型的法，但社会主义类型的法是最高类型的法，与剥削阶级类型的法有着本质区别。对此，我国法学理论深受影响。20 世纪 50 年代，我国学者指出，法和国家一样，“是历史的现象”，“是在社会发展到一定阶段上，伴随着阶级和阶级斗争的出现而产生的，也必然将随着阶级和阶级斗争的消灭而逐渐消亡下去”。[②] 他们进一步指出，法产生之后是在发生变化的，由一个历史类型发展到另一个历史类型。法的历史类型是根据“法所赖以生存的经济基础和阶级统治来划分的”。它说明同一类型法的共同特点，即法建立在什么经济基础之上，反映哪个阶级的意志。[③] 可见，法的历史类型的判断依据，是

① 参见卓泽渊：《论法治国家》，载《现代法学》2002 年第 5 期。

② 中央政法干部学校国家和法的理论教研室编著：《国家和法的理论讲义》，法律出版社 1957 年版，第 205—206 页。

③ 参见西北大学法律系国家和法的理论与历史教研组编：《国家和法的理论基本知识》，陕西人民出版社 1958 年版，第 23 页。

法由以建立的生产方式和其表现的阶级本质。按照这种依据，他们认为历史上有四种法的类型，即奴隶制法、封建制法、资本主义的法和社会主义的法，它们分别和奴隶制生产关系、封建制生产关系、资本主义生产关系和社会主义生产关系相适应。但是，社会主义的法是新的、最高类型的法，与剥削者国家的法有着根本区别。① 80、90 年代，这种观点一直为我国学界广泛认同。② 21 世纪以来，仍有不少学者按照上述依据阐述法的历史类型，并在将社会主义法与以往的法进行比较的基础上论述其特征。③ 其中，有的学者将上述观点作为法的历史类型的重要解释，同时还关注到梅因、马克斯·韦伯、昂格尔等其他法学家、社会学家和史学家对法的历史类型的解释。④ 有学者分析了马克思主义经典作家在不同时期对法的现象发展历史类型的理论模式，指出法的现象历史类型应当根据由一定社会经济形态所决定的模式来划分，形成以人对人的依赖关系为基础的法的类型、以人对物的依赖关系为基础的法的类型和以人的自由发展为基础的法的类型。⑤

（二）社会主义的法与法制原理

社会主义法与法制的基本原理是苏联法学理论的核心部分，它建基于

---

① 参见西北大学法律系国家和法的理论与历史教研组编：《国家和法的理论基本知识》，陕西人民出版社 1958 年版，第 23—24 页。

② 参见张光博：《法的概念和历史类型》，载《吉林大学社会科学学报》1980 年第 1 期；陈守一、张宏生主编：《法学基础理论》，北京大学出版社 1981 年版，第 55—59、86—89 页；北京大学法律系法学理论教研室编：《法学基础理论》，北京大学出版社 1984 年版，第 47—59 页；王子琳、李放主编：《法学基础理论》，吉林大学出版社 1987 年版，第 7—16、69—72 页；卢云主编：《法学基础理论》，中国政法大学出版社 1999 年版，第 76—91 页。

③ 参见李步云主编：《法理学》，经济科学出版社 2000 年版，第 135—138 页；刘作翔主编：《法理学》，社会科学文献出版社 2005 年版，第 247—249 页；徐显明主编：《法理学》，中国政法大学出版社 2007 年版，第 177—180 页；沈宗灵主编：《法理学》，高等教育出版社 2009 年版，第 94—99 页；《法理学》编写组：《法理学》，人民出版社、高等教育出版社 2010 年版，第 55—69 页；李龙主编：《法理学》，武汉大学出版社 2011 年版，第 152—159 页；等等。

④ 参见徐显明主编：《法理学》，中国政法大学出版社 2007 年版，第 177—180 页。

⑤ 参见公丕祥主编：《法理学》，复旦大学出版社 2008 年版，第 87—98 页。

法的一般原理，着重阐述社会主义法的产生、本质和目的，社会主义的法与其他社会现象的关系，社会主义法制与法律秩序，以及社会主义法律运行等基本问题。这些原理与法的一般原理一起引入我国，构成我国法学理论的重要内容。

1. 社会主义法的产生论

（1）社会主义法产生的规律。苏联法学理论认为，社会主义法的产生有其自身的规律，即无产阶级夺取政权，摧毁旧的国家机器是社会主义法产生的前提，摧毁旧法是社会主义法产生的基础。自苏联法学理论引入后，这一观点一直为我国学者所接受。20 世纪 50 年代，我国学者就按照这一观点进行论述。他们指出，社会主义的法是与社会主义生产关系相适应的。[①] 然而，“社会主义生产方式，不能在旧社会内部产生和自发地发展”，因此，“无产阶级在社会主义革命过程中，必须首先取得国家政权后，才能把反动资产阶级的财产变为社会所有，才能领导群众组织与建立社会主义经济”。[②] 从这个意义上说，建立社会主义法必须以无产阶级通过革命夺取政权为前提。他们还指出：“无产阶级在建立自己的阶级专政的过程中，必须同时打碎旧的、反动的国家机器。因为无产阶级专政是一种新型的国家政权，无论从它的阶级本质，或是从它的社会使命来说，都是和一切剥削阶级国家根本对立的。所以，无产阶级绝对不能利用……旧的国家机器，来实现自己的历史任务，而必须彻底把它打碎，从新建立起……适合于实现无产阶级专政任务的新的国家机器。”[③]因此，无产阶级夺取政权，摧毁旧的国家机器，是建立社会主义法的根本前提。有了这个前提之后，社会主义法如何才能建立起来呢？

① 参见西北大学法律系国家和法的理论与历史教研组编：《国家和法的理论基本知识》，陕西人民出版社 1958 年版，第 23 页。

② 参见西北大学法律系国家和法的理论与历史教研组编：《国家和法的理论基本知识》，陕西人民出版社 1958 年版，第 35 页。

③ 中央政法干部学校国家和法的理论教研室编著：《国家和法的理论讲义》，法律出版社 1957 年版，第 84 页。

对此，他们明确指出："彻底废除反革命、反人民的剥削阶级的法是马克思列宁主义的一项根本原理，是无产阶级的不可动摇的原则。"这是因为，"剥削阶级的法是剥削阶级意志的表现"，"这种法把剥削阶级对劳动人民的剥削和奴役'合法化'，它是镇压劳动人民、保护剥削阶级利益的工具"。①

当时，许多学者认为，彻底废除旧法就意味着旧法应该全部抛弃，全部不能利用，也决不能继承。对此，在20世纪50年代初开展的司法改革运动中，学者们批判"砖瓦论""镰刀斧头论""法律技术论"等"旧法可用论"，并将其归入旧法观点。②"反右"运动中，学者们又批判旧法"可继承性"的观点，认为右派宣扬旧法的"可继承性"就是为旧法统"招魂"。③在他们看来，"旧法是国民党反动政府的法律，是基于半殖民地和半封建社会政治制度和经济制度而产生的，是表现帝国主义、封建地主和官僚资产阶级的共同意志，是维护帝国主义者在旧中国的一切特权，保护封建地主和官僚资产阶级的利益。而新中国的法律，是社会主义的法律，是基于过渡时期的政治制度和经济制度而产生的。它表现着工人阶级领导下的劳动人民的意志，是巩固人民民主专政的工具，也就是镇压反动派和保护人民利益的工具。'旧法'与'新法'本质上根本对立，还有什么继承可言？"④60年代时，学者们坚持这一观点。有学者指出："法律只可能为统治阶级的利益服务，不可能也决不会为全民的利益，即既为统治阶级的利益，又同时为被统治阶级的利益服务的。无产阶级革命胜利，推翻了旧的社会制度之后，对于为旧社会制度服务的旧法律必须予以废除，而在无产阶级政权创造的新的

---

① 参见中央政法干部学校国家和法的理论教研室编著：《国家和法的理论讲义》，法律出版社1957年版，第147页。

② 参见陈光中、曾新华：《建国初期司法改革运动述评》，载《法学家》2009年第6期。

③ 参见中央政法干部学校国家和法的理论教研室编著：《国家和法的理论讲义》，法律出版社1957年版，第148页。

④ 西北大学法律系国家和法的理论与历史教研组编：《国家和法的理论基本知识》，陕西人民出版社1958年版，第77页。

社会主义经济基础之上产生新的社会主义的法律。”他讲道:“以《六法全书》为代表的国民党旧法制,是国民党反动统治阶极压榨广大劳动人民的一套精巧的‘机器’。在人民夺得了天下做了国家的主人以后,是否可以反过来原封不动地利用这架‘机器’,或拆散‘机器’利用它的部分‘零件’来实行专政,来压迫被推翻了的地主阶级、官僚资产阶级呢?不能,显然不能!”①

20世纪80年代,我国学者仍然按照苏联法学理论的观点阐述社会主义法产生的规律,但在对待旧法的态度上发生了转变。② 有学者指出:“在对待旧法的问题上,……马克思主义的正确态度应该是:既要认清旧法的反动实质,坚决予以摧毁;又要看到它有价值的东西加以批判继承。”③有学者分析道:“必须废除旧法律是新中国法律产生的必要条件,但这决不意味着新的法律的建立,可以完全隔断与旧法律文化遗产的历史联系。对于历史上的文化遗产,马克思主义从来就是坚持辩证的方法,主张不应一概否定,而应批判继承。”他们认为,“社会主义法律可以从剥削阶级法律中批判吸收的因素,主要表现在:剥削阶级法律中某些带有民主性的、进步性的因素”。④ 还有学者甚至将“批判地继承旧法是社会主义法产生的条件”作为社会主义法产生规律的内容。⑤ 从那时起,学界开始翻译外国法典,撰写论著介绍研究国外法律,提出借鉴国外法律制度来建立和完善我国的法律制度的建议。90年代初,一些学者认为可以将国外的法律制度移植到我国,

① 郑朴:《彻底摧毁旧法制,肃清资产阶级法律思想——重读中共中央〈关于废除国民党的六法全书与确定解放区的司法原则的指示〉》,载《政法研究》1964年第2期。

② 参见陈守一、张宏生主编:《法学基础理论》,北京大学出版社1981年版,第197—213页;北京大学法律系法学理论教研室编:《法学基础理论》,北京大学出版社1984年版,第163—180页;王子琳、李放主编:《法学基础理论》,吉林大学出版社1987年版,第136—147页;卢云主编:《法学基础理论》,中国政法大学出版社1999年版,第76—91页。

③ 王子琳、李放主编:《法学基础理论》,吉林大学出版社1987年版,第143页。

④ 北京大学法律系法学理论教研室编:《法学基础理论》,北京大学出版社1984年版,第172、173页。

⑤ 参见卢云主编:《法学基础理论》,中国政法大学出版社1999年版,第120—124页。

之后法律移植成为我国学者热议的话题。①

(2)社会主义法产生的必要性。苏联法学理论认为,在社会主义社会,由于存在着资本主义的胎斑和实现无产阶级专政的任务,法是必需的。这一观点为我国学者所认同。20世纪50年代,我国学者论述道:“废除了剥削阶级的法,还需要建立社会主义的法。”②对此,他们从实现无产阶级专政任务的角度阐述其理由:第一,“社会主义的法是组织社会主义经济建设与文化建设和为共产主义社会创造前提所必需的”;第二,“社会主义的法是巩固无产阶级专政、镇压阶级敌人的反抗和维护革命秩序所必需的”;第三,“社会主义的法是以社会主义精神教育公民所必需的”。总之,“社会主义的法是保证建成社会主义社会和共产主义社会的一种重要工具”。他们还说道:“要发挥社会主义的法的重要作用,就必须反对法律虚无主义和法律万能主义。”③50年代末开始,我国法学界逐渐陷入了法律虚无主义泥淖,忽视甚至否定社会主义的法存在的价值。80年代后,学者们从经济发展、民主政治建设、精神文明推进、社会秩序建立、实现现代化等各方面论证社会主义的法存在的必要性,分析法律虚无主义的表现、原因与危害性。④

① 参见吴玉章:《对法律移植问题的初步思考》,载《比较法研究》1991年第2期;沈宗灵:《论法律移植与比较法学》,载《外国法译评》1995年第1期;周少元:《二十世纪中国法制变革与法律移植》,载《中外法学》1999年第2期;冯卓慧:《法律移植问题探讨》,载《法律科学》2001年第2期;何勤华:《法的移植与法的本土化》,载《中国法学》2002年第3期;刘星:《重新理解法律移植——从“历史”到“当下”》,载《中国社会科学》2004年第5期;马剑银:《法律移植的困境——现代性、全球化与中国语境》,载《政法论坛》2008年第2期;刘风景:《法律移植的隐喻学阐释》,载《求是学刊》2012年第3期;李安、王家国:《法律移植的社会文化心理认同》,载《法制与社会发展》2018年第1期;等等。

② 中央政法干部学校国家和法的理论教研室编著:《国家和法的理论讲义》,法律出版社1957年版,第148页。

③ 参见中央政法干部学校国家和法的理论教研室编著:《国家和法的理论讲义》,法律出版社1957年版,第148—152页。

④ 参见屈野:《社会主义法是保护经济基础的重要工具》,载《思想战线》1980年第6期;唐琮瑶:《社会主义法在“四化”建设中的作用》,载《晋阳学刊》1981年第3期;北京大学法律系法学理论教研室编:《法学基础理论》,北京大学出版社1984年版,第159—162页;王子

2. 社会主义法的本质论

苏联法学理论认为，按照法的本质的原理，社会主义的法同样具有阶级意志性、国家意志性和物质制约性，但与剥削阶级的法还有所不同，它是工人阶级和全体劳动人民意志的体现，具有阶级性和人民性。20 世纪 50 年代，我国学者深受其影响，并按照这种观点阐述社会主义法的本质。他们指出："社会主义法的本质就在于它是工人阶级领导的人民群众的意志的表现"，因而具有阶级性和人民性。"社会主义的法就其阶级性来说，是工人阶级的法"，"社会主义的法又是反映广大人民的建设社会主义的要求的法，这就是它的人民性"，"社会主义的法的阶级性和人民性是统一的"。他们讲道："一切剥削阶级的法所表现的只是他们的狭隘的阶级利益，而和广大人民群众是根本对立的。因此他们的阶级性就决定了它们不可能有人民性。"在他们看来，工人阶级和广大人民群众的意志体现在社会主义法的目的上，即"保护、巩固和发展社会主义的社会关系和社会秩序"。因而，社会主义的法是无产阶级专政的工具，"是建成社会主义和共产主义社会的一种手段"。① 他们还讲道："社会主义的法是由社会主义国家制定或认可的，并由社会主义国家赋予强制性的行为规则（规范）的总和。""社会主义的法具有强制性，是毋庸置疑的"，但是"社会主义的法，由于符合人民的利益，因而得到广大人民群众的热烈拥护和积极支持。绝大多数人民群众遵守社会主义的法是基于社会主义的觉悟性，而不是基于社会主义法的强制性"。② 同时，他们还认为，"社会主义的法归根到底是由社会主义经济基础

琳、李放主编：《法学基础理论》，吉林大学出版社 1987 年版，第 131—135 页；孙国华主编：《法理学教程》，中国人民大学出版社 1994 年版，第 133—137 页；沈敏荣、桁林：《论法律万能主义与法律虚无主义》，载《思想战线》2003 年第 3 期；郝铁川：《中国的法律浪漫主义与法律虚无主义》，载曾宪义主编：《法律法文化研究》第四辑（2008 年），中国人民大学出版社 2008 年版，第 3—14 页；等等。

① 参见中央政法干部学校国家和法的理论教研室编著：《国家和法的理论讲义》，法律出版社 1957 年版，第 153—157 页。

② 参见中央政法干部学校国家和法的理论教研室编著：《国家和法的理论讲义》，法律出版社 1957 年版，第 155—156 页。

决定的，它反映着客观的社会经济发展规律的要求”①。应当看到，在社会主义法的本质属性中，他们更加看重法的阶级本质。60年代，我国学者基本上仍然持上述观点。② 但是，他们对法的强制性作出了新的论述。他们认为，法作为人民民主专政的工具，具有强制性，但不是所有法律规范都具有这一性质。有的法律规范是对付敌人的，它们决定着法的根本性质；有的法律规范虽然对少数流氓坏分子来说是专政的武器，但主要还是用来解决人民内部矛盾的，是人民自己约束自己的工具；有的法律规范主要是为了解决人民内部矛盾、调整人民内部关系而制定的，它们虽然还具有一定的强制性，但已不完全是原来意义上的、作为阶级压迫工具的那种法律规范了。③ 因此，在处理人民内部矛盾时，法只是说服教育的辅助手段。这种对于法的强制性的理解，为削弱社会主义法的作用提供了理论基础。

80年代时，许多学者仍然沿袭过去的观点，强调社会主义法首先具有鲜明的阶级性，同时还具有广泛的人民性，是阶级性和人民性的统一，但绝不是超阶级的全民的法律。④ 也有学者认为社会主义法具有阶级性，它仅仅是工人阶级意志的体现。工人阶级意志本身，就代表了和反映着广大人民群众的根本利益，与人民群众的愿望和要求是一致的，从这个意义上说社会主义法的阶级性和人民性是统一的。⑤ 但是，随着学术界对法的阶级性提

---

① 中央政法干部学校国家和法的理论教研室编著：《国家和法的理论讲义》，法律出版社1957年版，第158页。

② 参见徐鹤皋：《谈谈我国社会主义法的性质及其他》，载《政法研究》1962年第3期；吴大英：《试论我国运用法律的几个观点问题》，载《政法研究》1965年第4期。

③ 参见徐鹤皋：《谈谈我国社会主义法的性质及其他》，载《政法研究》1962年第3期；钟林、韩延龙、何东义：《对我国法的作用的看法》，载《政法研究》1962年第4期。

④ 参见吴大英、刘瀚：《论我国社会主义法的阶级性》，载《学习与探索》1980年第3期；陈守一、张宏生主编：《法学基础理论》，北京大学出版社1981年版，第220—228页；孙国华主编：《法学基础理论》，法律出版社1982年版，第157—159页；北京大学法律系法学理论教研室编：《法学基础理论》，北京大学出版社1984年版，第202—212页；王子琳、李放主编：《法学基础理论》，吉林大学出版社1987年版，第149—155页；魏再龙：《论社会主义法的本质属性》，载《法学评论》1987年第2期。

⑤ 参见唐琮瑶：《社会主义法是工人阶级意志的体现》，载《法学研究》1980年第1期；唐琮瑶：《再谈社会主义法的阶级性——答刘瀚、吴大英二同志》，载《法学研究》1980年第5期。

出质疑后，一些学者对社会主义法的本质提出不同的看法。有学者认为，阶级性不是法的本质属性，法具有社会性、强制性和规范性这三个本质属性①，因而他自然不会认同社会主义法具有阶级本质的观点。有学者认为，"法律是统治阶级意志的体现"这一原理，适用于分析一切阶级对立社会法律本质，不能适用于剥削阶级已经消灭的社会主义社会。社会主义法律尽管还具有一定的阶级性，但人民性是其本质属性中的主要方面，因为人民性能最确切、完整地反映社会主义法律的意志内容，充分表现社会主义法律的真实本质。②

90 年代后，学者们对于社会主义法的本质存在不同的看法。有的学者仍然坚持社会主义法是阶级性和人民性统一的观点。③ 有的学者从三个方面对社会主义法的本质作更加深入的阐述。他们认为，从阶级本质来看，"社会主义法是上升为法律的工人阶级为领导的广大人民的共同意志"，它体现了"阶级性和人民性的统一"；从社会本质来看，"社会主义法是实行社会主义、建设社会主义的法"，它"执行着广泛的社会公共职能"；从国家强制性来看，"国家强制力的保证是社会主义法的必要标志"，但"社会主义法崭新的阶级、社会本质，还表现在它是广大人民群众能够自觉遵守的规范"。④ 还有一些学者从各种角度论证法的统治阶级意志论不适用于社会主义社会，社会主义法是全社会共同意志的体现，因而人民性、社会性应成为社会主义法的本质属性。⑤ 但是，有学者认为阶级性、社会性、规范性都

① 参见张宗厚：《对法的三个基本概念的质疑》，载《法学》1986 年第 1 期。

② 参见朱华泽、刘升平：《关于社会主义法律本质的几个问题》，载《法学研究》1987 年第 1 期。

③ 参见卢云主编：《法学基础理论》，中国政法大学出版社 1999 年版，第 76—91 页；沈宗灵：《法理学》，北京大学出版社 2000 年版，第 60—63 页。

④ 参见孙国华主编：《法理学教程》，中国人民大学出版社 1994 年版，第 147—161 页。在孙国华、朱景文主编的《法理学》一书中，在这三方面本质之外增加了一个本质，即从保障人权看，社会主义法必然是最尊重人权、最注重保障人权的法。参见孙国华、朱景文主编：《法理学》，中国人民大学出版社 1999 年版，第 100—111 页。

⑤ 参见沈宗灵主编：《法理学研究》，上海人民出版社 1990 年版，第 23、32、112—113 页；张恒山：《法理要论》，北京大学出版社 2002 年版，第 147—148 页；郭道晖：《论法与法律的区别——对法的本质的再认识》，载《法学研究》1994 年第 6 期。

是社会主义法的浅层本质，应当从物质生活条件去认识其深层本质，这种深层本质有的认为是解放和发展生产力，[①]有学者则认为它是对利益关系的调整。[②] 可见，经过十多年的学术讨论，苏联法学理论所阐述的社会主义法的本质论对于我国学界的影响明显减弱。

进入 21 世纪，一些学者试图从新的角度思考和回答社会主义法的本质问题。例如，有学者依据人本法律观对社会主义法的本质作出概括，认为社会主义法律是由国家保障实施的、以人的全面发展和人民根本利益为出发点与落脚点的、合乎人性、尊重人格、讲究人道、体恤人情、保障人权的行为规范。[③] 有学者认为，当代中国阶级斗争已经不是社会的主要矛盾，法律的阶级性即使存在，其宗旨和价值取向也已发生重大转变。就社会性而言，法律的确是用来调整人与人之间社会关系的，并最终由社会物质生活条件所决定，但法律作为人民共同意志的体现，至少应该在权利义务的分配上追求公平正义的理念，因此法律的本质归属应当是公平正义。[④]

3. 社会主义法的目的

苏联法学理论认为，社会主义法的目的就是保护、巩固和发展社会主义的社会关系和社会秩序，它体现了社会主义法的阶级本质，使得社会主义的法成为无产阶级专政和社会主义国家的工具。从这种目的可以看出，社会主义的法内含着以确立、维护社会主义社会关系和社会秩序为内容的价值取向和基本功能，这种价值充分体现在社会主义法的基本原则之中。

这种观点为我国法学所接受，并持续了很长时间。20 世纪 50 年代时，我国学者就认为，“社会主义的法是旨在保护、巩固和发展有利于和方便于

---

① 参见刘少荣：《社会主义法的本质是解放和发展生产力》，载《法商研究》1994 年第 4 期。

② 参见马长山：《从市民社会理论出发对法本质的再认识》，载《法学研究》1995 年第 1 期。

③ 参见李龙、李玲：《人本法律观对社会主义法本质的再认识》，载《山东社会科学》2011 年第 3 期。

④ 参见杨显斌：《论当代中国法律本质的应然归属》，载《法学论坛》2014 年第 1 期。

工人阶级和人民群众的社会关系和社会秩序，即社会主义的社会关系和社会秩序”①。他们分析道，社会主义的法所要保护、巩固和发展的社会关系和社会秩序，包括无产阶级专政、工人阶级的领导权和工农联盟、以工人阶级领导的人民的统一战线，社会主义的经济等。② 显然，社会主义法的目的体现了其工人阶级和广大人民群众的意志和利益，反映了社会主义法的本质。他们进一步讲道：“社会主义的法本身并不是一种目的，它的目的是建成社会主义社会和共产主义社会，它是建成社会主义和共产主义社会的一种手段，而且是一种强有力的手段。”③他们认为，“社会主义国家是无产阶级专政的国家”，“无产阶级专政的根本任务是改造整个社会，组织新的社会主义的经济和文化生活”，因而“无产阶级专政是对全国经济、一切社会关系和文化实行社会主义改造的工具，是以社会主义精神改造群众思想的工具，是消灭阶级和建立共产主义社会的工具”。④ 因此，社会主义的法也就成为无产阶级专政和社会主义国家的工具。从这些论述中可以看到，社会主义法具有维护无产阶级对社会实行政治统治的功能，追求建立社会主义社会关系和社会秩序的价值。围绕社会主义法的价值，我国学者也提出了社会主义法的基本原则。例如，有学者详细阐述了六项基本原则，即保障社会主义经济制度的确立、巩固和发展，巩固无产阶级专政，巩固民主集中制，保障国内各族人民的团结，巩固社会主义的国际团结和全世界爱好和平人民的国际团结，巩固共产党的领导。⑤

---

① 中央政法干部学校国家和法的理论教研室编著：《国家和法的理论讲义》，法律出版社 1957 年版，第 157 页。

② 参见中央政法干部学校国家和法的理论教研室编著：《国家和法的理论讲义》，法律出版社 1957 年版，第 156—157 页。

③ 中央政法干部学校国家和法的理论教研室编著：《国家和法的理论讲义》，法律出版社 1957 年版，第 157 页。

④ 中央政法干部学校国家和法的理论教研室编著：《国家和法的理论讲义》，法律出版社 1957 年版，第 79、95 页。

⑤ 参见中央政法干部学校国家和法的理论教研室编著：《国家和法的理论讲义》，法律出版社 1957 年版，第 165—178 页。

到了80年代,学者们坚持社会主义法的目的论,认为社会主义法的目的在于保护、巩固和发展社会主义的社会关系和社会秩序。① 有学者分析道:社会主义的法"反映并服务于社会主义社会关系,是工人阶级领导的广大人民确认、保护和发展社会主义的社会关系和社会秩序的意志的体现"②。这表明,社会主义法的目的反映了工人阶级和广大人民意志的内容,因而它是对社会主义法的本质的一种具体体现。同时,学者们认为无产阶级专政和社会主义国家的基本任务就是建成社会主义和实现共产主义,在此过程中需要法律来确立和维护社会主义的社会关系和社会秩序,因此社会主义的法成为无产阶级专政的工具,成为实现社会主义国家职能的工具。从社会主义法的目的出发,学者们论述了社会主义法的功能或职能。有学者指出:"社会主义的法……担负着维护对于广大人民有利的社会关系和社会秩序的特殊职能。"③还有学者讲道:"从实质上看,社会主义法的种种功能,都是为了改造社会,创造共产主义社会的条件。"④显然,社会主义法的功能或职能是以确立和维护社会主义的社会关系和社会秩序为内容,体现着工人阶级和广大人民的利益。因此,在有的学者看来,由于法的阶级性和社会性是一致的,因而尽管社会主义法的职能包括阶级统治和社会管理等方面,但它们都体现出工人阶级的利益。⑤ 从社会主义法的目的出发,学者们通过法的基本原则阐述了社会主义法的价值。这是因为,基本法律原则是体现法的根本价值的法律原则,是整个法律活动的指导思想和出发点,构成法律体系的中枢。⑥ 当时,学者们认为,社会主义法的基本原

---

① 参见陈守一、张宏生主编:《法学基础理论》,北京大学出版社1981年版,第228页;孙国华主编:《法学基础理论》,法律出版社1982年版,第166页;王子琳、李放主编:《法学基础理论》,吉林大学出版社1987年版,第155页。

② 孙国华主编:《法学基础理论》,法律出版社1982年版,第160页。

③ 王子琳、李放主编:《法学基础理论》,吉林大学出版社1987年版,第154页。

④ 魏再龙:《论社会主义法的本质属性》,载《法学评论》1987年第2期。

⑤ 参见孙国华、朱景文:《试论法的阶级性和社会性》,载《法学研究》1982年第4期。

⑥ 参见张文显主编:《法理学》,高等教育出版社、北京大学出版社2007年版,第125页。

则反映了法应当确认、保护和发展的社会主义社会关系和社会秩序。[①] 显然,他们将确立和维护社会主义社会关系和社会秩序作为社会主义法追求的价值。这一价值反映在哪些基本原则中呢? 有学者认为,它们包括民主原则、社会主义原则、民族平等原则、国际主义原则和人道主义原则。[②] 也有学者认为,社会主义原则和民主原则是社会主义法的基本原则,民族平等原则是社会主义法的重要原则。[③] 还有学者认为,社会主义法是由不同层次的原则构成,它包括:一是体现社会主义政治制度的原则,如确认一切国家权力属于人民的原则,确认和保护公民的民主自由权利的原则等;二是体现社会主义经济制度的原则,如保护社会主义公有制原则、确认社会主义的各尽所能按劳分配的原则等;三是体现社会主义精神文明的原则,如符合社会主义条件下的社会主义道德要求的原则、坚持社会主义的人道主义原则等;四是体现社会主义法制的原则,如确认公民在法律面前一律平等的原则、确认司法机关依法独立行使职权的原则、确认依法办事的原则等。[④]

90 年代后,一些学者仍然强调建立有利于统治阶级的社会关系和社会秩序为内容的法的目的,但论述社会主义法的目的时,结合对社会主义本质的新认识进行阐述。有学者指出:社会主义法的目的就是"确认、保护和发展有利于社会主义即有利于生产力解放和发展、有利于消灭剥削、消除两极分化、最终达到共同富裕的社会关系"[⑤]。从那时起,学者们对社会主义目的所引申出来的社会主义法的功能或职能和价值有了更多关注。从社会主

---

① 参见孙国华主编:《法学基础理论》,法律出版社 1982 年版,第 166 页。

② 参见孙国华主编:《法学基础理论》,法律出版社 1982 年版,第 167—172 页;王子琳、李放主编:《法学基础理论》,吉林大学出版社 1987 年版,第 159—164 页。

③ 参见北京大学法律系法学理论教研室编:《法学基础理论》,北京大学出版社 1984 年版,第 221—223 页。

④ 参见谷春德、杜钢建:《论社会主义法的应然性与实然性的统一》,载《中国人民大学学报》1988 年第 4 期。

⑤ 孙国华主编:《法理学教程》,中国人民大学出版社 1994 年版,第 178 页。这种观点还可参见卢云主编:《法学基础理论》,中国政法大学出版社 1999 年版,第 142 页。

义法的功能或职能来看，许多学者突破了原来强调社会功能或职能，并将其归结为阶级统治的狭隘认识，而是将其区分为规范和社会两个方面的功能或职能，并指出了阶级统治和社会管理两大功能或职能的区别和联系，并强调现阶段的社会主义法更加强调社会管理功能或职能。① 从社会主义法的价值来看，随着改革开放的深入和依法治国方略的提出，学者们在论述时已经不局限于社会秩序的内容，而是拓展了很多内容，包括秩序、自由、平等、人权、和谐、正义、安全、效益，等等。②

4. 社会主义法的关系论

（1）社会主义的法与经济的关系。苏联法学理论认为，社会主义的法决定于社会主义经济基础，反过来又影响着社会主义经济基础，促使它的巩固和发展。同时，两者之间的关系在资产阶级国家和社会主义国家中有根本和重大的区别。20 世纪 50 年代，我国学者也作出了这种论述。他们指出："社会主义的法归根到底是由社会主义经济基础来决定的，它反映着客观的社会经济发展规律的要求"。同时，它"又反过来为社会主义经济基础服务"，即"它通过自己的特殊形式，通过自己的巨大的动员、改造和组织的作用来帮助自己的基础形成、发展和巩固，帮助新制度消灭旧制度"，因此"我国的全部法律规范归根到底都是用来为自己的社会主义经济基础服务的"。③ 他们还指出，在法对经济的作用上社会主义法与资本主义法有着本质区别。他们讲道："由于无产阶级革命胜利后，没有现成的社会主义经济，需要创造它，需要把它发展成为强大的社会主义经济体系，因此社会主

① 参见张文显主编：《法理学》，法律出版社 1997 年版，第 257—260 页；沈宗灵主编：《法理学》，北京大学出版社 2000 年版，第 119—133 页。

② 参见孙国华主编：《法理学教程》，中国人民大学出版社 1994 年版，第 103—110 页；卢云主编：《法学基础理论》，中国政法大学出版社 1999 年版，第 197—222 页；张文显主编：《法理学》，高等教育出版社、北京大学出版社 2007 年版，第 305—354 页；姚建宗：《中国特色社会主义法的价值论》，载《辽宁大学学报（哲学社会科学版）》2013 年第 2 期。

③ 参见中央政法干部学校国家和法的理论教研室编著：《国家和法的理论讲义》，法律出版社 1957 年版，第 158—160 页。

义的法有巨大的创造作用和组织作用。”①

80 年代,学者们仍然持这种观点。他们认为,社会主义的法是社会主义上层建筑的重要组成部分,它决定于社会主义的经济基础,同时又必须为自己的经济基础服务,积极帮助自己基础的形成、巩固和发展。② 在两者关系中,学者们着重阐述社会主义的法对社会主义经济基础的作用。例如,有的学者认为,它主要表现在:消灭和改造旧的经济,建立新的统一的社会主义经济基础;保护、巩固和发展社会主义公有制,保护公民个人所有的合法财产;贯彻“不劳动者不得食”“各尽所能、按劳分配”的社会主义原则;保证国民经济有计划按比例的发展;保护和促进社会生产力的发展;促进科学和文化教育事业的发展等。③ 有的学者认为,它主要表现在:一是确认和维护社会主义基本经济制度;二是促进经济体制的改革。④ 有的学者认为,它主要表现在五个方面,即消灭旧经济、建立发展社会主义经济,保护社会主义公有制,通过发展科学技术促进经济发展,按照客观规律组织经济、发展生产,保障和促进经济体制的改革。⑤ 90 年代后,学者们仍然在肯定社会主义经济基础的决定作用的基础上,着重论述社会主义的法对经济建设的作用,包括确认和维护社会主义基本经济制度,保障、引导、规范、协调和促进社会主义市场经济等。⑥

---

① 中央政法干部学校国家和法的理论教研室编著:《国家和法的理论讲义》,法律出版社 1957 年版,第 160 页。关于社会主义法的这种创造性作用,还可参见吴大英:《社会主义法律的概念和特征》,载《法学》1958 年第 3 期。

② 参见陈守一、张宏生主编:《法学基础理论》,北京大学出版社 1981 年版,第 258 页。

③ 参见陈守一、张宏生主编:《法学基础理论》,北京大学出版社 1981 年版,第 258—273 页。

④ 参见北京大学法律系法学理论教研室编:《法学基础理论》,北京大学出版社 1984 年版,第 236—237 页。

⑤ 参见王子琳、李放主编:《法学基础理论》,吉林大学出版社 1987 年版,第 204—213 页。

⑥ 参见孙国华主编:《法理学教程》,中国人民大学出版社 1994 年版,第 195—200 页;张文显:《论法在建设有中国特色社会主义中的作用》,载《吉林大学社会科学学报》1994 年第 2 期;卢云主编:《法学基础理论》,中国政法大学出版社 1999 年版,第 167—172 页;沈宗灵主编:《法理学》,高等教育出版社 2009 年版,第 160—169 页;《法理学》编写组:《法理学》,人民出版社、高等教育出版社 2010 年版,第 226—228 页;李龙主编:《法理学》,武汉大学出版社 2011 年版,第 106—114 页。

(2)社会主义的法与国家的关系。苏联法学理论认为,社会主义的法发挥作用必须依靠社会主义国家,社会主义国家需要通过社会主义的法加以确立和巩固。从两者的地位看,社会主义国家更重要,社会主义的法只是确立和巩固社会主义国家的工具。这种观点对于我国法学理论影响很大。20 世纪 50 年代,我国学者完全接受这种观点。他们认为,一方面,社会主义的法依靠社会主义国家。也就是说,"我们应通过国家机关将工人阶级,以及广大劳动者的意志制定成法律,并运用自己的政权的强制力量去保证实现,使它符合我们专政的要求"①。另一方面,社会主义国家需要社会主义的法。他们讲道:"社会主义国家为了完成建立社会主义社会和共产主义社会的伟大使命,必须建立社会主义的法。"②因为"社会主义法律是实现国家职能的重要工具之一"③,"是巩固无产阶级专政的强有力的手段"④。他们还认为,"社会主义的法本身并不是一种目的,它的目的是建成社会主义和共产主义"⑤,而无产阶级专政的根本任务就是"摧毁和改造旧经济制度以及建立新的社会主义经济制度的任务,并保证由社会主义逐步过渡到共产主义"⑥。因此,"社会主义的法只是实现无产阶级专政、保证建成社会主义社会和共产主义社会的重要工具"⑦,它"必须反映并服从于无产阶级

---

① 西北大学法律系国家和法的理论与历史教研组编:《国家和法的理论基本知识》,陕西人民出版社 1958 年版,第 19 页。

② 中央政法干部学校国家和法的理论教研室编著:《国家和法的理论讲义》,法律出版社 1957 年版,第 147 页。

③ 吴大英:《社会主义法律的概念和特征》,载《法学》1958 年第 3 期。

④ 中央政法干部学校国家和法的理论教研室编著:《国家和法的理论讲义》,法律出版社 1957 年版,第 168 页。

⑤ 中央政法干部学校国家和法的理论教研室编著:《国家和法的理论讲义》,法律出版社 1957 年版,第 157 页。

⑥ 中央政法干部学校国家和法的理论教研室编著:《国家和法的理论讲义》,法律出版社 1957 年版,第 95 页。

⑦ 中央政法干部学校国家和法的理论教研室编著:《国家和法的理论讲义》,法律出版社 1957 年版,第 153 页。

专政的要求”①。从这个意义上说,社会主义法不过是为无产阶级专政服务的手段,而不是约束无产阶级专政的力量。对此,他们引用斯大林在《列宁主义问题》中的话讲道:“无产阶级专政如同任何剥削阶级的专政一样,‘无非是无所限制,不受任何法律,绝对不受任何条规所拘束而直接凭借于强力的政权’。”②

80年代,我国许多学者仍然持这种观点,认为社会主义的法与社会主义国家之间存在着相互依赖又相互作用的紧密关系,无产阶级专政是社会主义的法产生和存在的前提,社会主义的法是实现无产阶级专政的工具,是建成社会主义和共产主义的工具。③ 他们认为,在两者的关系上,社会主义的法处于服务于无产阶级专政国家的从属地位。有学者指出:“这种新型的社会主义法律,必须适应阶级斗争形势的发展,服从无产阶级专政的需要,决不能束缚和限制无产阶级专政。无产阶级专政需要什么法律,就制定什么法律,如果法律妨碍了无产阶级专政的实现和巩固,就必须废除、修改或重新制定。”因此,“我们必须摆正社会主义法律同无产阶级专政的相互关系。那种认为社会主义法律可以限制无产阶级专政的观点,是错误的。”同时还讲道:“我们强调无产阶级专政不受法律限制,绝不是意味着无产阶级专政国家不需要法律,或者可以不遵守自己的法律。”④

90年代,有学者开始超越苏联法学理论,提出社会主义的法不仅在确认和维护国家权力中的作用,而且提出它在规范和约束国家权力、保障社会主义民主中的作用。有学者指出:“国家权力如何行使是从另一方面保障

---

① 中央政法干部学校国家和法的理论教研室编著:《国家和法的理论讲义》,法律出版社1957年版,第161页。

② 中央政法干部学校国家和法的理论教研室编著:《国家和法的理论讲义》,法律出版社1957年版,第93页。

③ 参见北京大学法律系法学理论教研室编:《法学基础理论》,北京大学出版社1984年版,第257—260页;王子琳、李放主编:《法学基础理论》,吉林大学出版社1987年版,第154页。

④ 参见陈守一、张宏生主编:《法学基础理论》,北京大学出版社1981年版,第227页。

人民当家作主的根本性问题。发展人民群众的权利和自由，国家权力是其最重要的手段。但如果权力行使不当，也可能成为权利的最大威胁。”因此，我们要“依法规范国家权力”，“使国家权力转化为法律上的职权、权限”。[①] 20世纪末，我国提出实行依法治国的基本方略，学者们开始重新思考国家与法的关系，认为法应当置于国家之上，成为约束国家权力的手段。例如，有学者在谈到法治的规诫时指出：“任何社会里的法律皆有权威，法治所要求的法律权威是立于政府之上的权威。”[②]之后，有学者基于保障人民权利的价值期求的目标和追求法治与建设法治国家的理想，提出法律优先论。[③]

(3)社会主义的法与政治的关系。苏联法学理论认为，社会主义的法是社会主义政治的工具，两者的关系集中体现在社会主义的法与共产党和苏维埃国家的政策上，共产党和苏维埃国家的政策决定着苏维埃法的形成和发展，苏维埃法是实现共产党和国家政策的工具。长期以来，我国法学理论深受这一观点的影响。在20世纪50年代，我国学者就指出：“社会主义的法要反映并服务于无产阶级专政的要求，首先就必须反映并服务于共产党和社会主义国家的政策。”他们讲道：“共产党和社会主义国家的政策是社会主义的法的灵魂，社会主义的法是共产党和社会主义国家的政策的具体化、条文化。”[④]因此，“共产党的政策是国家立法的依据，它决定着国家的一切法律规范的内容”[⑤]。他们进一步指出：“社会主义的法不仅反映共产党和社会主义国家的政策，而且是实现政策的重要方法之一”，因而“不了解共产党和社会主义国家的政策，根本就不可能理解社会主义的法，更谈不上正确地执行社会主义的法了”。[⑥]

---

① 参见孙国华主编：《法理学教程》，中国人民大学出版社1994年版，第203页。

② 夏勇：《法治是什么——渊源、规诫与价值》，载《中国社会科学》1999年第4期。

③ 参见卓泽渊：《论法治国家》，载《现代法学》2002年第5期。

④ 中央政法干部学校国家和法的理论教研室编著：《国家和法的理论讲义》，法律出版社1957年版，第162—163页。

⑤ 朱恩霖：《法律和政策的关系》，载《法学》1957年第6期。

⑥ 参见中央政法干部学校国家和法的理论教研室编著：《国家和法的理论讲义》，法律出版社1957年版，第163页。

“反右”运动后，我国学者在论述两者关系时，不适当地突出了党的政策的地位和作用。首先，强调党的政策的主导地位和法的从属地位。他们指出：“共产党的政策是国家机关制定法律、法令等等的唯一依据，任何法规都必须根据党的政策来制定。”“国家机关是党用来实现无产阶级专政的工具，它所制定的法律不能超越于党的政策之上，也不是和党的政策处于同等地位。”“法权必须完全服从党的政策，正确地反映党的政策的要求。”① 其次，忽视法律的制定，强调按政策办事。他们认为是否制定法律取决于形势的发展和需要，没有法律的情况下就根据政策办事。他们讲道：“因为法权是实现党的政策的工具，当实现政策需要法律就制定法律。”“是否把党的政策制定成为法律，必须根据客观形势的发展和需要。”对此，他们分析道：“在革命的暴风雨时期，为了迅速有效地镇压和消灭敌人、摧毁一切旧制度和旧秩序，建立新制度和革命秩序，使社会生产力从旧的政治制度和经济制度的桎梏下解放出来，……只能依靠党的比较灵活的方针政策来指导群众的行动。如果不顾客观形势的发展而把党的政策制定成为法律，必然会束缚革命干部和群众的手足，妨碍群众的革命积极性，其结果必然影响革命的顺利进行。”“即使革命的暴风雨时期已经过去，党的政策也不一定都要制定成为法律。因为社会主义和共产主义就是一个群众性的运动。事实证明，群众运动的发展总是异常迅速的。为了及时地领导运动的前进，党必须随时提出指明方向的政策。……在这种形势之下，就不可能也没有必要把党的每一个政策用法权的形式表现出来。”他们进一步指出：“既然党的政策不一定都制定成为法律，而党的政策又必须坚决执行，那么，根据党的政策办事就成为我们既定不变的原则。”②再次，强调政策在法律适用中的作用。我国学者认为，“党的政策不仅是制定法律的依据，同时也是适用法

① 参见中国人民大学法律系国家与法权理论教研室编著：《论人民民主专政和人民民主法制》，中国人民大学出版社 1958 年版，第 154—155 页。

② 中国人民大学法律系国家与法权理论教研室编著：《论人民民主专政和人民民主法制》，中国人民大学出版社 1958 年版，第 155—156 页。

律的依据”,而那种在适用和执行法律时不需要依据党的政策的所谓“单纯法律观点”是错误的。[①] “这是因为阶级专政的武器——法律和阶级斗争的政策,有着不可分割的关系。……从这个关系上来看,既说明在立法上是根据党的政策也就是统治阶级的意志制订国家法律,同时又说明在司法上还必须根据党的政策的精神实质也就是对敌斗争的策略来使用国家法律。”[②] 最后,主张党的政策和法律的共同性,强调党的政策的强制性。他们认为“违反党的政策就是违法”,因而“违反政策不违法”和“法律带有较大强制力”的观点是旧法观点,是“形而上学的和法律至上的观点”,“看不见违法的实质所在,并把法律驾于党的政策之上”。他们还认为,“党的政策和法律都是强制性的”,这是因为,第一,“党的政策和法律都是人民的意志和利益的体现,人民的意志和利益高于一切,任何人都必须服从它”;第二,“党的政策和法律都要靠国家的强制力量来保证实现”。因此,“不应该在党的政策和法律之间找什么区别,更不能以有无强制性来区别党的政策和法律”。[③] 到了60年代,我国学者仍然强调党的政策是法律的灵魂,党的政策对于法律制定和法律适用的重要性。[④]

80年代,我国学者重新回到苏联法学理论的观点,阐述社会主义法律和党的政策的关系。有学者指出,党的政策与社会主义法律联系密切,即党的政策是社会主义法律的依据,社会主义法律是党的政策的定型化。党的政策的这种依据体现在:一方面,“党的政策是社会主义法律制定的根据”;另一方面,“社会主义法律的实施应以党的政策为指导”。同时,他们指出,

---

① 参见中国人民大学法律系国家与法权理论教研室编著:《论人民民主专政和人民民主法制》,中国人民大学出版社1958年版,第157页。

② 刁兴诚:《司法工作必须正确贯彻党的政策》,载《政法研究》1958年第3期。

③ 参见中国人民大学法律系国家与法权理论教研室编著:《论人民民主专政和人民民主法制》,中国人民大学出版社1958年版,第158页。

④ 参见徐鹤皋:《谈谈我国社会主义法的性质及其他》,载《政法研究》1962年第3期;陈处昌:《对编写〈国家和法的理论〉的几点意见》,载《政法研究》1962年第2期;柴钟麟:《关于我国过渡时期法权的性质和作用问题》,载《政法研究》1962年第3期;石坚如:《法律工作者如何为社会主义事业服务》,载《政法研究》1965年第1期。

"政策和法律是有区别的,法律同政策相比,有自己的特点和特殊的作用"。因此,"我们强调政策在社会生活中的地位和作用,决不能因此而忽视社会主义法律的重要性,否定法律在社会生活中的特殊作用,更不能认为'政策就是法律',用政策代替法律"。① 有学者针对有些场合党的某些政策实际起法律作用的问题时指出:首先,这是有条件的,即"在法制很不完备,没有处理该问题的法律规定时,只能依照党的政策,这时,党的政策就起了法律的作用"。其次,"这实际上是赋予了该项党的政策以一种新的属性,这种属性是国家政权所赋予的,而并不是党的政策本身就具有的。因为党的某项政策起法的作用,就是说使该项政策具有了国家意志的属性,具有了国家的强制性,具有了以国家的权威要求人人必须遵守的规范形式,国家认可它是'法律渊源'之一"。但是,党的政策不能与社会主义的法等同,因为"如果认为党的政策本身就是法,那自然就不需要通过国家机关制定法律、法令了;既然党的政策本身就是法,那么已经制定的法律、法令等法规自然也可以用党的政策取而代之了"。"这种观点,对加强社会主义法制是极为有害的"。②

80 年代中期,有学者在阐述党的政策对社会主义法律制定、实施的依据和指导作用的同时,提出社会主义法律对党的政策制定、实施的促进和制约作用,认为这种促进作用表现在社会主义法律以其具有的国家意志性和国家强制性保障党的政策的贯彻实现,这种制约作用表现在:社会主义法律是制定党的具体政策的依据,党的具体政策的指导作用必须保持在宪法和法律的范围内。③ 法律对党的政策的制约观点的提出,显然是对苏联法学理论的超越。90 年代后,许多学者在继续阐述党的政策指导法律制定和实施、法律保障党的政策实现的同时,进一步论述法律对于党的政策的制约作用,即党的政策的制定和实施都必须符合宪法和法律的规定,受宪法和法律

① 陈守一、张宏生主编:《法学基础理论》,北京大学出版社 1981 年版,第 229—234 页。
② 参见孙国华主编:《法学基础理论》,法律出版社 1982 年版,第 176—179 页。
③ 参见王方仲:《略论政策与法律的关系》,载《法学季刊》1986 年第 3 期。

的约束。[①] 这表明，我国学者在苏联法学理论基础上更加科学完整地阐述了社会主义法与党的政策的关系。

5. 社会主义法制与法律秩序论

苏联法学理论认为，社会主义法律秩序的建立是社会主义的法实现的结果，只有实行社会主义法制才能建立起社会主义法律秩序。因此，社会主义法制是实现无产阶级专政的一个主要方法，其实质在于保证国家机关、社会团体、公职人员和公民严格遵守法律规范，保护公民及其团体的权利和自由。这种观点对我国影响很大。20 世纪 50 年代时，我国学者就指出："社会主义法制是实现无产阶级专政的有力武器，是工人阶级对社会实行国家领导的一种重要方法。"[②]这表现在社会主义法制对巩固无产阶级专政、建设社会主义的作用上，这些作用主要包括：镇压敌人的反抗和破坏，巩固共产党和工人阶级的领导，巩固工农联盟，巩固民主集中制，保障国内各族人民的团结，保障社会主义经济制度的确立、巩固和发展，保护公民的权利和合法利益等。[③] 在此基础上，他们提出了社会主义法制的基本要求，即"要求把工人阶级领导的人民群众的意志表现为法律，并要求社会主义国家的国家机关、社会团体、公职人员和公民都必须严格地依照社会主义国家的法律（以及根据法律发布的）办事；坚决镇压人民的敌人，使人民的民主权利充分地受到国家的保护。简单地说，这就是要依法办事"。他们进一步讲道："依法办事有两方面的意义：一方面，必须有法可依；另一方面，

---

① 参见侯宗源：《再论法与政策的关系》，载《新疆社会科学》1992 年第 1 期；张文显主编：《法理学》，法律出版社 1997 年版，第 425—426 页；卢云主编：《法学基础理论》，中国政法大学出版社 1999 年版，第 157—162 页；沈宗灵主编：《法理学》北京大学出版社 2000 年版，第 272—273 页；沈宗灵：《法理学》，高等教育出版社 2009 年版，第 180—183 页；李龙主编：《法理学》，武汉大学出版社 2011 年版，第 514 页。

② 参见中央政法干部学校国家和法的理论教研室编著：《国家和法的理论讲义》，法律出版社 1957 年版，第 178 页。

③ 参见西北大学法律系国家和法的理论与历史教研组编：《国家和法的理论基本知识》，陕西人民出版社 1958 年版，第 101—108 页；中央政法干部学校国家和法的理论教研室编著：《国家和法的理论讲义》，法律出版社 1957 年版，第 179 页。

是有法必依。”[①]可见，社会主义法制不仅是实现无产阶级专政的工具，也是确保社会主义民主的手段，其核心是依法办事，做到有法可依，有法必依。这种与民主、公民权利结合起来的法制观点，实际上受到苏联学者对法制实质主义解释的影响。[②]

在80年代，苏联学者的观点仍然影响着我国的法理学界。首先，学者们将社会主义法制和社会主义法律秩序联系起来。有学者指出：“社会主义法制和社会主义法律秩序是紧密联系的两个现象”，“没有社会主义法制就没有社会主义法律秩序”。这是因为“社会主义法制的本质、作用，实际上也说明了社会主义法律秩序的本质和作用”。[③] 其次，学者们论述了社会主义法制的本质。有学者指出：“社会主义法制是包括立法、执法、守法诸方面的统一体，是实现无产阶级专政的基本方法，进行社会主义革命和社会主义建设的有力武器，它的中心环节是‘依法办事’。”[④]有学者认为，依法办事意义上理解的法制主要有两层含义：一是“国家机关、公职人员处理与公民及其社会团体的关系，必须依法”；二是“社会关系参加者的普遍守法原则”，“即一切国家机关、公职人员、公民、社会团体的活动，都必须合法”。[⑤] 在此基础上，学者们根据中共十一届三中全会公报阐述了社会主义法制的基本内容，即“有法可依，有法必依，执法必严，违法必究”[⑥]。同时，将社会主义法制与社会主义民主紧密结合起来，充分阐述了它们之间相辅相成的紧密关系，既强调社会主义民主的基础和目标的地位，又明确社会主

---

① 参见中央政法干部学校国家和法的理论教研室编著：《国家和法的理论讲义》，法律出版社1957年版，第178页。

② 关于法制实质主义解释，参见曹南屏、程燎原：《“苏联时代”法治理论的生成及其主要内容》，载《法学评论》2000年第4期。

③ 参见孙国华主编：《法学基础理论》，法律出版社1982年版，第203页。

④ 陈守一、张宏生主编：《法学基础理论》，北京大学出版社1981年版，第280页。

⑤ 参见孙国华主编：《法学基础理论》，法律出版社1982年版，第198—199页。

⑥ 陈守一、张宏生主编：《法学基础理论》，北京大学出版社1981年版，第283—291页；北京大学法律系法学理论教研室编：《法学基础理论》，北京大学出版社1984年版，第318—322页。

义法制对于人民民主权利的确认和保障的作用，使民主制度化、法律化。①

1992年，中共十四大提出建立和完善社会主义市场经济体制的改革目标之后，学者们不再局限于对社会主义法制的研究，开始提出“市场经济必须是法治经济”的命题②，建设社会主义法治成为探讨的热点问题。当时，有学者将社会主义法治与法律秩序联系起来加以阐述，认为社会主义法治要求有“良法”，核心要求是严格依法办事，其结果形成高质量的、完善的法律秩序。③ 20世纪末开始，随着依法治国方略的提出，我国学者对依法治国、建设社会主义法治国家展开深入探讨，初步构建起中国特色社会主义法治理论。从中共十八大作出全面推进依法治国的战略部署以来，学者们围绕法治与国家治理现代化、中国特色社会主义法治道路、中国特色社会主义法治体系、中国特色社会主义法治实践等问题展开深入研究，以发展中国特色社会主义法治理论。可以说，中国特色社会主义法治理论的构建和发展，标志着中国法学理论对苏联法学理论的根本超越。

6. 社会主义法的运行论

苏联法学理论不仅研究法的本质及其产生、发展的规律，揭示社会主义法的产生和本质，而且关注社会主义法制和社会主义法的目的的实现。它认为，只有实行社会主义法制即全社会遵守和执行法律规范，社会主义法的目的才能得以实现。基于此，它从法的阶级本质入手，从社会主义法与剥削阶级法的区别出发，阐述了社会主义法的运行中的基本问题，包括法律规范、法律体系、法律渊源、法律实施、法律关系等。这种研究思路以及得出的

---

① 参见陈守一、张宏生主编：《法学基础理论》，北京大学出版社1981年版，第302—309页；孙国华主编：《法学基础理论》，法律出版社1982年版，第203—209页；北京大学法律系法学理论教研室编：《法学基础理论》，北京大学出版社1984年版，第329—336页；王子琳、李放主编：《法学基础理论》，吉林大学出版社1987年版，第136—147页；卢云主编：《法学基础理论》，中国政法大学出版社1999年版，第336—339页。

② 郭道晖在1993年接受《上海科学报》记者采访时，明确提出了这一命题。参见郭道晖：《市场经济体制呼唤“自由的法制化”》，载郭道晖：《法的时代呼唤》，中国法制出版社1998年版，第735页。

③ 参见孙国华主编：《法理学教程》，中国人民大学出版社1994年版，第301—307页。

理论观点，在 20 世纪 50 年代为我国法理学所继受。当时我国学者讲道："关于法的问题，我们不仅是应该了解它的阶级本质，并且也应该很好地研究和了解如法的规范、法的适用、法的关系等问题。通过这些问题的研究和了解，可以使我们进一步地深刻地认识法的本质问题。"①

（1）社会主义法律规范和法律体系。苏联法学理论认为，社会主义法律规范与以往的法律规范相比，在体现国家意志、统治阶级意志和国家强制力上是相同的，但在阶级意志性和国家强制性上却有着根本不同。它从深入了解苏维埃法本质的目的出发，将法律规范按照其内容（即权利和义务）的性质和法律调整对象（即社会关系）进行分类，并根据社会主义法制的要求提出了法律规范的逻辑结构，即假定、处理和制裁。这些观点被引入我国法学理论之中，影响深远。20 世纪 50 年代时，我国学者就认为，"法律是特殊的行为规范的总和，而每一个具体的行为规则在法学上叫做法律规范。许多法律规范总和起来构成法律"②。因此，法律规范体现着法律所具有的本质，即阶级意志性、国家意志性和国家强制性。同时，社会主义法律规范也体现着社会主义法的本质，呈现出与以往法律规范的根本区别，主要表现在：一是它表现着工人阶级领导的人民群众的意志；二是其强制性是针对少数人，多数人遵守法律规范是基于社会主义的觉悟。③ 我国学者认为，为了更好地了解社会主义法的本质，就需要对法律规范进行分类，分析法律规范的结构。当时，有学者按照苏联法学理论对法律规范作了最重要的分类，即根据其内容的行为规则的性质分为禁止性规范、义务性规范和授权性规范，将法律规范分成了假定、处理和制裁三个要素。他在阐述制裁这一要素时，将其定义为不遵守某一法律规范所引起的法律后果，并指出："只有违反了禁止性规范和义务性规范才能引起后果，对于授权性的规范就没有引起法

① 中国人民大学国家与法权理论教研室编：《1957—1958 学年国家和法的理论讲稿》，中国人民大学 1958 年印，第 60 页。

② 蔡云岭：《什么是法律》，湖北人民出版社 1955 年版，第 16 页。

③ 参见中央政法干部学校国家和法的理论教研室编著：《国家和法的理论讲义》，法律出版社 1957 年版，第 153—156 页。

律后果的问题。”[①]显然,这是受到苏联法学理论只关注法律规范的否定性法律后果而忽视肯定性法律后果的影响。[②]

80 年代初,我国学者基本上按照 50 年代的观点,论述了社会主义法律规范的含义、特点和种类,分析了假定、处理和制裁的法律规范结构,并强调制裁为否定性法律后果。[③] 之后,这种对法律规范的结构分析,在很长一段时间内为许多学者所认同而成为通说。[④] 但是,对于法律规范只注重否定性后果的观点,80 年代时就有学者表示不同意,他们提出将法律后果要素分成肯定式后果和否定式后果。90 年代时有更多学者提出了相同的看法。[⑤] 此外,80 年代时就有学者不同意苏联法学理论的三要素结构的观点,提出行为模式和法律后果两要素的结构,之后其他学者也提出了类似观点。[⑥] 21 世纪后,苏联学者提出的三要素结构的观点从我国法理学中逐渐

---

① 蔡云岭:《什么是法律》,湖北人民出版社 1955 年版,第 16—18 页。

② 当时,有学者不同意这种观点,认为所有规范都有制裁要素,只不过授权性规范与禁止性规范和义务性规范的制裁要素的指向不同,这种不同在于:“后两种规范的制裁要素是指向该规范的处理要素所规定的不许做某种行为或者必须做一定的行为的人,而授权性的规范的制裁要素则不是指向该规范的处理要素所规定的享有某种权利的人,而是指向妨碍这种权利的行使的人。”(张鑫、朱华泽:《评介蔡云岭同志著“什么是法律”》,载《政法研究》1956 年第 4 期)可见,他们仍然强调法律规范的否定性法律后果。

③ 参见孙国华主编:《法学基础理论》,法律出版社 1982 年版,第 263—267 页;王子琳、李放主编:《法学基础理论》,吉林大学出版社 1987 年版,第 248—261 页。

④ 许多教科书持这种观点,如王子琳、李放主编:《法学基础理论》,吉林大学出版社 1987 年版,第 248—261 页;孙国华、朱景文:《法理学》,中国人民大学出版社 1999 年版,第 279 页。有的学者针对学界的质疑,撰文论证法律规范结构的传统理论的合理性。参见李振江:《法律规范的逻辑结构分析》,载《法学研究》1993 年第 1 期。

⑤ 参见北京大学法律系法学理论教研室编:《法学基础理论》,北京大学出版社 1984 年版,第 26 页;杨万明:《论奖励性法律规范》,载《法学研究》1985 年第 4 期;张文显主编:《法理学》,法律出版社 1994 年版,第 65—66 页;李龙:《法理学》,武汉大学出版社 1996 年版,第 72 页;张文显主编:《法理学》,法律出版社 1997 年版,第 66 页;卢云主编:《法学基础理论》,中国政法大学出版社 1999 年版,第 290—291 页。

⑥ 有学者主张行为模式和法律后果两要素的结构,参见北京大学法律系法学理论教研室编:《法学基础理论》,北京大学出版社 1984 年版,第 26 页;沈宗灵主编:《法理学》,北京大学出版社 2000 年版,第 46—49 页。有学者主张权利和义务的规定与法律后果的归结两要素的结构,参见张文显:《对法律规范的再认识》,载《吉林大学社会科学学报》1987 年第 6 期。

淡出。① 关于法律规范的分类,90 年代后我国学者对法律规范的分类标准更加多样,不强调按照调整社会关系和权利义务内容的分类为最重要的分类。②

苏联法学理论以法律规范调整的社会关系即调整对象为依据来区分法律部门,并以所有的法律部门构建起苏维埃国家的法律体系。同时,它批判了资产阶级法学关于公法和私法的划分,提出了社会主义的法都是公法的观点。20 世纪 50 年代,我国学者将这些内容完全搬入我国的法学理论。他们论述道:"法调整的对象是社会主义法的体系建立的根据","社会主义法不适用'公''私'法的划分"。在此基础上,他们将我国的法律部门分成国家法、行政法、财政法、民法、农业合作社法、土地法、劳动法、家庭法、刑法、法院组织法、检察院组织法、刑事诉讼法、民事诉讼法。③ 之后,以法的调整对象即社会关系为主要依据区分法律部门并构建起法律体系的观点,一直为我国学者所认同,他们以此为根据论述我国的法律体系及其所组成的法律部门。④ 关于公、私法划分的观点,从 20 世纪 50 年代起至 80 年代初,我国学者一直受苏联法学理论的影响,认为社会主义法律体系应排除

---

① 参见刘杨:《法律规范的逻辑结构新论》,载《法制与社会发展》2007 年第 1 期。

② 参见孙国华主编:《法理学教程》,中国人民大学出版社 1994 年版,第 361—370 页;沈宗灵主编:《法理学》,北京大学出版社 2000 年版,第 49—51 页;刘作翔主编:《法理学》,社会科学文献出版社 2005 年版,第 73—75 页;张文显主编:《法理学》,高等教育出版社、北京大学出版社 2007 年版,第 118—120 页;李龙主编:《法理学》,武汉大学出版社 2011 年版,第 124—126 页。

③ 参见中国人民大学法律系国家与法的理论教研室编:《国家与法的理论教学大纲》,法律出版社 1956 年版,第 20—21 页。

④ 参见陈守一、张宏生主编:《法学基础理论》,北京大学出版社 1981 年版,第 404—422 页;王子琳、李放主编:《法学基础理论》,吉林大学出版社 1987 年版,第 304—322 页;孙国华主编:《法理学教程》,中国人民大学出版社 1994 年版,第 380—383 页;沈宗灵主编:《法理学》,北京大学出版社 2000 年版,第 432—434 页;张文显主编:《法理学》,高等教育出版社、北京大学出版社 2007 年版,第 129 页;《法理学》编写组:《法理学》,人民出版社、高等教育出版社 2010 年版,第 307—310 页。

公、私法的划分。① 但是，1986年《民法通则》正式颁布后，我国民法学界率先开始对民法属于公法的观点进行质疑，许多学者提出对法律进行公、私法的分类，并将民法归属于私法。② 经过深入讨论，公、私法划分的观点为我国学者广泛认同。③

（2）社会主义法的制定和法律渊源。苏联法学理论认为，法律渊源是反映统治阶级意志的形式，苏维埃国家的法律渊源不同于其他类型的国家，这些法律渊源是与立法活动有关，而制定法律是有特定的程序。在苏维埃国家的法律渊源中，法律占据主导地位。这些观点引入我国后，对我国法理学产生了很大影响。

20世纪50年代，我国学者认为法的渊源是表现统治阶级意志的形式，社会主义法的渊源不同于其他类型国家的法的渊源，主要表现在：第一，社会主义法的渊源是社会主义国家机关制定的规范性文件，包括国家最高权力机关制定的法律，也包括国家最高权力机关的常设机关所制定的规范性文件、国家最高行政机关制定的规范性文件、国家最高行政机关制定的规范性文件、国家最高行政机关所属各部门机关制定的规范性文件、地方权力机关及地方行政机关制定的规范性文件、条约和规范性内容的协议、合同、国家认可的某些习惯。第二，法律是社会主义法的主要渊源。④ 80年代时，我

---

① 参见陈守一、张宏生主编：《法学基础理论》，北京大学出版社1981年版，第407页；陶希晋：《关于起草民法的几个问题——陶希晋同志在我院师生大会上的讲话（摘要）》，载《西南政法学院学报》1980年第4期；王家福、苏庆、夏淑华：《我们应该制定什么样的民法》，载《法学研究》1980年第1期；王卫国：《社会主义民法不是私法》，载《法学季刊》1983年第2期；等等。

② 参见最高人民法院《民法通则》培训班编写组、全国法院干部业余大学编：《民法通则讲座》，1986年9月内部印刷，第74页，转引自柳经纬：《改革开放以来民法学的理论转型——百年中国民法学之考察之二》，载《中国政法大学学报》2010年第3期；袁成弟：《社会主义法也应有公私法之分》，载《法学季刊》1986年第4期；江平、张楚：《民法的本质特征是私法》，载《中国法学》1998年第6期；刘士国：《论民法是市民社会的一般私法》，载《法学杂志》1999年第6期；刘凯湘：《论民法的性质与理念》，载《法学论坛》2000年第1期；等等。

③ 参见李步云主编：《法理学》，经济科学出版社2000年版，第116页。

④ 参见中国人民大学法律系国家与法的理论教研室编：《国家与法的理论教学大纲》，法律出版社1956年版，第18—19页。

国学者在法律渊源问题上仍然坚持这种观点，认为社会主义法与剥削阶级法在本质上是根本对立的，由此决定它们在表现形式上也不尽相同。社会主义法的渊源有几个特点：一是以宪法和法律为主要法律形式；二是从根本上否定判例这种形式；三是一般不把习惯作为法律渊源，只是在极个别场合才认可其为法律规范。他们认为，社会主义国家应当根据马克思主义法律观，结合本国国情，创造表现本国人民意志的法律形式。在此基础上，他们详细阐述了我国各种具体的法律渊源。① 90年代后，学者们对于社会主义法的渊源，不局限于从法的阶级本质、政治经济条件去认识，也从法律文化、历史传统等因素去思考。② 同时，一些学者开始在正式法律渊源之外去探寻非正式法律渊源，包括政策、习惯、风俗、礼仪等。③ 一些学者开始关注实质意义上的法律渊源，有的主张区分立法意义上的法律渊源与司法意义上的法律渊源，有的提出政策应当作为实质性法律渊源等。④

与苏联学者一样，我国学者将法的渊源与法的制定联系起来进行阐述。在20世纪50年代国家和法的理论的教学大纲中，学者们将立法形式与立法程序、立法体制等问题合在一起，作为“中华人民共和国立法”一讲中的重要内容。⑤ 80年代时，学者们在恢复、重建我国法理学时，仍然按照苏联法学理论的内容将法律制定与法律渊源联系起来加以阐述，并论述了法律

---

① 参见孙国华主编：《法学基础理论》，法律出版社1982年版，第256—261页；北京大学法律系法学理论教研室编：《法学基础理论》，北京大学出版社1984年版，第358—365页；王子琳、李放主编：《法学基础理论》，吉林大学出版社1987年版，第240—247页。

② 参见孙国华主编：《法理学教程》，中国人民大学出版社1994年版，第394—404页；张文显：《法理学》，法律出版社1997年版，第77—83页；孙国华、朱景文：《法理学》，中国人民大学出版社1999年版，第259—260页。

③ 参见张文显：《法理学》，法律出版社1997年版，第83页；胡玉鸿、彭东：《试论法律社会渊源的理论基础》，载《中国法学》2001年第3期。

④ 参见于晓青：《法律渊源概念的回顾研究》，载陈金钊、谢晖主编：《法律方法》（第12卷），山东人民出版社2012年版，第460—462页；史际春、胡丽文：《政策作为法的渊源及其法治价值》，载《兰州大学学报（社会科学版）》2018年第4期。

⑤ 参见中国人民大学法律系国家与法的理论教研室编：《马克思列宁主义国家和法的理论教学大纲（初稿）》，中国人民大学1958年版，第15页。

制定的程序,即法律草案的提出、法律草案的审查和讨论、法律草案的通过、法律的公布。① 之后,这方面的内容变动不大,苏联法学理论的影响依然可见。

(3)社会主义法的实施和法律解释。苏联法学理论认为,法律规范的适用即法律实施才能使法律在现实生活中得到实现,其基本形式包括各种主体对法的遵守和行政机关、司法机关对法的执行,同时揭示了法律规范适用在社会主义社会和剥削者社会中存在着本质区别,提出了其基本要求。它基于正确实施法律的目的,构建起社会主义法律规范解释的理论,阐述了法律解释的阶级性,分析了各种法律解释的含义。20 世纪 50 年代,我国学者将苏联法学理论的这些内容引入法学理论的教学中。② 80 年代时,我国学者仍然以苏联法学理论的观点来阐述法律实施的基本问题以及法律解释的问题。他们认为社会主义法律的实施就是社会主义法律在社会生活中的实现,包括守法、执法和司法,分析了法律实施、法律规范适用的阶级性,阐述了社会主义法律适用的基本要求和原则。③ 在此基础上,他们完全按照苏联法学理论阐述法律解释与正确实施法律之间的关系,论述了法律解释的阶级性,并将法律解释进行分类。④ 90 年代后,一些学者仍强调法律解释的阶级性,强调正确的法律解释对于贯彻和实现我国社会主义法的重要性,在此基础上分析各种法律解释。⑤ 还有些学者不再论述法律解释的阶级

---

① 参见陈守一、张宏生主编:《法学基础理论》,北京大学出版社 1981 年版,第 323—346 页;孙国华主编:《法学基础理论》,法律出版社 1982 年版,第 245—262 页。

② 参见中国人民大学法律系国家与法的理论教研室编:《国家与法的理论教学大纲》,法律出版社 1956 年版,第 19 页。

③ 参见陈守一、张宏生主编:《法学基础理论》,北京大学出版社 1981 年版,第 362—380 页;孙国华主编:《法学基础理论》,法律出版社 1982 年版,第 282—292 页;王子琳、李放主编:《法学基础理论》,吉林大学出版社 1987 年版,第 262—273 页。

④ 参见孙国华主编:《法学基础理论》,法律出版社 1982 年版,第 296—299 页;北京大学法律系法学理论教研室编:《法学基础理论》,北京大学出版社 1984 年版,第 428—436 页;王子琳、李放主编:《法学基础理论》,吉林大学出版社 1987 年版,第 273—278 页。

⑤ 参见孙国华主编:《法理学教程》,中国人民大学出版社 1994 年版,第 452—458 页;卢云主编:《法学基础理论》,中国政法大学出版社 1999 年版,385—393 页。

性，但在法律解释的种类或方法上在苏联学者所阐述的基础上，借鉴西方学说并根据中国实际进行丰富和发展。[①]

苏联法学理论认为，在刑事、民事案件判决中，类推适用是必要的，但必须具备严格的条件，而社会主义国家和资本主义国家实行类推的根本目的是不同的。它还认为，在我国社会主义社会已经建成的情况下，类推就没有必要了。20 世纪 50 年代时，这些观点为我国学者所接受，类推的内容被写入《国家与法的理论教学大纲》中。[②] 关于类推在刑事立法中是否必要，有学者认为在目前我国错综复杂的情况下不可能把所有犯罪无遗漏地规定出来，在我国刑事立法中不能取消类推，但是类推需要一定条件的限制。社会主义国家刑事立法上所采用的类推与资本主义制度下的类推有着完全不同的本质和作用，资产阶级利用类推来作为破坏法制的手段，以便使资产阶级法官可以规避法律，破坏法制，作出更有利于资产阶级的判决，社会主义制度下的类推是在维护最大多数劳动人民的利益的，在社会主义制度下不仅给类推赋以新的内容，而且是以法律作依据的，它与资本主义制度下的法官任意专横和任意破坏法制是不相容的。当然，类推在一定的历史条件下是必要的，在完成它的历史任务之后就会永远在社会主义制度下被消除。[③] 80 年代时，我国学者仍坚持类推适用的观点。他们认为，由于社会经济、政治、文化的不断发展，社会关系的纷繁复杂，任何国家的法律不可能对各种案件的处理包罗无遗，因而法律类推是对现行法律进行弥补的措施。但是，在资产阶级国家，法律类推是用来为资产阶级的利益服务的，他们利用这种方法规避法律，破坏法制原则，作出对资产阶级有利的判决，加重对劳动人民的迫害。社会主义国家的法律类推是在严格条件下适用的，目的是为了

---

① 参见沈宗灵主编：《法理学》，北京大学出版社 2000 年版，第 534—549 页；张文显主编：《法理学》，高等教育出版社、北京大学出版社 2007 年版，第 279—287 页。

② 参见中国人民大学法律系国家与法的理论教研室编：《国家与法的理论教学大纲》，法律出版社 1956 年版，第 19 页。

③ 参见曹国卿：《在我国刑事立法中是否要“类推”的问题》，载《政法研究》1957 年第 3 期。

巩固与加强社会主义法制，保障国家和人民的利益。在此基础上，他们结合刑法规定分析了类推适用的条件。① 90年代时，这种观点仍被一些学者所阐述。②

从80年代末开始，法学界特别是刑法学界开始对类推采取批判和否定的态度，认为类推破坏了罪刑法定原则，只有废除该制度才能使刑法科学化。③ 最终，这种观点为绝大多数学者所认同，类推制度在1997年修订刑法时被废除。但是，需要注意的是，21世纪之后，我国学者开始在私法、行政法领域讨论类推适用的法律价值和司法运用问题。④

（4）社会主义法律关系。苏联法学理论认为，社会主义法律关系是一种意志关系、思想关系，归根到底是由社会主义的生产关系决定的，它与剥削者社会法律关系相比，无论在主体的性质、客体的范围，还是在权利义务的关系、权利的保障上都存在着原则区别。20世纪50年代，我国学者认同这些观点并将其引入法学理论。⑤ 80年代时，我国学者仍坚持这些观点。首先，他们认为法律关系是一种意志关系、思想关系，决定于物质关系即生产关系。有学者指出："法律关系是列入上层建筑的关系，因而是一种意志关系，即通过人们的意志而形成。这种意志首先指的是国家意志，即统治阶

---

① 参见陈守一、张宏生主编：《法学基础理论》，北京大学出版社1981年版，第389—391页；孙国华主编：《法学基础理论》，法律出版社1982年版，第299—300页；王子琳、李放主编：《法学基础理论》，吉林大学出版社1987年版，第283—285页。

② 参见孙国华、朱景文主编：《法理学》，中国人民大学出版社1999年版，第352—353页；卢云主编：《法学基础理论》，中国政法大学出版社1999年版，第393—396页。

③ 参见陈兴良：《论我国刑法的发展完善——关于罪刑法定、罪刑相适应原则的思考》，载《中国法学》1989年第3期；鲍遂献：《类推制度应当废止》，载《法学评论》1990年第4期；蔡道通、范晓芸：《类推制度应当废止》，载《法学家》1994年第4期；胡云腾：《废除类推及刑法科学化》，载《法学研究》1995年第5期。

④ 参见屈茂辉：《类推适用的私法价值与司法运用》，载《法学研究》2005年第1期；屈茂辉、张彪：《论类推适用的概念——以两大法系类推适用之比较为基础》，载《河北法学》2007年第11期；周公法：《论行政法领域的类推适用》，载《行政法学研究》2012年第3期。

⑤ 参见中国人民大学法律系国家与法的理论教研室编：《国家与法的理论教学大纲》，法律出版社1956年版，第20页。

级以法律形式所体现的意志。"[①]还有学者指出:"法律关系……是一种思想社会关系、意志关系,属于上层建筑的范畴,……它取决于社会的物质关系。""社会主义法律关系是建立在生产资料公有制为核心的社会主义经济基础之上的上层建筑,在社会成员之间、个人和国家或集体之间关系上,已经不存在剥削与被剥削的关系,而是在利益根本一致基础上的新型关系。"[②]其次,他们认为社会主义法律关系与以往社会法律关系存在着原则区别。在法律关系主体方面,他们认为在剥削者社会中,奴隶不是法律关系的主体,农奴或农民不能成为完全的法律关系的主体,工人作为主体享有的权利是有限制的。只有在社会主义社会中,人民真正成为平等的法律关系主体。[③] 在法律关系客体方面,他们认为在剥削者社会中,奴隶是权利客体,农奴或农民很大程度上是权利客体,工人是资本家的雇佣奴隶,其人格、人身成为买卖关系的客体。但是,社会主义国家的法律严禁把人格、人身当作法律关系的客体。[④] 再次,他们认为在社会主义社会,法律关系中的权利义务是密切联系且具有一致性,公民既享有广泛的权利也应履行法定的义务,同时公民权利得到法律的切实保障。[⑤] 之后,这些观点基本上得以延续,不过一些学者对于其中的部分内容提出了不同看法,主要集中在法律关系客体的问题上。早在80年代后期,有学者就提出,在一定条件下,人可以

---

① 陈守一、张宏生主编:《法学基础理论》,北京大学出版社1981年版,第348—349页。

② 北京大学法律系法学理论教研室编:《法学基础理论》,北京大学出版社1984年版,第373、376页。

③ 参见陈守一、张宏生主编:《法学基础理论》,北京大学出版社1981年版,第355—356页;孙国华主编:《法学基础理论》,法律出版社1982年版,第306页;北京大学法律系法学理论教研室编:《法学基础理论》,北京大学出版社1984年版,第378—379页;王子琳、李放主编:《法学基础理论》,吉林大学出版社1987年版,第290—291页。

④ 参见孙国华主编:《法学基础理论》,法律出版社1982年版,第312—313页;北京大学法律系法学理论教研室编:《法学基础理论》,北京大学出版社1984年版,第385页;王子琳、李放主编:《法学基础理论》,吉林大学出版社1987年版,第299—300页。

⑤ 参见陈守一、张宏生主编:《法学基础理论》,北京大学出版社1981年版,第350—351页;北京大学法律系法学理论教研室编:《法学基础理论》,北京大学出版社1984年版,第390—394页;王子琳、李放主编:《法学基础理论》,吉林大学出版社1987年版,第296—297页。

成为法律关系的客体。① 之后，一些学者进一步论证了在发展社会主义商品经济、市场经济条件下人或人身作为法律关系客体的必然性和正当性。② 此外，也有学者提出对由权利和义务为内容构成的法律关系原理进行颠覆性的重构。③

二、苏联法学理论与我国法学、法理学学科认识的形成

苏联法学理论对我国法理学的影响是多方面的，它不仅表现在法学理论的体系和内容的构建上，而且表现在对法学学科、法理学学科的性质、任务和方法等基本问题的认识上，从而形成了我国法学、法理学研究的立足点和发展方向。

（一）法学、法理学的性质

苏联法学理论认为，法学是有阶级性的，是具有党性的、政治性极强的科学。马克思主义法学是为工人阶级和广大劳动人民服务的科学，它同站在剥削阶级立场上的资产阶级法学有着根本区别。作为法学核心内容的法学理论也具有强烈的阶级性，马克思主义的法学理论具有无产阶级性质，是为工人阶级利益服务的科学。对此，苏联学者讲道："在敌对阶级还存在的时候，那些没有一定的阶级来源与阶级使命，超越于阶级党派与阶级思潮之上，不站在进行争论的任何一方面，而成为某些所谓'超党派的'与任何阶级思想意识'无关的'，因而与任何阶级利益'无关的'学说是不可能有的。这就是说一切有关国家与法权的学说都有着而且经常有着某

---

① 参见张文显主编：《法的一般理论》，辽宁大学出版社 1988 年版，第 217 页。

② 参见张辉、史小红：《浅谈社会主义法律关系的客体——人》，载《上海师范大学学报（哲学社会科学版）》1992 年第 1 期；孙春伟：《法律关系客体新论》，载《上海师范大学学报（哲学社会科学版）》2005 年第 6 期。

③ 参见童之伟：《法律关系的内容重估和概念重整》，载《中国法学》1999 年第 6 期。

种阶级性、党性。”①他们还讲道:“马克思列宁主义的国家和法的理论的党性就在于:它是同社会上最先进的阶级即非常关心深刻而科学地认识国家和法的工人阶级公开地而且不可分割地联系在一起,它代表工人阶级的利益,从而也代表全体劳动人民的利益,它服务于革命地改造社会的事业。正因为如此,所以马克思列宁主义的国家和法的理论的党性是同它的真正的科学性一致的。”②相反,“资产阶级理论家们主张,国家与法权科学,这是‘真理底公正探求’,这是与政治观点、政治信念‘无关的’,认为国家与法权底‘客观’的见解是没有任何阶级基础的等等,——这些完全是彻头彻尾的虚假的主张”③。

在20世纪50年代,这种观点就为我国学者所接受。首先,主张法学具有阶级性。有学者指出:“法学是属于社会意识的范畴,它是表现阶级的物质利益的一种思想,是反映一个阶级对其他阶级和国家的态度。这种思想具有最强烈的阶级性。在资本主义社会中由于资产阶级与无产阶级在社会中所处的地位不同,它们的法学理论也各有不同。资产阶级的法学理论是代表剥削者的利益的;无产阶级的法学理论是符合广大群众的利益的。”④其次,阐述了法学理论的阶级性。有学者指出:“国家和法的理论,是一门具有鲜明党性的科学。所谓党性,就是阶级性的最高而集中的表现。”这是因为,“国家和法的问题,比起其他一切问题(除经济问题以外)来,更直接牵连到统治阶级的利益”⑤。对此,他们分析道:“马克思列宁主义的国家和

① [苏]苏联科学院法权研究院科学研究者集体编著:《马克思列宁主义关于国家与法权理论教程》,中国人民大学马列主义关于国家与法权理论教研室译,华东政法学院教务处1953年翻印,第25页。

② [苏]玛·巴·卡列娃等:《国家和法的理论》(上册),李嘉恩等译,中国人民大学出版社1956年版,第13—14页。

③ [苏]苏联科学院法权研究院科学研究者集体编著:《马克思列宁主义关于国家与法权理论教程》,中国人民大学马列主义关于国家与法权理论教研室译,华东政法学院教务处1953年翻印,第26页。

④ 周新民:《学习法学的重要性》,载《政法研究》1959年第4期。

⑤ 中央政法干部学校国家和法的理论教研室编著:《国家和法的理论讲义》,法律出版社1957年版,第9—10页。

法的理论就是阶级社会中的一种意识形态，无疑地它具有鲜明的强烈的阶级性。”[①]这是因为它“严格地建立在马克思列宁主义政党的世界观（辩证唯物主义与历史唯物主义）的理论基础上；它公开地站在工人阶级的立场上去阐明和评价国家和法的问题，为工人阶级改造社会的革命事业服务”。相反，“资产阶级关于国家和法的学说，则力图掩盖它的党性。因为它有难言之隐，它要维护和广大人民利益相对立的少数剥削分子的利益。实际上它的所谓‘超阶级’、‘无党性’，正是它的党性的表现”。[②]“反右”运动开始后，学者们对于“右派”提出的“法律科学没有阶级性”和“理论的党性和科学性是对立”的观点进行了批判。他们指出：“马克思列宁主义的理论是工人阶级的意识形态，是为工人阶级利益服务的。工人阶级是历史上最先进、最革命的阶级，……只有工人阶级才能真正揭露客观事物的本质和发展规律，而且揭露的越彻底，就越有利于工人阶级的革命事业。所以，马克思列宁主义理论的党性和科学性是完全一致的。它的党性越坚强，它的科学性就越能得到贯彻。”[③]他们还指出：“在阶级社会中，从来没有超阶级的、超党派的社会科学。关于这一点，毛主席在‘实践论’一文中讲得十分清楚，‘在阶级社会中，每一个人都在一定的阶级地位中生活，各种思想无不打上阶级的烙印’。”[④]因此，“法学，是具有强烈阶级性的一门科学”[⑤]。法学的阶级性使得法学理论也具有阶级性。他们讲道：“马克思列宁主义的国家和法

---

① 中国人民大学国家与法权理论教研室编：《1957—1958 学年国家和法的理论讲稿》，1958 年印，第 7 页。

② 参见中央政法干部学校国家和法的理论教研室编著：《国家和法的理论讲义》，法律出版社 1957 年版，第 10 页。

③ 中央政法干部学校国家和法的理论教研室编著：《国家和法的理论讲义》，法律出版社 1957 年版，第 10—11 页。

④ 中国人民大学国家与法权理论教研室编：《1957—1958 学年国家和法的理论讲稿》，1958 年印，第 7 页。

⑤ 吴德峰：《法学界反右派斗争必须进一步深入开展》，载中国政治法律学会资料室编：《为保卫社会主义法制而斗争——政法界反右派斗争论文选集》，法律出版社 1958 年版，第 201 页。

的理论就是阶级社会中的一种意识形态，无疑地它具有鲜明的强烈的阶级性”，“就是为无产阶级的利益和无产阶级革命斗争服务”。[①] 这种阶级性使得马克思主义的法学理论与资产阶级的法学理论有着本质区别，因而它“反对一切非马克思主义的国家和法的观点”[②]，“划清工人阶级和资产阶级在国家与法的问题上的思想界限”[③]。60 年代时，我国学者仍然主张法学阶级性的观点。[④]

到了 80 年代，我国学者仍然坚持这一观点。首先，他们认为法学是有阶级性的，不存在“超阶级”的法学。有学者指出：“法学同其他社会科学一样，具有强烈的阶级性，它为一定的阶级利益和阶级统治服务。奴隶主阶级的法学，是为奴隶主阶级的利益和政治服务的。封建地主阶级的法学，是为封建地主阶级的利益和政治服务的。资产阶级的法学，是为资产阶级的利益和政治服务的。无产阶级的法学，是为无产阶级和广大劳动人民的利益和政治服务的。”因此，“按照历史唯物主义的观点，在阶级社会中，既没有超阶级的法学，又没有脱离政治的法学。”[⑤]其次，他们认为无产阶级法学即马克思主义法学与剥削阶级的法学有着原则区别，具有真正的科学性。有学者指出：“马克思主义法学与一切剥削阶级法学是有原则区别的：它们分别代表了根本对立的阶级利益；只有马克思主义法学是以唯物史观为基础的，因而能真正科学地阐明法律的本质和发展，而其他阶级的法学都是在不同形式下以唯心史观为基础，因而不可能真正科学地说明法律的本质和发

---

① 中国人民大学国家与法权理论教研室编：《1957—1958 学年国家和法的理论讲稿》，1958 年印，第 7—8 页。

② 中国人民大学国家与法权理论教研室编：《1957—1958 学年国家和法的理论讲稿》，1958 年印，第 8 页。

③ 华东政法学院马克思列宁主义关于国家与法的理论教研组：《马克思列宁主义关于国家与法的理论教学改革的初步体会》，载《法学》1958 年第 2 期。

④ 参见孙国华：《关于如何编写〈国家与法权理论教科书〉的几个问题》，载《政法研究》1963 年第 1 期。

⑤ 参见陈守一、张宏生主编：《法学基础理论》，北京大学出版社 1981 年版，第 5 页。

展。"[①]再次,他们认为马克思主义法学能实现阶级性和科学性的统一。有学者认为,"马克思主义法学,就其整体或阶级本性而论,要求而且可能实现阶级性和科学性的统一"。这是因为,"无产阶级是人类历史上最进步的阶级,它的根本利益同社会发展的客观趋势是一致的。这就决定了它不仅不需要隐瞒任何客观事实,而且恰恰必须揭示客观真理"。因此,马克思主义法学的阶级性与科学性不仅不矛盾,而且是相互促进的。[②]

进入90年代,法学阶级性的观点仍然为一些学者所阐发。有学者认为,法学具有阶级性是法学这个概念中潜在的应有之义。他们分析道:"法是由掌握国家政权的阶级制定的,是受其物质生活条件制约,体现其阶级意志和利益的特有的社会现象。这就决定了法学具有鲜明的阶级性。一个国家可以有多种阶级倾向的法学,但占统治地位的,只能是掌握国家政权的阶级的法学。不论何种法学,就其整体而言都要反映一种阶级的意志、利益和世界观,都要为一定的阶级服务。尽管阶级性不是法学的唯一属性,但古今中外从来没有超阶级的法学。"[③]有学者进一步指出:"马克思主义法学既有鲜明的党性,又有深刻的科学性。""除了阶级基础、指导思想不同外,马克思主义法学与一切剥削阶级法学,在一些重大的理论观点上也存在原则分歧。"[④]学者们还认为,法学具有阶级性,作为其重要学科的法理学也具有阶级性。有学者说道:"法理学与整个法学一样是一门阶级性很强的学说。""马克思主义法理学跟整个马克思主义学说一样都公开表明自己是无产阶级和一切被剥削的劳动群众翻身求解放的科学,是无产阶级革命和社会主

---

① 孙国华主编:《法学基础理论》,法律出版社1982年版,第2页。

② 参见北京大学法律系法学理论教研室编:《法学基础理论》,北京大学出版社1984年版,第6页。

③ 卢云主编:《法学基础理论》,中国政法大学出版社1999年版,第2页。关于法学具有阶级性,其他学者也有论述,参见沈宗灵主编:《法理学》,北京大学出版社2000年版,第8—10页。

④ 孙国华主编:《法理学教程》,中国人民大学出版社1994年版,第5页。

义法制建设实践的指南。”[①]在对待剥削阶级法学、法理学的态度上，学者们不像过去那样采取彻底批判和完全否定的态度，而是开始采取批判和借鉴的态度。他们讲道：“我们对待剥削阶级法学（包括部门法学）的某些研究成果和进步的、合理的思想，应该借鉴、吸取、继承，但必须采取分析的态度，有所选择，而不应照抄、照搬，特别是在涉及一些重大的理论观点时，更应持批判借鉴的态度，切不可人云亦云。”[②]马克思主义法理学是在批判剥削阶级法理学和传统法理学中建立和发展起来的，但这种批判“也都是弃其糟粕，取其精华，为我所用”。只有这样，“才能永葆其旺盛的生命力”。[③]

21世纪后，关于法学、法理学的性质，学者们很少从阶级性的角度去谈论，更多的是从知识属性、功能使命、研究方法等视角加以探讨。从法学的性质来看，有的学者从知识属性角度将法学的品格归为实践性[④]；有的学者从研究方法角度去看待法学，把法学归纳为政法法学、法教义学、社科法学[⑤]。从法理学的性质来看，有的学者认为法理学是一种理论性、思维性的学科[⑥]；有的学者认为法理学具有哲理性，也具有实践性[⑦]；还有学者认为法理学不是知识之学，而是思想之学[⑧]。

（二）法学、法理学的任务

苏联法学理论认为，法学的阶级性决定了法学的任务就是为统治阶级

---

① 卢云主编：《法学基础理论》，中国政法大学出版社1999年版，第13页。

② 孙国华主编：《法理学教程》，中国人民大学出版社1994年版，第5页。

③ 参见卢云主编：《法学基础理论》，中国政法大学出版社1999年版，第13—14页。

④ 参见舒国滢：《法学是一门什么样的学问？——从古罗马时期的Jurisprudentia谈起》，载《清华法学》2013年第1期。

⑤ 参见苏力：《中国法学研究格局的流变》，载《法商研究》2014年第5期。

⑥ 参见刘作翔：《法理学的定位——关于法理学学科性质、特点、功能、名称等的思考》，载《环球法律评论》2008年第4期。

⑦ 参见谢晖：《法理学的能与不能》，载《法学论坛》2000年第5期。

⑧ 参见支振锋：《知识之学与思想之学——近世中国法理学研究省思》，载《政法论坛》2009年第1期。

的国家和法服务，社会主义法学的任务就是为了巩固苏维埃国家和苏维埃的法。维辛斯基在《苏维埃社会主义法律科学的基本任务》一文中指出："法律科学应当动员自己的一切力量对从尽量巩固苏维埃国家和苏维埃的法这一任务中产生的某些问题，进行科学研究。"①他讲道："必须把肃清苏维埃法学理论中反马克思主义、反列宁主义的各种敌对观点和各种曲解的斗争作出初步总结，必须根据马克思、恩格斯、列宁的异常丰富的遗产和斯大林的天才著作来建立苏维埃社会主义法律科学。"②他还指出："我们和苏维埃科学面临着许多重大的任务，这就是对社会主义建设任务所产生的一系列问题，须在法律上加以研究。要从事这种研究工作，就必须完全、透彻地精通马克思列宁主义和马克思、恩格斯、列宁、斯大林的全部理论。"③卡列娃在《国家和法的理论》一书中讲道："马克思列宁主义的国家和法的理论，是在反对一切资产阶级的和产生于资产阶级以前而为资产阶级所利用的反科学的国家和法的理论，以及反对各种社会机会主义者对科学结论和原理的歪曲和伪造……的不调和的斗争中产生和发展起来的"。但是，"为纯洁马克思列宁主义的国家和法的学说而斗争，决不等于教条主义地对待这一学说的原理。……马克思列宁主义的国家和法的理论是同共产主义建设的实践不可分割地联系着的。根据新的条件来创造性地发展马克思主义的结论和原理——舍弃陈旧的结论和原理并代之以新的、完全符合于新的历史条件的结论和原理——，这是马克思列宁主义的国家和法的理论的不可缺少的属性"。因此，"马克思列宁主义的国家和法的理论的党性表现在：它不但要求猛烈地批判一切反马克思主义的国家和法的学说以及唯心主义方法论影响的一切表现，而且要求在新的经验的基础上为了社会上最先进的阶级即工人阶级的利益、为了全人类的进步而勇敢地发展这一理论"。④ 可

---

① [苏]安·扬·维辛斯基:《国家和法的理论问题》,法律出版社 1955 年版,第 94 页。

② [苏]安·扬·维辛斯基:《国家和法的理论问题》,法律出版社 1955 年版,第 65 页。

③ [苏]安·扬·维辛斯基:《国家和法的理论问题》,法律出版社 1955 年版,第 79 页。

④ 参见[苏]玛·巴·卡列娃等:《国家和法的理论》(上册),李嘉恩等译,中国人民大学出版社 1956 年版,第 14 页。

见，法学的任务主要是两个：一是批判各种反马克思主义的法律观点，坚持马克思主义法学理论；二是根据马克思主义的基本理论，通过研究社会主义建设中的问题来构建社会主义法律科学。

20世纪50年代，苏联学者提出的这两项任务对我国学界影响很大。首先，我国学者认为，社会主义法学的首要任务就是建立马克思主义的法学理论，肃清各种反马克思主义的法律观点。50年代初，在苏联学者的帮助下，我国开始建立自己的马克思主义法学理论，同时开展肃清各种旧法思想、旧法观点的工作。1952年至1953年开展的司法改革运动，就是“以反对旧法观点和改造整个司法机关为内容的运动”①。当时，有学者撰文指出：“旧法观点就是国民党反动派的《六法全书》及其一切反动的法律观点，包括反动统治者所遗留的反人民的整套法治，从法律的思想体系到司法的组织制度以及许多统治、压制人民的方法和作风”。这些旧法观点是反人民的，必须彻底肃清。这些观点主要表现在：以“法律面前人人平等”和“既往不咎”等谬论为敌人服务；强调所谓的“司法独立”；脱离群众运动，脱离中心工作，孤立办案；强调办案程序，认为“没有程序或程序不完备，就无法办案”等。② 但是，“双百”方针提出后，一些学者对是否要肃清旧法思想、旧法观点提出了不同看法。例如，有学者指出，旧法思想特别是旧的实定法思想不应当视作垃圾，投之大海，它在某种程度上还是有其值得研究的现实意义，其理由有三：一是新的法律思想有相当大的一部分是从与旧法思想作斗争中产生和扬弃了旧法思想而形成的；二是在以保护统治阶级利益的法律中，有些法律对被统治阶级并无重大危害，而在被统治阶级成为新的统治阶级后还可利用；三是旧的法理学经过批判后，也有可资利用的理论。③ 同时，一些学者对我国法制建设提出了一些不同的看法，之后被作为右派言论

---

① 陶希晋：《论司法改革》，载《政法研究》1957年第5期。

② 参见李光灿、李剑飞：《肃清反人民的旧法观点》，载《人民日报》1952年8月22日第3版。

③ 参见刘焕文：《在百家争鸣中谈旧法思想》，载《华东政法学报》1956年第2期。

遭到批判。[①] “反右”运动开始后，有学者认为，“马克思列宁主义的国家和法的理论是阶级斗争的科学，更重要的它是服务于无产阶级推翻资本主义国家和法的制度、建设社会主义国家和法的科学，也正因为是如此，所以这门科学是有强烈的斗争性，它时刻要求与一切反马克思主义的国家和法的观点进行斗争”[②]。基于这种认识，有学者讲道：“在司法改革以后的几年来，我们对旧法观点继续批判的工作，做得还很不够，……使右派分子贩卖反动的旧法观点，还有一定的市场。为此，……必须彻底清除反动的旧法观点，是我们法律界今后的一个严重任务。”[③]于是，许多学者纷纷投入到批判旧法思想和右派分子的旧法观点中。一方面，他们批判西方资产阶级法律学说。例如，有学者撰文批判狄骥的“客观法”学说和权利否定说[④]，有学者撰文批判凯尔逊的纯粹法学（或规范法学）理论[⑤]，有学者撰文批判美国学者庞德的实用主义法学思想[⑥]，有学者撰文批判艾尔力许的社会学法学、自由法学[⑦]，有学者撰文批判西方20世纪以后兴起的新自然法学说[⑧]，有学者撰文批判美国实在主义法学的法律观[⑨]；还有学者整理资产阶级法学家关

① 这些学者的言论被汇集成书，参见中国政治法律学会资料室编：《政法界右派分子谬论汇集》，法律出版社1957年版。

② 中国人民大学国家与法权理论教研室编：《1957—1958学年国家和法的理论讲稿》，中国人民大学1958年印，第7页。

③ 陶希晋：《论司法改革》，载《政法研究》1957年第5期。

④ 参见卢干东：《狄骥反动法律学说的初步批判》，载《武汉大学人文科学学报》1957年第2期。

⑤ 参见刘燕谷：《凯尔生的反动法学理论批判》，载《武汉大学人文科学学报》1957年第2期。

⑥ 参见杨峰：《对庞德“近代司法的问题”批判——从实用主义法学谈到现代修正主义的国家观点》，载《学术月刊》1958年第6期；顾维熊：《反动的庞德实用主义法学思想》，载《政法研究》1963年第3期；王林：《庞德的社会学法学是美国垄断资产阶级政策的产物》，载《北京大学学报（人文科学）》1964年第3期。

⑦ 参见张宏生、王林：《艾尔力许社会学法学、自由法学的反动本质》，载《政法研究》1963年第4期。

⑧ 参见高树异：《为垄断资产阶级服务的“新自然法”学说》，载《政法研究》1963年第4期。

⑨ 参见王愚：《对美国实在主义法学的“法院判决即法律”的批判》，载《政法研究》1964年第2期。

于国家与法权问题的观点，或者翻译他们的相关论文，供学界进行批判。① 另一方面，他们批判资产阶级右派提出的旧法观点、反动观点。有的学者撰文批判右派分子的观点，如法律阶级性和继承性的观点②、重要立法太迟缓的观点③、"肃反违法"的观点④、"反对党对政法工作领导"的观点⑤，法制工作中"无法可依""有法难依"的观点⑥等；有的学者则著书批判右派分子提出的各种观点。⑦

70年代末80年代初，许多学者仍然对资产阶级法学理论进行批判。例如，有学者撰文介绍并批判自然法学派、历史法学派、分析法学派、狄骥的社会连带学说、美国的社会法学派、凯尔逊的纯粹法理学等主要西方法学流派的观点，⑧有学者撰文批判自然法学、分析法学、历史法学、现实主义

① 例如，中国人民大学法律系国家与法权理论教研室编：《资产阶级法学家关于国家与法权问题的主要观点》，中国人民大学1959年版；[奥]凯尔逊：《纯粹法学说中的"法律"、"国家"和"正义"》，周子亚摘译，载《现代外国哲学社会科学文摘》1961年第8期；英国《泰晤士报文学增刊》编：《哈特：法律的概念》，周子亚译，载《现代外国哲学社会科学文摘》1962年第3期；[美]弗里德里赫：《我的法律哲学》，秉颐译，载《现代外国哲学社会科学文摘》1962年第3期；[英]哈特、奥诺里：《法律理论中的因果关系》，张大椿摘译，载《现代外国哲学社会科学文摘》1965年第1期；[英]魏德伯恩：《斯通：〈法律制度与法学家的推理〉》，张锐译，载《现代外国哲学社会科学文摘》1966年第2期。

② 参见张懋：《驳斥杨兆龙》，载《政法研究》1957年第5期。

③ 参见李琪：《我国刑法是不是制定的太迟了？——在立法问题上驳斥右派》，载《政法研究》1957年第5期；康树华：《驳杨兆龙在立法路线上的谬论》，载《政法研究》1957年第6期。

④ 参见李示文：《驳右派"肃反违法"的谬论》，载《政法研究》1957年第5期。

⑤ 参见徐长龄：《驳斥右派分子杨玉清的反党叫嚣》，载《政法研究》1957年第5期。

⑥ 参见余鑫如：《驳斥法学界右派分子吴传颐的谬论》，载《政法研究》1957年第5期；王水：《驳"无法可依"和"有法难依"》，载中国政治法律学会资料室编：《为保卫社会主义法制而斗争——政法界反右派斗争论文选集》，法律出版社1958年版，第93—98页。

⑦ 例如，中国人民大学国家与法权理论教研室编：《在国家和法的理论问题上驳斥右派谬论》，中国人民大学出版社1958年版；中国人民大学法律系审判法教研室编：《北京市司法界右派分子是怎样进行反党破坏活动的》，中国人民大学出版社1958年版。

⑧ 参见吴恩裕：《西方法学流派略论（上）》，载《社会科学战线》1978年第2期；吴恩裕：《西方法学流派略论（下）》，载《社会科学战线》1978年第3期。

法学等。[①] 到了80年代中期之后，学者们对于西方资产阶级法学理论，更多的是进行客观介绍、系统研究，在批判中提出其进步和可借鉴之处。[②] 90年代后，西方现代法学理论著作被介绍到我国。例如，1994年中国政法大学出版社出版了由季卫东主编的“当代法学名著译丛”，翻译、介绍诺内特和塞尔兹尼克、布莱克、波斯纳、昂格尔、弗里德曼、麦考密克、麦克尼尔、霍维茨、川岛武宜、棚濑孝雄等欧、美、日法学家的代表性著作。[③] 2000年之后，西方法学名著被大量引入，如上海人民出版社2001年起推出了“世界法学名著译丛”，中国法制出版社2002年起推出了“西方法哲学文库”丛书，中国政法大学出版社2002年起推出了“中国近代法学译丛”，北京大学出版社2004年起推出了“世界法学译丛”，商务印书馆2005年起推出了“法学译丛”，等等。[④] 在这种背景下，一些学者开始运用西方学者的观点、话语来看待和阐释中国的法律问题。

其次，我国学者认为社会主义法学的另一项重要任务，就是运用马克思列宁主义的理论研究社会主义建设中的问题，以建立和发展社会主义的法律科学。20世纪50年代时，有学者就认为，研究国家和法的理论必须坚持党性原则，“这首先就是要理论联系实际”。那么，怎样才叫做理论联系实际呢？他们引用了毛泽东在《整顿党的作风》一文中关于这个问题的经典论述：“中国共产党人只有在他们善于应用马克思列宁主义的立场、观点和

① 例如，张宏生：《国外法学讲座第一讲：略论美国现实主义法学》，载《国外法学》1983年第1期；张宏生：《国外法学讲座第二讲：资产阶级革命时期的法律思想》，载《国外法学》1983年第3期；张宏生：《国外法学讲座第五讲：简评约翰·奥斯丁的分析法学》，载《国外法学》1983年第6期；张宏生：《国外法学讲座第十讲：评历史法学的反动本质》，载《国外法学》1984年第5期；等等。

② 例如，王名扬：《谈谈狄骥的实证主义社会法学》，载《法国研究》1986年第2期；张桂琳：《卢梭自然法论新探》，载《政法论坛》1987年第1期；王玉明：《庞德学说述略》，载《比较法研究》1987年第3期。

③ 参见《南京大学法律评论》编辑部：《“当代法学名著译丛”问世》，载《南京大学法律评论》1994年第2期。

④ 参见黄文艺：《中国法理学30年发展与反思》，载《法制与社会发展》2009年第1期。

方法，善于应用列宁斯大林关于中国革命的学说，进一步地从中国的历史实际和革命实际的认真研究中，在各方面作出合乎中国需要的理论性的创造，才叫做理论和实际相联系。”然后指出：“我们研究马克思列宁主义的国家和法的理论，不仅要了解它是从历史实际和革命实际中抽出来的关于国家和法的一般性的结论，还必须了解它对我们革命实践的指导意义；不仅要理解它的精神实质，更重要的是要善于应用它深刻地、科学地分析实际问题（个人的思想实际、工作实际，党和国家的方针政策，社会主义革命和建设的经验，国际工人运动等等），找出它的发展规律，作为我们行动的向导，不断地提高我们的政治觉悟、思想水平，以改进我们的工作。”①1958 年 10 月，中国科学院法学研究所在关于未来工作的计划中提出，要建立马克思列宁主义、毛泽东思想为指导的社会主义法学，其任务“首先要研究我国政法工作中基本的和急待解决的法律理论问题和实际问题”，“其次要研究我国重要立法的基本原则和它们的理论根据”。② 也就是说，我国法学的重要任务就是要运用马克思主义法学的一般理论去分析和解决中国的实际问题，作出合乎我国需要的法学理论创造，以推动我国社会主义的法制建设。50 年代初，学者们的主要精力放在照搬苏联法学理论上，50 年代中期以后开始注意法学理论的中国特色，强调法学研究要联系中国实际。对此，他们将毛泽东法律思想的内容作为社会主义法学理论部分加以阐述并加以运用。例如，一些学者将毛泽东关于处理两类不同性质矛盾的理论作为无产阶级专政中的重要内容，作为人民民主法制的指导思想加以论述，③并且以此

---

① 参见中央政法干部学校国家和法的理论教研室编著：《国家和法的理论讲义》，法律出版社 1957 年版，第 11 页。

② 参见周新民：《关于法学研究所的筹建工作和今后研究计划》，载《政法研究》1958 年第 5 期。

③ 参见中央政法干部学校国家和法的理论教研室编著：《国家和法的理论讲义》，法律出版社 1957 年版，第 100—101 页；中国人民大学法律系国家与法权理论教研室编：《马克思列宁主义国家和法的理论教学大纲》（初稿），中国人民大学 1958 年版，第 13—14 页。

理论为指导阐述法学理论问题，分析刑事、民事法律问题。[①] 他们还将毛泽东的六项政治标准和党的建设社会主义的总路线作为确定人民民主法制基本原则的依据。[②] 当时，新成立的法学研究所列了一些研究实际问题的题目，如关于我国社会制度和国家制度的研究、关于两类矛盾的研究、关于人民公社的研究、关于劳动改造和劳动教养的研究、关于我国民事立法问题的研究、关于婚姻法和劳动法的研究、关于司法制度和各种诉讼程序的研究等。[③] 同时，学者们以马列主义法学理论和毛泽东法律思想为指导，联系中国实际，对法学理论问题和法律实践问题开展了一些研究。例如，有的学者研究了我国法的性质和作用问题[④]，有的学者研究了我国法的强制性问题[⑤]，有的学者研究我国的人民民主法制问题[⑥]。

80 年代后，我国学者仍然继受了苏联法学理论的观点，并给予了新的诠释。学者们认为，要用马克思主义观点去研究中国法制建设中的重

---

① 参见谦益：《关于我国过渡时期法权在解决人民内部方面的两点意见——与柴钟麟同志商榷》，载《政法研究》1962 年第 3 期；谢飞：《一切刑事犯罪是否都是敌我矛盾》，载《政法研究》1958 年第 4 期；朱国祯、欧阳振：《一切刑事犯罪是否都算作敌我矛盾？是否都看作敌我矛盾或专政对象?》，载《政法研究》1958 年第 5 期；张企泰：《民法既解决人民内部矛盾，也解决敌我矛盾》，载《法学》1958 年第 6 期。

② 参见中国人民大学法律系国家与法权理论教研室编：《马克思列宁主义国家和法的理论教学大纲（初稿）》，中国人民大学 1958 年版，第 12 页。

③ 参见周新民：《关于法学研究所的筹建工作和今后研究计划》，载《政法研究》1958 年第 5 期。

④ 参见徐鹤皋：《谈谈我国社会主义法的性质及其他》，载《政法研究》1962 年第 3 期；柴钟麟：《关于我国过渡时期法权的性质和作用问题》，载《政法研究》1962 年第 3 期；谦益：《关于我国过渡时期法权在解决人民内部方面的两点意见——与柴钟麟同志商榷》，载《政法研究》1962 年第 3 期；钟林、韩延龙、何东义：《对我国法的作用的看法》，载《政法研究》1962 年第 4 期；孙国华：《几点浅见》，载《政法研究》1962 年第 4 期；周柏森、王克：《两个作用，一个目的》，载《政法研究》1962 年第 4 期；鲁直、张浩：《我国社会主义法在人民民主专政中的地位和作用》，载《政法研究》1962 年第 4 期。

⑤ 参见柴发邦：《社会主义法的两种强制性》，载《政法研究》1962 年第 3 期；齐乃宽：《法对人民内部的强制性和普遍约束力》，载《政法研究》1962 年第 4 期。

⑥ 参见张志让：《我国的人民民主法制》，载《政法研究》1956 年第 6 期。

大问题,建立中国特色的马克思主义法学,即当代中国马克思主义的法学。有学者指出:“无论是我国的社会主义法律或法制,还是以这种法律或法制为研究对象的马克思主义法学,都应具有中国的特色。”他们接着讲道:“为了建立具有中国特色的马克思主义法学,法学研究必须贯彻理论联系实际的原则。法学研究工作者应该把自己的工作和社会主义法制建设的实践紧密地结合起来,对当前社会主义法制建设中提出的重大理论问题和实际问题进行创造性的研究,……以指导实践。”“作为一个名副其实的当代中国的马克思主义法学理论家,就应该能够依据马克思列宁主义的立场、观点和方法,对我国社会主义法制建设中发生的种种问题,从理论上给予科学的解释。”①还有学者指出:“当代中国法学……必须坚持有中国特色的社会主义理论和集中体现这一理论的基本路线,坚持实事求是、理论联系实际的方针,……深入实际,研究和总结中国的实践经验,注意世界法学研究的新动向,认真学习和大胆借鉴历史上的或别国的经验,重视吸取人类积累的一切合理的、有益的法律文化来丰富自己。”②对于马克思主义法理学来说,同样如此。有学者认为,马克思主义法理学是科学的体系,也是开放的体系,在我国新的历史条件下,我国法理学的一项重要任务就是建立有中国特色的马克思主义法理学,在创立中发展马克思主义法理学,这“就是要将马克思主义法理学的基本原理与社会主义现代化建设的实践的需要结合起来”,使之具有中国特色,即它“必须植根于中国当代国情的土壤”,“必须以社会主义法制建设为实践基础”,“必须适应我国社会主义现代化建设和时代发展的要求”。③ 在这一观点的引领下,我国学者一方面着重研究中国特色社会主义法学理论,取得了很

① 北京大学法律系法学理论教研室编:《法学基础理论》,北京大学出版社 1984 年版,第 8—9 页。相同观点还可参见沈宗灵主编:《法理学》北京大学出版社 2000 年版,第 22 页。

② 孙国华主编:《法理学教程》,中国人民大学出版社 1994 年版,第 9—10 页。

③ 参见卢云主编:《法学基础理论》,中国政法大学出版社 1999 年版,第 14—22 页。

多成果；①另一方面，以马克思主义和中国化马克思主义为指导，研究中国法律实践和法治建设中的理论问题，在法的本质理论、法治理论、人权理论、权利本位论、法制现代化理论、法律移植论、法律多元理论、本土资源理论、民间法/习惯法理论、法律职业理论、法律方法论、法律全球化理论上，取得了重大学术进展。② 近年来，学者们在科学、民主和依法立法、社会主义核心价值观入法入规、法治政府建设、推进司法改革、环境法治、党内法规建设、基层社会治理法治化、网络法治等许多法治建设的问题上进行了深入探索，取得了有价值的研究成果。③

（三）法学、法理学的方法

苏联法学理论认为，马克思主义哲学即辩证唯物主义和历史唯物主义

---

① 例如，蒋传光：《邓小平法制思想概论》，人民出版社 2009 年版；蒋传光：《邓小平同志的民主与法制建设思想初探》，载《淮北煤师院学报（社会科学版）》1994 年第 2 期；公丕祥：《邓小平的法制思想与中国法制现代化》，载《中国法学》1995 年第 1 期；乔伟：《邓小平法制思想论纲——建设有中国特色的社会主义法制》，载《文史哲》1997 年第 3 期；张文显：《邓小平民主法制思想研究》，载《吉林大学社会科学学报》1997 年第 4 期；郭道晖：《毛泽东邓小平治国方略与法制思想比较研究》，载《法学研究》2000 年第 2 期；蒋传光：《邓小平理论与当代中国法治道路的模式选择》，载《当代世界与社会主义》2001 年第 2 期；朱景文：《中国特色社会主义法律理论的形成和发展——纪念改革开放 30 年》，载《法学家》2008 年第 6 期；姚建宗、黄文艺：《中国特色社会主义法学理论体系研究》，载《法制与社会发展》2012 年第 2 期；公丕祥主编：《马克思主义法学中国化的进程》，法律出版社 2012 年版；蒋传光：《党的十八大以来依法治国理论的创新和发展》，载《学习与探索》2016 年第 6 期；公丕祥：《十八大以来全面依法治国的理论与实践论纲》，载《中国高校社会科学》2017 年第 5 期；等等。

② 参见黄文艺：《中国法理学 30 年发展与反思》，载《法制与社会发展》2009 年第 1 期。这些取得重大进展的理论的具体内容，还可参见张文显、黄文艺主编：《中国高校哲学社会科学发展报告 1978—2008 · 法学卷》，广西师范大学出版社 2008 年版。

③ 例如，封丽霞：《面向实践的中国立法学——改革开放四十年与中国立法学的成长》，载《地方立法研究》2018 年第 6 期；蒋传光：《关于推动社会主义核心价值观入法入规的思考》，载《学习与探索》2017 年第 8 期；马怀德：《新时代法治政府建设的意义与要求》，载《中国高校社会科学》2018 年第 5 期；季卫东：《中国的司法改革：制度变迁的路径依赖与顶层设计》，法律出版社 2016 年版；吕忠梅：《环境司法专门化：现状调查与制度重构》，法律出版社 2017 年版；李林：《科学定义“党内法规”概念的几个问题》，载《东方法学》2017 年第 4 期；梁平、陈焘：《基层社会矛盾化解与法治化治理研究》，法律出版社 2017 年版；徐汉明：《我国网络法治的经验与启示》，载《中国法学》2018 年第 3 期；等等。

是认识自然和社会的科学理论,是构建苏维埃社会主义法学的理论基础,因而唯物主义和辩证法应当成为构建社会主义法学和法学理论的方法论,而且它是唯一正确、科学的方法论。苏联法学理论对法学方法论的主张,对我国法理学产生深远影响。

20 世纪 50 年代,我国学者将唯物主义和辩证法作为唯一科学的方法论引入法学理论的研究。他们指出:“辩证唯物主义,是唯一正确的世界观,也是唯一科学的方法论。运用辩证唯物主义的原理去研究社会和历史,便是历史唯物主义。辩证唯物主义与历史唯物主义,是研究一切社会科学都必须遵循的唯一正确的科学方法,对于国家和法的理论来说,当然毫无例外。同时,辩证唯物主义与历史唯物主义,也是国家和法的理论的理论基础。简单地说,我们认识国家和法的现象的方法以及我们对它们的态度是辩证的,而我们解释这些现象的观点是唯物的。”之所以法学理论必须运用这个唯一的科学方法论来研究,这是因为“只有运用辩证唯物主义与历史唯物主义的原理来研究国家和法,才能阐明它们产生、发展和灭亡的复杂过程和规律性,才能清晰地揭示出它们的阶级本质”,才能使国家与法的理论成为真正的科学。① 相反,“一切资产阶级的国家和法的学说,都这样或那样地歪曲了国家和法与经济基础的关系,从而归根到底都是唯心主义的,所以他们没有真正的关于国家和法的科学”。“资产阶级学者研究国家和法的现象,通常是采用形而上学的方法。他们割断了国家和法同其它社会现象间的有机联系,把它们说成是不可捉摸的孤立现象,并好像具有‘永恒不变’的性质。他们抹煞了国家和法赖以产生、存在和发展的实际矛盾,把问题搅得一团混乱。这种方法和态度,与真正科学毫无相同之处。”②那么,马克思主义方法论是怎样看待法律现

① 参见中央政法干部学校国家和法的理论教研室编著:《国家和法的理论讲义》,法律出版社 1957 年版,第 7 页。

② 参见中央政法干部学校国家和法的理论教研室编著:《国家和法的理论讲义》,法律出版社 1957 年版,第 8—9 页。

象的？我们应如何运用这种方法论？我国学者指出，从唯物主义的方法来说，研究法这一社会现象，必须从社会物质生活关系中考察它产生、发展和灭亡的根源。从辩证的方法来讲，“法同其它所有事物或现象一样，都是处在普遍联系和不断发展之中”。“法的产生、发展和灭亡，是依赖着一定的经济基础和各种各样的条件的。所有这些条件也都在不断地发展变化。因此，在不同的地点、不同的时间、不同的条件下，……法也就有各种不同的情况。”所以，研究法不能离开它的历史条件，而要对这一条件进行具体的分析。这样，就可以弄清楚“法为什么现在是这样而不是那样，它们的过去是怎样，而将来又会怎样”；就可以了解“法的产生和发展”，了解“法的历史类型的更替，完全是合乎规律的过程”；就可以认识法的本质，并正确估计它的作用。① “反右”运动后，学者们坚持唯物辩证法和阶级分析法。当时，有学者指出：“真正科学的国家和法的理论，是马克思列宁主义的国家和法的理论，因为它和马克思列宁主义的其他科学一样，是从大公无私的无产阶级利益出发来解释国家和法的，它所运用的方法是唯一科学的唯物辩证法、阶级分析法。根据这个方法，就能说明国家和法是阶级社会的产物，是阶级矛盾不可调和的产物；说明国家和法一经产生之后始终是为一定的统治阶级服务的，并且随着阶级的变化，国家和法也有变化，当阶级消灭时，国家和法也随之消灭——这样就科学地阐明了国家和法的发展规律。”②

80年代，我国学者仍然将马克思主义哲学即辩证唯物主义和历史唯物主义作为法学研究的方法论。有学者指出：“我国社会主义法学是以马克思主义为指导的，因此，它的方法论是建立在马克思主义哲学的基础上的。马克思主义的哲学，即辩证唯物主义和历史唯物主义，是关于自然、社会和

① 参见中央政法干部学校国家和法的理论教研室编著：《国家和法的理论讲义》，法律出版社1957年版，第7—9页。

② 中国人民大学国家与法权理论教研室编：《国家和法的理论讲义——在国家和法的理论问题上驳斥右派谬论》，中国人民大学出版社1958年版，第8页。

人类思维发展最一般规律的科学，是科学的世界观和方法论。”①他们认为，运用马克思主义哲学方法论来研究法律现象，就能正确地把握法的本质和发展规律，从而构建起真正科学的法学。对此，他们分析道：“我们运用马克思主义哲学作为方法论来研究法这一社会现象，就会认识到：法是阶级社会的上层建筑组成部分之一，它由相应经济基础所决定又对它具有反作用；社会阶级矛盾，归根到底是生产关系和生产力的矛盾，推动法的发展；法的发展不仅有量变，而且有质变。”②同时，他们突破苏联法学理论的观点，认为法学除了马克思主义哲学方法论之外，还应有自身的方法论。对此，他们讲道：“马克思主义哲学作为方法论，当然对我们的法学以及其他所有具体学科，都具有普遍指导意义，但法学或其他学科都还有自身的方法论。这种自身的方法论当然是建立在马克思主义哲学这一总的方法论的基础上的，但不能把马克思主义哲学这一总的方法论来代替各门学科具体的方法论。”③为什么这么说呢？有学者分析道：在马克思主义的世界观和方法论指导下，人类第一次科学地揭示了法的阶级本质，找到了法产生、发展和消亡的规律，从而开创了法学的科学时代。但是，对法的本质和发展规律的科学认识，并不能代替对法的全部内容和复杂形式的深入分析，以及对社会发展提出新的重大问题的回答，因此法学研究需要运用多学科的综合知识和方法。④ 那么如何去建立法学自身的方法论呢？有学者认为，一方面，“应在马克思主义哲学指导下，在长期的研究过程中总结自己经验的基础上加以创造”，另一方面可以有选择地吸收资产阶级法学家方法论中有价值的成分。他们列举了我国法学工作者在研究中常用的方法，如社会调查方法、

---

① 孙国华主编：《法学基础理论》，法律出版社 1982 年版，第 23 页。

② 孙国华主编：《法学基础理论》，法律出版社 1982 年版，第 23 页。

③ 孙国华主编：《法学基础理论》，法律出版社 1982 年版，第 23 页。

④ 参见刘富起：《新技术革命与法学研究方法论》，载《吉林大学社会科学学报》1985 年第 1 期。

历史考查的方法、分析和比较法律的方法。[①] 这种观点为一些学者所认同，他们开始探索法学自身的研究方法。例如，有学者提出法学研究应当引进信息论、控制论、系统论等现代科学方法论成果[②]，有的学者提出运用法社会学的方法研究各种法律社会问题[③]，有的学者提出在法学研究中运用数学方法[④]。

进入90年代后，学者们普遍认为马克思主义法学要发展，就必须在法学方法上加以推进。有学者指出，我们要在坚持辩证唯物主义和历史唯物主义作为法学方法论或元方法的前提下，重视阶级分析法、实证分析法、价值分析法、语义分析法等基本方法的运用，要引进系统论、控制论、信息论等现代科技方法，以适应对法律现象进行全方位研究的需要，而不能停留在一般方法论上，用哲学的观点来代替对法律现象的实际研究。[⑤] 还有学者提出了发展法学方法的路径，即吸收和运用马克思主义的原理与方法，充分发挥马克思主义的方法功能；总结和概括法学研究成果，提炼和创制新的法学研究方法；移植和引进其他科学的研究成果与方法，将其转化为法学研究方法；借鉴和改造西方资产阶级法学的研究方法，丰富马克思主义法学的研究方法。[⑥] 自

---

① 参见北京大学法律系法学理论教研室编：《法学基础理论》，北京大学出版社1984年版，第11—13页。

② 参见李昌麒：《怎样运用系统论研究法学问题》，载《法学季刊》1984年第1期；熊继宁、段桂鉴：《试论系统科学方法在法学研究中的应用》，载《中国政法大学学报》1984年第4期；刘富起：《新技术革命与法学研究方法论》，载《吉林大学社会科学学报》1985年第1期；熊继宁、李曙光、王光进、覃桂生：《新的探索——系统法学派的崛起》，载《政法论坛》1985年第3期；韩修山：《"三论"是法学研究和司法实践的科学方法》，载《现代法学》1985年第4期；季卫东、齐海滨：《系统论方法在法学研究中的应用及其局限——兼论法学方法论问题》，载《中国社会科学》1987年第1期；等等。

③ 参见文正邦、高其才：《法社会学的方法论意义》，载《四川师院学报（社会科学版）》1985年第2期；郭华成：《试论法社会学的研究方法》，载《法律学习与研究》1989年第5期；等等。

④ 参见刘绍含：《关于法学研究中运用数学方法的思考》，载《中南政法学院学报》1987年第2期。

⑤ 参见张文显、马新福、郑成良：《新时期中国法理学的发展与反思》，载《中国社会科学》1991年第6期。

⑥ 黄文艺：《论法学方法论的几个问题》，载《当代法学》1993年第4期。

此，学者们开始借鉴国外法学研究成果，结合我国自身情况，对多元化的法学方法进行探讨。一些学者研讨某种法学研究方法，如有的学者研讨法的价值分析方法①，有的学者研究法的实证研究方法②，有的研究法的规范分析方法③，有的研究法的解释方法④，有的研究法经济学方法⑤，等；一些学者研究各种法学方法或某种方法，如胡玉鸿的《法学方法论导论》、李其瑞的《法学研究与方法论》、潘德勇的《实证法学方法论研究》等。⑥ 因此，从那时起，法学研究方法逐步多元化，为多视角地开展法学研究奠定了坚实基础。

① 参见张文显、姚建宗：《略论法学研究中的价值分析方法》，载《法学评论》1991 年第 5 期；李其瑞：《价值分析方法的法学意义》，载《法律科学》1993 年第 4 期。

② 参见白建军：《论法律实证分析》，载《中国法学》2000 年第 4 期；汤唯：《法社会学在中国——西方文化与本土资源》，科学出版社 2007 年版；李家祥：《当代中国法社会学研究方法的构成——基于三种研究进路的分析》，载《社科纵横》2011 年第 1 期；梁洪明：《实证主义之脉：从哲学到法社会学—— 一个方法论的检视》，载《中国政法大学学报》2013 年第 6 期。

③ 参见喻中：《法学方法论视野中的规范分析方法及其哲学基础》，载《新疆社会科学》2004 年第 3 期；谢晖：《论规范分析的三种实证方法》，载《江海学刊》2008 年第 5 期；谢晖：《论规范分析方法》，载《中国法学》2009 年第 2 期；夏正林：《论规范分析方法与法学研究方法》，载葛洪义主编：《法律方法与法律思维》（第 7 卷），法律出版社 2011 年版；谈萧：《规范法学的方法构成及适用范围》，载《法律科学》2012 年第 4 期；武腾：《论规范分析方法在交叉性法学中的价值及应用》，载陈金钊、谢晖主编：《法律方法》（第 13 卷），山东人民出版社 2013 年版。

④ 参见梁慧星：《论法律解释方法》，载《比较法研究》1993 年第 1 期；疏义红：《法律解释方法的发现与归类》，载《法商研究》2004 年第 2 期；陈金钊：《文义解释——法律方法的优位选择》，载《文史哲》2005 年第 6 期；李可：《法律解释方法位序表的元规则》，载《政法论丛》2013 年第 4 期；孙光宁：《反思法律解释方法的位阶问题——兼论法律方法论的实践走向》，载《政治与法律》2013 年第 2 期。

⑤ 参见张乃根：《法经济学的方法论》，载《天津社会科学》1993 年第 4 期；王育才：《法律经济学初探》，载《法学研究》1994 年第 5 期；蒋兆康：《市场经济及其法律需求与供给——一种法律经济学分析》，载《法学》1993 年第 3 期；孙林：《法律经济学研究的思考》，载《山东法学》1995 年第 2 期。

⑥ 参见胡玉鸿：《法学方法论导论》，山东人民出版社 2002 年版；李其瑞：《法学研究与方法论》，山东人民出版社 2005 年版；刘瑞复：《法学方法与法学方法论》，法律出版社 2013 年版；潘德勇：《实证法学方法论研究》，中国政法大学出版社 2015 年版。

第三章

苏联法学理论对新中国宪法学的影响

苏联宪法学是在苏联法学理论的指导下建立起来的，这是因为“马克思列宁主义关于国家及法律的学说，是苏维埃国家法的理论基础。苏维埃国家法科学，即系基于这种学说，在苏维埃国家根据实际科学普遍化原则的建设进程中建立起来的”①。从20世纪50年代起，苏联宪法学开始对我国宪法学产生很大影响，这种影响延续至80、90年代，②有些观点至今仍为我国学者所认同。这种影响之所以如此深远，从表面上看是我国宪法学界对于苏联宪法学说的深刻认同，从深层上说是渗入其中的苏联法学理论对我国宪法学长期影响的结果。也就是说，苏联法学理论通过在其基础上构建起来的宪法学说对我国宪法学产生影响，这种影响反映在我国宪法观的确立、宪法制度理论的构建和对宪法学学科认识的形成上。

① ［苏］特拉伊宁等编：《苏联国家法教程》（上册），彭健华译，大东书局1951年版，第3页。

② 参见刘春萍：《苏联宪法学说对中国宪法学说的影响》，载《北方法学》2012年第4期。

一、苏联法学理论与我国宪法观的确立

宪法观是宪法学体系的内核,因为它决定着宪法学的性质和发展方向,规定了宪法制度理论的旨趣、框架和内容。从这个意义上说,社会主义宪法学与资产阶级宪法学的根本差异就在于此。在苏联,宪法学是在法学理论指导下建立起来的,宪法观是法律观在宪法领域的具体表现。因此,对于全盘接受苏联宪法学基础上建立起来的我国宪法学来说,其宪法观的形成归根结底是苏联法学理论作用的结果。

(一)宪法本质观

苏联法学理论强调法的阶级本质,认为法是统治阶级意志的表现,反映着统治阶级的利益和要求。什么是法? 维辛斯基概括道:“法是以立法形式规定的表现统治阶级意志的行为规则和为国家政权认可的风俗习惯和公共生活规则的总和,国家为了保护、巩固和发展对于统治阶级有利的和惬意的社会关系和秩序,以强制力量保证它的施行。”①这表明,“法体现统治阶级的意志,即体现对社会实行国家领导的那个阶级的意志”②,实现着该阶级的目的和利益。

依据法的阶级本质的理论,苏联宪法学确立了宪法的阶级本质观。苏联学者在引用列宁关于宪法本质的著名论述后指出:“宪法的内容,以及宪法的形式,首先反映出一个国家的阶级力量的相互关系。”③这表明,宪法从本质上说具有强烈的阶级性。在他们看来,宪法与其他法律一样都是统治阶级意志的反映,因此这种阶级本质决定了宪法的目的或者使命,即“固定

---

① [苏]安·扬·维辛斯基:《国家和法的理论问题》,法律出版社 1955 年版,第 100 页。

② [苏]玛·巴·卡列娃等:《国家和法的理论》(上册),李嘉恩等译,中国人民大学出版社 1956 年版,第 74 页。

③ [苏]特拉伊宁等编:《苏联国家法教程》(上册),彭健华译,大东书局 1951 年版,第 48 页。

有利于和惬意于统治阶级的社会秩序和国家秩序"，从而反映在宪法的内容上，即"表现在它以法律形式将其固定起来的社会制度和国家制度的原则中"。① 也就是说，宪法所规定的社会制度和国家制度实际上反映着社会中阶级力量的对比关系，并巩固着统治阶级所需要的社会秩序和国家秩序，即"巩固着对统治阶级有利的国家的社会结构和国家结构、国家机关的体系、组织原则和活动原则，以及公民在国家中的基本法律地位"②。因此，"宪法的阶级本质所表现的，……则是阶级斗争中掌握生产资料的统治阶级借以固定自己专政的一种力量对比关系"③。可见，一个国家的宪法实际上反映并巩固着该国统治阶级的专政。他们还指出：对于宪法的阶级性，资产阶级宪法和宪法学总是加以掩饰，"苏维埃宪法，社会主义国家的宪法，乃是第一部完全明确的，没有一切歪曲或隐蔽的揭发了阶级力量实际相互关系的宪法"④。另外，根据苏联法学理论，法的目的蕴涵着法的价值和功能，而法的价值是通过法的原则反映出来的，据此苏联学者认为宪法的目的可以通过宪法的基本原则体现出来，并论述了资产阶级宪法和苏维埃宪法的基本原则及其差异。⑤

20 世纪 50 年代，苏联宪法学的这一观点被引入我国宪法学中，并长期为我国学者所认同。当时，我国学者明确提出了宪法的阶级本质。有学者论述道："宪法和其他法律一样，都是统治阶级意志的表现。而表现统治阶级意志的宪法在制定时，是反映着那一社会的阶级力量对比关系，是集中地

---

① 参见《宪法的概念与本质——国家法教研室苏联专家科托夫同志的报告记录》，载《教学与研究》1953 年第 2 期。

② 《苏联大百科全书选译——国家法、行政法》，法律出版社 1955 年版，第 1 页。

③ 《宪法的概念与本质——国家法教研室苏联专家科托夫同志的报告记录》，载《教学与研究》1953 年第 2 期。

④ ［苏］特拉伊宁等编：《苏联国家法教程》（上册），彭健华译，大东书局 1951 年版，第 50 页。

⑤ 参见［苏］列文：《苏联国家法概论》，杨旭译，人民出版社 1951 年版，第 9—22 页。

表现了阶级力量对比关系。"①之所以这样说,一是"因为宪法的产生正是阶级斗争的结果和总结"。"我国宪法也是这样产生的。它是全国各族人民长期共同奋斗所获得的伟大胜利的一个成果"。二是"因为宪法上明确规定了各个阶级的地位和相互之间的关系,表现和巩固了统治阶级的专政。资产阶级的宪法是表现和巩固了资产阶级专政,社会主义的宪法则表现和巩固了无产阶级专政"。三是"因为它反映着阶级力量的消长与阶级斗争形势的变化"。十月革命后苏联制定了三部宪法,就是苏联阶级力量消长与阶级斗争形势变化的充分反映。② 在此基础上,有学者进一步分析道:"既然宪法是统治阶级在阶级斗争中已争得的种种成绩的总结,是统治阶级意志的表现",那么,"宪法的主要使命就是巩固有利于统治阶级的社会秩序"。也就是说,"在每个宪法中所固定的社会秩序都是有利于统治阶级实现它的政治和经济的统治的"。对此,他分析了两种宪法所要固定的社会秩序的内容,即资产阶级宪法所固定的是:资本主义经济体系和资本主义的生产资料私有制,社会上敌对阶级的存在,人对人的剥削,资产阶级专政,民族和种族压迫以及广大劳动人民毫无权利、自由等等。社会主义宪法所固定的是:社会主义经济体系和社会主义的生产资料公有制,社会上没有对抗阶级,人剥削人现象的消灭,无产阶级专政,民族平等,劳动人民享受广泛的权利、自由等等。③ 在这里,他实质上揭示了两类宪法的基本原则。60年代时,我国学者继续阐述宪法的阶级本质。④

80年代时,我国学者仍然主张宪法的阶级性。有学者指出:"从阶级的观点来看,宪法无非是阶级力量实际对比关系的表现",它包含了两方面的内容:一是"宪法表现了在阶级斗争中取得胜利的阶级的意志和利益",即

---

① 中央政法干部学校国家法教研室编著:《中华人民共和国宪法讲义》,法律出版社1957年版,第11页。

② 参见中央政法干部学校国家法教研室编著:《中华人民共和国宪法讲义》,法律出版社1957年版,第11—13页。

③ 参见吴家麟:《学习马克思主义关于宪法的理论》,载《陕西政报》1954年第6期。

④ 参见王珉、王叔文:《宪法基本知识讲话》,中国青年出版社1962年版,第5—12页。

"获胜的阶级在取得了政治上的统治地位之后，就要用宪法来巩固自己的胜利成果，来建立适合本阶级利益的制度"；二是"阶级力量对比关系的变化在宪法中都有所反映"，即阶级力量对比关系的变化是引起同一国家宪法内容变化的重要因素。[①] 为什么宪法具有这样的阶级本质？他们分析道："宪法是和阶级、阶级斗争密切相联系的，是在一定历史发展的阶段上，在政治上经济上占统治地位的阶级为了保持和巩固自己的统治地位而制定的，是各阶级的政治、经济力量较量的结果，是统治阶级的利益和意志的集中表现，而不是超阶级的、对各阶级一视同仁的。资产阶级宪法是这样，社会主义的宪法也是这样。"[②]他们还讲道，对于宪法的阶级本质问题，资产阶级宪法总是千方百计加以掩盖，他们标榜"主权在民"，但实际上确认的是资产阶级专政的国家制度，而社会主义宪法则公开承认实行无产阶级专政的国家制度。[③] 90 年代时，还有不少学者坚持宪法阶级性的观点，论证宪法是阶级力量对比关系集中表现的合理性。[④] 及至 21 世纪，仍有一些学者赞同这一观点。[⑤]

但是，自 80 年代末开始，由于法的阶级性受到法学界的质疑，因而宪法学者重新思考宪法的阶级本质，提出了宪法本质的新认识。一些学者提出用更为广泛的术语来取代"阶级力量"的概念。例如，有学者认为，宪法是各种政治力量对比关系的反映。他分析道，政治力量对比首先是指阶级力量对比，但它不局限于此，它比阶级力量对比的含义更为广阔。如果只从阶级力量对比关系去考察和说明宪法的本质，忽视其他政治力量对比关系对

---

① 参见吴家麟主编：《宪法学》，群众出版社 1983 年版，第 36—46 页。

② 萧蔚云等：《宪法学概论》，北京大学出版社 1982 年版，第 10—11 页。

③ 参见田军：《宪法学教程》，南京大学出版社 1987 年版，第 18 页。

④ 参见许崇德等：《中国宪法教程》，人民法院出版社 1991 年版，第 17—25 页；张庆福主编：《宪法学基本理论》，社会科学文献出版社 1994 年版，第 28—31 页；蒋碧昆主编：《宪法学》，中国政法大学出版社 1999 年版，第 12—13 页。

⑤ 参见肖蔚云等：《宪法学》，北京大学出版社 2002 年版，第 12—14 页；蒋碧昆主编：《宪法学》，中国政法大学出版社 2007 年版，第 12—15 页；董和平：《宪法学》，法律出版社 2018 年版，第 24—26 页。

宪法的重大影响，那就未免把宪法的本质问题过于简单化了。[①] 有学者认为，宪法的本质是集中表现了阶级力量的实际对比关系的观点，只适用于存在对立阶级的社会和国家中，在敌对阶级消灭的情况下，我国宪法的本质应该是集中表现了各种社会力量对比关系。[②] 另一些学者是通过否认阶级关系的普遍性来反对宪法的阶级性。例如，有学者认为，阶级关系并非一切现有宪法存在的社会贯通人们共同生活所有领域的最基本、最普遍的社会关系，因而它就不是宪法的实质方面和宪法学的基本研究对象，因此用阶级关系去界定宪法、说明宪法的实质，显然遮盖了其更深刻、更广泛、更基本的内涵，他认为社会权利关系是政治社会最普遍、最基本的社会关系，社会权利才是宪法的实质。[③] 还有一些学者从宪法所具有的法律地位和价值功能去揭示其内涵，以回避对宪法阶级本质的回答。例如，有学者以立宪主义的基本原理为依据，认为宪法是支配国家生活的根本法，其基本功能是组织和限制国家权力，保障人权。[④]

（二）宪法类型观

苏联法学理论认为，法是一个历史范畴，是阶级社会中的社会现象，法是随着社会经济基础或生产方式的变更而变更，并呈现出不同的历史类型，而不同历史类型的法又反映着掌握生产资料的统治阶级的意志，并维护着他们的利益，因此法由以建立的经济基础或生产方式和其表现的阶级本质，成为区分法的历史类型的基本依据。通过对法作这种分类，人们才能看清法的阶级本质和阶级目的，认识社会主义法与剥削阶级法的本质区别和根本对立。

---

① 参见许崇德主编：《中国宪法》，中国人民大学出版社 1989 年版，第 24—26 页。关于这一观点，还可参见徐秀义、王粥选主编：《宪法学纲要》，中国人民公安大学出版社 1994 年版，第 10—11 页；胡锦光、任端平：《宪法学》，中国人民大学出版社 2018 年版，第 10—11 页。

② 参见李龙、周叶中：《宪法学基本范畴简论》，载《中国法学》1996 年第 6 期。

③ 参见童之伟：《论宪法概念的重新界定》，载《法学评论》1994 年第 4 期。

④ 参见韩大元主编：《宪法学》，高等教育出版社 2006 年版，第 10—15 页。

基于法的历史类型的观点，苏联宪法学认为，要对宪法进行科学的认识，就必须对宪法作出这种实质分类。苏联学者指出，资产阶级学者对宪法的本质作形式主义的阐述，因而他们按照形式主义对宪法进行分类，例如把宪法分为刚性宪法和柔性宪法，这种分类是按照宪法通过的程序进行的，它不是科学的。① 怎样分类才是科学的？苏联学者认为，宪法具有阶级本质，因而"区分宪法首先必须根据它的阶级本质。宪法的每一历史类型，均表现着一定的阶级本质"。他还讲道："作为阶级社会上层建筑一部分的宪法，其特点便是：它由社会发展该阶段上的社会经济制度产生，即由基础产生。""如一基础被另一基础所取代，则适合于旧基础和旧阶级利益的旧宪法便跟着被消灭，而适合于新基础的新型宪法也便跟着被创造出来。"②可见，宪法的更替最终决定于经济基础的变更，经济基础成为宪法分类的另一个重要依据。基于这种标准，宪法被分为资本主义和社会主义两种类型。苏联学者从阶级本质入手分析两种类型的宪法，指出："资产阶级宪法过去和现在都是反映少数剥削者对多数被剥削者居民的统治和剥削，反映资产阶级专政的"，而"社会主义类型的宪法，……固定了反映从前被剥削的多数人们——工人阶级和一切劳动群众专政的社会制度和国家制度。"因此，两者存在着根本区别。③ 这种区别集中体现在宪法的使命或目的上，这种使命或目的则反映在两种类型宪法的基本原则上。苏联学者认为，资产阶级宪法的基本原则主要包括主权原则、宪政主义的原则、分权原则、"人民代表机关"的制度、议会政治制度，而社会主义宪法的基本原则与上述原则完全不同，其核心是体现社会主义民主主义原则的苏维埃制度的原则，它主要包括以苏维埃为形式的人民和城乡劳动者的主权原则、苏维埃全权制原

---

① 参见［苏］特拉伊宁等编：《苏联国家法教程》（上册），彭健华译，大东书局1951年版，第54页。

② 《宪法的概念与本质——国家法教研室苏联专家科托夫同志的报告记录》，载《教学与研究》1953年第2期。

③ 参见《宪法的概念与本质——国家法教研室苏联专家科托夫同志的报告记录》，载《教学与研究》1953年第2期。

则、代议制与直接民主政治相结合原则、公民权利获得法律保障和物质保障的原则。①

我国宪法学深受这一理论的影响，形成了宪法历史类型的观点。在20世纪50年代时，我国学者就将各国宪法划分成两种历史类型。他们认为，“既然宪法是反映阶级斗争中阶级力量的对比关系的，那么区分宪法首先就必须根据宪法的阶级本质，把宪法分为资产阶级的宪法和社会主义的宪法。只有这种分类才是科学的”。而资产阶级学者“把宪法分为成文宪法和不成文宪法，钦定宪法和民定宪法，刚性宪法和柔性宪法。……这种分类是反科学的，因为它只根据宪法外表上的特征，按照形式主义的方法来分类；这种分类也是反动的，因为它的目的在于模糊宪法的阶级本质，掩盖资产阶级宪法的剥削性质和反人民性质”。② 他们还指出：“现代世界各国的宪法，由于其所由产生的社会经济基础的不同，同时由于国家类型的不同，也就是由于宪法的阶级本质不同，可以分为社会主义类型的宪法和资本主义类型的宪法。”据此，他们分析道：“苏联、我国和各个人民民主国家的宪法都属于社会主义类型的宪法。因为这些国家的宪法……都是产生于已经形成（如苏联）或正在形成过程中（如一些人民民主国家）的社会主义经济基础之上，……是以巩固无产阶级专政为目的。”“一切资本主义国家的宪法都是属于资本主义类型的宪法。因为那些国家的宪法是产生于资本主义经济基础之上，是巩固生产资料资本主义所有制，它是以巩固资产阶级专政为目的。”③学者们认为，由于资产阶级宪法与社会主义宪法具有阶级本质和所反映的经济基础根本不同，因而“这两种宪法，在根本上是对立的”④。

① 参见［苏］列文：《苏联国家法概论》，杨旭译，人民出版社1951年版，第9—22页。

② 参见吴家麟：《学习马克思列宁主义关于宪法的理论》，载《陕西政报》1954年第6期。

③ 中央政法干部学校国家法教研室编著：《中华人民共和国宪法讲义》，法律出版社1957年版，第15页。

④ 人民日报社论：《我国的宪法是属于社会主义类型的宪法》，载《政法研究》1954年第2期。

他们将我国宪法草案与资产阶级宪法进行比较,揭露了资产阶级宪法在私有财产保护、民主制度、民族平等方面的虚伪性,论述了我国宪法草案的社会主义原则和民主权利的真实性。① 正因为两类宪法是对立的,学者们就纷纷对资产阶级宪法的本质和内容进行批判:有的批判资产阶级宪法的反动本质②,有的批判资产阶级国家的选举制度③,有的批判美国宪法所确立的民主制度的阶级实质④,等等。

到80年代,在宪法的分类上,学者们坚持按照阶级实质对宪法进行分类。有学者指出:"资产阶级宪法学家对宪法作这样那样的分类,例如他们把宪法分为成文宪法和不成文宪法、刚性宪法和柔性宪法、钦定宪法和民定宪法,……这些分类都是从形式着眼,没有触及问题的实质。"他们进一步指出:"马克思主义宪法学认为宪法最基本的分类应该是资产阶级类型的宪法和社会主义类型的宪法,这种分类的根据就是宪法的阶级实质。"这种分类能够揭示出"宪法所代表的究竟是哪个阶级的意志和利益,否则的话,就会被表面现象所迷惑,就不可能抓住问题的实质,从而陷入形式主义的泥坑"。⑤ 他们认为,两种类型的宪法由于其反映的阶级意志和阶级利益不同而有着原则区别,但对于资本主义国家的民主制度,要采取科学的分析态度,不能全盘否定,而应当将其有用的东西加以改造和利用。⑥ 因此,在对资产阶级宪法的态度上,以批判为主,但也开始注意合理借鉴。例如,有学者介绍西方的宪法制度,在揭露其为资产阶级利益服务的实质的同时,也肯

---

① 参见人民日报社论:《我国的宪法是属于社会主义类型的宪法》,载《政法研究》1954年第2期。关于揭露资产阶级宪法的虚伪性,还可参见严景耀:《资产阶级宪法的虚构性与危机》,载《政法研究》1954年第2期;谭叔辩:《批判资产阶级宪法的讨论提纲》,载《政法研究》1954年第3期。

② 参见钱端升、楼邦彦:《资产阶级宪法的反动本质》,湖北人民出版社1956年版。

③ 参见侯洵直:《资产阶级国家的选举制度》,载《政法研究》1957年第2期。

④ 参见萨师炯:《从一七八七年美国宪法及其发展论资产阶级民主制的实质》,载《西北师大学报(社会科学版)》1964年第3—4期。

⑤ 参见吴家麟主编:《宪法学》,群众出版社1983年版,第12页。

⑥ 参见吴家麟主编:《宪法学》,群众出版社1983年版,第10页。

定其对资产阶级宪法实施的保障作用;①有学者对美国三权分立制度的阶级根源、实质和弊端进行分析,指出这种制度从整体上不能搬到中国来。②80 年代中期,一些学者开始介绍国外学者对宪法的各种形式分类,尽管他们仍然以马克思主义宪法学的实质分类理论来揭示资产阶级学者形式分类的阶级局限性、偏私性,以及一些分类的非科学性和无意义性,但认为应当对其进行实事求是的分析,取其合理因素,去其糟粕,为建立社会主义宪法学科学分类标准和系统服务。③ 90 年代后,学者们不再批判这些形式分类,而是将其与实质分类一道列入宪法分类的内容。④ 有的学者甚至对宪法不再作实质和形式之分,而进行传统和现代的分类。⑤ 随着实质分类的淡化,学者们不再强调资本主义和社会主义两类宪法的原则区别,而更多的是从西方发达国家宪法中寻找可借鉴的资源,因此介绍、研究国外宪法制度的论著、译著大量出现。⑥

---

① 参见丁利刚:《关于西方违宪审查制度》,载《社会科学》1984 年第 1 期。

② 参见吴新平:《美国为什么实行三权分立》,载《法学研究》1987 年第 6 期。

③ 参见陈云生:《西方的宪法分类学说》,载《政治与法律》1984 年第 6 期。

④ 参见徐秀义、王弼选主编:《宪法学纲要》,中国人民公安大学出版社 1994 年版,第 16—20 页;俞子清主编:《宪法学》,中国政法大学出版社 1999 年版,第 15—17 页;肖蔚云等:《宪法学》,北京大学出版社 2002 年版,第 18—23 页;蒋碧昆主编:《宪法学》,中国政法大学出版社 2007 年版,第 16—20 页;董和平:《宪法学》,法律出版社 2018 年版,第 31—35 页。

⑤ 参见韩大元主编:《宪法学》,高等教育出版社 2006 年版,第 19—22 页。

⑥ 例如,李昌道:《美国宪法史稿》,法律出版社 1986 年版;[美]卡尔威因・帕尔德森:《美国宪法释义》,徐卫东、吴新平译,华夏出版社 1989 年版;[美]杰姆斯・巴伦、托马斯・迪恩斯:《美国宪法概论》,刘瑞祥等译,中国社会科学出版社 1995 年版;[美]詹姆斯・安修:《美国宪法判例解释》,黎建飞译,中国政法大学出版社 1999 年版;[美]詹姆斯・森德奎斯特:《美国国会与总统的相互制衡》,王薇生译,载《国外社会科学情况》1988 年第 9 期;刘一纯:《美国宪法稳定性的反思》,载《湖北大学学报(哲学社会科学版)》2002 年第 6 期;钱福臣:《美国宪法的三个逻辑起点与其制度设计》,载《北方法学》2007 年第 5 期;舒扬:《略论美国的违宪审查权》,载《重庆师院学报(哲学社会科学版)》1987 年第 1 期;李道揆:《试论美国宪法的限权政府原则》,载《美国研究》1987 年第 4 期;李晓兵:《法国第五共和宪法与宪法委员会》,知识产权出版社 2008 年版;朱国斌:《法国的宪法监督与宪法诉讼制度——法国宪法第七章解析》,载《比较法研究》1996 年第 3 期;施鹏鹏:《法国宪法委员会若干问题研究》,载《山东社会科学》1996 年第 9 期;王建学:《法国宪法基本权利的概念与借鉴》,载《北方法学》2010 年第 5 期;付子堂:《美国、法国和中国宪法监督模式之比较》,载《法学》2000 年第 5 期;吴撷英:《各

（三）宪法工具观

苏联法学理论认为，法是统治阶级专政的工具，具有维护阶级统治的功能。从法与国家的关系来说，“国家是阶级统治的政治组织，对法权来说，它是一种直接的决定力量”①，法不过“是实现国家的基本任务和职能的重要手段，是在立法上确认国家机构的重要手段”②。从法与政策的关系来说，“法是实现统治阶级的政策的手段之一”，因为统治阶级“掌握着国家权力，因而有极广泛的可能来保证把自己的政策体现在法中”，而“法既然是统治阶级意志的表现，因而也为这个阶级的政策服务，保证这个阶级达到自己的政治目的，完成自己的政治任务，实现自己的具体政治要求”。③ 因此，法的阶级统治功能直接体现在它服务于国家职能的实现上，体现在它对统治阶级所需要的社会关系和社会秩序的确立和维护上。

根据这一原理，苏联宪法学认为宪法就是统治阶级专政的工具，是服务于国家职能的手段，其目的是为了巩固统治阶级所需要的社会关系和社会秩序。对此，苏联学者在论述宪法的阶级性时指出：“宪法的阶级本质所表现的，……则是阶级斗争中掌握生产资料的统治阶级借以固定自己专政的一种力量对比关系”，“宪法的主要使命在于固定有利于和惬意于统治阶级的社会秩序和国家秩序”，“表现在它以法律形式将其固定起来的社会制度

国宪法监督与宪法诉讼制度的比较研究》，载《复旦学报（社会科学版）》1986 年第 5 期；陈绍兴、武玉风：《论各国宪法实施的保障制度》，载《外国法译评》1993 年第 3 期；［德］黑塞：《联邦德国宪法纲要》，李辉译，商务印书馆 2007 年版；［英］A.W.布拉德利、K.D.尤因：《宪法与行政法》，程洁译，商务印书馆 2008 年版；［日］宫泽俊义：《日本国宪法精解》，董璠舆译，中国民主法制出版社 1990 年版；宋长军：《日本国宪法研究》，时事出版社 1997 年版；等等。

① ［苏］苏联科学院法权研究院科学研究者集体编著：《马克思列宁主义关于国家与法权理论教程》，中国人民大学马列主义关于国家与法权理论教研室译，华东政法学院教务处 1953 年翻印，第 151 页。

② ［苏］玛·巴·卡列娃等：《国家和法的理论》（上册），李嘉恩等译，中国人民大学出版社 1956 年版，第 2 页。

③ 参见［苏］玛·巴·卡列娃等：《国家和法的理论》（上册），李嘉恩等译，中国人民大学出版社 1956 年版，第 84 页。

和国家制度的原则中”。[①] 这表明,统治阶级通过宪法所规定的社会制度和国家制度,确立其在国家中的统治地位,巩固对其有利的社会秩序和国家秩序,维护其政治和经济利益。由此,他们论述道:“资本主义国家的国家法体现着剥削者阶级的意志,巩固着对于他们惬意而有利的国家秩序,并保障着他们的国家权力”。苏维埃国家法“服务于巩固、保护和发展对于劳动者惬意而有利的并保障建成共产主义社会的国家秩序的目的。……它巩固着以工人阶级为领导的工农联盟、国家对社会的领导——工人阶级专政”。[②] 苏联宪法学还认为,宪法是服务于国家职能的手段,其内容随着国家职能的变化而变更。对此,苏联学者结合苏维埃宪法的发展历程说道:“苏维埃国家法规范,反映出苏维埃国家在其发展的两个主要阶段上机能和形式的变动,并且这种变动在苏联及各盟员共和国与自治共和国的宪法中。”[③]由此,他们论述了苏联发展的两个阶段宪法的内容,强调宪法规定对于国家职能要求的反映,尤其是详细分析了第二阶段国家职能的变化所引起的宪法内容的变更。[④] 同时,他们还强调宪法对于统治阶级政策的反映,指出:“在国家政策与国家所制定的法律之间存在着密切的和必要的联系。国家法的特点是在于它直接巩固统治阶级的政治权力——巩固这个政权的形式及其经济基础,是在于它在阶级统治底最重要的和根本的问题上,也就是在关于经济制度和所有制问题上和在关于国家政权的结构,形式和组织的问题上表现出国家的政策。”[⑤]

20 世纪 50 年代,我国宪法学在上述观点的影响下形成了宪法的工具

① 《宪法的概念与本质——国家法教研室苏联专家科托夫同志的报告记录》,载《教学与研究》1953 年第 2 期。

② 参见《苏联大百科全书选译——国家法、行政法》,法律出版社 1955 年版,第 1、4 页。

③ [苏]特拉伊宁等编:《苏联国家法教程》(上册),彭健华译,大东书局 1951 年版,第 2 页。

④ 参见[苏]特拉伊宁等编:《苏联国家法教程》(上册),彭健华译,大东书局 1951 年版,第 63—88 页。

⑤ [苏]列文:《苏联国家法概论》,杨旭译,人民出版社 1951 年版,第 2—3 页。

观,认为宪法就是为统治阶级专政服务的。有学者论述道:“宪法是有阶级性的,什么样的国家,就有什么样的宪法,而什么样的宪法也一定是为什么样的国家和这个国家所代表的阶级利益服务的。资本主义国家的宪法是资产阶级意志的表现,是为巩固资产阶级专政、发展资本主义、保护资本主义剥削制度服务的。社会主义国家的宪法是工人阶级意志的表现,是为巩固工人阶级专政、发展社会主义、建设共产主义服务的。”①同时,学者们认为宪法的这种维护阶级统治的功能体现在宪法的目的上。有学者讲道:“宪法的主要使命就是巩固有利于统治阶级的社会秩序。资产阶级之所以需要,是为了把对于资产阶级有利的社会秩序固定起来,社会主义宪法之所以需要,是为了把对于劳动群众有利的社会秩序固定起来。”他还说道:“在每个宪法中所固定的社会秩序都是有利于统治阶级实现它的政治和经济的统治的。”②

80 年代时,许多学者仍然坚持这种观点。他们认为,民主是一种国家制度,它包括国体和政体,而政体就是反映一定阶级的政治统治。“为了巩固统治阶级的政治统治,还必须把民主制度法律化,用国家根本法的形式把符合统治阶级需要的民主制巩固下来,以国家强制的力量来保证它不受破坏。资产阶级如此,无产阶级也是如此。”因此,“资产阶级之所以需要搞出宪法,是为了把反封建的成果巩固下来,把资产阶级争得的民主制用法律形式固定下来”,以维护自己的政治统治;“无产阶级在夺取政权之后,也像资产阶级一样,要制定宪法来巩固政权和保护民主制,不过社会主义宪法所巩固和保护的是无产阶级专政的政权和社会主义的民主制”。③ 这样的话,宪法就成为巩固统治阶级政治统治的工具。④ 他们还指出,宪法服务于国家的职能,我国宪法规定确认了人民民主专政的职能,这些职能包括:保障人

① 徐盼秋:《什么是宪法》,载《江苏教育》1954 年第 13 期。

② 吴家麟:《学习马克思列宁主义关于宪法的理论》,载《陕西政报》1954 年第 6 期。

③ 参见吴家麟主编:《宪法学》,群众出版社 1983 年版,第 29—30、33 页。

④ 参见田军:《宪法学教程》,南京大学出版社 1987 年版,第 17 页。

民民主职能，对敌人实行专政的职能，组织社会主义经济的职能，组织文化教育的职能等。① 在此基础上，他们分析了我国各个历史阶段因国家任务的改变而产生的宪法内容的变化。② 90 年代后，仍有一些学者持这种观点。有学者指出："宪法是统治阶级把在革命斗争中提出的民主思想和原则上升为国家意志，形成制度和法律，从而建立起对本阶级有利或适合的社会关系和社会秩序"。因此，"宪法就是一定的阶级掌握国家权力的、公开的、合法的法律文件，是统治阶级巩固政权最有效的法律手段"。③

值得注意的是，80 年代中期有学者开始超越苏联宪法理论，提出从保障宪法实施和保护公民权利角度建立我国违宪审查制度。④ 之后，学者们从保障人民主权和监督、制约国家权力的角度来论述这一制度，⑤这使得学界逐步形成了宪法制约国家权力的认识。90 年代末开始，随着建立依法治国方略的提出，学者们进一步阐述宪法对权力制约和权利保障的问题⑥，并提出了依宪治国的思想⑦，从此以宪法制约权力、保障权利逐

---

① 参见吴家麟主编：《宪法学》，群众出版社 1983 年版，第 137—146 页。

② 参见吴家麟主编：《宪法学》，群众出版社 1983 年版，第 93—113 页；萧蔚云等：《宪法学概论》，北京大学出版社 1982 年版，第 94—99 页。

③ 参见许崇德等：《中国宪法教程》人民法院出版社 1991 年版，第 16、27 页。类似观点还可参见王士如主编：《中国宪法学》，南京大学出版社 1993 年版，第 16—17 页；张庆福主编：《宪法学基本理论》，社会科学文献出版社 1994 年版，第 28 页；俞子清主编：《宪法学》，中国政法大学出版社 1999 年版，第 13 页。

④ 参见黄明利：《试论我国违宪审查制度的内容和特点》，载《西北政法学院学报》1985 年第 3 期。

⑤ 例如，胡锦光：《我国违宪审查的方式与处理初探》，载《法律学习与研究》1987 年第 3 期；王玉明：《关于我国违宪审查制的反思》，载《学习与探索》1990 年第 3 期；马岭：《违宪审查——实现法治的必由之路》，载《法学》1997 年第 12 期；李步云：《建立违宪审查制度刻不容缓》，载《法制日报》2001 年 12 月 2 日第 3 版；等等。

⑥ 例如，王士如：《宪法的政治形式：权力制约与人权保障》，载《上海财经大学学报》2002 年第 3 期；蒋德海：《析宪法的权力制约内涵》，载《探索与争鸣》2003 年第 3 期，等等。

⑦ 例如，莫纪宏：《依宪治国是依法治国的核心》，载《法学杂志》1998 年第 3 期；李步云：《依法治国重在依宪治国》，载《中国人大》2002 年第 17 期；王振民：《中国特色社会主义与依宪治国》，载《法制日报》2009 年 5 月 6 日第 9 版；秦前红：《依宪治国：法治的灵魂》，载《暨南学报（哲学社会科学版）》2014 年第 11 期；李步云：《依宪治国的科学内涵与重大意义》，载《法学》2016 年第 11 期；姜明安：《依宪治国的目标与途径》，载《中国司法》2018 年第 6 期，等等。

渐成为学界的共识。

二、苏联法学理论与我国宪法制度理论的构建

宪法制度理论是以宪法观为基础建立起来的，其内容是宪法观在制度层面上的具体阐释。从上述分析可知，在苏联法学理论指导下，苏联社会主义宪法观得以形成，并引入我国。同时，以这种宪法观为指引构建起来的苏联宪法制度理论，也被我国所接受。因此，苏联法学理论实际上通过所形成的宪法观影响着我国宪法制度理论的建立，它主要包括国家制度理论、经济制度理论、国家机构制度理论和公民基本权利义务制度理论。

（一）国家制度理论

在苏联学者看来，法“是阶级的范畴”，“表现的是一定的统治阶级的意志”，[①]“是实现国家的基本任务和职能的重要手段，是在立法上确认国家机构的重要手段”[②]。以此为基础，苏联宪法学阐述了宪法的阶级性、工具性的观点，以及苏维埃宪法的社会主义原则和民主原则，由此建立了以国家的阶级本质为核心的国家制度理论。20 世纪 50 年代我国的宪法学将其引入，产生了深远影响。

1. 阐述人民民主专政为核心的国体

在苏联法学理论看来，阶级性是法的核心本质，而法是维护统治阶级专政的工具，是服务于统治阶级国家政权的手段。从法与政治的关系看，任何国家的法都反映着这一国家的政治，而政治无非是阶级之间的相互关系，因此法具有政治内容。基于此，苏联宪法学认为，宪法具有阶级性，它集中体

---

① 参见[苏]苏达里可夫：《对资产阶级法学反动本质的批判》，中央人民政府法制委员会编译室译，湖北人民出版社 1956 年版，第 7 页。

② [苏]玛·巴·卡列娃等：《国家和法的理论》（上册），李嘉恩等译，中国人民大学出版社 1956 年版，第 2 页。

现阶级力量的对比关系,确认统治阶级的专政和国家的阶级基础。社会主义宪法的重要任务就是确认工人阶级专政即工人阶级对社会的国家领导,确定苏维埃国家的阶级基础和阶级构成,以此确立和巩固社会主义国家的阶级性质。苏联学者指出:“苏联宪法第一条规定,苏维埃社会主义共和国联盟是工农社会主义国家。在这个条款里固定了苏维埃国家的阶级基础和苏维埃社会在完成消灭剥削阶级及基本上建立社会主义社会以后的阶级结构。”①然后,他们对苏联的各个阶级状况及阶级结构进行了具体分析,指出:从工人阶级看,“苏联无产阶级已变成了完全新的阶级,变成了已把资本主义经济体系消灭,已把生产工具与生产资料的社会主义所有制奠定,并引导着苏维埃社会按共产主义道路前进的苏联工人阶级。由此可见,苏联工人阶级是完全新的,摆脱了剥削制的工人阶级,这样的工人阶级是人类史上未曾有过的”。从农民阶级看,苏联农民“是已摆脱了剥削制的农民”,“绝大多数都是集体农场的农民”,他们的“经济基础不是私人所有制,而是在集体劳动基础上长成的集体所有制”。“由此可见,苏联农民是完全新的农民,这样的农民是人类史上未曾有过的”。从知识分子看,“苏联的智识界,是与工人阶级和农民骨肉相联的完全新的智识界”,“所以它现在是苏维埃社会中享有平等权利的一员,在这里,它与工农携手建设着无阶级的社会主义的新社会”。② 在此基础上,他们分析了阶级之间的相互关系,讲道:“不仅上述的社会集团有了变动,而他们的相互关系亦发生了变动。在苏维埃社会发展的过程中,旧的阶级的特性在消失,工人和农民阶级间的界限及他们之间的经济的和政治的矛盾在消失,在灭绝”。这是因为“形成集体劳动的社会主义财产制和社会主义的分配原则……,是工人阶级的经济基础,也是农民的经济基础”,因此它们虽然仍然存在着差别,但这“已绝对没

---

① [苏]列文:《苏联国家法概论》,杨旭译,人民出版社 1951 年版,第 44 页。
② 参见[苏]列文:《苏联国家法概论》,杨旭译,人民出版社 1951 年版,第 44—46 页。

有敌对的性质”，由此它们已成为友好阶级。[①] 由此，苏联学者阐述了作为苏维埃国家基本特征的工人阶级专政及其基本职能，并在此基础上论述了作为工人阶级专政最高原则的工农联盟的内容。[②]

苏联宪法学对社会阶级基础和苏联国家性质的分析，对我国国体理论的形成影响很大。20 世纪 50 年代，我国学者就运用阶级观点阐述国体问题，分析我国社会的阶级结构。他们指出：“所谓国家性质，我们通常称为国体，也就是指国家的阶级本质而言。”“一切国家，不管它是什么形式，都是一定阶级的专政。专政是一切国家的阶级本质。”[③]由此，有学者进一步论述道：我国宪法是“阶级斗争的产物”，并且是“阶级斗争胜利成果的记录”，所以“首先要规定国家的阶级基础”。“国家的阶级基础，就是毛泽东主席所说的‘社会各阶级在国家中的地位’，也就是刘少奇同志所说的‘国家的性质’”。[④] 在此基础上，学者们结合宪法第一条关于国家性质的规定[⑤]分析我国的阶级基础。他们指出，新中国成立后，“资产阶级民主革命在全国范围内取得了胜利，使中国社会的阶级结构发生了根本的变化。原来居于统治地位的官僚资产阶级和封建地主阶级（个别少数民族地区除外）已被消灭，原来居于被统治被压迫地位的工人阶级、农民阶级、小资产阶级和民族资产阶级则成为国家的主人。工人阶级是我们国家的领导阶级，工人阶级和农民阶级的巩固联盟是我们国家的基础。民族资产阶级在一定时期内在我们国家中占有一定的地位”。随着社会主义改造的胜利，

---

① 参见［苏］特拉伊宁等编：《苏联国家法教程》（上册），彭健华译，大东书局 1951 年版，第 121 页。

② 参见［苏］特拉伊宁等编：《苏联国家法教程》（上册），彭健华译，大东书局 1951 年版，第 125—130 页。

③ 中央政法干部学校国家法教研室编著：《中华人民共和国宪法讲义》，法律出版社 1957 年版，第 49 页。

④ 参见李达：《中华人民共和国宪法讲话》，人民出版社 1956 年版，第 59 页。

⑤ 我国 1954 年宪法第一条规定：“中华人民共和国是工人阶级领导的、以工农联盟为基础的人民民主国家。”参见陈荷夫编：《中国宪法类编》，中国社会科学出版社 1980 年版，第 216 页。

我国社会的阶级结构又发生了一次深刻的变化，我国已经基本消灭了剥削阶级，成为一个社会主义国家。[①] 在此基础上，他们论述了人民民主专政的实质和职能，分析了作为人民民主专政基础的工农联盟的重要性和要求。[②]

80年代初，学者们仍然将分析国家的阶级本质作为马克思主义宪法学的首要任务。他们指出："作为国家根本法的宪法，首先要确认体现统治阶级意志、为实现其政治统治所需要的国家制度。""在国家制度中，国家的阶级本质（政权的阶级属性）具有决定性的意义，它直接决定着国家政权的组织形式和国家结构形式，决定着国家发展的总方向。因此，国家的阶级本质是国家制度的核心。"[③]他们认为，国家的阶级本质就是国家的性质、国体，就是"在一个国家中，哪个阶级或哪些阶级处于统治地位，掌握国家权力，哪些阶级是统治阶级的同盟者，哪些阶级处于被统治和被压迫的地位"[④]。在此基础上，他们根据我国宪法关于国家性质的规定，分析我国工人阶级的领导地位、工农联盟的阶级基础和知识分子的工人阶级属性，阐述工人阶级专政的实质和工农联盟的涵义。[⑤] 之后，许多学者仍然坚持国家的阶级本质的观点和对我国国家性质的阶级分析。[⑥] 当然，一些学者对国家的阶级本质问题加以回避。例如，有学者认为，国体是指国家的形式，因此我国宪法第一条第一款和第二款的规定说明中国是一个共和国的国体。

---

① 参见中央政法干部学校国家法教研室编著：《中华人民共和国宪法讲义》，法律出版社1957年版，第50—51页。

② 参见中央政法干部学校国家法教研室编著：《中华人民共和国宪法讲义》，法律出版社1957年版，第54—62页。

③ 吴家麟主编：《宪法学》，群众出版社1983年版，第115页。

④ 萧蔚云等：《宪法学概论》，北京大学出版社1982年版，第101页。

⑤ 参见吴家麟主编：《宪法学》，群众出版社1983年版，第122—135页；萧蔚云等：《宪法学概论》，北京大学出版社1982年版，第103—108、119—122页。

⑥ 参见许崇德等：《中国宪法教程》人民法院出版社1991年版，第79—107页；张庆福主编：《宪法学基本理论》，社会科学文献出版社1994年版，第287—299页；俞子清主编：《宪法学》，中国政法大学出版社1999年版，第79—89页；胡锦光主编：《宪法》，清华大学出版社2008年版，第88—93页；胡锦光、任端平：《宪法学》，中国人民大学出版社2018年版，第123—127页。

2. 论述人民代表大会制度为内容的政体

按照苏联法学理论关于法的阶级性观点和法的社会主义原则，苏联宪法学不仅提出了苏联的阶级基础，而且阐述了苏联的政治基础。苏联学者指出："一个国家的政治基础——这是直接体现一国有组织的一个阶级（或几个阶级）的权力的和代表着整个国家机构坚固基础的机关制度。"①他论述道，苏联宪法第二条规定，"劳动者代表苏维埃，构成苏联之政治基础"。苏联宪法第三条规定，"苏联全部政权属于城乡劳动者，由劳动者代表苏维埃实现之"，该规定"固定着作为全体苏联人民——城乡劳动者意志和利益的代表者的苏维埃的全权制度"。他接着说道："在这些宪法条款中表现出苏维埃国家组织的基本原则，即前面所指出的原则：人民主权，苏维埃全权制，由工人阶级对社会实行国家领导权（专政）。"②关于人民主权，苏联学者指出："人民主权即是人民至上，亦即国家实际政权属于人民。人民政权系表示由人民实现国家之最高权力。"③他们认为，人民主权在资产阶级社会是一种欺骗，在社会主义社会才能得到实现。对此，他们分析道："资产阶级的社会经济与阶级构成及其政治组织，即排除了人民主权实际实现的可能。"这是因为"当生产工具与手段（这是政权的物质基础）属于极少数人私有，而大多数人民对其处于经济依属的时候，在这种条件下无法谈到人民的主权。在这种条件下，'人民主权'只能是一种欺骗诱惑的性质。它只是作了资产阶级专政的屏障"。从资产阶级的宪法来看，它"对于人民主权的原则都还保存着极其本质的法律限制。这种情形，即表现在选举权的限制上，表现在人民没有对自己代表的监督上，表现在代议机关权限的限制上，表现在公民的民主权利和自由的限制上等等"。④ 相反，"只有在苏维埃国

① ［苏］列文：《苏联国家法概论》，杨旭译，人民出版社1951年版，第46页。

② 参见［苏］列文：《苏联国家法概论》，杨旭译，人民出版社1951年版，第46—47页。

③ ［苏］特拉伊宁等编：《苏联国家法教程》（上册），彭健华译，大东书局1951年版，第149页。

④ 参见［苏］特拉伊宁等编：《苏联国家法教程》（上册），彭健华译，大东书局1951年版，第150页。

家才开始创立了充分的实现真正人民主权的条件”,因为“一切政权均属于以苏维埃为代表的劳动者,这一事实即表示,苏联的劳动者通过由他们从自己中间所选举,而在其一切活动上对他们负责的机关,实现了自己的主权”。① 他们进一步论述道:“苏维埃底全权制度,苏维埃和群众的紧密联系,代表制与直接民主制的结合,人民直接参与国家管理,代表对人民负责,是作为国家形式的苏维埃共和国的基本特征,它与任何资产阶级的国家形式,其中包括议会制共和国的形式是大不相同的”②,因而成为“国家组织最民主的类型”③。也就是说,苏维埃是具有广泛和高度民主的政治制度,它能确保人民权力的集中行使,确保人民参与国家管理,实现真正的人民主权。

在苏联宪法学关于国家政治基础理论的影响下,20 世纪 50 年代我国宪法学就提出了以人民代表大会制度为内容的政体理论。当时我国学者指出:“国家的政治制度是指国家政权的组织形式,也就是通常所说的政体。”“政治制度是掌握着国家权力的社会阶级所组织的国家机关;是为统治阶级服务的,即为保护统治阶级的经济和政治利益而对敌人实行专政的机关。它必须与国家的性质即国体相适应。”④因此,政体就是为统治阶级专政服务的国家机关。无产阶级专政国家应当采取什么形式的政权组织形式呢?我国学者认为,“人民代表大会制是适合于中国人民民主专政的政权组织形式”⑤。为什么这么说呢?他们认为,它既能便利人民行使国家权力和参加国家管理,又便于对一切敌人实行专政;它能够保证工人阶级在国家政权

---

① 参见[苏]特拉伊宁等编:《苏联国家法教程》(上册),彭健华译,大东书局 1951 年版,第 150—151 页。

② [苏]列文:《苏联国家法概论》,杨旭译,人民出版社 1951 年版,第 48 页。

③ [苏]特拉伊宁等编:《苏联国家法教程》(上册),彭健华译,大东书局 1951 年版,第 151 页。

④ 中央政法干部学校国家法教研室编著:《中华人民共和国宪法讲义》,法律出版社 1957 年版,第 74 页。

⑤ 中央政法干部学校国家法教研室编著:《中华人民共和国宪法讲义》,法律出版社 1957 年版,第 76 页。

中的领导地位，并且不断地巩固工农联盟；它是能包括一切人民群众的最广泛的政治组织。[①] 人民代表大会制度是中国人民的创造，但它从苏维埃制度发展而来，而且它与苏维埃制度是同一类型，因为它们“都是以工人阶级为首的绝大多数的人民对极少数人实行统治的工具，都是建设社会主义——共产主义的工具，它们的基本的组织原则就是民主集中制”[②]。我国学者还认为，代表的广泛选举和接受监督，实行议行合一和民主集中制原则，确保人民代表大会制度是高度民主和高度集中的政治制度，确保人民行使国家权力，这使它有着资产阶级国家政治制度无法比拟的优越性。[③]

80年代时，我国学者继续沿着以往学者的思路进行阐述。他们认为：“政权组织形式和国家阶级本质是密切关联的。它们的关系是形式和内容的关系。”[④]“政权组织形式决定于国家的阶级本质。有什么性质的国家，就有什么性质的政权组织形式。”[⑤]他们还认为，人民代表大会制度是适合我国的政权组织形式，它能够反映我国的阶级本质，实行民主集中制，确保广大人民充分行使国家权力，具有巨大的优越性。[⑥] 90年代后，许多学者在着重阐述人民代表大会制度反映国家阶级本质、体现主权在民原则等特点和广泛民主的优势的同时，开始思考如何改革和完善人民代表大会制

---

① 参见西南政法学院国家与法教研组编：《人民代表大会制度讲话》，重庆人民出版社1955年版，第4—10页。

② 中央政法干部学校国家法教研室编著：《中华人民共和国宪法讲义》，法律出版社1957年版，第76页。

③ 参见中央政法干部学校国家法教研室编著：《中华人民共和国宪法讲义》，法律出版社1957年版，第79—86页；李达：《中华人民共和国宪法讲话》，人民出版社1956年版，第65—70页。

④ 吴家麟主编：《宪法学》，群众出版社1983年版，第160页。

⑤ 萧蔚云等：《宪法学概论》，北京大学出版社1982年版，第195页。

⑥ 参见吴家麟主编：《宪法学》，群众出版社1983年版，第180—190页；萧蔚云等：《宪法学概论》，北京大学出版社1982年版，第226—234页；田军：《宪法学教程》，南京大学出版社1987年版，第99—103页。

度的问题。①

（二）经济制度理论

苏联法学理论认为，社会主义的法是建立在社会主义原则即社会主义经济基础之上，反映社会主义的经济法则。对此，苏联学者指出："苏维埃国家在其成立后全部时期的立法活动过去是，现在仍然是决定于在它的每一发展阶段中社会主义基础所特有的那些客观的经济法则。"②"苏维埃的法不仅是社会主义的主要基石和原则的反映，而且还是工人阶级和全体劳动者用来在生活中每时每刻切实实现这些原则，实现社会主义经济规律、国民经济有计划（按比例）发展的规律、按劳分配的规律以及其他社会主义社会中起着作用的经济规律的要求的有力杠杆。"③基于这一观点，苏联宪法学阐述其经济制度理论。苏联学者认为，宪法按照社会主义原则规定着苏联的经济基础，包括社会主义所有制、经济计划原则和社会主义分配原则，这些原则决定了其所构成的苏维埃社会制度优越于资本主义社会制度。④ 我国宪法学深受苏联学说的影响，以此来阐发我国的经济制度理论。

---

① 参见许崇德等：《中国宪法教程》，人民法院出版社 1991 年版，第 123—136 页；张庆福主编：《宪法学基本理论》，社会科学文献出版社 1994 年版，第 316—328 页；胡锦光主编：《宪法》，清华大学出版社 2008 年版，第 128—136 页；蔡定剑：《论人民代表大会制度的改革和完善》，载《政法论坛》2004 年第 6 期；程竹汝：《授权与监督：论完善人民代表大会制度的几个问题》，载《学术月刊》2005 年第 6 期；刘启云：《完善人民代表大会制度的几个问题》，载《科学社会主义》2006 年第 6 期；董和平：《论我国人民代表大会制度建设的成就与完善重点》，载《法学论坛》2012 年第 6 期；莫纪宏：《程序制度建设视角下的我国人民代表大会制度体系的完善——基于湖南"衡阳贿选事件"的制度风险分析》，载《法学论坛》2014 年第 3 期；时和兴：《新时代人民代表大会制度的发展与完善》，载《中央社会主义学院学报》2018 年第 3 期。

② ［苏］安·扬·维辛斯基等：《苏维埃法学中的几个问题》，石健等译，人民出版社 1954 年版，第 14 页。

③ ［苏］玛·巴·卡列娃等：《国家和法的理论》（下册），李嘉恩等译，中国人民大学出版社 1956 年版，第 301 页。

④ 参见［苏］特拉伊宁等编：《苏联国家法教程》（上册），彭健华译，大东书局 1951 年版，第 102 页；［苏］列文：《苏联国家法概论》，杨旭译，人民出版社 1951 年版，第 38 页。

1. 确立社会主义所有制的基础地位

苏联学者指出，苏联宪法“确定了苏联社会主义财产之不可分裂的主权，这种财产同时在整个苏联经济基础中构成了社会主义的经济制度”①。他们讲道：“社会主义所有制是苏联的经济基础，它具有两种形式：国家所有制形式（全民财产）；合作社和集体农场所有制形式（个别集体农场的财产，各合作社的财产）。”②他们认为这两种所有制形式虽都具有社会主义性质，但存有差别。首先是对象上的差别。“国家所有制的对象是：土地及其蕴藏，河流，森林，工厂，制造厂，矿井，矿山，铁路运输，水上及空中运输，银行，通信工具，国营大规模农业企业（苏维埃农场，机器拖拉机站等等），城市与工业地点的公用企业及主要住宅。”“合作社集体农场所有制的对象是：集体农场与合作社组织的公共企业及其工具与耕畜，集体农场与合作社所出产的产品，以及集体农场与合作社所有的公共建筑物。”其次是主体上的不同。“国家所有权的主体是以苏维埃国家为代表的全体苏维埃人民”，“合作社集体农场所有权的主体是个别集体农场及合作社团体”。③ 因此，他们认为最为重要的差别在于两种所有制的社会主义程度的不同，指出：“苏联的国家财产，为社会主义财产的高度形式。一如在它的基础上所建立的社会关系和劳动组织形式一样，它彻头彻尾的带有社会主义的性质。”④也就是说，国家财产与合作社集体农场财产相比，前者是社会主义财产的更高级的形式。此外，他们认为“社会主义所有制底占有支配地位，并不取消和废除个人所有制”，但个人所有权是建立在劳动和废除剥削的基础之上的。⑤

① ［苏］特拉伊宁等编：《苏联国家法教程》（上册），彭健华译，大东书局1951年版，第104页。

② ［苏］列文：《苏联国家法概论》，杨旭译，人民出版社1951年版，第38页。

③ 参见［苏］列文：《苏联国家法概论》，杨旭译，人民出版社1951年版，第38—39页。

④ ［苏］特拉伊宁等编：《苏联国家法教程》（上册），彭健华译，大东书局1951年版，第105页。

⑤ 参见［苏］列文：《苏联国家法概论》，杨旭译，人民出版社1951年版，第40—42页。

20世纪50年代时，苏联宪法学对社会主义所有制的论述对我国产生了直接影响。当时，学者们对我国过渡时期的生产资料所有制状况进行了分析，强调社会主义公有制在国民经济中的领导地位和社会主义经济制度中的基础地位。对此，有学者指出，按照1954年宪法的规定，过渡时期存在着国家所有制即全民所有制、合作社所有制即劳动群众集体所有制、个体劳动者所有制和资本家所有制。① 他们认为，按照宪法的基本精神，“这四种所有制在我国国民经济中的地位并不是完全一样的，并不是可以一同进入社会主义的”②。他们分析道，“全民所有制和合作社所有制是社会主义所有制的两种形式”③，而作为全民所有制的社会主义经济的国营经济，“是国民经济中的领导力量和国家实现社会主义改造的物质基础”④。“以社会主义所有制为基础的生产关系，虽然在我国过渡时期开始时，并没有在社会里占居统治的地位。但是，它在国民经济中已是居于领导地位，并且在不断地巩固和扩大。”⑤而且，按照国家在过渡时期的总任务和实质，“就是使生产资料的社会主义所有制成为我国国家和社会的唯一的经济基础”⑥。对于个体劳动者所有制和资本家所有制来说，它们“是两种不同形式的私人所有制，它们都是被改造和被消灭的所有制”⑦。可见，与苏联学者一样，我国学者也将社会主义所有制看成我国社会主义国家性质的经济基础。

80年代初，我国学者按照1982年宪法的规定阐述社会主义公有制在我国经济制度中的基础地位和国营经济在国民经济中的主导作用。有学者

---

① 参见李达:《中华人民共和国宪法讲话》,人民出版社1956年版,第81页。

② 李达:《中华人民共和国宪法讲话》,人民出版社1956年版,第84页。

③ 中央政法干部学校国家法教研室编著:《中华人民共和国宪法讲义》,法律出版社1957年版,第116页。

④ 李达:《中华人民共和国宪法讲话》,人民出版社1956年版,第87页。

⑤ 中央政法干部学校国家法教研室编著:《中华人民共和国宪法讲义》,法律出版社1957年版,第116—117页。

⑥ 李达:《中华人民共和国宪法讲话》,人民出版社1956年版,第84页。

⑦ 中央政法干部学校国家法教研室编著:《中华人民共和国宪法讲义》,法律出版社1957年版,第116页。

指出，根据宪法规定，我国社会主义经济制度的基础是生产资料的社会主义公有制，即全民所有制和劳动群众集体所有制。全民所有制经济是以国家为代表经营的社会主义国营经济，是国民经济的主导力量。它掌握着国民经济命脉，实力最雄厚，是发展水平最高的一种社会主义经济形式，在国民经济中实际上起着决定方向的作用。集体所有制经济要在全民所有制国营经济的支持和帮助下，才能得到更迅速的发展。全民所有制经济和集体所有制经济一起在国民经济中占绝对优势，而城乡劳动者个体经济则是公有制经济的补充。① 之后，许多学者结合宪法修正案，在强调公有制经济在多种经济成分中的主体地位和国有经济在国民经济中的主导力量的同时，对非公经济做出了新的阐述，认为私营经济是社会主义公有制经济的补充，继而主张个体经济、私营经济等非公有制经济是社会主义市场经济的重要组成部分。② 关于非公经济的论述，显然不同于苏联学者的观点。

2. 阐明社会主义计划经济原则的必要性

苏联宪法学认为，计划原则是社会主义经济的特有方法，它与社会主义所有制和经济法则紧密联系，是社会主义原则的重要体现，因而成为苏维埃宪法确定的社会主义经济制度的基本内容。苏联学者指出："社会主义经济是有计划的，此即其与资本主义经济主要与根本的差别之一，亦即优于后者的主要优势之一。"③而且，"社会主义经济方式与社会主义所有制的胜利，是与国民经济中的计划原则的胜利分不开的。只有社会主义能保证国民经济发展过程中的真正计划性"④。这表明，计划原则是在社会主义所有

---

① 参见吴家麟主编：《宪法学》，群众出版社 1983 年版，第 292—296、302—303 页；萧蔚云等：《宪法学概论》，北京大学出版社 1982 年版，第 133—138 页。

② 参见许崇德等：《中国宪法教程》人民法院出版社 1991 年版，第 188—199 页；张庆福主编：《宪法学基本理论》，社会科学文献出版社 1994 年版，第 446—447 页；蒋碧昆主编：《宪法学》，中国政法大学出版社 1999 年版，第 234—237 页；胡锦光主编：《宪法》，清华大学出版社 2008 年版，第 100—109 页等。

③ ［苏］特拉伊宁等编：《苏联国家法教程》（上册），彭健华译，大东书局 1951 年版，第 112 页。

④ ［苏］列文：《苏联国家法概论》，杨旭译，人民出版社 1951 年版，第 42 页。

制条件下国家组织经济运行的方式。同时,苏联学者阐述了计划原则符合社会主义经济发展的法则,即不断提高人民群众的物质生活水平。他们论述道:苏联宪法第十一条①规定国民经济生活实行计划原则的目的,“在于增进社会财富,不断提高劳动者物质与文化水准,巩固苏联之独立及加强其国防力量。它同时保证了高度积累率及群众福利之不断增长”。然而,“群众物质生活水准之不断的增高,则是社会主义经济发展的法则”。② 在苏联学者看来,计划就是法律,它使计划具有目的性,也便于执行。他们分析道:“苏维埃国民经济计划为一切公民、职员和国家机关所必须执行的法律。”③它“使在人民一切劳动上、一切工作上,达到意志的统一及目标的一致”,同时“对于阻挠计划之执行,破坏其数量与质量指标,以及对计划执行负有责任之职员的不行动,概以刑事或行政责任论处”。④

20世纪50年代,苏联宪法学对于计划原则的论述开始影响我国。首先,我国学者认为计划原则是社会主义国家组织经济的方法。他们指出:“国民经济计划化是社会主义国家根据客观经济条件有计划地领导国民经济的方法,是社会主义国家的经济组织职能的最重要的特点。”因而,“国民经济计划是工人阶级领导群众进行社会主义和共产主义建设的强大的组织力量”。之所以这样说,是因为它体现着国民经济有计划(按比例)发展规律的要求。⑤ 其次,我国学者认为实行计划原则能适合社会主义经济规律,满足人民的物质和文化生活需要。他们分析道:“社会主义的生产的目的,

---

① 1936年苏联宪法第十一条规定:“苏联之经济生活,受国家的国民经济计划之决定及指导,以期增进社会财富,不断提高劳动者之物质及文化水平,巩固苏联之独立并加强其国防能力。”转引自[苏]列文:《苏联国家法概论》,杨旭译,人民出版社1951年版,第42—43页。

② 参见[苏]特拉伊宁等编:《苏联国家法教程》(上册),彭健华译,大东书局1951年版,第112页。

③ [苏]列文:《苏联国家法概论》,杨旭译,人民出版社1951年版,第43页。

④ 参见[苏]特拉伊宁等编:《苏联国家法教程》(上册),彭健华译,大东书局1951年版,第114页。

⑤ 参见中央政法干部学校国家法教研室编著:《中华人民共和国宪法讲义》,法律出版社1957年版,第159—160页。

不是利润，而是人及其需要，即最大限度地满足整个社会经常增长的物质和文化的需要。"①这种生产目的决定于社会主义基本经济规律，而根据这一基本经济规律就必然要求国民经济运行必须遵循有计划（按比例）发展规律，因此"只有实行国民经济计划化，才能适合于这些经济规律的要求，在发展生产的基础上保证人民的需要"②。

到80年代初，我国学者还是强调实行计划经济是社会主义经济不同于资本主义经济的基本特征之一；强调社会主义生产目的、社会主义公有制使得我国才有可能而且也必需实行社会主义计划经济；强调计划经济为主体、市场调节为辅助，以保证国民经济按比例地协调发展。③ 90年代后，随着对计划和市场新认识的形成，1993年我国宪法修正案作出"国家实行社会主义市场经济"的规定，我国学者认为该规定"使实行了几十年的计划经济失去了宪法依据，从而确立了市场经济体制的地位"，并对市场经济体制建立的必要性和基本内容进行阐述。④ 值得注意的是，有学者认为，作为法律形式的经济制度仅仅反映经济基础的三项内容，即所有制、财产权和分配制度，因而他没有将市场经济体制纳入宪法上的基本经济制度加以阐述。⑤我国学者对于社会主义市场经济的论述，显然突破了苏联法学理论以及由此形成的苏联宪法学关于计划原则的观点。

3. 论述社会主义按劳分配原则的正当性

苏联宪法学认为，为保证生产力的发展，社会主义社会必须实行按劳分配原则，实行这一制度使得劳动成为公民的义务与光荣事业。苏联学者指

---

① 李达：《中华人民共和国宪法讲话》，人民出版社1956年版，第121页。

② 李达：《中华人民共和国宪法讲话》，人民出版社1956年版，第122—125页。

③ 参见吴家麟主编：《宪法学》，群众出版社1983年版，第305—309页；萧蔚云等：《宪法学概论》，北京大学出版社1982年版，第142—144页。

④ 参见蒋碧昆主编：《宪法学》，中国政法大学出版社1999年版，第238—239页。这方面的论述还可参见张庆福主编：《宪法学基本理论》，社会科学文献出版社1994年版，第448—449页；肖蔚云等：《宪法学》，北京大学出版社2002年版，第121—126页；董和平：《宪法学》，法律出版社2018年版，第283—286页。

⑤ 参见胡锦光主编：《宪法》，清华大学出版社2008年版，第99—100页。

出:“在社会主义,亦即共产主义的低级阶段,还不能实现‘各尽所能,各取所需’的原则”,而只能实行“各尽所能,各取所值”原则。这是因为“在社会主义制度下,生产力发展的水准,以及在人们意识中资本主义残余的存在,不可避免的会引起对劳动与消费量之严格监督的必然性”。① 苏联学者还认为,社会主义的“各尽所能,各取所值”原则是从资本主义社会脱胎而来,但与资本主义社会相比有了巨大进步,这主要表现在生产资料从私人所有者手中转到社会手中,剥削者已不存在,大家都成为劳动者,劳动是生存的唯一源泉。因此苏联宪法规定,劳动为每一有劳动能力之公民之义务与光荣事业。②

我国宪法学受此影响,也对实行“各尽所能、按劳分配”原则进行阐述。在20世纪50年代,学者们围绕当时宪法规定和其他法律规定,强调劳动是公民的光荣事情,提出逐步实现“按劳取酬”的社会主义分配原则,以发挥人民群众的劳动热情。③ 80年代初,我国学者详尽阐述该原则的合理性和作用。有学者指出,“‘各尽所能、按劳分配’是同社会主义历史阶段的生产力发展水平和人们的思想觉悟程度相适应的”。具体来说,首先,“在当前社会主义条件下,社会生产力水平发展的还不太高,生产力达不到能够满足人们一切需要的程度”,实行按劳分配切合实际;其次,“在社会主义的条件下,劳动还是劳动者的生活手段。……只有实行按劳分配的原则,把劳动者的劳动和物质利益直接结合起来,才能激励他们的劳动积极性,推动社会生产力的发展”。④ 有学者认为,实行按劳分配原则有着以下作用:一是有利于消灭剥削阶级;二是能够鼓励劳动群众努力发展社会主义生产;三是促进

---

① 参见[苏]特拉伊宁等编:《苏联国家法教程》(上册),彭健华译,大东书局1951年版,第117页。

② 参见[苏]特拉伊宁等编:《苏联国家法教程》(上册),彭健华译,大东书局1951年版,第117—118页。

③ 参见中央政法干部学校国家法教研室编著:《中华人民共和国宪法讲义》,法律出版社1957年版,第171—174页;李达:《中华人民共和国宪法讲话》,人民出版社1956年版,第130—133页。

④ 参见吴家麟主编:《宪法学》,群众出版社1983年版,第299页。

劳动者自觉地监督产品的生产和分配，防止贪污盗窃、挥霍浪费等损害劳动成果的现象发生。[①] 90年代后，有学者认为，社会主义必然同按劳分配联在一起，但按劳分配仅仅是社会主义分配个人必要产品的基本原则，而不是唯一原则。因为所有制形式决定分配制度，而我国宪法既然规定了除公有制以外的其他所有制形式，必然也就相应地承认其他分配形式的合法性。因此，我国的分配形式是以按劳分配为主体，包括与其他所有制形式相适应的分配形式为补充的多种分配形式。[②] 有的学者提出，应当及时修改宪法，在宪法中确立"社会主义初级阶段实行按劳分配为主体、多种分配方式并存的分配制度"[③]。1999年宪法修正案关于分配制度的修改规定[④]出台后，学者们一方面阐述实行按劳分配为主体的分配制度的必要性，另一方面论述其他多种分配方式并存的合理性。[⑤] 对于这种分配制度的阐述，突破了苏联法学理论仅将按劳分配原则列入社会主义原则的观点，是对苏联宪法学有关按劳分配原则论述的超越。

（三）国家机构制度理论

苏联法学理论认为，法具有阶级性，是统治阶级专政的工具，是确认国家机构、实现国家职能的手段，法的阶级利益和目的体现在法的原则上。社会主义的法同样如此，它体现工人阶级和全体劳动者的意志和利益，是无产阶级专政的工具，是实现社会主义国家职能的手段。从体现的阶级意志和

---

① 参见萧蔚云等：《宪法学概论》，北京大学出版社1982年版，第138—139页。

② 参见张庆福主编：《宪法学基本理论》，社会科学文献出版社1994年版，第447—448页。

③ 屈茂辉、李强：《宪法应确认多种分配方式》，载《湖南师范大学社会科学学报》1998年第5期。

④ 1999年宪法修正案第十四条将"实行各尽所能，按劳分配的原则"修改为"坚持按劳分配为主体、多种分配方式并存的分配制度"。

⑤ 参见肖蔚云等：《宪法学》，北京大学出版社2002年版，第128页；胡锦光主编：《宪法》，清华大学出版社2008年版，第109—110页；殷啸虎、王月明、朱应平：《宪法学专论》，北京大学出版社2009年版，第174页；胡锦光、任端平：《宪法学》，中国人民大学出版社2018年版，第130—131页。

阶级利益来说，“苏维埃社会主义的法是一贯彻底民主的法”，因而苏维埃国家“借助于法律（首先是‘苏联宪法’、各加盟共和国和自治共和国的宪法）的规范，在苏维埃社会中确立了苏维埃国家机关的整个体系”，“规定了自上到下各级苏维埃国家机关的组织和活动的真正民主的原则”。① 苏联宪法学以此为指导，以宪法的阶级性和社会主义宪法的民主原则构建其国家机构制度的理论。我国宪法学完全接受这种理论，并将其作为自己的内容。

1. 主张国家机构的阶级性

在苏联学者看来，国家机构是实现统治阶级专政的国家职能的组织，社会主义国家机构也是如此。对此，苏联学者论述道：“国家机构之个别的部分名曰国家的机关。工人阶级专政的每一国家机关都有一定的任务，此项任务系导源于社会主义国家在其发展的一定阶段上的机能。这些任务或者由宪法，或者由法律，或者由其他法令，依照此一或彼一国家机关的性质制定之。”②由于国家职能是由国家性质决定的，因而国家机构决定于国家性质。

这一观点对我国宪法学的影响持续了几十年。20 世纪 50 年代时，我国学者认为国家机构决定于国家的性质和任务。他们讲道：“有什么样的国家，也就有什么样的国家机构。”③他们分析道，“由于我们国家的性质和历史使命根本不同于资产阶级国家，根本不同于国民党反动派统治下的旧中国。因此，我们就不能因袭一切旧的国家机构”，而是“要用革命的手段打碎旧的国家机构，建立新的统一的国家机构”④。80 年代时，许多学者仍

① 参见[苏]玛·巴·卡列娃等：《国家和法的理论》（下册），李嘉恩等译，中国人民大学出版社 1956 年版，第 299、302 页。

② [苏]特拉伊宁等编：《苏联国家法教程》（下册），彭健华译，大东书局 1951 年版，第 330 页。

③ 中央政法干部学校国家法教研室编著：《中华人民共和国宪法讲义》，法律出版社 1957 年版，第 175 页。

④ 参见李达：《中华人民共和国宪法讲话》，人民出版社 1956 年版，第 135—136 页。

然持这种观点。例如，有学者说道，“国家机关具有鲜明的阶级性”，它是统治阶级“为了实现自己阶级的使命而独自建立或者是同它的同盟者联合建立的组织”。“国家机关的性质取决于国家的本质”，因而它可以分为“剥削阶级国家机关和无产阶级国家机关”。他们还讲道：“社会主义国家机构是新型的国家机构。它在本质上根本不同于资产阶级以及一切剥削者国家机构。它是由人民的优秀代表所组成的，执行着无产阶级专政职能的具有高度效能的机构”。因此，“社会主义国家机构是无产阶级专政的工具”。[①] 90 年代后，一些学者仍然主张国家机构具有阶级性的观点。[②]

2. 阐述社会主义国家机构的民主本质

苏联学者认为，“苏维埃国家机关体系，乃是过去及现在所有一切国家机关体系中之最民主的体系”。这首先是“因为它是最大多数人的专政，国家机关为此专政的直接表现者，如无广大民众积极参加国家政权的实现，那是不可想象的”。但是，“镇压被剥削者大多数的资产阶级的国家机关，是与人民隔绝，并与之对立的”。因此，工人阶级必须摧毁资产阶级的国家机构，以新的组织和活动原则建立自己的国家机构，“这个原则是以社会主义国家真正民主的本质及其基本机能为出发点”。[③] 也就是说，社会主义的国家机构是建立在民主原则的基础上，而体现民主原则的宪法规定又使得社会主义国家机构成为最民主的国家机关体系。这些原则究竟有哪些呢？苏联学者认为，它们包括：“第一，联共（布）在一切国家机关活动中的领导作用；第二，民众参与这些机关的活动；第三，民族的权利平等；第四，社会主义

① 参见吴家麟主编：《宪法学》，群众出版社 1983 年版，第 401—402、408—409 页。

② 参见许崇德、王向明、宋仁：《中国宪法教程》，人民法院出版社 1991 年版，第 289—294 页；徐修义、王粥选主编：《宪法学纲要》，中国人民公安大学出版社 1994 年版，第 255—257 页；蒋碧昆主编：《宪法学》，中国政法大学出版社 1999 年版，第 308—309 页；蒋碧昆主编：《宪法学》，中国政法大学出版社 2001 年版，第 224—225 页；董和平：《宪法学》，法律出版社 2018 年版，第 328—329 页；胡锦光、任端平：《宪法学》，中国人民大学出版社 2018 年版，第 203 页。

③ 参见［苏］特拉伊宁等编：《苏联国家法教程》（下册），彭健华译，大东书局 1951 年版，第 335—336 页。

的法制；第五，国家机关活动的计划原则；第六，民主集中制。”①同时，苏联学者还认为，由劳动者代表苏维埃为权力机关形成的苏联国家机关体系，实现了一切权力属于城乡劳动者的社会主义民主原则。他们指出：“斯大林宪法将国家权力机关命名为劳动者代表苏维埃，此苏维埃是由人民根据普遍、直接及平等的选举权在秘密投票下所选举的。同时宪法更强调指出，在苏联，一切权力均属于城乡劳动者，而由劳动者代表苏维埃实现之。”②他们在按照宪法规定分析了劳动者代表苏维埃产生国家管理机关、审判机关和检察机关的方式后讲道：“国家权力机关，照例是直接间接的组织、选举或任命一切其他国家机关，而授与某种权力性质之权限，或授与对执行权力机能之机关直接协助之权限。所有这些机关均在苏维埃监督之下实现其权限。它们都以某种形式对国家权力机关负责。就是说，作为苏维埃人民代表机构的劳动者代表苏维埃，将全部国家权力均集中在自己手中。”③这使得苏维埃国家机关体系与资产阶级国家机关体系有着根本差异。

受到这种观点的影响，我国宪法学首先从民主原则入手分析我国国家机关的组织和活动原则，以此阐述我国国家机构的社会主义的民主本质。20 世纪 50 年代时，有学者就指出：“我国国家机关工作的指导原则是群众路线、民主集中制、集体领导制和人民民主法制等原则。”他们分析了这些原则的民主属性，讲道：贯彻群众路线原则是“我们国家的性质所要求的；同时也是我们国家民主化的重要标志”。“国家机关实行民主集中制，就是把广泛的民主和高度的集中互相结合起来”。“国家机关的集体领导制，就是要求一切国家机关中对于一切重大问题，都应由参与领导的成员充分讨

① ［苏］特拉伊宁等编：《苏联国家法教程》（下册），彭健华译，大东书局 1951 年版，第 336 页。关于这些原则的含义及其民主属性，作者作了详尽阐述，参见该书第 336—348 页。

② ［苏］特拉伊宁等编：《苏联国家法教程》（下册），彭健华译，大东书局 1951 年版，第 332 页。

③ ［苏］特拉伊宁等编：《苏联国家法教程》（下册），彭健华译，大东书局 1951 年版，第 334 页。

论，在贯彻群众路线的基础上作出决定”。“国家机关及其工作人员……严格遵守法制原则，这是我们国家的性质所要求的。因为依法办事正是完全符合于国家和人民的利益”。“违反人民民主法制的行为，就是违背人民意志的行为”。① 还有学者提出，这些原则包括人民群众参加国家管理的原则、民族权利平等原则、民主集中制原则、人民民主法制原则、国家机关的革命工作作风原则。② 80 年代后，许多学者仍然通过分析组织和活动原则来揭示我国国家机构的民主本质。他们论述的原则不完全相同，但集中在以下几个原则：党的领导原则，民主集中制原则，集体领导与个人负责相结合的原则，责任制原则，联系群众、为人民服务的原则，社会主义法制原则或法治原则，民族平等原则等。③ 其次，我国宪法学也从人民代表大会产生国家机关体系，论述我国国家机构的社会主义民主本质。20 世纪 50 年代时，有学者论述道，根据宪法的规定，“我国的人民代表大会制是以国家权力的统一行使为出发点”，“国家权力必须由人民代表大会统一行使”，因此，“全国人民代表大会和地方各级人民代表大会是全部国家机关的主干，它们建立其他一切国家机关，并赋予这些国家机关以职权，同时采取各种方式，经常监督这些国家机关的工作”。④ 因此，有学者进一步讲道：“根据人民代表大会制度所建立起来的国家机关，就能真正体现人民的意志，保护人民的利益。”⑤80 年代后，

---

① 参见中央政法干部学校国家法教研室编著：《中华人民共和国宪法讲义》，法律出版社 1957 年版，第 177、178、180、183、187、188 页。

② 参见李达：《中华人民共和国宪法讲话》，人民出版社 1956 年版，第 136—142 页。

③ 参见吴家麟主编：《宪法学》，群众出版社 1983 年版，第 411—415 页；萧蔚云等：《宪法学概论》，北京大学出版社 1982 年版，第 306—312 页；许崇德等：《中国宪法教程》，人民法院出版社 1991 年版，第 308—322 页；蒋碧昆主编：《宪法学》，中国政法大学出版社 1999 年版，第 314—320 页；肖蔚云等：《宪法学》，北京大学出版社 2002 年版，第 226—234 页；胡锦光主编：《宪法》，清华大学出版社 2008 年版，第 280—282 页；董和平：《宪法学》，法律出版社 2018 年版，第 331—333 页。

④ 参见李达：《中华人民共和国宪法讲话》，人民出版社 1956 年版，第 134—135 页。

⑤ 西南政法学院国家法教研组编：《人民代表大会制度讲话》，重庆人民出版社 1955 年版，第 21 页。

许多学者仍然作出这样的论述。①

（四）公民基本权利义务制度理论

苏联法学理论认为，法是具有阶级性的，是建立在社会物质生活条件之上的上层建筑，其目的是为了维护有利于统治阶级的社会关系和秩序。因此，“在法律的内容中，直接表现着统治阶级底意志、它的阶级目的、利益、它的意识形态和道德观”②。根据这种观点，苏联宪法学从宪法的阶级性和社会物质生活条件出发，分析了资本主义国家公民权利义务规定的阶级局限性，按照苏维埃宪法的社会主义原则和民主原则，阐述了苏维埃国家公民权利义务规定的合理性和优越性，形成了社会主义国家公民基本权利义务的理论。这种理论为我国宪法学界所接受，其影响持续至今。

1. 主张公民基本权利的广泛性和平等性

苏联学者认为，宪法的阶级性决定了资产阶级宪法规定的公民基本权利是狭隘的、虚伪的，而苏维埃宪法规定的内容则是广泛的、真实的。他们认为，宪法规定的“基本的权利和义务决定公民之政治与法律的地位及其自由之范围，同时，并主要的描述出整个国家的政治制度”③。也就是说，公民基本权利义务的规定是一国宪法所规定的政治制度的反映，而宪法所确认的政治制度是有阶级性的，这使得这种规定也具有阶级性。在此基础上，

---

① 参见吴家麟主编：《宪法学》，群众出版社1983年版，第412页；萧蔚云等：《宪法学概论》，北京大学出版社1982年版，第227—228页；许崇德等：《中国宪法教程》，人民法院出版社1991年版，第309—310页；蒋碧昆主编：《宪法学》，中国政法大学出版社1999年版，第314—315页；肖蔚云等：《宪法学》，北京大学出版社2002年版，第226页；胡锦光主编：《宪法》，清华大学出版社2008年版，第129页；董和平：《宪法学》，法律出版社2018年版，第192—194页。

② ［苏］苏达里可夫、贝可夫：《苏维埃国家与法问题讲座》，中央人民政府法制委员会编译室编译，中央人民政府法制委员会1951年印，第16页。

③ ［苏］特拉伊宁等编：《苏联国家法教程》（上册），彭健华译，大东书局1951年版，第157页。

他们指出："资产阶级的公民基本权利规范，在资产阶级存在的整个期间一贯的保持着其阶级的界限与虚伪。"①他们分析道："在自由、平等与博爱口号之下，取得了政权的资产阶级，便将公民的和政治的权利与自由，视为自己的专利，而拒绝广大民众享受此种权利和自由。"②因此，"被资产阶级国家所承认的那些权利和自由，也被资产阶级的宪法和法律用各种专为对抗劳动者的限制、保留和例外所控制和消灭了"③。对此，他们列举了其中的一些限制，说道："在资产阶级社会中大多数种类的居民在它的政治的和公民的权利能力上受到限制：在政治权上存在着人种和民族的限制，妇女在政治和公民权上受着限制，以及按财产、年龄及其他选举资格的限制等等。"④同时，他们认为在苏维埃国家情况恰好相反，在其第一阶段公民的权利规范包含有例外和限制，但这是由于当时的阶级构成及政治环境所决定；到了第二阶段剥削阶级消灭后，公民的权利规范一方面扩大了权利的范围，即"除了社会政治的自由及个人的保障等等外，还包含着个人广泛的社会经济的权利"，另一方面"废除了法律的及实际的限制、例外、保留"，使得"基本权利同等的普及于全体公民"。⑤ 这一广泛的公民权利的规定，体现了"苏联宪法底彻底民主性"⑥。

20 世纪 50 年代时，我国学者即按照苏联学者的观点进行论述，指出："资产阶级宪法所规定的公民权利和自由是残缺不全的。资产阶级往往只规定一些有名无实的政治权利和个人自由，很少涉及公民的经济和文化方面的权利。"⑦而且，"在资产阶级国家里，劳动人民也是不能享受任何民主

① ［苏］特拉伊宁等编：《苏联国家法教程》（上册），彭健华译，大东书局 1951 年版，第 162 页。

② ［苏］特拉伊宁等编：《苏联国家法教程》（上册），彭健华译，大东书局 1951 年版，第 160 页。

③ ［苏］列文：《苏联国家法概论》，杨旭译，人民出版社 1951 年版，第 160 页。

④ ［苏］列文：《苏联国家法概论》，杨旭译，人民出版社 1951 年版，第 163 页。

⑤ 参见［苏］特拉伊宁等编：《苏联国家法教程》（上册），彭健华译，大东书局 1951 年版，第 165—169 页。

⑥ 《宪法的概念与本质——国家法教研室苏联专家科托夫同志的报告记录》，载《教学与研究》1953 年第 2 期。

⑦ 吴家麟：《中华人民共和国公民的基本权利和义务》，载《教学与研究》1954 年第7 期。

权利和自由的。资产阶级宪法所宣布的公民权利和自由甚至在形式上也是不彻底的。有一些资产阶级宪法直接否认公民的民主权利和自由,或者在事实上把这些权利和自由化为乌有。另外一些资产阶级宪法为了蛊惑人心的目的而承认公民起码的权利和自由,但同时又以种种附加条件和限制将这些权利和自由损伤无余。资产阶级国家对权利自由所作的种种限制,主要是用来剥夺劳动人民起码的权利和自由的。例如资产阶级国家对公民选举权的财产限制、居住期限限制、教育程度限制等等,就剥夺了千千万万劳动人民的选举权利"①。他们还指出,在我国,社会主义革命时期,宪法"对于人民的权利和自由不加任何限制,但对于地主阶级分子和官僚资产阶级分子,在一定时期内,却要限制他们的权利和自由,要剥夺他们的政治权利"。这是"完全必要的,是符合广大人民利益的"。② 进入社会主义阶段后,"公民的权利和自由是极其广泛的",它表现在:"一方面是享受权利的主体极其广泛,它包括广大的工人、农民和其他劳动人民,也包括占全国人口极少数的资产阶级分子或其他爱国人士";"另一方面是公民享受权利的范围极其广泛,它包括着政治权利和自由、人身自由、宗教信仰自由、社会经济和文化教育等权利"。③ 80年代后,学者们揭示了资产阶级宪法规定的公民基本权利的狭隘性、对劳动者的限制和实质上的不平等,阐述了我国宪法公民权利自由的广泛性、平等性。④ 同时,有些学者认为我国未来应需要

---

① 吴家麟:《中华人民共和国公民的基本权利和义务》,载《教学与研究》1954年第7期。

② 参见吴家麟:《中华人民共和国公民的基本权利和义务》,载《教学与研究》1954年第7期。

③ 参见中央政法干部学校国家法教研室编著:《中华人民共和国宪法讲义》,法律出版社1957年版,第267页。

④ 参见吴家麟主编:《宪法学》,群众出版社1983年版,第342—344、392—393页;萧蔚云等:《宪法学概论》,北京大学出版社1982年版,第257—264、276—294页;许崇德等:《中国宪法教程》人民法院出版社1991年版,第240—241、277—278页;徐秀义、王弼选主编:《宪法学纲要》,中国人民公安大学出版社1994年版,第250页;蒋碧昆主编:《宪法学》,中国政法大学出版社1999年版,第299—304页;肖蔚云等:《宪法学》,北京大学出版社2002年版,第219—221页;董和平:《宪法学》,法律出版社2018年版,第303—304页。

逐步扩大公民的权利和自由。① 进入21世纪，一些学者对于环境权、健康权等公民的新兴基本权利入宪进行了探讨。②

2. 强调公民基本权利的物质保障和法律保障

苏联学者认为，资产阶级的公民权利规范是虚伪的，这表现在“权利实现缺乏物质的保证”③。他们分析道：“在最新的资产阶级宪法里面有的也公布了工作权、‘社会公平’的原则等等，但是在资本主义社会的条件下，当它不可避免的要伴随经济危机和失业的时候，当它没有失业大军就不能生存的时候，诸如此类的宣传是不会有实际的意义的，它只是企图用响亮的词句来转移群众的目标和欺骗群众而已。”④也就是说，在资本主义私有制的条件下，个人与社会、个人与国家之间在利益上存在着不可调和的矛盾，因而在资本主义国家公民的宪法权利是没有物质保障的，是实现不了的。相反，“在苏维埃的法律中，系将重心移置于实现权利的物质保证及公民如何加以享受的问题上”⑤。他们指出，社会主义的原则及其基本原理，是构成苏联及确定其社会结构的宪法之主要基础，也是确定公民基本权利的宪法基础。⑥ 因此，在社会主义国家，实行社会主义公有制和计划经济原则，使得个人利益和集体利益、公民利益和国家利益能够和谐结合，使得公民宪法权利的实现有了物质保障和法律保障。他们论述道：“社会主义国家从其

---

① 参见王连昌：《我国宪法对公民权利义务的规定应当充实》，载《法学季刊》1982年第2期；王文彤、陈少林：《我国公民基本权利与义务的历史·现实·趋势》，载《河北大学学报(社会科学版)》1993年第4期。

② 参见陈宜闪：《社会发展背景下新兴基本权利的形成与保障》，载《公民与法》2014年第4期；吕忠梅：《环境权入宪的理路与设想》，载《法学杂志》2018年第1期；赖虹宇：《环境权入宪的规范模式：选择及其实现》，载《北京行政学院学报》2018年第6期；蔡维生：《健康权论》，载徐显明主编：《人权研究》(第五卷)，山东人民出版社2005年版，第233—278页；等等。

③ [苏]特拉伊宁等编：《苏联国家法教程》(上册)，彭健华译，大东书局1951年版，第162页。

④ [苏]列文：《苏联国家法概论》，杨旭译，人民出版社1951年版，第160页。

⑤ [苏]特拉伊宁等编：《苏联国家法教程》(上册)，彭健华译，大东书局1951年版，第169页。

⑥ 参见[苏]特拉伊宁等编：《苏联国家法教程》(上册)，彭健华译，大东书局1951年版，第157页。

存在的第一天起,……苏维埃国家的政策即已奠定了未来的社会主义制度的基础,建立了使劳动者享受赋予他们的民主权利和自由的稳固的物质保障与政治保障。"[①]"社会主义社会首先创造了劳动者利用这些权利的可能性,因为它给予人民以印刷机,纸张,公共建筑等等。这些物质的保障是固定在苏维埃的宪法和立法上的。"[②]他们还具体分析了实行社会主义制度对于社会经济权利、平等权利和民主自由权利实现的保障作用,以及宪法、法律对于实现这些权利的规定。[③]

20 世纪 50 年代,苏联学者的这种观点进入我国宪法学中。当时,我国学者也强调社会主义国家公民基本权利的保障。有学者指出:"资产阶级宪法只是在形式上宣布了公民有限的权利和自由,而不注意实现这些权利的可能条件和物质保证。"[④]对于广大劳动人民来说,他们"没有纸张、印刷所、集会场所等一切物质条件,当然也就没有享受这些权利的可能性"。这是因为,"在以生产资料资本主义所有制为基础的资本主义制度下,所保障的只能是资产阶级独占的各种权利,而被剥夺了生产资料和生产手段的无产阶级,根本不能享受任何权利的"。[⑤] 相反,我国宪法"不仅宣布了公民广泛的权利和自由,而且还规定了对于公民实现这些权利和自由的物质保证"。他讲道:"几年以来,我们的国家采取了各种有效的措施,使人民能够真正地享受到法律所宣布的权利和自由。"[⑥]有学者认为,这种物质保障,"只有劳动人民当家作主的国家才有可能,这是人民民主制度和社会主义

---

① [苏]特拉伊宁等编:《苏联国家法教程》(上册),彭健华译,大东书局 1951 年版,第 163 页。

② [苏]列文:《苏联国家法概论》,杨旭译,人民出版社 1951 年版,第 163 页。

③ 参见[苏]特拉伊宁等编:《苏联国家法教程》(上册),彭健华译,大东书局 1951 年版,第 175—208 页;[苏]列文:《苏联国家法概论》,杨旭译,人民出版社 1951 年版,第 162—174 页。

④ 吴家麟:《中华人民共和国公民的基本权利和义务》,载《教学与研究》1954 年第7 期。

⑤ 参见杨化南:《我国宪法中公民的基本权利和义务》,载《政法研究》1954 年第 3 期。

⑥ 参见吴家麟:《中华人民共和国公民的基本权利和义务》,载《教学与研究》1954 年第 7 期。

制度优越性的表现”[①]。也就是说，实行公有制和计划经济，使得个人利益与国家利益密切结合，确保公民基本权利的实现。由此，有学者在分析公民社会经济权利的保障时讲道：“国家通过国民经济有计划的发展，逐步扩大劳动就业，改善劳动条件和工资待遇，以保障公民享受这种权利。”[②]80 年代后，许多学者仍然强调我国宪法规定的公民基本权利的法律保障和物质保障，将这种物质保障归结于实行以公有制与“各尽所能、按劳分配”的社会主义制度，分析保障公民权利的各种立法，同时从物质保障角度提出宪法应当按照实际条件规定公民基本权利的观点。[③] 90 年代末、21 世纪初，一些学者则提出通过宪法司法化的途径来保护公民的宪法权利，[④]这是对苏联理论的超越。

3. 阐述公民基本权利和义务的一致性

苏联学者认为，“在资本主义制度条件下，公民义务的平等只是形式的，事实上，人民的某一阶层（剥削者）在享受着一切权利，而另一个阶层（劳动者）则肩负着义务的主要重荷”[⑤]。这是因为，在资本主义国家实行私有制，存在着阶级利益的对立，因而公民权利和义务是相互割裂的。然而，在苏维埃国家公民权利与义务是一致、统一的，真正实现了公民权利义

---

① 王珉、王叔文：《宪法基本知识讲话》，中国青年出版社 1962 年版，第 167 页。

② 杨化南：《我国宪法中公民的基本权利和义务》，载《政法研究》1954 年第 3 期。

③ 参见吴家麟主编：《宪法学》，群众出版社 1983 年版，第 393—394 页；萧蔚云等：《宪法学概论》，北京大学出版社 1982 年版，第 268 页；王向明：《我国公民基本权利的现实性》，载《政治与法律丛刊》1982 年第 1 期；陈云生：《公民基本权利和义务的法律特征》，载《政治与法律》1985 年第 6 期；许崇德等：《中国宪法教程》，人民法院出版社 1991 年版，第 279—280 页；陈延庆：《新宪法实施以来公民权利立法的成就》，载《中国法学》1992 年第 6 期；蒋碧昆主编：《宪法学》，中国政法大学出版社 1999 年版，第 304—305 页；肖蔚云等：《宪法学》，北京大学出版社 2002 年版，第 220 页；韩大元：《宪法学基础理论》，中国政法大学出版社 2008 年版，第 248 页；董和平：《宪法学》，法律出版社 2018 年版，第 304—305 页。

④ 参见王磊：《宪法司法化——21 世纪中国宪法学研究的基本思路》，载《法学家》2000 年第 3 期；王磊：《宪法司法化》，中国政法大学出版社 2000 年版；周伟：《宪法基本权利的司法问题研究》，载《金陵法律评论》2002 年第 1 期等。

⑤ ［苏］特拉伊宁等编：《苏联国家法教程》（上册），彭健华译，大东书局 1951 年版，第 166 页。

务的平等。首先,他们指出:“苏维埃国家的一个基本原则就是苏维埃公民都享有平等权利和负有平等义务。没有任何一个社会成员,没有任何一个国家公民,可以对社会或对于国家不负一定义务的。”①其次,他们认为,“在苏维埃国家,苏联公民的权利和义务之间存在着不可割裂的联系”,公民义务的履行与权利的实现紧密相连。这是因为“在社会主义社会条件之下,个人的福利与全体人民的福利密切联系的”,因而苏维埃宪法所规定的公民基本义务“乃是以全体人民的利益为依归,从而亦系以个人利益为依归”。也就是说,以公有制为基础的社会主义制度,将社会利益和个人利益结合起来了,从而将公民的权利和义务统一起来了。从这个意义上说,“在社会主义社会条件之下,宪法所课予的义务,其履行必然是有利于公民权利的保障,因为这些义务的履行,即意味着苏联社会制度的发展,从而亦即意味着公民权利的发展,社会主义国家之更进一步的巩固,全体人民福利的增长,及得以逐渐过渡到共产主义原则的社会主义成果的增长”。②

我国宪法学认同这种观点,并将其作为自己理论的一部分。20 世纪 50 年代,有学者就指出:“在资本主义国家里,公民的权利和义务不是统一的,而是脱节的、分裂的。在那里,少数剥削者独享一切特权,不承担任何义务,广大劳动人民则被迫担负一切沉重的义务,不能享受任何权利。”他们认为,在我国,公民的权利和义务是一致的、统一的。首先,公民的权利和义务是紧密相连的。他们讲道:“在我们国家里,已经消灭了权利和义务之间的分裂现象,……没有只尽义务、不享权利的人,也没有只享权利、不尽义务的人。”③其次,公民的权利和义务又是互相促进的。他们分析道:“公民享受的权利越多,……就越能提高其政治觉悟和劳动热情,因而也就更能促进其自觉地、忠诚地履行义务”;“公民越是自觉地、忠诚地履行义务,……就越

① [苏]列文等:《国家法讲义》(第十五——十七题),中国人民大学 1951 年印,第 31 页。

② 参见[苏]特拉伊宁等编:《苏联国家法教程》(上册),彭健华译,大东书局 1951 年版,第 166—167、210 页。

③ 参见李达:《中华人民共和国宪法讲话》,人民出版社 1956 年版,第 210、212 页。

能巩固人民民主制度，加强社会主义建设，因而也就更能扩充与发展自己所享受的权利。"之所以如此，这是因为"随着我们新国家的成立，就出现了国家和人民之间的新的关系，这种关系就是国家为人民，人民为国家，国家爱护人民，人民爱护国家，国家保护人民，人民保护国家，国家和人民结成了一个统一的整体。在这个整体内，国家和个人的利益和前途是相互依存、相互补充、相互助长的。……这种国家利益和人民利益的统一性，在法律上便表现为公民权利和义务的统一性"。[①] 可见，社会主义制度使得国家和人民的利益相一致，使得公民权利和义务相统一。80 年代后，许多学者仍然认同上述观点，揭示剥削阶级国家公民权利和义务的分离及其阶级对立的社会根源，强调我国公民基本权利和义务的一致性、统一性，阐述这种特性得以形成的社会主义制度基础，并结合新的历史条件进行深入、具体分析，丰富了该观点的内容，如在宪法条文上某些权利和义务的彼此结合。[②]

三、苏联法学理论与我国宪法学学科认识的形成

对于宪法学的性质、任务和方法等学科基本问题的认识，关系到宪法学的发展方向和发展路径。在苏联，宪法学者运用法学理论对宪法学学科本体问题进行了具体阐述，以此来推进苏联宪法学的构建和发展。我国宪法学根据苏联法学理论对于法学学科的认识，依照苏联宪法学者的具体论述，

---

① 参见李达：《中华人民共和国宪法讲话》，人民出版社 1956 年版，第 210—212 页。

② 参见许启贤：《论权利和义务的辩证统一》，载《法学研究》1980 年第 2 期；张友渔：《论公民的权利和义务不可分离——宪法修改草案的一个重要问题》，载《东岳论丛》1982 年第 5 期；吴家麟：《论我国公民的基本权利和义务》，载《法学杂志》1982 年第 4 期；贵立义：《论公民权利和义务的一致性》，载《学习与思考》1982 年第 1 期；吴家麟主编：《宪法学》，群众出版社 1983 年版，第 396—397 页；李龙：《论我国公民权利与义务的关系》，载《湖北师范学院学报（哲学社会科学版）》1987 年第 4 期；许崇德等：《中国宪法教程》，人民法院出版社 1991 年版，第 280—282 页；徐秀义、王弼选主编：《宪法学纲要》，中国人民公安大学出版社 1994 年版，第 252—254 页；蒋碧昆主编：《宪法学》，中国政法大学出版社 1999 年版，第 303—304 页；韩大元：《宪法学基础理论》，中国政法大学出版社 2008 年版，第 248 页；董和平：《宪法学》，法律出版社 2018 年版，第 305—306 页。

对宪法学学科自身的基本问题进行了阐述。

（一）宪法学的性质

苏联法学理论认为，法学是有阶级性的。对此，苏联学者指出："马克思主义的法律科学同整个马克思主义的社会科学一样，公开承认自己的阶级性，用科学的共产主义的党性来表达这一点。这意味着，科学公开地和有目的地为工人阶级和全体劳动人民——共产主义社会的建设者的历史任务服务。……这就是马克思主义法律科学同站在剥削阶级立场上的资产阶级法律科学的根本区别。"①因此，苏维埃法学必须同资产阶级法学的形式主义、教条主义和客观主义作斗争。这是因为，资产阶级法学通过形式主义与教条主义，"掩盖其国家与法律的真正实质"，"掩盖它们同资本主义剥削制度的内在联系"；②通过客观主义"模糊了资产阶级法律的阶级性，而把资产阶级法律理想化"③。

根据上述观点，苏联学者认为宪法学也是具有阶级性、党性的，是为统治阶级利益服务的。他们认为，苏维埃国家法科学是具有党性的，④因为"作为苏维埃国家法这门科学的基础是马克思列宁主义关于国家与法的理论，以及为列宁和斯大林所发展了的关于无产阶级专政的学说"，它

---

① 参见［苏］彼·斯·罗马什金等主编：《国家和法的理论》，中国科学院法学研究所译，法律出版社 1963 年版，第 10 页。

② 参见［苏］安·扬·维辛斯基等：《苏维埃法学中的几个问题》，石健等译，人民出版社 1954 年版，第 3 页。

③ ［苏］安·扬·维辛斯基等：《苏维埃法学中的几个问题》，石健等译，人民出版社 1954 年版，第 8 页。在特拉伊宁主编的《苏联国家法教程》一书中，作者详细阐述了列宁与斯大林有关无产阶级专政的理论以及对马克思主义关于国家及国家法科学的贡献，明确指出了其对苏维埃国家法科学所起到的政治方向、阶级本质和理论基础的奠定作用。参见［苏］特拉伊宁等编：《苏联国家法教程》（上册），彭健华译，大东书局 1951 年版，第 6—17 页。

④ 在苏联高等教育部高等法律学校总管理局 1952 年 7 月 18 日批准的高等法律学校使用的《苏维埃国家法提纲》中，在第一篇第一题关于苏维埃国家法科学部分，"苏维埃国家法科学底党性"被列为重要内容。参见莫斯科法律学院国家法教研室编：《苏维埃国家法提纲》，中国人民大学国家法教研室译，中国人民大学 1953 年内部出版，第 2 页。

为构建苏维埃国家制度和社会制度提供了科学的理论基础。[①] 他们还认为,“资产阶级国家法这门‘科学’的主要任务是在于掩盖和否认资产阶级国家法的阶级性,并给保障剥削者的政权的资产阶级国家制度以‘理论上’的根据”,因此,“苏维埃国家法这门科学与资产阶级国家法这门‘科学’有着原则上的区别”。[②] 基于此,他们花费大量精力去批判资产阶级的宪法学说。[③]

这种观点对我国宪法学产生了很大影响。20 世纪 50 年代初,我国学者也认为宪法学是具有阶级性、党性的科学,是为统治阶级利益和国家政治服务的。当时有学者指出:“资产阶级‘学者’在宪法问题上制造了复杂繁多的‘理论’。但是不管资产阶级‘学者’所制造的‘理论’是如何的不一致,而在根本点上却是相同的,那就是抹煞宪法的阶级性,鼓吹宪法的‘全民’性,以掩盖资产阶级宪法的剥削性质和反人民的性质。”[④]有学者进一步指出:“马克思主义出现以后,才有关于社会、国家和国家根本法——宪法的真正科学,因而只有马克思主义才揭示并论证了国家及其根本法——宪法的真正本质。”[⑤]可见,马克思主义宪法学与资产阶级宪法学是存在着原则区别。“反右”运动开始后,学者们更加强调宪法学的阶级性。有学者指出:“作为研究我国社会主义基本制度的宪法学,是一门具有鲜明的党性的科学。它对于我国社会制度、国家制度的阐明,应该完全是从工人阶级的立场出发,而且是表现工人阶级和广大劳动人民的利益,坚决地为建设社会主义服务。任何客观主义的态度以及模糊阶级观点的倾向,都是不能容许的”。因此,“宪法科学,……必须紧密结合社会政治、思想实际、很好地为

---

① 参见《苏联大百科全书选译——国家法、行政法》,法律出版社 1955 年版,第 6 页。

② 参见《苏联大百科全书选译——国家法、行政法》,法律出版社 1955 年版,第 7 页。

③ 参见[苏]特拉伊宁等编:《苏联国家法教程》(上册),彭健华译,大东书局 1951 年版,第 17—42 页。

④ 吴家麟:《学习马克思主义关于宪法的理论》,载《陕西政报》1954 年第 6 期。

⑤ 邓初民:《讨论、宣传中华人民共和国宪法草案的思想准备工作和方法问题》,载《政法研究》1954 年第 2 期。

当前的政治斗争服务”。[①] 正因为宪法学具有强烈的阶级性,社会主义宪法学与资产阶级宪法学有着原则区别,因而批判资产阶级宪法学说和右派反动观点就成为当时我国宪法学的一项重要任务。

到了80年代,我国学者仍然坚持宪法学的阶级性。有学者认为,宪法与其他法律一样具有阶级性,“这就决定了以宪法为研究对象的宪法学,必然具有鲜明的阶级性”。正因为如此,马克思主义宪法学同资产阶级宪法学有着根本区别,这种区别表现在四个方面:一是在宪法与经济基础的关系上,前者阐明了经济基础对宪法的决定性地位和宪法对经济基础的反作用,后者强调宪法是决定性因素,而经济状况是从属因素;二是在宪法与国家权力的关系上,前者揭示了宪法对国家权力的依赖关系,即宪法只能以法律形式确认现存的国家权力,而后者认为宪法产生国家权力;三是在宪法的阶级性上,前者加以肯定,而后者加以否定或回避;四是在宪法产生和发展规律上,前者揭示出宪法的历史性和规律性,而后者没有加以阐述。因此,“马克思主义宪法科学工作者必须坚持无产阶级立场和党性原则”。但是,他们认为“研究宪法学必须实事求是,坚持科学性”,因此不主张完全否定资产阶级宪法学,而是对之加以批判地借鉴。对此,他们论述道:“宪法学的阶级性和继承性是统一的”,因而“对待资本主义国家的民主制度,对待资产阶级宪法学家的法学著作,都要采取科学的分析态度,不能轻率地予以全盘否定,而应该取其精华,去其糟粕,取其所长,弃其所短,取人之长,补己之短,对有用的和可取的东西也不能照抄照搬,而要加以改造和提高,做到古为今用,洋为中用”。[②]

90年代时,一些学者仍然坚持宪法学阶级性的观点。有学者指出:“世界上存在着两种不同的宪法理论,即资产阶级的宪法理论和马克思主义的宪法理论。”他们分析道,“资产阶级的宪法理论是建立在唯心主义基础上

① 参见许崇德:《加强社会主义思想教育,建议修改宪法教学大纲》,载《法学》1957年第6期。

② 参见吴家麟主编:《宪法学》,群众出版社1983年版,第5—11页。

的，马克思主义的宪法理论是建立在辩证唯物主义与历史唯物主义的基础上的。以这两种不同理论为指导的资产阶级宪法学与马克思主义的宪法学有着本质的不同”。这种不同主要体现在三个根本问题的相反回答上，这些问题是：一是宪法与经济的关系；二是宪法与国家的关系；三是宪法的阶级属性。经过分析他们总结道：“我们研究宪法理论必须以马克思主义为指导。只有这样才能使我们正确了解、认识宪法，使宪法学建立在真正科学的基础上。与此同时，我们也不能忽视资产阶级的宪法理论，也要对它进行认真研究。……只有对各种学派进行研究，才能正确地研究各种类型的宪法，吸取有益的养分，丰富马克思主义的宪法学。”①

值得注意的是，1987 年，有学者开始首次探讨宪法学的基本范畴问题。② 之后，受法理学界关于法学基本范畴研究的影响，一些宪法学者开始涉足宪法学基本范畴问题的研究。几十年来，学者们对于宪法学的基石范畴、宪法学的范畴体系、宪法学范畴的路径等问题展开了深入研讨。对于宪法学基本范畴的研究的主要目的，在于重构我国宪法学理论体系，逐步摆脱阶级属性以及由此形成的阶级性范畴对我国当代宪法学发展的影响，更加体现宪法学的科学性，使其满足当代中国社会发展的需要。③

（二）宪法学的任务

苏联法学理论认为，法学的阶级性决定了法学的任务就是为统治阶级的国家和法服务，主张苏维埃法学应当肃清各种反马克思主义的敌对观点

---

① 参见张庆福主编：《宪法学基本理论》，社会科学文献出版社 1994 年版，第 3—5 页。

② 参见张光博：《宪法学基本范畴的再认识》，载《法学研究》1987 年第 3 期。

③ 参见童之伟：《用社会权利分析方法重构宪法学体系》，载《法学研究》1994 年第 5 期；童之伟：《论宪法学新体系的基石范畴》，载《法商研究》1996 年第 4 期；李龙、周叶中：《宪法学基本范畴简论》，载《中国法学》1996 年第 6 期；韩大元：《面向 21 世纪的中国宪法学》，载《法学家》1999 年第 5 期；韩大元：《对 20 世纪 50 年代中国宪法学基本范畴的分析与反思》，载《当代法学》2005 年第 3 期；夏泽祥：《我国宪法学基本范畴的历史类型》，载《河南省政法管理干部学院学报》2006 年第 5 期；范进学、杨阿妮：《中国宪法学基本范畴体系新论》，载《四川大学学报（哲学社会科学版）》2009 年第 6 期。

和资产阶级法学思想,根据马克思主义理论和通过研究社会主义建设的问题来构建苏维埃社会主义法律科学,批判和构建成为了苏维埃法律科学的基本任务。这两项基本任务被运用于苏联宪法学的研究中,也影响了我国宪法学的建立和发展。

1. 批判任务

苏联学者指出:“马克思列宁主义的国家法科学,是在与认证资产阶级政治利益的资产阶级理论之不妥协的斗争中建立起来的。马克思列宁主义国家法科学之伟大的创造者们,揭破了资产阶级民主规范及其企图创立‘科学’的护符,无情的暴露了资产阶级国家法之阶级本质及其科学上的孤立无援与破产。”①这表明,批判资产阶级宪法理论是苏维埃宪法学的重要任务。还有学者则阐明了批判资产阶级宪法理论的理由。他指出:“资产阶级学者在国家问题及国家的根本法——宪法问题上制造了极其繁多的理论。但是,没有一种资产阶级理论能够对什么是宪法,宪法在阶级社会中的作用这些问题给以科学的解释。”“很显然,这样的‘理论’与真正的科学是没有丝毫共同之点的。”“因此,我们的任务便是对资产阶级学者的这些理论和各别观点加以批判,揭穿资产阶级学者的真面目,使大家知道他们是统治阶级利益的体现者,是剥削阶级争取保证其阶级利益而斗争的具体历史条件下剥削者利益的体现者。”②由此,苏联宪法学者在他们的论著中用大量篇幅批判资产阶级宪法理论。例如,特拉伊宁等编的《苏联国家法教程》用专门一节的篇幅,对法国、德国、英国、俄国等国资产阶级学者的国家法学说进行批判。③ 科托夫在其著述中也对一些资产阶级学者的国家法理论进

① [苏]特拉伊宁等编:《苏联国家法教程》(上册),彭健华译,大东书局1951年版,第17页。

② 《宪法的概念与本质(续)——国家法教研室苏联专家科托夫同志的报告记录》,载《教学与研究》1953年第3期。

③ 参见[苏]特拉伊宁等编:《苏联国家法教程》(上册),彭健华译,大东书局1951年版,第17—42页。

行了批判。①

20 世纪 50 年代初,在苏联法学理论和宪法学的影响下,我国宪法学也认为自己的一项重要任务就是对资产阶级宪法学说进行批判。当时,有学者在谈到如何认识我国的宪法草案时提出,我们要“学习马克思列宁主义关于宪法的理论,批判资产阶级关于宪法的反动理论”。并分析说:“我们在大规模的宣传、讨论宪法的同时,不批判资产阶级关于宪法的反动理论,不揭发出其理论的反动本质,我们不仅在思想意识上要受资产阶级反动理论的毒害,而且在方法论上也要犯极大的错误。”②当时,我国学者对资产阶级宪法学说进行批判。例如,有学者对于“民约论”“三权分立”“宪法是人民权利的保障书”和“宪法形式主义分类”等若干资产阶级宪法学说或理论进行批判。③ 有学者批判胡适在宪法问题上所谓“法治”和“人权保障”的观点。④ “反右”运动开展后,有学者认为,宪法学的党性要求我们必须使它“成为一门更有战斗性的科学”⑤。有学者批判“司法独立”“审判独立”“党审批案件是党法不分”的观点,认为他们提出的“司法独立”是资产阶级“三权分立”学说的翻版,他们企图用从旧法观点出发的“司法独立”“审判独立”的口号来反对党的领导,反对社会主义制度;认为党委对重大案件的审批和指示,是体现党对法院进行领导、监督的重要方法,这样做对帮助法院办案是有利的,尤其在对敌斗争方面实为必要,也是符合宪法精神的;认为资本主义的“司法独立”“审判独立”与我国“人民法院独立进行审判”有着本质不同,各有各的政治背景,各为各的阶级服务,如果拿资本主义“司法

---

① 参见《宪法的概念与本质(续)——国家法教研室苏联专家科托夫同志的报告记录》,载《教学与研究》1953 年第 3 期。

② 参见邓初民:《讨论、宣传中华人民共和国宪法草案的思想准备工作和方法问题》,载《政法研究》1954 年第 2 期。

③ 参见谭叔辩:《批判资产阶级宪法的讨论提纲》,载《政法研究》1954 年第 3 期。

④ 参见张晋藩:《批判胡适关于宪法问题的胡说》,载《政法研究》1955 年第 4 期。

⑤ 许崇德:《加强社会主义思想教育,建议修改宪法教学大纲》,载《法学》1957 年第 6 期。

独立”“审判独立”的旧法意识运用到社会主义法院工作上来是错误的。①有学者批判“全国人大通过的授权常委会制定单行法规的决议是违反宪法”的观点，认为按照宪法规定全国人大认为应当由其行使的职权，它就可以丝毫不受约束地行使，因此决不能说全国人大授权其常委会在大会闭会期间制定单行法规是违法的。② 有学者批判“我国人民民主制度不民主，资产阶级国家‘两院制’‘两党制’最有活力，资产阶级国家的政治生活最平等、自由”的观点，认为资产阶级议会的两院制是资产阶级卓有成效的统治手段，两党制不过是操纵在资产阶级手中的两个政治傀儡的双簧戏，资产阶级民主是狭隘的、虚伪的。③ 还有学者批判“我国选举制度既不民主、也不平等”的观点，认为我国的选举制度比资本主义国家的选举制度要民主千万倍。④

80年代时，一些学者对于资产阶级的宪法学说继续进行批判。例如，有学者在论述宪法的阶级本质时，批判资产阶级法学家蒲莱斯、波若、叶林涅克、凯尔逊、方讷、史特朗等人对宪法涵义的论述，认为他们都避开其阶级内容，而只从形式上给予回答。⑤ 有学者批判霍布斯和洛克的国家理论，认为他们的理论表现出反科学性、虚伪性和反动性，虽然仍在资本主义世界发

---

① 参见李木菴：《批判从旧法观点出发的审判独立》，载《政法研究》1958年第1期；康树华：《“司法独立”的反动本质》，载《政法研究》1958年第2期；齐文：《必须彻底肃清资产阶级“审判独立”的思想影响》，载《政法研究》1960年第2期；若泉、何方：《不许篡改人民法院的性质——驳贾潜等人“审判独立”“有利于被告”等谬论》，载中国政治法律学会资料室编：《为保卫社会主义法制而斗争——政法界反右派斗争论文选集》，法律出版社1958年版，第130—139页。

② 参见顾昂然、李剑飞：《驳斥吴家麟诬蔑最高国家权力机关违反法制的谬论》，载中国政治法律学会资料室编：《为保卫社会主义法制而斗争——政法界反右派斗争论文选集》，法律出版社1958年版，第88—92页。这方面的文章还可参见张衍杰：《全国人民代表大会授权常务委员会制定单行法规是合法的——驳右派分子吴家麟的谬论》，载《法学》1958年第3期。

③ 参见张光博、王子琳：《对资产阶级国家的“两院制”“两党制”和所谓“平等”“自由”的批判》，载《东北人民大学人文科学学报》1958年第1期。

④ 参见罗世英：《驳斥右派分子对我国选举制度的污蔑》，载《政法研究》1957年第6期。

⑤ 参见萧蔚云等：《宪法学概论》，北京大学出版社1982年版，第8—10页。

挥影响，但这不过是一种历史的回声。① 有学者批判资产阶级的三权分立学说，认为它是一种披着虚伪民主面纱的压迫工具，是被用来掩盖资产阶级国家的阶级性质，使资产阶级对广大劳动人民实行剥削和压迫合法化的学说。② 但是，学者们也认为，马克思主义在肯定宪法学的阶级性的同时，也承认宪法学具有历史继承性，因而"对待资本主义国家的民主制度，对待资产阶级宪法学家的法学著作，都要采取科学的分析态度，不能轻率地予以全盘否定，而应该取其精华，去其糟粕，取其所长，弃其所短，取人之长，补己之短，对有用的和可取的东西也不能照抄照搬，而要加以改造和提高，做到古为今用，洋为中用"③。因此，许多学者在介绍西方资产阶级学者的宪法思想时，一方面揭露其阶级本质，另一方面寻找可供借鉴之处。例如，有学者论述资产阶级三权分立学说时，从根本上揭露了这种学说的阶级本质和内容的非科学性，也提出了一些可供借鉴之处。对此，有学者认为要借鉴其革命精神，坚持民主集中制，进行反封建斗争；吸取其理论脱离实际的教训，加强人大行使国家权力和监督国家机关的能力；利用其制衡原则，加强国家机关之间的相互制约，更好发挥协调配合的作用。④ 有学者认为孟德斯鸠三权分立学说对于我国立法权、行政权和司法权的关系如何处理，如何进一步发挥全国人大和地方人大的作用，各级行政机关、司法机关各部门如何科学分工和如何相互配合、相互制约等问题的回答，有启示作用。⑤ 还有学者认为社会主义国家形式高于三权分立制，但三权分立学说所体现的反封建的民主精神和法制精神是人类文明史上的瑰珠，对于无产阶级有巨大的批判参考价值。⑥

---

① 参见青人：《评霍布斯和洛克的国家学说》，载《青海社会科学》1980 年第 2 期。

② 参见王辉：《谈谈资产阶级三权分立学说》，载《安徽大学学报（哲学社会科学版）》1984 年第 2 期。

③ 吴家麟主编：《宪法学》，群众出版社 1983 年版，第 10 页。

④ 参见何华辉、许崇德：《浅论"三权分立"》，载《法学研究资料》1980 年第 5 期。

⑤ 参见赵振江：《孟德斯鸠的三权分立学说》，载《国外法学》1981 年第 4 期。

⑥ 参见吕世伦：《资产阶级"三权分立"和人民代表大会制》，载《学习与探索》1980 年第 2 期。

90年代后，学者们将一批西方宪法学论著介绍到中国，并开始运用其中的一些理论知识和科学方法来分析我国的宪法现象，以推进我国宪法学的研究。

2. 构建任务

苏联学者认为，宪法学与其他法学部门一样，需要研究社会生活及社会主义建设实践中的问题，这样才能推进法学的发展。他们在分析苏联法学落后时指出，它主要是表现在："对于国家与法律理论及各个具体法律部门中许多具有重要现实意义的问题不加研究；法学同现实生活及社会主义建设实践没有足够的联系；对立法机关起草极重要的全苏法律草案的工作没有给予有效的帮助。"①他们还讲道："正当在法律科学面前摆着一项光荣而重大的任务，即解决社会主义建设和对劳动人民进行共产主义教育的许多迫切问题时，许多法学家却避免解决现实问题，而进行关于抽象的、脱离实际的、既无科学价值又无实践价值的题目的争论。"②可见，他们把包括宪法学在内的苏联法学落后的一个重要原因，归结于忽视对社会主义建设实践中法律问题的研究。为了解决这个问题，他们提出："苏维埃法学工作者不应再进行毫无意义的，不合乎实际的辩论，而应坚决地面对实际，积极参加最重要的全苏法律草案的草拟工作，参加总结审判机关、检察机关和其他国家机关的实际工作经验，特别是需要从理论上总结苏维埃的实际工作经验。"③这意味着，宪法学也应当面向实际，解决社会主义建设中提出的实际问题。

苏联学者的这一观点为我国学者所认同。20世纪50年代时，我国宪法学界主要围绕新中国第一部宪法即1954年宪法的制定展开研究，为我国

---

① [苏]安·扬·维辛斯基等：《苏维埃法学中的几个问题》，石健等译，人民出版社1954年版，第78页。

② [苏]安·扬·维辛斯基等：《苏维埃法学中的几个问题》，石健等译，人民出版社1954年版，第10页。

③ [苏]安·扬·维辛斯基等：《苏维埃法学中的几个问题》，石健等译，人民出版社1954年版，第88—89页。

宪法学的建立奠定基础。在宪法颁布前，学者们围绕宪法草案进行研究。例如，有的学者研究宪法的概念、类型、本质和作用等问题①，有的学者研究我国宪法的社会主义性质和马克思主义属性问题②，有的研究宪法中的社会主义经济原则问题③，有的学者研究人民代表大会制度的性质、特点、内容和原则问题④，等等。宪法颁布后，一批系统介绍宪法原理和制度的书相继出版，如吴家麟编著的《宪法基本知识讲话》、吴德峰等编著的《中华人民共和国宪法讲话》、李达编著的《中华人民共和国宪法讲话》等⑤；一批研究宪法制度的论文陆续发表，如严景耀撰写的《我国宪法中的国家机构》、杨化南撰写的《我国宪法中公民的基本权利和义务》、张志让撰写的《宪法颁布后的中国人民法院》、王桂五撰写的《关于人民检察院的职权和组织原则》等⑥。

80年代时，许多学者认为，应当以马克思主义为指导，研究中国宪法实践中提出的新问题，以丰富和发展社会主义宪法学。对此，有学者说道："我们必须以马克思主义这个强大的思想武器，特别是马克思列宁主义、

---

① 参见邓初民：《讨论、宣传中华人民共和国宪法草案的思想准备工作和方法问题》，载《政法研究》1954年第2期；吴家麟：《学习马克思列宁主义关于宪法的理论》，载《陕西政报》1954年第6期；杨向奎：《庆祝马克思列宁主义的宪法草案》，载《文史哲》1954年第8期。

② 参见杨化南：《中华人民共和国宪法是建设社会主义的根本法——学习中华人民共和国宪法草案的体会》，载《政法研究》1954年第2期；黑伯理：《我国宪法保证了我国逐步向社会主义社会胜利地过渡——学习宪法序言、总纲的一点体会》，载《政法研究》1954年第3期。

③ 参见吴大琨：《论宪法草案中的社会主义经济原则》，载《文史哲》1954年第8期。

④ 参见周方：《人民代表大会制度是我们国家的基本制度》，载《政法研究》1954年第2期；楼邦彦：《中华人民共和国的最高国家权力机关》，载《科学通报》1954年第8期。

⑤ 参见吴家麟：《宪法基本知识讲话》，中国青年出版社1954年版；吴德峰等：《中华人民共和国宪法讲话》，湖北人民出版社1954年版；李达：《中华人民共和国宪法讲话》，人民出版社1956年版。

⑥ 参见严景耀：《我国宪法中的国家机构》，载《政法研究》1954年第3期；杨化南：《我国宪法中公民的基本权利和义务》，载《政法研究》1954年第3期；张志让：《宪法颁布后的中国人民法院》，载《政法研究》1954年第4期；王桂五：《关于人民检察院的职权和组织原则》，载《政法研究》1955年第1期。

毛泽东思想关于宪法的理论为指导，深入地、实事求是地来研究宪法学，研究实践中提出的新问题，才能得到正确的科学的答案。”①有学者结合 1982 年宪法的实施讲道，我们要“坚持马列主义、毛泽东思想的理论指导，贯彻理论联系实际的方针”，“创造性地研究新宪法及其在实施过程中提出的重大的理论和实践问题”，“研究我国宪法制定和实践中的客观规律，建设具有中国特色的马克思主义宪法学”②。当时，学者们以马克思主义法学理论为指导，借鉴国外宪法理论和制度，对 1982 年宪法颁布以来宪法实践中提出的新问题进行研究，取得了一定的研究成果。例如，有的学者研究宪法的实施和保障问题③，有的学者研究宪法和精神文明的关系问题④，有的学者研究党在宪法、法律内活动的问题⑤，有的学者研究宪法与改革的关系问题⑥，有的学者研究宪法意识和宪法观念问题⑦，有的学者研究宪法解释问题⑧，有的

---

① 萧蔚云等：《宪法学概论》，北京大学出版社 1982 年版，第 3 页。

② 王叔文在中国法学会一届二次理事会上对宪法学学科现状和展望的发言。参见王叔文：《我国法学十个学科的现状与展望》，载《中国法学》1984 年第 1 期。

③ 例如，何华辉：《论宪法监督》，载《武汉大学学报（社会科学版）》1982 年第 1 期；肖蔚云：《论宪法实施保障》，载《法学研究》1982 年第 3 期；吴家麟：《论新宪法实施的保障》，载《河北法学》1983 年第 1 期；孙谦、胡永革：《宪法监督制度的比较研究》，载《天津社会科学》1984 年第 6 期；罗耀培：《论宪法的实施保障问题》，载《法学研究》1986 年第 2 期；皮纯协、任志宽：《完善宪法监督保障制度》，载《政治与法律》1986 年第 4 期；胡锦光：《我国违宪审查的方式与处理初探》，载《法律学习与研究》1987 年第 3 期；蔡定剑：《我国宪法监督制度探讨》，载《法学研究》1989 年第 3 期。

④ 例如，王叔文：《论宪法与精神文明》，载《法学研究》1984 年第 2 期；黄方敬：《新宪法是建设社会主义精神文明的强有力武器》，载《中国政法大学学报》1984 年第 2 期。

⑤ 例如，刘云祥：《党必须在宪法和法律的范围内活动》，载《河北学刊》1983 年第 4 期；苏国庆：《社会主义法制建设的一条重要原则——浅谈“党必须在宪法和法律规定的范围内活动”的意义》，载《兰州学刊》1983 年第 1 期；丁焕春：《试论“党必须在宪法和法律的范围内活动”的重大意义》，载《中南政法学院学报》1986 年第 2 期。

⑥ 例如，肖蔚云：《宪法与经济体制改革》，载《法学研究》1986 年第 2 期；甘藏春：《我国宪法在改革中的适用》，载《北京大学学报（哲学社会科学版）》1986 年第 3 期。

⑦ 例如，吴撷英：《论宪法意识》，载《法学研究》1986 年第 6 期；孙振中：《谈谈提高我国公民的宪法意识》，载《中州学刊》1986 年第 5 期；肖门山：《论宪法观念的再启蒙》，载《法学》1986 年第 12 期。

⑧ 例如，甘藏春：《论宪法解释》，载《西北政法学院学报》1988 年第 4 期。

学者研究我国的制宪权问题①,有的学者研究“一国两制”问题②,有的学者研究宪法学的范畴问题③,等等。

90年代后,学者们在马克思主义指导下,借鉴国外的有益经验,研究我国社会主义现代化实践中提出的宪法问题,例如人权的宪法保障问题④、宪法与依法治国的关系问题⑤、中国宪法与“一国两制”问题⑥、宪法与改革的关系问题⑦、中国特色立宪主义问题⑧、宪法保障与违宪审查(合宪性审查)问题⑨、

---

① 例如,肖蔚云:《关于新中国的制宪权》,载《中国法学》1984年第1期。

② 例如,陆德山:《从宪法学论“一国两制”》,载《吉林大学社会科学学报》1986年第3期;陆德山:《“一国两制”对宪法理论的新发展》,载《法学季刊》1986年第3期。

③ 例如,张光博:《宪法学基本范畴的再认识》,载《法学研究》1987年第3期。

④ 例如,王德祥:《论我国人权的宪法保障》,载《现代法学》1991年第4期;文正邦、付子堂:《论人权的宪法保障》,载《法律科学》1992年第5期;浦增元:《中华人民共和国宪法与人权保障》,载《政治与法律》1993年第4期;李步云、邓成明:《论宪法的人权保障功能》,载《中国法学》2002年第3期。

⑤ 例如,浦增元:《再论依法治国必须确立宪法的权威》,载《政治与法律》1997年第6期;吴家麟:《宪法至上是建设社会主义法治国家的关键——为宪法颁布15周年而作》,载《福建法学》1998年第1期。

⑥ 例如,王士如、郭春明:《“一国两制”与中国现行宪法》,载《山西大学学报(哲学社会科学版)》1998年第2期;韩大元、黄明涛:《论中央人民政府对香港特区行政长官的任命权》,载《港澳研究》2014年第1期。

⑦ 例如,许崇德:《实施宪法促进改革开放》,载《法学家》1993年第1期;蒋碧昆、刘茂林:《改革与中国宪法发展》,载《法商研究》1994年第2期;于沛霖、张贻翠:《经济体制改革与中国现行宪法的四次修改》,载《大连海事大学学报(社会科学版)》2008年第6期;周新城:《一切改革措施都必须按照宪法办事》,载《思想理论教育导刊》2015年第3期;刘建辉、周世中:《论改革与宪法的冲突及协调》,载《广西社会科学》2016年第3期。

⑧ 例如,韩大元:《市场经济与中国特色立宪主义》,载《法学家》1994年第6期;蒋传光:《中国特色社会主义宪政理论的探索与成果》,载《江淮论坛》2011年第4期。

⑨ 例如,董璠舆:《关于宪法保障的理论》,载《法学杂志》1991年第1期;胡锦光:《宪法诉讼制度若干问题比较研究》,载《法学家》1994年第4期;韩大元:《试论宪法诉讼的概念及其基本特征》,载《法学评论》1998年第3期;王玉明:《试论违宪审查机构及其程序》,载《中外法学》1990年第2期;费善诚:《试论我国违宪审查制度的模式选择》,载《政法论坛》1999年第2期;董和平:《中国违宪审查制度设计的难点和解决思路》,载《政法论丛》2003年第6期;范进学:《论中国式违宪审查制度及其完善》,载哈尔滨工业大学学报(社会科学版)2012年第1期;莫纪宏:《论法律的合宪性审查机制》,载《法学评论》2018年第6期;李忠:《党内法规制度合宪性审查初探》,载《西北大学学报(哲学社会科学版)》2019年第1期;秦前红、底高扬:《合宪性审查在中国的四十年》,载《学术界》2019年第4期。

良性违宪问题①、宪法的司法适用问题②、宪法解释问题③、公民宪法权利的发展和限制的问题④,等等。

(三)宪法学的方法

苏联法学理论认为,马克思列宁主义方法即辩证唯物主义和历史唯物主义是法学的唯一正确的方法。维辛斯基指出:“对法律也像对其他现象一样,如果不应用马克思列宁主义方法,这种唯一正确的方法,就不可能正确地加以解释,正是这种唯一正确的、真正科学的方法才是论证正确的科学理论的锁钥,才是研究这个或那个问题时能得出正确结论的锁钥。”⑤据此,

① 例如,郝铁川:《论良性违宪》,载《法学评论》1996 年第 4 期;童之伟:《良性违宪不宜肯定:郝铁川同志有关主张的不同看法》,载《法学研究》1996 年第 6 期;韩大元:《社会变革与宪法的社会适应性———评郝、童两先生关于“良性违宪”的争论》,载《法学》1997 年第 4 期;曦中:《对“良性违宪”的反思》,载《法学评论》1998 年第 4 期。

② 例如,胡锦光:《中国宪法的司法适用性探讨》,载《中国人民大学学报》1997 年第 5 期;王磊:《宪法的司法化——21 世纪中国宪法学研究的基本思路》,载《法学家》2000 年第 5 期;强世功:《宪法司法化的悖论——兼论法学家在推动宪政中的困境》,载《中国社会科学》2003 年第 2 期;蔡定剑:《中国宪法司法化路径探索》,载《法学研究》2005 年第 5 期。

③ 例如,胡弘弘:《试论宪法解释》,载《现代法学》1995 年第 5 期;韩大元、张翔:《试论宪法解释的客观性与主观性》,载《法律科学》1999 年第 6 期;苗连营:《宪法解释的功能、原则及其中国图景》,载《法律科学》2004 年第 6 期;范进学:《宪法解释的理论构建》,山东大学出版社 2004 年版;韩大元等:《现代宪法解释的基本理论》,中国民主法制出版社 2006 年版;黄明涛:《两种“宪法解释”的概念分野与合宪性解释的可能性》,载《中国法学》2014 年第 6 期;韩大元:《论当代宪法解释程序的价值》,载《吉林大学社会科学学报》2017 年第 4 期;王祯军:《“人民当家作主”视阈下完善宪法解释启动机制研究》,载《河北法学》2018 年第 7 期;郑贤君:《试论执政党文件在宪法解释中的作用》,载《武汉科技大学学报(社会科学版)》2019 年第 4 期。

④ 例如,董和平:《言论自由的宪法权利属性及其功能》,载《法律科学》1993 年第 2 期;周伟:《宪法应增设几项公民的刑事程序权利》,载《上海交通大学学报(哲学社会科学版)》2003 年第 4 期;杨海坤:《公民基本权利修宪应作精良设计》,载《法学论坛》2003 年第 4 期;谢立斌:《论宪法财产权的保护范围》,载《中国法学》2014 年第 4 期;秦前红:《论我国宪法关于公民基本权利的限制规定》,载《河南省政法管理干部学院学报》2005 年第 2 期;石文龙:《论公民行使权利和自由的限制与“限制”的规范——对我国〈宪法〉第五十一条的研究》,载《政治与法律》2013 年第 7 期。

⑤ [苏]安·扬·维辛斯基等:《苏维埃法学中的几个问题》,石健等译,人民出版社 1954 年版,第 72 页。

苏联宪法学也将其视为唯一的科学方法。苏联学者指出:“苏维埃国家法科学,及苏维埃其他法律科学部门所采用的方法,即是由马克思与恩格斯所创立,而经列宁与斯大林所发展的辩证唯物论和历史唯物论的方法。”而且,“这一方法,乃是唯一的科学方法,因为它是在一切复杂、多样性及运动中,认识实际的方法”。苏维埃国家法科学是在国家和法的发生和发展中,在它们的相互联系和相互作用中,“在与经济基础,与社会生活之物质条件,与党及苏维埃国家政策之密切的联系中,来研究国家法的规范”。[①] 因而,“苏维埃的国家法科学,是真正的和实际的科学”[②]。然而,资产阶级国家法学说之所以歪曲国家法关系的真正内容,掩盖国家法的阶级性,就在于其“运用了错误的形式法学的方法”,而这种方法“是纯唯心主义的方法”,“它把国家法现象看作是和社会生活中所存在的情况没有关系的”。因此,运用这种方法的资产阶级国家法学者,“常把国家看作是法律关系的总体,小心翼翼地闪避对于社会物质生存条件的分析……小心翼翼地躲开对于各阶级——压迫阶级与被压迫阶级——之间相互关系的分析”。[③] 这意味着,只有采用唯物辩证法,运用阶级观点,才能看清宪法现象、宪法规定的实质。

苏联宪法学关于研究方法的论述对于我国影响很大。20 世纪 50 年代时,我国宪法学就是在马克思主义指导下建立起来的。当时,有学者指出:“唯一正确的、具有严格科学性的宪法理论,却只有马克思列宁主义关于宪法的理论。因为只有在 19 世纪 40 年代马克思主义出现以后,才有关于社会、国家和国家根本法——宪法的真正的科学,因而只有马克思主义才揭示并论证了国家及其根本法——宪法的真正本质。”“马克思列宁主义关于宪法的理论,也就是马克思列宁主义关于宪法的认识论、方法论。因而在当前

---

① 参见[苏]特拉伊宁等编:《苏联国家法教程》(上册),彭健华译,大东书局 1951 年版,第 3—4 页。

② [苏]司徒金尼根等:《苏维埃国家法》(第一册),中国人民大学国家法教研室译,中国人民大学 1953 年版,第 22 页。

③ 参见[苏]司徒金尼根等:《苏维埃国家法》(第一册),中国人民大学国家法教研室译,中国人民大学 1953 年版,第 21—22 页。

大规模的宣传、讨论宪法草案的方法上,也是绝对不能离开它的。”①可见,在我国学者看来,马克思列宁主义的宪法理论是指导我国宪法、继而也是我国宪法学的方法论,而它又是在马克思主义的学说和方法基础之上建立起来的,因此我国宪法学必须以马克思主义的学说和方法论为指导。对此,有学者在论述宪法本质和作用这一宪法学重要问题时指出:“马克思列宁主义关于基础和上层建筑相互关系的原理,对于了解宪法本质以及宪法在阶级社会中的作用,特别是社会主义宪法在建设社会主义和共产主义事业中的巨大作用问题,有着非常重要的意义。”②当时,我国学者也与苏联学者一样,以历史唯物论关于阶级社会和阶级斗争的理论为根据,用阶级观点去分析一切宪法现象,使阶级分析方法成为我国宪法学的基本分析方法。③

80年代初,我国学者仍然强调运用马克思主义哲学方法论研究宪法学。有学者指出:“总的来说,研究马克思主义宪法学的根本方法应该是唯物辩证法。”④他们认为,采用这种方法才使得宪法学成为真正的科学。对此,他们分析道:“自从马克思主义诞生以后,马克思、恩格斯、列宁从辩证唯物主义和历史唯物主义的立场出发,对欧美资本主义国家的宪法进行了深入的研究、分析和批判,科学地、实事求是地指出资产阶级宪法是资产阶级反对封建主义的产物,它在历史上起过进步的作用,同时揭露了资产阶级宪法的阶级实质和它的虚伪性的一面。明确指出资产阶级宪法一开始就表现了保护资产阶级的利益和镇压无产者的反抗的本质,……并且指出只有社会主义的宪法才是真正体现广大无产者和人民意志的宪法,是高度民主的新型的宪法。这样就使宪法学成为真正的科学”。正因为如此,“任何脱

① 邓初民:《讨论、宣传中华人民共和国宪法草案的思想准备工作和方法问题》,载《政法研究》1954年第2期。

② 吴家麟:《学习马克思列宁主义关于宪法的理论》,载《陕西政报》1954年第6期。

③ 参见童之伟:《论阶级分析方法在宪法学中的合理定位》,载《中国法学》1997年第4期。

④ 吴家麟主编:《宪法学》,群众出版社1983年版,第11页。

离或忽视马克思主义的研究方法必将使研究走入歧途,或者引出错误的结论”。① 可见,当时的学者将辩证唯物主义和历史唯物主义即唯物辩证法作为宪法学的唯一科学的方法论。在此基础上,他们对这一方法论在宪法学研究上的具体要求和具体运用作出论述,指出,“唯物辩证法要求每门科学对自己的研究对象进行科学的分析”,因而从方法论角度来看,研究宪法学要着重从四个方面进行具体分析,即阶级分析、历史分析、比较对照和联系实际。他们强调阶级分析是宪法学研究的基本方法,但不是唯一的方法。② 90年代时,许多学者秉承这种观点,强调宪法学研究要以唯物辩证法为根本方法,将阶级分析、历史分析、经济分析、联系实际、比较与对照等方法作为基本方法。③

但是,从1982年宪法实施以来,社会生活中出现的大量宪法问题引起学者们对宪法学研究方法的反思,他们认为传统的宪法学研究过分强调了阶级分析方法,把宪法现象简单归结为阶级现象,强调宪法的意识形态性,忽视了宪法现象中的公共性问题。作为宪法学的研究方法的阶级分析方法,在特定历史时期起过一定的作用,但它不是唯一的研究方法,学者们开始探索宪法学研究的新方法。特别是随着“立法时代”向“解释时代”的转型,宪法学者开始关注如何把宪法运用到实践过程,构建以规范为基础的宪法秩序问题。从2007年开始,宪法学界引入“文本——规范”的研究方法,以解释学的方法探讨宪法问题,使文本和解释学逐渐成为学者广泛认同的研究方法。近年来,随着宪法学研究方法的深入,又出现了文本主义、宪法解释主义、宪法实证主义、政治宪法学等多样化的研

① 参见萧蔚云等:《宪法学概论》,北京大学出版社1982年版,第3页。

② 参见吴家麟主编:《宪法学》,群众出版社1983年版,第12—17页。

③ 参见王士如主编:《中国宪法学》,南京大学出版社1993年版,第6—9页;张庆福主编:《宪法学基本理论》,社会科学文献出版社1994年版,第10—18页;徐秀义、王粥选主编:《宪法学纲要》,中国人民公安大学出版社1994年版,第4—5页;蒋碧昆主编:《宪法学》,中国政法大学出版社1999年版,第6—8页;俞子清主编:《宪法学》,中国政法大学出版社1999年版,第4—7页。

究方法。[①] 伴随着研究方法日益多样化，宪法学出现了新的分支学科，如宪法社会学、宪法人类学、宪法哲学、宪法政治学、宪法经济学、规范宪法学、政治宪法学、宪法政策学、宪法解释学等。[②] 由此可见，自 80 年代以来，我国学者从苏联法学理论和宪法学的束缚中摆脱出来，在宪法研究中坚持唯物辩证法这一方法论，不断引入各种研究方法，由此建立起一批新学科，取得了许多新成果。

① 参见韩大元:《〈中国宪法学三十年(1985—2015)〉引论》,载中国宪法学研究会编:《中国宪法学三十年(1985—2015)》,法律出版社 2015 年版,第 9—10 页。

② 参见韩大元:《近 30 年我国宪法学方法论的演变》,载《法学论坛》2013 年第 1 期。

第 四 章

苏联法学理论对新中国刑法学的影响

苏联学者指出:"国家和法的理论作为一门对国家和法的根本的和主要的问题作出答复的科学,在整个法律科学体系中占主导的地位,它的结论和原理对于一切其他法律科学部门都有普遍意义。"[①]作为重要法律科学部门的苏联刑法学就是在苏联法学理论的指导下建立起来的。20 世纪 50 年代,苏联刑法学知识进入我国,至 1960 年中苏关系公开破裂,它在我国传播只有短短七八年时间,但其影响至今仍深深地渗入我国刑法学知识。[②] 这种影响之所以如此深远,从表面上看是我国刑法学界对于苏联刑法学知识的认同,从深层上说是渗入其中的苏联法学理论对我国刑法学产生的深刻影响,这种影响反映在我国刑法观的确立、刑法制度理论的构建和对刑法学学科认识的形成。

① [苏]玛·巴·卡列娃等:《国家和法的理论》(上册),李嘉恩等译,中国人民大学出版社 1956 年版,第 5 页。

② 参见陈兴良:《刑法知识的去苏俄化》,载《政法论坛》2006 年第 5 期。

一、苏联法学理论与我国刑法观的确立

刑法学是有关阐述刑法问题的知识体系或者理论体系,而这一体系是以一定的刑法观构建起来的,因为它决定着这些知识、理论的价值和旨趣。在苏联,刑法学是在法学理论指导下建立起来的,其所阐述的刑法观是马克思主义法律观在刑法领域的具体运用。新中国成立后,我国刑法学是以苏联刑法学为范本建构起来的,其刑法观直接来源于苏联刑法学,因此从根本上说它是苏联法学理论影响的结果。

(一)刑法本质观

刑法的本质是什么?这是关系刑法学旨趣和走向的根本问题,也是构建刑法学基础理论和制度理论的基本前提。苏联法学理论认为,法不是自人类社会产生起就存在,而是其发展到一定阶段的产物,是伴随阶级、国家的出现而产生的。从本质上说,法具有阶级性、国家意志性和物质制约性,其中阶级性更为根本。苏联学者讲道:"法是国家按照统治阶级意志来制定或者认可的、受国家强制力保护的(国家制裁可能发生的违法行为)法律规范(即人们的行为规则)的总和。"①"在法律的内容中,直接表现着统治阶级底意志、它的阶级目的、利益、它的意识形态和道德观。"②"任何一种法都是被奉为法律的统治阶级的意志,这个意志归根到底是由这个阶级的物质生活条件所决定的。"但是,法不是"由社会物质生活条件、是由整个社会的物质需要自发地产生的",而是"根据那些因物质生活条件的一致而组成经济上和政治上占统治地位的阶级的人们的

---

① [苏]玛·巴·卡列娃等:《国家和法的理论》(上册),李嘉恩等译,中国人民大学出版社1956年版,第75页。

② [苏]苏达里可夫、贝可夫:《苏维埃国家与法问题讲座》,中央人民政府法制委员会编译室编译,中央人民政府法制委员会1951年印,第16页。

意志而制定的”。①

根据苏联法学理论关于法的本质的原理，苏联刑法学阐述了以阶级性为根本的刑法本质。苏联学者指出：“在资产阶级的科学中，盛行着一种意见，即认刑法是永久存在的现象。这种观点是与科学相矛盾的。马克思主义的古典学者证明：刑法和一般法律一样，只是在有国家组织存在的时候才出现。列宁说：‘历史说明，国家乃是压迫人的特殊机关，只有在社会划分出阶级的地方与时候才出现，……。’”②这表明，刑法是随着阶级、国家产生而出现的，是阶级社会中的现象，也是一种历史现象。这是因为，作为刑法调整的犯罪和刑罚“是社会发展到某种阶段以内所发生的现象。它们的出现是在私有财产制度成立之后，是在社会划分出阶级之后，是国家组成之后”③。他们认为，刑法不是超阶级的，而是“反映了统治阶级的意志”④，为统治阶级利益服务的。对此，他们讲道：“刑法伴随着国家的降生而出现之后，刑法自身的任务就是保护国家组织，排除一切触犯统治阶级利益与其所创造之社会秩序的犯罪行为。”⑤并指出：“每一个历史时期，每一种社会经济形态，各依照其统治阶级利益的观点，决定刑法的形式与内容。”⑥据此，他们分析道：“奴隶制国家的刑法是为奴隶主的利益服务，保护它奴隶制的基础，保护奴隶制的国家和法权秩序；封建制的刑法是为封建主的利益服务，因而它的锋芒指向对封建制的基础、对封建制的国家和法权秩序的侵害

① 参见［苏］玛·巴·卡列娃等：《国家和法的理论》（上册），李嘉恩等译，中国人民大学出版社 1956 年版，第 74、78 页。

② ［苏］В.Д.孟沙金主编：《苏联刑法总论》（上册），彭仲文译，大东书局 1950 年版，第 1 页。

③ ［苏］В.Д.孟沙金主编：《苏联刑法总论》（上册），彭仲文译，大东书局 1950 年版，第 1 页。

④ ［苏］Н.А.别利亚耶夫、И.М.科瓦廖夫主编：《苏维埃刑法总论》，马改秀、张广贤译，群众出版社 1987 年版，第 1 页。

⑤ ［苏］В.Д.孟沙金主编：《苏联刑法总论》（上册），彭仲文译，大东书局 1950 年版，第 1—2 页。

⑥ ［苏］В.Д.孟沙金主编：《苏联刑法总论》（上册），彭仲文译，大东书局 1950 年版，第 2 页。

行为。封建制的刑法根据这一点也规定了什么样的行为是犯罪的和应受惩罚的。资产阶级的刑法是为资本主义剥削者的利益服务,因此它就和侵害资本主义的基础、侵害资产阶级的国家及资产阶级的法权秩序的行为作斗争。资产阶级刑法根据这一点也规定了什么样的行为是犯罪的以及应该如何地予以惩罚。"①在此基础上,他们总结道:"研究剥削阶级国家的刑法史,会得出确定不移的结论:刑法是为统治阶级——奴隶主、封建主、资产阶级——的利益服务,并且在每一历史时期,各以不同的方式来实现其任务,它永远是镇压劳动群众的工具,它的刀锋是指向压迫,反对被压迫与被剥削阶级。"②但是,苏维埃刑法则完全不同,"在苏维埃国家发展底第一阶段中,它表现出工人阶级及其所领导的劳动大众底意志;而在胜利的社会主义时期,则表现出苏联全体劳动者底意志"③。"苏维埃刑法保护着劳动群众的利益、社会主义的基础、苏维埃社会制度和国家制度免受犯罪的侵害"。"苏维埃刑法根据这一点也规定了什么样的行为是犯罪的和如何地予以惩罚"。因此,"苏维埃刑法是新的最高类型的刑法。按其内容来说,它是和任何剥削者社会的刑法绝对对立的"。④

20 世纪 50 年代,我国刑法学在苏联法学理论关于法的本质学说的指导下,完全接受苏联刑法学对刑法本质的论述。有学者指出:"刑法是法律的一个部门,它和其他法律一样,是社会发展到一定阶段的产物;是随着人类社会分裂为阶级,随着国家的形成而出现的。""随着国家的形成,掌握政权的统治阶级为了维护其阶级利益和统治秩序,就把某些侵犯统治阶级利益和统治秩序的行为,规定为犯罪,并用刑罚方法给以处罚,这

① [苏]B.M.契柯瓦则主编:《苏维埃刑法总则》(上),中央人民政府法制委员会编译室、中国人民大学刑法教研室译,中国人民大学 1954 年版,第 2 页。

② [苏]B.Д.孟沙金主编:《苏联刑法总论》(上册),彭仲文译,大东书局 1950 年版,第 5 页。

③ [苏]贝斯特洛娃:《苏维埃刑法总论(讲义)》,中国人民大学刑法教研室译,华东政法学院教务处 1954 年翻印,第 12 页。

④ 参见[苏]B.M.契柯瓦则主编:《苏维埃刑法总则》(上),中央人民政府法制委员会编译室、中国人民大学刑法教研室译,中国人民大学 1954 年版,第 3 页。

就是刑法。”①因此，“判定什么样的行为是犯罪和适用什么样的刑罚，总是由国家的性质来决定的。在有阶级的社会里，它永远是为实现统治阶级的利益服务的”②。“只有从某一刑法是建立在什么样的经济基础之上的，它是反映哪一阶级意志的观点出发，才能正确地理解刑法的阶级内容。因此，从社会发展的历史来看，只有奴隶占有制的、封建制的、资本主义的或者社会主义的刑法，任何抽象的、超阶级的刑法是不存在的”③。据此，他们分析道：“在奴隶社会里，什么样的行为是犯罪并适用什么样的刑罚，是由奴隶主国家规定的，它反映了奴隶主对生产资料和生产者——奴隶——的私有制。……也就是说，什么样的行为是犯罪，是由奴隶主国家任意擅断的。对于奴隶的反抗或任何触犯奴隶主利益的行为，都可以‘斩尽杀绝’。”④“在封建社会里，什么样的行为是犯罪并适用什么样的刑罚，是由封建主国家规定的，它反映了封建主对生产资料私有制和对生产者——农奴——的不完全的私有制”。封建社会的刑法“是保护封建主的利益的，其残酷性也不下于奴隶社会”。⑤“在资本主义社会里，什么样的行为是犯罪并适用什么样的刑罚，是由资产阶级国家规定的，它反映了生产资料的资本主义所有制。”“资本主义社会的刑法，在规定什么是犯罪的时候，是从资产阶级利益的观点出发的”，“是为资本主义剥削者利益服务的”。⑥他们总结道：“根据以上对剥削阶级国家的刑法的说明，可以看出：剥削阶级国家的刑法是为

---

①　中央政法干部学校刑法教研室编著：《中华人民共和国刑法总则讲义》，法律出版社1957年版，第9页。

②　中央政法干部学校刑法教研室编著：《中华人民共和国刑法总则讲义》，法律出版社1957年版，第17页。

③　中央政法干部学校刑法教研室编著：《中华人民共和国刑法总则讲义》，法律出版社1957年版，第18—19页。

④　中央政法干部学校刑法教研室编著：《中华人民共和国刑法总则讲义》，法律出版社1957年版，第10页。

⑤　参见中央政法干部学校刑法教研室编著：《中华人民共和国刑法总则讲义》，法律出版社1957年版，第11页。

⑥　中央政法干部学校刑法教研室编著：《中华人民共和国刑法总则讲义》，法律出版社1957年版，第13页。

统治阶级——奴隶主、封建主、资本家——的利益服务的。它们的刑法虽各有不同，那只是镇压方式的不同，其本质则是完全相同的：它始终是压迫劳动大众的工具，镇压的锋芒是指向着被压迫和被剥削阶级的。这是由它们的经济基础——生产资料的私有制所决定的。”[①]他们进一步指出：“社会主义社会刑法的阶级内容是和一切剥削阶级社会刑法完全不同的。社会主义刑法并不是由资产阶级刑法进一步发展而成的，它是在社会主义革命胜利后创立起来的新的刑法。”[②]“作为社会主义上层建筑一部分的苏维埃刑法，和其他法律一样，是建筑在社会主义公有制的经济基础之上的，它是保护社会主义制度的基础和社会主义法律秩序的，它是为苏维埃劳动人民的利益服务的。”[③]因此，社会主义刑法与剥削阶级刑法“是在本质上根本不同的两类刑法”，“这个界限必须划分清楚”[④]。就我国刑法而言，它是“在摧毁旧法制的斗争中产生，随着国家建设的需要而建立起来，并且根据政治经济发展的客观要求，逐步地、由简而繁地发展和完备起来”。无论从其反映的阶级意志和利益，还是从其担负的任务来看，它“与一切剥削者国家刑法是根本对立的”。[⑤]

80 年代，我国刑法学者仍然秉持以阶级性为根本的法本质观，以此为根据来阐述刑法的本质。他们认为，刑法是一种阶级现象和历史现象。“它和其他法律一样，是社会发展到一定历史阶段的产物，是随着私有制的出现和社会上分裂为阶级之后，随着国家的产生而产生的。”[⑥]他们分析道：

① 中央政法干部学校刑法教研室编著：《中华人民共和国刑法总则讲义》，法律出版社 1957 年版，第 16 页。

② 中央政法干部学校刑法教研室编著：《中华人民共和国刑法总则讲义》，法律出版社 1957 年版，第 17—18 页。

③ 中央政法干部学校刑法教研室编著：《中华人民共和国刑法总则讲义》，法律出版社 1957 年版，第 18 页。

④ 中央政法干部学校刑法教研室编著：《中华人民共和国刑法总则讲义》，法律出版社 1957 年版，第 19 页。

⑤ 参见中央政法干部学校刑法教研室编著：《中华人民共和国刑法总则讲义》，法律出版社 1957 年版，第 31 页。

⑥ 杨春洗、甘雨沛、杨敦先、杨殿升等：《刑法总论》，北京大学出版社 1981 年版，第 8 页。

"一切国家的刑法,不论在形式上、名称上有什么不同,都是反映由一定物质生活条件所决定的统治阶级的意志,都是通过使用刑罚方法来镇压被统治阶级的反抗,以巩固统治阶级的统治地位。……所以,刑法从它产生的那一天起,始终反映统治阶级的意志和利益,维护统治阶级在政治上、经济上的统治地位。这就是刑法的阶级本质。"①他们进一步指出,人类社会不同类型国家的刑法,归纳起来不外是两大类:一是剥削阶级国家刑法;二是社会主义国家刑法。两者有本质的不同。"一切剥削阶级国家的刑法,不论是奴隶制社会的刑法、封建制社会的刑法、资本主义社会的刑法,还是旧中国半殖民地半封建社会的刑法,……都是剥削阶级的意志在法律上的表现,都是以生产资料私有制为基础的,维护少数剥削者的利益和政治统治。"②然而,"我国是社会主义国家。我国刑法是社会主义刑法。与一切剥削阶级刑法根本不同,我国刑法是建立在社会主义生产资料公有制基础上的上层建筑的一部分,它体现着无产阶级和广大劳动人民的意志和利益,是保护人民和惩罚、改造极少数犯罪分子的锐利武器"③,因此"它不能沿用旧的反人民的刑法,而只能在总结自己斗争经验的基础上逐步创造自己的镇压敌人、惩罚犯罪、保护人民的刑法"④。

90 年代之后,一些学者仍然主张刑法具有阶级性质,坚持以阶级性为核心的刑法本质观。⑤ 许多学者在阐述刑法的性质时,认为它首先具有阶级性质,即不同社会的刑法反映不同阶级的意志和利益,是统治阶级实行专政的工具,同时认为刑法作为法律体系的重要组成部分,还具有法律性质,即区别于其他法律的特有属性,如内容的特定性、保护社会关系范围的广泛

---

① 高铭暄主编:《刑法学》,法律出版社 1982 年版,第 17—18 页。

② 华东政法学院刑法教研室编著:《刑法概论》,浙江人民出版社 1987 年版,第 5 页。

③ 高铭暄主编:《刑法学》,法律出版社 1982 年版,第 22 页。

④ 中国人民大学法律系刑法教研组:《中华人民共和国刑法讲话》,人民出版社 1980 年版,前言第 4 页。

⑤ 参见李贤义、罗堂庆:《论我国刑法的人权保护》,载《中南政法学院学报》1993 年第 2 期;何秉松主编:《刑法教科书》,中国法制出版社 1995 年版,第 11—13 页。

性、最为严厉的强制性。[①] 不过,有的学者在将阶级性视为刑法本质属性的同时,提出刑法还具有社会性、文化共同性、规范性、强制性等非本质的属性。[②] 但是,有些学者反对刑法的阶级性。例如,有学者认为,随着法的阶级观念在法理学上的逐渐失势,刑法的工具性和共同性越来越受到重视。[③] 在他看来,刑法仅具有法律性质,它包括特定性、广泛性、严厉性和补充性。[④] 有的学者不讨论刑法的本质问题,只论述刑法区别于其他法律的特有属性或基本特征。[⑤]

(二)刑法工具观

苏联法学理论认为,国家是实现统治阶级意志和利益、实行阶级专政的手段,法律则是实现统治阶级国家职能的工具。对于无产阶级来说,要实现自己的利益和目标,需要建立无产阶级专政国家,运用法律这一工具。维辛斯基指出:"马克思主义教导说,无产阶级需要国家,用以来镇压剥削者,领导广大人民群众从事社会主义经济建设。在这里,像法院这样的一些国家机关是起着巨大作用的,因为法院的活动和法律制度、规则、规范、法律、具有法律性质的习惯、法律观点以及整个的法是有机地联系着的。"他分析道:"正如苏联社会主义革命的经验所证明,无产阶级专政也需要借助于法院、诉讼规则和诉讼程序,用各种法律方法在这方面来进行活动,要组织并实行建立在公开、直接和辩论各诉讼原则之

① 参见苏惠渔主编:《刑法学》,中国政法大学出版社 1997 年版,第 13—18 页;赵秉志主编:《新刑法教程》,中国人民大学出版社 1997 年版,第 26—27 页;王作富主编:《刑法》,中国人民大学出版社 1999 年版,第 7 页;高铭暄、马克昌主编:《刑法学》,北京大学出版社、高等教育出版社 2016 年版,第 7—8 页;贾宇主编:《刑法学》,中国政法大学出版社 2017 年版,第 5—6 页。

② 参见杨春洗、杨敦先主编:《中国刑法论》,北京大学出版社 1994 年版,第 6—9 页。

③ 参见陈兴良:《刑法学:向死而生》,载《法律科学》2010 年第 1 期。

④ 参见陈兴良主编:《刑法学》,复旦大学出版社 2016 年版,第 5 页。

⑤ 参见张明楷:《刑法学》,法律出版社 2011 年版,第 24—25 页;曲新久主编:《刑法学总论》,中国政法大学出版社 2017 年版,第 4—6 页。

上的审判体系。”①他还说：“无产阶级专政，借助于法和为法律所规定的各种措施，通过各种行政机关和审判机关，来解决无产阶级革命的任务。”②“马克思主义教导我们，必须把法看做是为社会主义而斗争的一种工具，把它作为在社会主义基础上改造人类社会的一种工具来加以运用。”③可见，苏维埃法被看成是实现无产阶级专政任务、建成社会主义和共产主义的工具。基于此，苏维埃法应当服务于社会主义国家各个阶段的任务和职能。

在苏联刑法学看来，作为重要法律部门的刑法是维护统治阶级利益、实现国家基本任务、实行统治阶级专政的工具。有学者说道：从剥削阶级国家的刑法史中可以得出结论，即“刑法是为统治阶级——奴隶主、封建主、资产阶级——的利益服务，并且在每一历史时期，各以不同的方式来实现其任务，它永远是镇压劳动群众的工具，它的刀锋是指向压迫，反对被压迫与被剥削阶级。”但是，苏维埃刑法则完全不同。其主要目的“是在保护并巩固工人与农民的社会主义国家”，“它保证同一切侵犯工农阶级利益，侵犯社会主义国家基础，社会主义秩序，以及侵犯苏联公民个人与财产权益的行为，进行斗争”。④ 有学者进一步指出：“刑法是国家最重要的工具之一。”“苏维埃刑法是无产阶级专政的工具，它表现出社会主义国家底任务。”⑤也就是说，“苏维埃刑法的任务和苏维埃国家的基本职能有着密切的联系……苏维埃刑法因为实现这些任务，也就帮助苏维埃国家及其机关进一步的巩固”⑥。对此，契柯瓦则撰文论述《苏联刑法典》草案制定的有关问

---

① [苏]安·扬·维辛斯基：《国家和法的理论问题》，法律出版社 1955 年版，第 49 页。

② [苏]安·扬·维辛斯基：《国家和法的埋论问题》，法律出版社 1955 年版，第 18 页。

③ [苏]安·扬·维辛斯基：《国家和法的理论问题》，法律出版社 1955 年版，第 48—49 页。

④ 参见[苏]В.Д.孟沙金主编：《苏联刑法总论》(上册)，彭仲文译，大东书局 1950 年版，第 5 页。

⑤ [苏]贝斯特洛娃：《苏维埃刑法总论(讲义)》，中国人民大学刑法教研室译，中国人民大学 1952 年出版，华东政法学院教务处 1954 年翻印，第 4、12 页。

⑥ [苏]В.М.契柯瓦则主编：《苏维埃刑法总则》(上)，中央人民政府法制委员会编译室、中国人民大学刑法教研室译，中国人民大学 1954 年版，第 10 页。

题时认为，作为国家工具的刑法必须随着国家任务和职能的变化而发展。他指出："制定和讨论《苏联刑法典》草案的工作，应当以苏维埃国家在由社会主义逐步过渡到共产主义的时期中所面临的那些政治任务为出发点"。因此，对于必须通过新的刑法典的理由，除了在全苏范围内统一苏维埃刑法立法的条件已成熟外，还存在着"更为深刻的政治上的理由"，"这就是，自从通过各加盟共和国现行刑法典以来，在我国已经经历了根本的社会经济变更和政治变革"。他分析道："各加盟共和国刑法典是在二十五年以前，在社会主义国家发展的第一阶段上通过的，当时国家的基本任务是：镇压已被推翻的剥削阶级的反抗，组织国防以防外来侵犯，恢复被战争破坏的工业和农业经济，准备削减资本主义因素的条件。与此相适应，苏维埃国家在这一时期实现了两个基本职能：镇压国内被推翻的剥削阶级，防卫帝国主义国家从各方面的外来侵袭。苏维埃国家的第三个职能，即经济组织和文化教育工作的职能，在这一阶段上没有得到特别广泛的发展"。但是，"在苏维埃国家发展的第二阶段上，剥削阶级已被消灭，社会主义经济体系已取得完全胜利，代替苏维埃国家的镇压剥削阶级职能的，是防范那些盗窃人民财富者而保护社会主义所有制的职能。苏维埃国家的经济组织和文化教育工作的职能，在这时得到了最深刻和全面的发展"。然而，苏联现行刑事立法尽管有些改变和补充，但是"未能充分考虑到在我们国家的第二个主要阶段上，我们的国家在生活中所发生的那些根本变化"，因此"必须重新审查我们的刑事立法，必须起草和通过符合苏维埃国家现代政治任务的、新的、统一的全苏刑法典"。① 还有学者从苏维埃刑法的作用角度，分析了其与国家职能的关系，指出："在苏维埃政权存在的整个时期，刑法在保护符合劳动人民利益的社会主义社会关系方面发挥了积极作用。在未消灭剥削阶级以前的那段时期，苏维埃政权不仅积极地镇压了国内被推翻的阶级，加强了社

① 参见[苏]B.M.契柯瓦则：《与制定苏联刑法典草案有关的苏维埃刑法上的几个问题》，载《苏维埃刑法论文选译》（第一辑），中国人民大学出版社1955年版，第1—3页。

会主义国家在维护国家独立，使其免遭外来侵犯、保护社会主义民主与法制、保护社会主义所有制方面的职能，而且还促进了我国的经济组织工作和文化教育工作。在消灭了剥削阶级以后，刑法保护了社会主义经济体系、社会主义的民主与法制，保护了社会主义所有制和整个法律秩序。刑法还大力加强了苏维埃国家在保卫国家，使其免遭帝国主义国家的军事侵犯、争取和平，以及在经济组织工作和文化教育工作等方面的职能。"①

20世纪50年代初期，我国学者深受苏联刑法学有关刑法工具观的影响，认为刑法是产生于掌握国家政权的统治阶级维护其阶级利益和阶级秩序的需要，因而是维护阶级统治和阶级斗争的工具。他们讲道："随着国家的形成，掌握政权的统治阶级为了维护其阶级利益和统治秩序，就把某些侵犯统治阶级利益和统治秩序的行为，规定为犯罪，并用刑罚方法给以处罚，这就是刑法。所以刑法是保护一定统治阶级利益的工具，是统治阶级进行阶级斗争的武器。"②他们进一步指出："作为进行阶级斗争武器的刑法，它和军队一样，是统治阶级用显著的国家强制力量来镇压敌对阶级，使他们不敢反抗和破坏。它'是统治阶级公开以武装强制执行的所谓国家意识形态'。"③"刑法既然是进行尖锐的阶级斗争的工具，而它的内容则是以使用刑罚的方法来惩罚犯罪人。"④可见，我国学者将刑法仅仅看成统治阶级用来镇压敌对阶级的手段和进行阶级斗争的工具，并以此来分析各种类型国家的刑法。他们在分析奴隶制国家、封建制国家和资本主义国家刑法后指出："根据以上对剥削阶级国家的刑法的说明，可以看出：剥削阶级国家的刑法是为统治阶级——奴隶主、封建主、资本家——的利益服务的。它们的

① ［苏］H.A.别利亚耶夫、И.M.科瓦廖夫主编：《苏维埃刑法总论》，马改秀、张广贤译，群众出版社1987年版，第2页。

② 中央政法干部学校刑法教研室编著：《中华人民共和国刑法总则讲义》，法律出版社1957年版，第9页。

③ 中央政法干部学校刑法教研室编著：《中华人民共和国刑法总则讲义》，法律出版社1957年版，第9页。

④ 中央政法干部学校刑法教研室编著：《中华人民共和国刑法总则讲义》，法律出版社1957年版，第10页。

刑法虽各有不同,那只是镇压方式的不同,其本质则是完全相同的:它始终是压迫劳动大众的工具,镇压的锋芒是指向着被压迫和被剥削阶级的。"①社会主义国家的苏联刑法,是"无产阶级专政的工具之一,它首先把那些目的在于反对工农政权在苏联所建立的苏维埃制度基础的反革命行为,认为是最危险的犯罪;同时把那些破坏社会主义法律秩序的行为,如盗窃社会主义财产、投机、侵犯公民人身权利等行为认为是犯罪行为"②。"中华人民共和国刑法是人民民主专政的有力武器。人民民主政权运用这一武器,严厉地惩办一切反革命分子和犯罪分子的破坏活动,从而保护国家和人民的利益,保障人民革命胜利的巩固和发展。"③

在他们看来,法律是统治阶级的工具,法律便与政权统治有着密切联系,因而刑法作为统治阶级专政的工具,应服务于统治阶级掌握政权的国家,以实现不同阶段国家的政治任务。因此,我国刑法在为实现其任务中所采取的斗争形式和重点,是"随着国家政治、经济形势的变化、发展而变化、发展的"④。他们分析道:"在国民经济恢复时期,国家的中心任务是,严厉镇压反革命活动,巩固革命秩序和恢复国民经济。当时我国刑法也就是配合改革土地制度、抗美援朝、镇压反革命、'三反''五反',以及整顿社会治安等各种社会民主改革运动,惩办反革命及其他各种刑事罪犯,保障国民经济恢复工作的顺利进行。从 1953 年起,我国进入了有计划的经济建设时期,国家的总任务就是要在我国实现社会主义工业化和社会主义改造,建成社会主义。刑法也就是紧密地围绕这一伟大的斗争任务而服务。由于良好的社会秩序,和公民的积极性的充分发挥,是保证我国经济建设胜利进行的

① 中央政法干部学校刑法教研室编著:《中华人民共和国刑法总则讲义》,法律出版社 1957 年版,第 16 页。

② 中央政法干部学校刑法教研室编著:《中华人民共和国刑法总则讲义》,法律出版社 1957 年版,第 18 页。

③ 中国人民大学法律系刑法教研室编:《中华人民共和国刑法总则讲义(初稿)》(上册),中国人民大学 1957 年印,第 2 页。

④ 中央政法干部学校刑法教研室编著:《中华人民共和国刑法总则讲义》,法律出版社 1957 年版,第 28 页。

必要条件，因此加强与惯盗、惯窃、流氓、骗子等各种危害社会治安的犯罪作斗争，以及与各种侵害公民的合法权益的犯罪作斗争，就日益显得重要。从1953年以来，各级司法机关就注意了加强与这些犯罪作斗争。1955年在伟大的社会主义革命高潮的前夜，阶级斗争十分剧烈，反革命分子和各种敌对分子利用时机进行了猖狂的破坏活动。肃清反革命分子的斗争就成为全国人民的中心任务之一。……目前我国国内的政治形势已经发生了根本的变化，党和全国人民当前的主要任务，就是要集中力量把我国尽快地从落后的农业国变为先进的工业国。……我国刑法必须继续同反革命作斗争，同时必须进一步加强与各种危害国家经济与文化建设事业以及侵害公民合法权利的犯罪行为作斗争，加强与一切破坏法制的行为作斗争，以保护我国社会生产力的顺利发展，为更快地把我国变为先进的工业国的伟大目标而服务。”①

“反右”运动开展后，在“左”的思潮和阶级斗争为纲的影响下，我国学者更加突出强调刑法阶级专政工具和以镇压敌人为内容的阶级斗争工具的特性，强调刑法为国家政治任务服务。有学者在批评《中华人民共和国刑法总则讲义》一书时指出：“我国刑法是实现我国无产阶级专政的锐利武器之一，这是我国刑法最根本的性质，……因此讲解我国刑法首先必须突出地阐明其作为无产阶级专政工具的性质的思想，并把它贯彻到课程的全部内容里面去。‘讲义’在我国刑法的概念和任务上，都提到了我国刑法是‘人民民主专政的有力工具’，但这一讲的内容里面对它的论述却不够突出鲜明。例如关于我国刑法特征的六点分析中对‘革命人道主义’、‘教育任务’、‘是必要的方法但却不是基本的，而只是辅助的’和‘法制精神’等（‘讲义’第31至35页）写的较多，而对无产阶级专政工具这一点，却没有

① 中央政法干部学校刑法教研室编著：《中华人民共和国刑法总则讲义》，法律出版社1957年版，第28—29页。中国人民大学法律系刑法教研室所编《中华人民共和国刑法总则讲义（初稿）》（上册）也作了类似的阐述，参见该书第3—4页。

集中地、明确地加以阐述。这一思想在其他章节里也贯彻不够。”[①]在1958年中国人民大学刑法教研室编写的《中华人民共和国刑法教学大纲（初稿）》中，总则部分将“我国刑法是无产阶级专政的工具”专门安排为一个专题，其中包括了两个重要问题：一是镇压敌人、惩罚犯罪、保护人民、巩固无产阶级专政，保卫社会主义建设是我国刑法的基本任务；二是我国刑法必须根据阶级斗争的形势，为国家政治任务服务。[②]

到了20世纪80年代，我国刑法学坚持刑法是进行阶级斗争、实行阶级统治和阶级专政工具的观点。有学者指出：“法是与阶级、阶级斗争的存在紧密联系着的。”作为法的部门之一的刑法“体现着统治阶级的意志，保护着统治阶级的利益。掌握政权的统治阶级为了维护其阶级利益和统治秩序，把它作为进行阶级斗争的重要工具。一切国家的刑法，不论在形式上、名称上有什么不同，都是反映由一定物质生活条件所决定的统治阶级的意志，都是通过使用刑罚方法来镇压被统治阶级的反抗，以巩固统治阶级的统治地位”。[③] 他们还讲道：“刑法是统治阶级实行阶级统治的重要工具。因此，古今中外的统治阶级，当他们夺取政权之后，总是要制定和颁布刑法（系统的或单行的、零散的），作为自己的统治工具，强制被统治阶级遵守，不许违反。”[④]他们进一步指出：“一切剥削阶级国家的刑法，都是建立在生产资料私有制基础之上，反映剥削阶级的意志，为剥削阶级的统治服务，它的锋芒始终是指向广大被剥削、被压迫的劳动人民”，“我国刑法是社会主义类型的刑法，它是建立在生产资料公有制的经济基础之上，反映着无产阶级和劳动人民的意志，为巩固人民民主专政服务”。[⑤] 正因为如此，“我国刑

① 范明：《对“中华人民共和国刑法总则讲义”的几点意见》，载《政法研究》1958年第4期。

② 参见中国人民大学刑法教研室：《中华人民共和国刑法教学大纲（初稿）》，载《教学与研究》1958年第7期。

③ 参见高铭暄主编：《刑法学》，法律出版社1982年版，第17页。

④ 中国人民大学法律系刑法教研组：《中华人民共和国刑法讲话》，人民出版社1980年版，第8页。

⑤ 杨敦先、张文：《刑法简论》，北京大学出版社1986年版，第9页。

法是为党和国家在不同历史时期的主要任务服务的”。具体来说,“建国初期,国家的主要任务是进行民主改革,改变旧的生产关系,建立和巩固革命新秩序,恢复国民经济。中央人民政府根据《中国人民政治协商会议共同纲领》,制定了《惩治反革命条例》、《惩治贪污条例》等一系列刑事法规”。“从1953年起,我国进入了有计划的经济建设时期,国家的主要任务是贯彻执行党在过渡时期的总路线,即实现社会主义工业化,农业、手工业和资本主义工商业的社会主义改造。为了保卫过渡时期总路线的实现,人民司法机关开展了打击惯盗、惯窃、流氓、骗子等刑事犯罪的斗争。1955年社会主义改造高潮前夕,阶级斗争十分激烈,反革命和其他刑事犯罪分子的破坏活动十分猖獗,肃清反革命分子的斗争,就成为全国人民的主要任务之一”。“现在,我国国内的政治经济形势发生了深刻的变化。……当前以及今后相当长一个历史时期,我们的主要任务,就是有系统、有计划地进行社会主义现代化建设。安定团结地发展现代化建设,这是我国各族全体人民的根本利益,是全国的大局。适应新时期斗争需要而公布施行的我国刑法,必将在保护社会主义的经济基础,保卫四个现代化的顺利进行方面,发挥出自己应有的服务作用。”①

20世纪90年代后,一些学者仍然主张刑法是阶级统治的工具,强调我国刑法是人民民主专政的工具。② 但是,有的学者认为,把刑事法律看成执行阶级专政职能、镇压阶级敌人反抗、惩罚严重刑事犯罪分子的工具,使得我国刑事法律的确立和变更曾主要取决于政治斗争的需要,刑事法律的适用随政治形势而变迁。他们还认为,把刑法作为人民民主专政的工具和打

① 参见高铭暄主编:《刑法学》,法律出版社1982年版,第24—25页。

② 参见高铭暄:《我国刑法是人民民主专政的工具》,载《法学杂志》1990年第3期;何秉松主编:《刑法教科书》,中国法制出版社1994年版,第13页;苏惠渔主编:《刑法学》,中国政法大学出版社1997年版,第15—16页;赵秉志主编:《新刑法教程》,中国人民大学出版社1997年版,第26页;王作富主编:《刑法》,中国人民大学出版社1999年版,第7页;高铭暄、马克昌主编:《刑法学》,北京大学出版社、高等教育出版社2016年版,第7—8页;贾宇主编:《刑法学》,中国政法大学出版社2017年版,第5页。

击犯罪的锐利武器，这就将国家利益放在了首要位置，忽视了个人利益，强调了刑法社会保障机能，而轻视了刑法的人权保障机能。因此，刑法观念应转向对个人权利的尊重和保障，形成人权刑法观。① 随着人权保障理念逐渐被学者普遍接受，刑法是阶级专政工具的观点不再流行。

（三）刑法机能观

刑法的机能，也称刑法的功能，是指刑法在其适用过程中所具有的功能和固有的作用。它是关系到刑法理论体系以及刑法解释的重要问题。② 对于刑法机能的看法，与人们所持的法律价值观、对法的目的和任务的认识有着密切关系。

苏联法学理论认为，法的目的和任务就是维护有利于统治阶级的社会关系和社会秩序，因而法的功能就是保护、巩固和发展这种社会关系和社会秩序。对此，我们可以从维辛斯基关于法的经典定义中看到这一点。他指出："法是以立法形式规定的表现统治阶级意志的行为规则和为国家政权认可的风俗习惯和公共生活规则的总和，国家为了保护、巩固和发展对于统治阶级有利的和惬意的社会关系和秩序，以强制力量保证它的施行。"③他进一步分析道："在苏维埃国家里，法完全是针对着剥削制度和剥削者的。苏维埃的法——工农社会主义国家的法。这是社会主义的法。它的使命是服务于跟社会主义敌人作斗争的任务，是服务于社会主义社会建设事业。作为社会主义的法的苏维埃的法，自其产生之时起，就在实现着自己的任务。""苏维埃的法实现着保护惬意和有益于苏维埃国家的劳动人民——工人、农民、劳动者知识界的社会关系和社会秩序，并为巩固和发展这种关系、

---

① 参见赵秉志：《面向21世纪的中国刑事法学》，载《中国人民大学学报》2000年第6期；赵秉志、王鹏祥：《论我国宪法指导下刑法理念的更新》，载《河北法学》2013年第4期。有学者提出建立人本主义刑法观，参见李永升、陈荣飞：《关于人本主义刑法观之探析》，载《江西公安专科学校学报》2009年第4期。

② 参见黎宏：《刑法的机能和我国刑法的任务》，载《现代法学》2003年第4期。

③ ［苏］安·扬·维辛斯基：《国家和法的理论问题》，法律出版社1955年版，第100页。

秩序而服务。”①

基于这种理论，苏联刑法学在明确社会主义刑法的目的、任务的基础上，提出了以社会保护为内容的刑法机能观。有学者指出：“苏联社会主义的刑法的主旨，是在保护并巩固工人与农民的社会主义国家。它保证同一切侵犯工农阶级利益，侵犯社会主义国家基础，社会主义秩序，以及侵犯苏联公民个人与财产权益的行为，进行斗争。为达成此任务，对犯罪者施用各种不同的惩处方法，其宗旨是惩罚犯罪者，并矫正和教育犯罪者。”②还有学者讲道：“苏维埃刑事法律的使命，就是保证妥善地保护苏维埃国家机关及所确立的管理秩序的正常活动，免受各种犯罪的侵犯，不管这些犯罪是由公职人员实施的还是私人（非公职人员）实施的。”③可见，这种刑法机能观强调通过惩罚犯罪来保护国家、社会和公民个人的利益，维护国家所建立起来的社会秩序，它更多地考虑动用国家的刑罚权对侵害各种主体利益、破坏社会秩序的犯罪者实施惩罚。1922 年版苏俄刑法法典关于刑法任务的规定，充分体现了这种刑法机能观。该法典第五条指出：“苏俄刑法法典的任务，在于予劳动者国家以法律保护，避免犯罪与社会危险分子，并对革命法定秩序之破坏者采取刑罚或其他社会保护方法，以达成上述任务。”④从上述论述中可以看到，刑法所保护的社会关系和社会秩序不是抽象的、超阶级的，而是体现统治阶级意志并有利于统治阶级的，因而以社会保护为内容的刑法机能观是刑法的阶级本质的具体体现。

在我国，20 世纪 50 年代的刑法学者在苏联法学理论的指导下，根据苏

---

① ［苏］安・扬・维辛斯基：《国家和法的理论问题》，法律出版社 1955 年版，第 49 页。

② ［苏］B.Д.孟沙金主编：《苏联刑法总论》（上册），彭仲文译，大东书局 1950 年版，第 5 页。

③ ［苏］B.M.契柯瓦则：《与制定苏联刑法典草案有关的苏维埃刑法上的几个问题》，载《苏维埃刑法论文选译》（第一辑），中国人民大学出版社 1955 年版，第 16 页。

④ 转引自［苏］B.Д.孟沙金主编：《苏联刑法总论》（上册），彭仲文译，大东书局 1950 年版，第 141 页。

联刑法学关于刑法机能的观点,阐述了以社会保护为内容的刑法机能观。有学者指出:“我国刑法是维护着最大多数人的根本利益,是维护我国的人民民主制度及其所确立的法律秩序以保障实现社会主义。”“中华人民共和国刑法,是为我国建设社会主义而服务,为广大劳动人民的利益而服务。它要镇压反动,保护人民;惩罚犯罪,保护善良。”①还有学者认为,“中华人民共和国刑法是人民民主专政的有力武器。人民民主政权运用这一武器,严厉地惩办一切反革命分子和犯罪分子的破坏活动,从而保护国家和人民的利益,保障人民革命胜利的巩固和发展”②。可见,我国刑法是通过惩罚犯罪,来维护社会主义社会秩序,保护广大劳动人民的利益,保障国家的社会主义建设。他们认为,刑法的这种社会保护机能充分体现在刑法的任务上,指出:“我国刑法的任务就是使用刑罚方法同一切卖国贼、反革命分子和其他犯罪分子作斗争,以保障人民民主制度和社会秩序免受犯罪行为的侵害,并教育公民自觉地遵守法律,从而保护与促进国家的社会主义建设和社会主义改造事业的顺利完成。”③

20 世纪 80 年代时,我国刑法学者仍然秉持这种刑法机能观,这可以从他们对刑法任务的阐述中看到这一点。有学者认为,“刑法的任务是由刑法的阶级本质决定的。不同类型国家的刑法,执行着各自不同的任务。奴隶制国家刑法的任务是保护奴隶制国家及其基础,保护奴隶主阶级的利益;封建制国家刑法的任务是保护封建制国家及其基础,保护封建主阶级的利益;资本主义国家刑法的任务是保护资产阶级利益,保护资本主义所有制,维护资本主义社会的法律秩序”④。他们进一步指出,与一切剥削阶级的刑

---

① 中央政法干部学校刑法教研室编著:《中华人民共和国刑法总则讲义》,法律出版社 1957 年版,第 26—27 页。

② 中国人民大学法律系刑法教研室编:《中华人民共和国刑法总则讲义(初稿)》(上册),中国人民大学 1957 年印,第 2 页。

③ 中央政法干部学校刑法教研室编著:《中华人民共和国刑法总则讲义》,法律出版社 1957 年版,第 27—28 页。

④ 高铭暄主编:《刑法学》,法律出版社 1982 年版,第 23—24 页。

法截然不同,我国刑法的任务规定在《刑法》第二条中①,它“讲的是刑法打击什么,保护什么,也就是打击的锋芒和保护的对象,概括起来就是:一、我国刑法的锋芒是针对着反革命和其他刑事犯罪的;二、我国的刑法是为保卫我国的无产阶级专政政权和社会秩序、人民的利益以及社会主义革命和社会主义建设的”②。可见,学者们从刑法的阶级本质出发,将刑法机能仅仅归结为社会保护机能。

20 世纪 90 年代,学界开始突破刑法单一的社会保护机能的观点。有学者提出我国刑法应当具有三种功能,即规制功能、保护功能和保障功能,其中保护功能是首要的,而保障功能是派生的。认为保障功能的引入,是为了防止国家刑罚权的滥用。③ 之后,有学者从人的二元性出发提出了刑法机能二元论,从人权保障、法益保护入手详细阐述了刑法应当具有的人权保障和社会保护双重机能的基本内容和内在根据,并提出刑法机能应当从社会保护机能向人权保障机能倾斜,增加刑法的人权蕴含。④ 之后,他又将刑法机能分成两类:规范机能和社会机能,社会机能包括保障机能和保护机能。⑤ 这意味着,刑法机能包括规范机能(规制机能或行为规制机能)、保护机能(人权保障机能)和保护机能(社会保护机能或法益保护机能)。这一观点已成为学界的共识。⑥ 关于社会机能保护机能和人权保障机能的关系

---

① 《刑法》第二条规定:“中华人民共和国刑法的任务,是用刑罚同一切反革命和其他刑事犯罪行为作斗争,以保卫无产阶级专政制度,保护社会主义的全民所有的财产和劳动群众集体所有的财产,保护公民私人所有的合法财产,保护公民的人身权利、民主权利和其他权利,维护社会秩序、生产秩序、工作秩序、教学科研秩序和人民群众生活秩序,保障社会主义革命和社会主义建设事业的顺利进行。”

② 中国人民大学法律系刑法教研组:《中华人民共和国刑法讲话》,人民出版社 1980 年版,第 12 页。

③ 参见何秉松主编:《刑法教科书》,中国法制出版社 1994 年版,第 14 页。

④ 参见陈兴良:《刑法机能二元论》,载《法制与社会发展》1997 年第 4 期。

⑤ 参见陈兴良:《刑法机能的展开》,载《北京市政法管理干部学院学报》1999 年第 1 期。

⑥ 许多学者赞同这一观点,参见张明楷:《刑法学》,法律出版社 2011 年版,第 25—26 页;贾宇主编:《刑法学》,中国政法大学出版社 2017 年版,第 9 页。

上，有的学者认为，社会保护机能更为根本。①

二、苏联法学理论与我国刑法制度理论的构建

刑法制度理论是在刑法观指导下建立起来的，其内容实际上是刑法观在制度层面上的具体运用。从上述分析可以看到，按照苏联法学理论形成的社会主义刑法观，成为我国刑法学的内容。与此同时，以这种刑法观为基础建立起来的苏联刑法制度理论，也为我国刑法学所接受，它主要包括犯罪制度理论和刑罚制度理论。因此，苏联法学理论通过其所形成的刑法观影响着我国刑法制度理论的构建。

（一）犯罪制度理论

苏联刑法学基于苏联法学理论关于法的阶级本质的论述，提出了刑法具有阶级性的观点，以此观点出发形成了以社会危害性为核心的犯罪实质概念，并以此为基础构建起犯罪制度理论。这种理论为我国学者所接受，对我国刑法学的建立和发展产生了很大影响。

1. 提出犯罪具有阶级性的观点

苏联刑法学认为，刑法具有阶级性，作为其内容的犯罪也具有阶级性。他们从犯罪产生的根源和历史发展，论证了犯罪具有阶级性和历史变动性的观点，指出："犯罪与刑罚是社会发展到某种阶段以内所发生的现象。它们的出现是在私有财产制度成立之后，是在社会划分出阶级之后，是在国家组成之后。""我们揭发刑法发生的历史根源，同时也就说明了犯罪与刑罚的阶级本质，以及这些现象的历史的变动性。"②学者们分析道，"在奴隶主

---

① 参见黎宏：《刑法的机能和我国刑法的任务》，载《现代法学》2003 年第 4 期；张明楷：《刑法学》，法律出版社 2011 年版，第 26 页。

② ［苏］В.Д.孟沙金主编：《苏联刑法总论》（上册），彭仲文译，大东书局 1950 年版，第 1 页。

国家的刑事立法中，对奴隶个人的重大伤害，也不算犯罪。……奴隶如有触犯奴隶主的细微事情，则认为是犯了滔天大罪”。“在封建制国家内，侵犯封建地主特权的细微事情，也被认为是犯了大罪”。“关于犯罪的概念，在资产阶级的刑事立法中，带有阶级性质。这就是说：资产阶级刑法所认为犯罪的每种作为（或不作为），乃是对于保证资产阶级阶级统治的社会关系的存在与再生产具有某种危险性的行为”。①

在我国，刑法学深受其影响，也提出了犯罪具有阶级性的观点。在20世纪50年代，学者们在刑法教科书中就阐述了这一问题。他们引述了马克思在《德意志意识形态》一文中犯罪本质的论述后指出：“犯罪乃是反对和破坏统治阶级的利益的行为，当人类社会还没有发生统治者与被统治者之间的统治关系的时候，犯罪也是不存在的。”②“它是社会发展到一定阶段，随着私有财产的产生，社会分裂为阶级，与国家一齐出现的，并将在共产主义社会中，随着国家的消亡一齐消亡的阶级社会的社会现象。”③可见，犯罪不是永恒的社会现象，而是阶级社会中的现象。他们进一步指出，“刑法既然是进行尖锐的阶级斗争的工具，而它的内容则是以使用刑罚的方法来惩罚犯罪人。因此，什么样的行为是犯罪并对之适用什么样的刑罚，总是根据统治阶级的利益来决定的”。“在阶级社会里，它永远是为实现统治阶级的利益服务的”。④ 所以，“在剥削者占统治地位的国家中，被宣布为犯罪的总是危害剥削者少数人利益的行为，而在人民当家作主的国家中，被宣布为犯

---

① ［苏］В.Д.孟沙金主编：《苏联刑法总论》（下册），彭仲文译，大东书局1950年版，第301—303页。

② 中央政法干部学校刑法教研室编著：《中华人民共和国刑法总则讲义》，法律出版社1957年版，第49页。

③ 中国人民大学法律系刑法教研室编：《中华人民共和国刑法总则讲义（初稿）》（上册），中国人民大学1957年印，第31页。

④ 中央政法干部学校刑法教研室编著：《中华人民共和国刑法总则讲义》，法律出版社1957年版，第10、17页。

罪的则是危害人民利益的行为”①。

20 世纪 80 年代时，我国学者重述这一观点，指出：“刑法上所讲的犯罪，是一种社会现象，它不是自有人类就有的，而是阶级社会的产物。”②也就是说，“随着生产资料私有制的出现，人类划分为阶级，统治阶级为了维护其统治利益，组成暴力专政的国家，并通过法律，把那些侵犯或威胁其统治利益的现象规定为犯罪，并予以刑罚处罚，这样，犯罪就和国家、法律一道产生了”③。学者们分析道：“犯罪作为阶级社会的特有现象，具有鲜明的阶级性。不同的阶级、不同类型国家的法律，对于什么样的行为是犯罪，什么样的行为不是犯罪，持有不同的看法和规定。在同一剥削阶级国家里，剥削阶级认为是犯罪的，被剥削阶级可能并不认为是犯罪，例如奴隶暴动、农民起义就是这样。反过来说，剥削阶级认为天经地义的，被剥削阶级则可能认为是滔天罪行，例如剥削阶级对人民大众的血腥屠杀、残酷压榨就是这样。剥削阶级和被剥削阶级在犯罪观上的对立，是由于它们的阶级利益以及政治、道德观点的根本对立所决定的。但是，在任何一个国家里，占统治地位的观点总是统治阶级的观点。统治阶级认为犯罪的，归根结底也总是危害统治阶级利益的行为。”④有学者进一步指出：“不同类型的法，固定着不同的阶级压迫秩序。因此，蔑视社会秩序的最明显最极端的表现的犯罪，也有不同的阶级内容和不同的界限。”“在我国，犯罪是破坏无产阶级专政下社会主义革命和社会主义建设秩序的最明显最极端的表现。”⑤

---

① 中国人民大学法律系刑法教研室编：《中华人民共和国刑法总则讲义（初稿）》（上册），中国人民大学 1957 年印，第 31 页。

② 中国人民大学法律系刑法教研组：《中华人民共和国刑法讲话》，人民出版社 1980 年版，第 22 页。

③ 曾宪信：《社会主义初级阶段的阶级斗争是我国犯罪产生的根源》，载《中南政法学院学报》1987 年第 4 期。

④ 高铭暄主编：《刑法学》，法律出版社 1982 年版，第 60—61 页。

⑤ 张光博：《论犯罪与刑罚》，载《吉林大学社会科学学报》1980 年第 3 期。

20世纪90年代后，一些学者仍强调犯罪的阶级本质。① 但是，有的学者认为犯罪的阶级本质观过于狭窄，指出犯罪固然侵犯了统治阶级的利益，但是更重要的是它亦侵犯了更广泛的社会赖以生存的社会秩序，因此犯罪不仅具有阶级性，还具有社会性。② 在阶级性和社会性的关系上，有学者指出，一种行为之所以被规定为犯罪，归根结底是因为其破坏了社会的统治秩序，因而犯罪的阶级性始终是第一性的，犯罪的社会性总是受制于犯罪的阶级性。③ 有些学者则回避犯罪的阶级性，认为犯罪的实质就是对法益的侵害。④

2. 确立以社会危害性为核心的犯罪概念

在刑法学中如何理解犯罪概念具有极为重要的意义，因为刑法中的许多问题都与犯罪的概念有着密切联系，它决定着刑法理论的走向，规定着刑法基本制度的内容，因而它成为犯罪论乃至整个刑法学的核心内容。

在苏联刑法学看来，犯罪从本质上说具有阶级性，因而犯罪概念就应当反映这一本质。苏联刑法学者认为："决定犯罪的概念，可以有两种方法，一种是对犯罪概念的形式定义，一种是实质定义。"⑤"犯罪的形式定义就是规定：犯罪乃是法律所禁止将以刑罚为制裁之行为。……实质定义应该规定出：在该国刑事立法中认为犯罪行为之实质的社会特性。"⑥在他们看来，

① 参见夏朝晖：《犯罪本质特征新探》，载《中南政法学院学报》1990年第2期；马克昌：《论犯罪的本质》，载《法学》1990年第8期；何秉松主编：《刑法教科书》，中国法制出版社1994年版，第59—64页。

② 参见青峰：《犯罪本质新论》，载《法律学习与研究》1991年第1期；杨春洗、杨敦先主编：《中国刑法论》，北京大学出版社1994年版，第31—33页；苏惠渔主编：《刑法学》，中国政法大学出版社1997年版，第80—81页。

③ 参见贾宇主编：《刑法学》，中国政法大学出版社2017年版，第52—53页。

④ 参见陈兴良：《社会危害性理论——一个反思性检讨》，载《法学研究》2000年第1期；陈兴良主编：《刑法学》，复旦大学出版社2016年版，第18页；张明楷：《新刑法与法益侵害说》，载《法学研究》2000年第1期。

⑤ ［苏］В.Д.孟沙金主编：《苏联刑法总论》（下册），彭仲文译，大东书局1950年版，第307页。

⑥ ［苏］В.Д.孟沙金主编：《苏联刑法总论》（下册），彭仲文译，大东书局1950年版，第307页。

资产阶级刑法和刑法学尽管也对犯罪下了定义，但所下定义属于形式定义，掩盖了犯罪的社会、阶级本质。他们分析道："资产阶级的刑法——立法与法学——普遍确定犯罪乃是一种法律规定要惩罚的被禁止的行为。这样的定义仅只作了表面的、纯粹形式的与不完备的说明。当然，犯罪从形式的法律方面来看，乃是一种法律所禁止的行为，这个征象是实在的，但不是唯一的，而尤其重要的：它不是决定性的。如果仅只从这个定义出发，即无法解释：这种行为何以是犯罪的问题，即无法跳出以下的公式：'要惩罚的都是犯罪的'，'犯罪的都是要惩罚的'。形式的犯罪的定义，在资产阶级的刑法中，应用甚广，因为它掩盖了犯罪的社会的、阶级的本质。"①他们认为，"表现犯罪之基本的、决定性的征象，乃是其社会危险性②。犯罪的社会本质与其客观的、阶级的意义，及其异于他种破坏事件的特征，都包含于社会的危险性的征象之内。"③由于行为的社会危害性是以统治阶级利益来衡量的，因而以社会危害性为内容的犯罪概念是将犯罪置于阶级社会中加以分析的结果，它揭示了犯罪的社会、阶级本质，形成了犯罪的实质概念。基于此，他们论述道："社会主义的刑事立法给予犯罪概念以实质定义。它规定实质上何种作为与不作为在我社会主义国家中认为是犯罪的。在苏俄刑法法典第六条，规定犯罪概念的定义是：'凡以反对苏维埃国家机构或破坏由工农政权所建立步向共产主义机构过渡时期之法定秩序之一切作为与不作为，一概认为危害社会行为。'社会主义刑法在对犯罪概念作出实体的定义时，同时也就决定了社会主义刑法的社会意义。"④他们进一步指出："我国的全体劳动者现在在工人阶级领导之下，正从事共产主义社会的建设，因此，凡

---

① ［苏］B.Д.孟沙金主编：《苏联刑法总论》（上册），彭仲文译，大东书局1950年版，第6页。

② 需要说明的是，这里所说的"社会危险性"，就是通常所说的"社会危害性"。

③ ［苏］B·Д·孟沙金主编：《苏联刑法总论》（上册），彭仲文译，大东书局1950年版，第7页。

④ ［苏］B.Д.孟沙金主编：《苏联刑法总论》（下册），彭仲文译，大东书局1950年版，第307页。

是以全体劳动者利益的观点认为具有社会危险性的作为与不作为，我国法律一律认为是犯罪行为。”①

苏联刑法学者在阐述犯罪概念时，认为社会危害性是犯罪的最重要特征，但犯罪还要考虑其他特征。皮昂特科夫斯基对杜尔曼诺夫 1948 年发表的《犯罪概念》博士论文评论道：“杜尔曼诺夫第一次在苏维埃刑法书刊中把苏维埃刑法中犯罪实质概念的基本特征表述为：社会危害性、违法性、罪过、应受惩罚性和不道德性。同时他是把犯罪的实质特征同形式特征结合起来进行研究的。”受其影响，“在 1948 年出版的刑法总则教科书中，皮昂特科夫斯基指出，犯罪特征除社会危害性之外，还有应受惩罚性和罪过；而在 1952 年的刑法总则教科书中，他进一步把像违法性这样的特征列入犯罪概念之中。”②孟沙金等学者指出：“并非一切具有社会危险性之作为与不作为都是犯罪的。根据‘苏联与各盟员共和国刑事立法之基本原则’与各盟员共和国刑法法典总则，只有罪过的危害社会的作为或不作为才被认为是犯罪行为，也就是说，只有故意或过失实行危害社会之作为或不作为，才被承认为犯罪行为。”③“承认该种罪过的危害社会的作为或不作为犯罪，同时也就表示对该种行为应加以刑罚。犯罪是与刑罚具有不可分离的联系。……因此，犯罪乃是危害社会的、罪过的、应受刑罚的作为或不作为。”④他们还指出：“在法律承认某种作为与不作为犯罪的事实中，表现了该种作为或不作为对社会关系现制度的社会危险性。同时，危害社会之作为或不作为，总是违犯法律一定要求的行为。在我国的社会中，一切犯罪都是违犯社会主义法律的一定规范。因此，犯罪，就其客观属性来说，不仅是

① ［苏］В.Д.孟沙金主编：《苏联刑法总论》（下册），彭仲文译，大东书局 1950 年版，第 307 页。

② ［苏］А.А.皮昂特科夫斯基等：《苏联刑法科学史》，曹子丹等译，法律出版社 1987 年版，第 22、23 页

③ ［苏］В.Д.孟沙金主编：《苏联刑法总论》（下册），彭仲文译，大东书局 1950 年版，第 308 页。

④ ［苏］В.Д.孟沙金主编：《苏联刑法总论》（下册），彭仲文译，大东书局 1950 年版，第 308 页。

社会危险行为，同时也是违法的作为或不作为。”①尽管如此，他们认为社会危害性在犯罪中仍居于根本地位。有学者论证道：“如果说社会危害性是对行为在实质、在社会政治上的评价，那么，行为的违法性，它和刑法规范的抵触性，就是对它在法权上的和法律上的评价。……在实质上的评价，对于苏维埃刑法中的犯罪概念具有决定性的意义。”②正因为如此，他们讲道：“每种罪行的社会危险性，表现在社会主义刑事立法所规定之刑事处分上，当有这种场合，即某种行为适合于刑法所规定之犯罪构成之某些要件，而实际上在某种具体场合，却不得承认其具有社会危险性，从而亦不得处以刑罚。这种情形之发生，或是由于行为细小不足道与并未发生有害的结果，或是由于社会政治环境变化所致。”③从苏联学者的论述中可以看到，犯罪实质概念是以社会危害性这一最本质特征构建起来的，它为形成以社会危害性为核心的犯罪论奠定了基础。

我国刑法学也从刑法和犯罪的阶级本质出发，确立起以社会危害性为核心的犯罪概念。在 20 世纪 50 年代，刑法学者在阐述刑法和犯罪阶级性之后指出：“根据前面对于我国刑法的概念和阶级本质的阐述，可以把我国刑法中的犯罪概念表述为：一切危害我国人民民主制度、破坏社会秩序、对于社会有危害性的、依法应当受到刑罚处罚的行为都是犯罪。”④他们对此分析道：“行为对于社会的危害性乃是犯罪的最本质的特征。人的某种行为之所以被认为是犯罪，就是因为它具有社会危害性。不具有社会危害性

---

① ［苏］B.Д.孟沙金主编：《苏联刑法总论》（下册），彭仲文译，大东书局 1950 年版，第 328 页。

② ［苏］B.M.契柯瓦则：《与制定苏联刑法典草案有关的苏维埃刑法上的几个问题》，载《苏维埃刑法论文选译》（第一辑），中国人民大学出版社 1955 年版，第 8 页。

③ ［苏］B.Д.孟沙金主编：《苏联刑法总论》（下册），彭仲文译，大东书局 1950 年版，第 308 页。

④ 中央政法干部学校刑法教研室编著：《中华人民共和国刑法总则讲义》，法律出版社 1957 年版，第 56 页。

的行为，就不能被认为是犯罪。”①之所以将社会危害性看作犯罪的基本的、决定性的特征，是因为“只有根据这一特征才能从根本上回答某种行为之所以被宣布为犯罪的阶级、政治上的原因”②。然而，“这并不等于说，所有危害社会的行为都是犯罪。而是只有根据我国刑法的观点看来，应当受到刑罚处罚的社会危害行为才是犯罪”。“应当受到刑罚处罚的社会危害行为，必须是出于行为人的故意或过失所实施的行为。……但是，也并不是所有出于行为人的故意或过失所实施的危害社会的行为，都是应当受到刑罚处罚的。……只有当行为的社会危害性比较严重的时候，才应当使用刑罚方法加以制裁。”③基于此，“我国的立法正是根据具体行为的危害性程度来解决某种犯罪与非犯罪的界限的”④。由此可见，我国建立起以社会危害性为最本质特征的犯罪概念。与此同时，学者们对资产阶级刑法的形式犯罪概念进行了批判，指出：“资产阶级国家的刑法典对于犯罪的概念，虽然有着各色各样的规定，但是它们只是从法律形式的特征来规定什么叫犯罪，而不揭露犯罪的实质特征，不揭露犯罪的阶级内容，则是相同的。”在他们看来，这样的定义不仅在逻辑上是不通的，犯了循环定义的错误，而且“掩盖了资产阶级关于犯罪的阶级内容，掩盖了资产阶级刑法反人民的本质”。⑤他们认为，“资产阶级刑法对犯罪所作的形式定义，实际上也并没有为资产

① 中央政法干部学校刑法教研室编著：《中华人民共和国刑法总则讲义》，法律出版社1957年版，第56页。

② 中国人民大学法律系刑法教研室编：《中华人民共和国刑法总则讲义（初稿）》（上册），中国人民大学1957年印，第50页。

③ 参见中央政法干部学校刑法教研室编著：《中华人民共和国刑法总则讲义》，法律出版社1957年版，第57—58页。需要注意的是，当时也有学者主张危害社会行为与犯罪行为是等同的，强调社会危害性使犯罪与其他违法行为区别开来，反对犯罪必须是社会危害性达到某种程度的行为的观点。参见张仙根：《关于犯罪概念中社会危害性问题的商榷》，载《华东政法学报》1956年第2期。

④ 中国人民大学法律系刑法教研室编：《中华人民共和国刑法总则讲义（初稿）》（上册），中国人民大学1957年印，第58页。

⑤ 参见中央政法干部学校刑法教研室编著：《中华人民共和国刑法总则讲义》，法律出版社1957年版，第59—60页。

阶级所遵守”,因为这一形式定义“是和资产阶级刑法所依据的‘法律无明文规定者不为罪’这一基本原则密切联系着的”,在激烈的阶级斗争中,资产阶级经常破坏甚至抛弃这一原则。[①] 在这里,学者们在批判形式犯罪概念时,对罪刑法定原则持否定态度。

20 世纪 80 年代时,我国刑法学者主张犯罪的阶级性,坚持以社会危害性为核心对犯罪概念下定义。学者们认为,“犯罪现象的产生是同一定的阶级利益联系在一起的”[②]。“犯罪,是由统治阶级根据自己的意志认定的,为了以其集中的意志来对付那些对其统治关系不利的行为,他们就把这种行为规定在自己的刑法中,称之为犯罪行为。”[③]因此,“犯罪有着鲜明的阶级性,它是阶级斗争的表现和反映”[④]。“然而,剥削阶级不愿意公开承认这一点。它们在刑事立法和刑法理论中所制定的犯罪概念,总是千方百计竭力掩盖犯罪的阶级性。”[⑤]他们分析道:首先,“某些资本主义国家的刑法典虽然规定有犯罪的概念,但只不过是形式的概念。……这种形式的概念掩盖了资产阶级刑法上犯罪的阶级内容,从而也掩盖了资产阶级刑法反人民的性质。它仅仅从形式上说明犯罪是违法的和应受惩罚的,但却回避了从阶级实质上回答问题:为什么某种行为被法律禁止,为什么该种行为应受惩罚,规定该犯罪的法律到底为谁的利益服务。”其次,“资产阶级刑法理论,大都也是对犯罪概念作形式的表述。刑事古典学派主张‘法无明文规定者不为罪’,因此他们坚持在法律的限度内对犯罪下定义。……所有这些定义无异是说:犯罪就是法律上认为犯罪的行为。这些定义没有揭示犯罪的

---

① 参见中央政法干部学校刑法教研室编著:《中华人民共和国刑法总则讲义》,法律出版社 1957 年版,第 60 页。需要说明的是,这里所说的“法律无明文规定者不为罪”原则,其实就是罪刑法定原则。

② 杨敦先、张文:《刑法简论》,北京大学出版社 1986 年版,第 47 页。

③ 李光灿:《论犯罪的阶级本质和社会根源》,载《法学研究》1980 年第 2 期。

④ 杨春洗、甘雨沛、杨敦先、杨殿升等:《刑法总论》,北京大学出版社 1981 年版,第 80 页。

⑤ 高铭暄主编:《刑法学》,法律出版社 1982 年版,第 61 页。

阶级实质。它们都是为资产阶级镇压和欺骗劳动人民服务的。”[①]他们还讲道：“资产阶级刑法理论中也有一些人企图对犯罪规定实质的概念。……刑事人类学派和刑事社会学派用新的更加便于任意解释的犯罪概念来代替犯罪的法律形式概念。他们力图使犯罪概念与法律脱离，以便为资产阶级法官的非法专横开辟道路。”[②]在批判资产阶级刑法和刑法理论基础上，学者们提出，我国刑法第十条“从犯罪的阶级实质和法律形式的统一上给我国社会上的犯罪下了完整定义”[③]。他们对该定义分析道，犯罪具有三个基本特征，即社会危害性、刑事违法性和应受惩罚性，并指出：“行为对于社会的危害性，是犯罪的最本质的、具有决定意义的特征。某种行为之所以被认定为犯罪，从本质上说就是因为它具有社会危害性。不具有社会危害性的行为就不是犯罪行为。行为的情节显著轻微危害不大的，也不认为是犯罪。”“行为的社会危害性表现在法律上就是违法性。……社会危害性是违法性的基础，没有社会危害性就谈不到违法；但是，仅有某种程度的社会危害性而没有违反刑法规范的行为，也不成其为犯罪。”“强调社会危害性与违法性的统一，是我国刑法贯彻社会主义法制原则的表现。”“行为的社会危害性没有达到触犯刑律、应受刑罚处罚的程度，从而也就不构成犯罪。”“划分罪与非罪的界限，归根结底是由行为的社会危害性及其程度所决定的。”[④]可见，这时学者在给犯罪下定义时，尽管开始按照社会主义法制原则提出刑事违法性的特征，对此有学者提出此概念属于混合犯罪概念，但是在犯罪的三个特征中社会危害性仍被置于根本地位，尤其是社会危害性作为

---

① 参见高铭暄主编：《刑法学》，法律出版社 1982 年版，第 61—62 页。

② 高铭暄主编：《刑法学》，法律出版社 1982 年版，第 62 页。

③ 高铭暄主编：《刑法学》，法律出版社 1982 年版，第 65 页。

④ 高铭暄主编：《刑法学》，法律出版社 1982 年版，第 66—71 页。关于行为的社会危害性，许多学者都认为它是犯罪三个特征中具有决定意义的最本质的特征。参见杨春洗、甘雨沛、杨敦先、杨殿升等：《刑法总论》，北京大学出版社 1981 年版，第 91—92 页；华东政法学院刑法教研室编著：《刑法概论》，浙江人民出版社 1987 年版，第 47—48 页；王作富：《中国刑法研究》，中国人民大学出版社 1988 年版，第 64 页。

不认定犯罪和进行类推的根本标准，因而犯罪概念仍然属于苏联刑法学所说的实质概念的范畴。与50年代不同的是，我国学者开始承认罪刑法定原则，但这种原则是不完全的。有学者指出：“罪刑法定是我国刑法中的一个重要原则。我国刑法明确规定了什么是犯罪，有哪些犯罪，有哪些刑种，刑罚如何适用，以及各种具体罪的具体量刑幅度如何等等，这就是罪刑法定原则的具体体现。但是，刑法并没有把罪刑法定原则绝对化，而是允许类推，作为罪刑法定原则的一种补充。”①

20世纪90年代后，一些学者仍然提出以社会危害性为核心、以实质内容和法律形式相统一的混合犯罪概念。② 同时，另一些学者开始对犯罪概念提出不同观点。有学者将犯罪概念分成两个层次，即犯罪的立法概念和司法概念，前者是从基本属性方面说明犯罪的内在本质或者实质内容，即犯罪是一种具有严重的社会危害性并且触犯刑事法律、应当受刑罚处罚的行为；后者是从具体特征方面说明犯罪成立的构成条件，即犯罪是一种在犯罪客体、犯罪客观方面、犯罪主体和犯罪主观方面都符合刑法规定的行为。③有学者反对混合犯罪概念，认为犯罪的形式概念和实质概念具有重要价值，分别在刑事立法和刑事司法领域发挥指导性功能，因而犯罪有实质和形式两层含义：在立法政策意义上，犯罪是指应受刑罚惩罚的危害社会的行为；在司法准则的意义上，犯罪是指刑法规定为应受刑罚惩罚的行为。④ 有学者在阐述社会危害性时引入法益侵害说，认为自然关系和社会关系共同构

① 中国人民大学法律系刑法教研组：《中华人民共和国刑法讲话》，人民出版社1980年版，第4页。

② 参见何秉松主编：《刑法教科书》，中国法制出版社1994年版，第64—75页；杨春洗、杨敦先主编：《中国刑法论》，北京大学出版社1994年版，第34页；苏惠渔主编：《刑法学》，中国政法大学出版社1997年版，第74页；高铭暄主编：《新编中国刑法学》，中国人民大学出版社1998年版，第66—71页；高铭暄、马克昌主编：《刑法学》，北京大学出版社、高等教育出版社2016年版，第45—48页；曲新久主编：《刑法学》，中国政法大学出版社2017年版，第57—61页。

③ 参见王世洲：《中国刑法理论中犯罪概念的双重结构和功能》，载《中国法学》1998年第5期。

④ 参见贾宇、林亚刚：《犯罪概念与特征新论》，载《法商研究》1996年第4期。

成了社会存在的必要条件，一国刑法在确定什么行为为犯罪时，不仅要将侵害其社会关系的行为规定为犯罪，而且还要将侵害其自然关系的行为规定为犯罪，因此法益侵害说全面概括犯罪社会危害性的内容。① 但是，有学者对社会危害性理论提出质疑，认为这种理论所显现的实质的价值理念与罪刑法定主义所倡导的形式的价值理念之间，存在着基本立场上的冲突，由此形成了以强调社会危害性的实质犯罪概念和以强调刑事违法性的形式概念的对立。在他看来，从犯罪的法定概念的功能出发，刑法规定的犯罪概念只能是犯罪的形式概念，这意味着在确立刑法中的犯罪概念的时候，应当以刑事违法性为出发点，将刑事违法性作为犯罪的唯一特征。因此，应将犯罪概念中的社会危害性这一超规范的概念转换为法益侵害这一规范的概念。② 显然，该观点在否定社会危害性为犯罪本质特征的同时，回避了犯罪行为的阶级性质。

3. 建立“四要件”的犯罪构成理论

在苏联，为了贯彻社会主义法制原则，实现犯罪概念的具体化，在法学理论的指导下，在批判资产阶级犯罪构成理论的基础上，创立了由四要件组成的社会主义犯罪构成理论。首先，阐述了构建犯罪构成理论的阶级和社会基础。苏联刑法学者基于法的阶级性的观点，认为作为刑法内容的犯罪具有阶级性，并以此形成了以社会危害性为核心的实质犯罪概念，而犯罪构成理论则是建立在犯罪阶级本质和实质犯罪概念的基础上，用来说明具有社会危害性的行为的具体特征。特拉伊宁指出：“社会主义的刑法，是以犯罪的阶级性和犯罪内容的历史变易性为出发点的。犯罪的阶级性，在‘苏俄刑法典’第6条和各加盟共和国刑法典的相应规定中，有一般的法律上的规定。而在刑法典分则的每个规范、每个构成中，则有其具体的立法上的

① 参见杨春洗、苗生明：《论刑法法益》，载《北京大学学报（哲学社会科学版）》1996年第6期。

② 参见陈兴良：《社会危害性理论—— 一个反思性检讨》，载《法学研究》2000年第1期；陈兴良：《社会危害性理论：进一步的批判性清理》，载《中国法学》2006年第4期。

体现。”因此，“在社会主义的刑法体系中，犯罪构成的学说应当以犯罪的阶级性的一般学说和它的实质定义与形式定义为基础。立法者正是通过综合那些统一起来即构成社会危害行为的特征来制定犯罪构成的。”①他分析道：“每个犯罪行为都是危害社会的，因此，每个犯罪构成都应当具有这样一些事实特征，这些特征，在苏维埃立法者看来，它们的总和决定着该行为的危害社会的性质。”②也就是说，“犯罪的社会危害性不仅决定于犯罪行为的客观属性，而且也决定于表明犯罪人的那些主观特征”，“表现在犯罪构成的全部因素的总和中”③。对此，哈萨洛夫认为应将犯罪构成规定为：“按照苏维埃法律，说明某种侵犯社会主义国家利益的行为社会危害性的诸特征之总和。”④

其次，提出了按主客观统一的原则建立犯罪构成体系。苏联刑法学者以法学理论所赖以建立的马克思主义方法论，提出了按照主客观统一的原则建立犯罪构成体系。特拉伊宁指出：“马克思主义的方法论，为正确解决犯罪构成学说的另一个问题——关于犯罪构成的客观结构和主观结构的问题——提供了一把钥匙。”⑤他运用唯物辩证法分析道：“人的任何一种行为，包括犯罪行为在内，不可能没有主观特征，即人的特征。……不能说有‘纯粹的’没有主观色彩的行为，而且犯罪构成也不可能建立在这种不带主观色彩的‘纯粹的’行为的基础之上。主体和他的行为永远是不可分割地联系着的”。因此，“社会主义的刑法，不是建立在客观因素与主观因素的

① 参见[苏]A.H.特拉伊宁：《犯罪构成的一般学说》，薛秉忠等译，中国人民大学出版社1958年版，第43页。

② [苏]A.H.特拉伊宁：《犯罪构成的一般学说》，薛秉忠等译，中国人民大学出版社1958年版，第63页。

③ [苏]A.H.特拉伊宁：《犯罪构成的一般学说》，薛秉忠等译，中国人民大学出版社1958年版，第64页。

④ [苏]A.Б.哈萨洛夫：《关于犯罪构成概念的问题》，载《苏维埃刑法论文选译》（第一辑），中国人民大学出版社1955年版，第53页。

⑤ [苏]A.H.特拉伊宁：《犯罪构成的一般学说》，薛秉忠等译，中国人民大学出版社1958年版，第43页。

脱离或对立的基础上，而是以辩证地结合对主体和他的行为的评价为基础的。”①也就是说，要按照主客观相统一的原则建立犯罪构成体系，并对犯罪行为进行评价。对此，皮昂特科夫斯基概括道：“人们行为中的主观和客观的辩证统一，乃是正确了解社会主义刑法上的犯罪构成的基础。犯罪构成永远是犯罪行为必要的客观特征和主观特征的统一。”②

我国刑法学以苏联学说为依据，建立起以社会危害性为基础的、主客观相统一的犯罪构成理论。20 世纪 50 年代，学者们就指出：“每一犯罪行为，都是人所实施的危害社会行为的客观要件和主观要件的统一。主观（人的故意或过失）表现在客观上，即表现在由于人的行为所引起的（或可能引起的）危害社会的损害上，才能认为是犯罪行为。还没有表现在客观行为上的故意或过失，或者不是由于故意或过失所造成的客观上的损害，就都不能认为是犯罪行为。我国刑法不承认有缺乏客观要件的所谓‘思想犯罪’，也不承认有缺乏主观要件的所谓‘客观归罪’，就是犯罪行为必须是：人所实施的危害社会行为的客观要件和主观要件的统一这一理论所得出的当然结论。”③他们还认为，作为犯罪本质特征的社会危害性是建立犯罪构成的基础，指出：“任何一个犯罪，都可以用很多事实特征来表明，但并非每一个事实特征，都是犯罪构成的要件，而只有对行为的社会危害性及其程度具有决定的意义而为该行为成立犯罪所必要的那些事实特征，才是犯罪构成的要件。”④同时，社会危害性也体现于犯罪的主客观要件之中。他们分析道，从犯罪客体看，它“是我国刑法所保护的，而为犯罪行为所侵害的社会关系”。

---

① 参见［苏］A.H.特拉伊宁：《犯罪构成的一般学说》，薛秉忠等译，中国人民大学出版社 1958 年版，第 43、46 页。

② ［苏］A.A.皮昂特科夫斯基：《社会主义法制的巩固与犯罪构成学说的基本问题》，载《苏维埃刑法论文选译》（第一辑），中国人民大学出版社 1955 年版，第 86 页。

③ 中央政法干部学校刑法教研室编著：《中华人民共和国刑法总则讲义》，法律出版社 1957 年版，第 74—75 页。

④ 中国人民大学法律系刑法教研室编：《中华人民共和国刑法总则讲义（初稿）》（上册），中国人民大学 1957 年印，第 64 页。

“犯罪的行为所以具有社会危害性，就是因为它们都是在不同程度上侵害了我国向社会主义社会过渡的社会关系”。[①] 从犯罪客观方面看，它“是犯罪行为和由这种行为所造成的危害社会的结果”，这种行为“是已经造成了危害社会的结果，或者是可能造成危害社会的结果的行为”，而且“危害社会的行为和危害结果之间有因果关系”。[②] 从犯罪主体看，它“是因实施犯罪行为，并且依据我国刑法对这一犯罪行为，应该负担刑事责任的人”[③]。从犯罪的主观方面看，它“是人对自己所实施的行为的危害社会结果的一种故意或过失形式的心理状态”[④]。因此，“犯罪构成就是依照我国刑法说明人所实施的应当受到刑罚处罚的危害社会的行为的客观要件和主观要件的总和”[⑤]。

70 年代末 80 年代初，苏联犯罪构成理论对我国刑法学的恢复产生了很大影响。学者们认为，“无论任何一种具体犯罪行为，总是由客观的危害社会的行为和主观的罪过、犯罪的主体和犯罪的客体诸方面在一定条件下结合而构成”[⑥]。“犯罪构成是犯罪概念的具体化”，而“行为对于社会的危害性，是犯罪的最本质的、具有决定意义的特征”，因此“行为具有必要程度的社会危害性乃是犯罪构成的基本属性”。[⑦] 由此，“犯罪的客体、客观方面、主体、主观方面，这四大要件形成了衡量行为的社会危害性大小的标准

---

① 参见中央政法干部学校刑法教研室编著：《中华人民共和国刑法总则讲义》，法律出版社 1957 年版，第 75—76 页。

② 参见中央政法干部学校刑法教研室编著：《中华人民共和国刑法总则讲义》，法律出版社 1957 年版，第 84、90 页。

③ 中央政法干部学校刑法教研室编著：《中华人民共和国刑法总则讲义》，法律出版社 1957 年版，第 107 页。

④ 中国人民大学法律系刑法教研室编：《中华人民共和国刑法总则讲义（初稿）》（上册），中国人民大学 1957 年印，第 143 页。

⑤ 中央政法干部学校刑法教研室编著：《中华人民共和国刑法总则讲义》，法律出版社 1957 年版，第 72 页。

⑥ 李光灿、罗平：《论犯罪和刑事责任（续完）》，载《吉林大学学报（社会科学版）》1979 年第 6 期。

⑦ 参见高铭暄主编：《刑法学》，法律出版社 1982 年版，第 91、66、98 页。

与尺度，犯罪的社会危害性正是通过这一系列的犯罪构成要件体现出来的”①。他们分析道，从犯罪客体看，它“是指刑法所保护而为犯罪行为所侵害的社会主义社会关系”。“犯罪之所以具有社会危害性，就是因为它侵犯了我国的社会主义社会关系。”②从犯罪客观方面看，它“是刑法所规定的，说明侵犯某种客体的行为的社会危害性的诸客观事实特征”。犯罪行为是“某个人故意或过失地实施了刑法所规定的危害社会的行为”，犯罪结果是“犯罪行为对我国刑法所保护的客体造成的损害”③。从犯罪主体看，它“是指到达法定责任年龄、具有责任能力、实施危害社会行为的自然人”④。从犯罪主观方面看，它“表现为犯罪主体对于他所实施的危害行为及其危害结果所抱的心理态度”⑤。同时，有学者指出，主、客观要件相统一的原理是犯罪构成理论的核心，它“是辩证唯物主义在研究犯罪构成问题上的具体运用，是对构成犯罪的各种要件的相互关系的高度概括”⑥。有学者分析道：“上述四个方面的要件是有机统一、密切结合的。任何犯罪都是犯罪主体所实施的危害社会的行为，因此任何犯罪构成都必然包含表明主体和行为特征必不可少的主观要件和客观要件。主体和行为永远不能分离，主观要件和客观要件总是结合成一个统一的整体来反映社会危害性及其程度的。”⑦当时，这种观点成为刑法学界的共识。⑧

---

① 邓又天、邱兴隆：《对犯罪概念的几个理论问题的探讨》，载《河北法学》1984年第1期。

② 参见高铭暄主编：《刑法学》，法律出版社1982年版，第106—107页。

③ 参见高铭暄主编：《刑法学》，法律出版社1982年版，第116、118、122页。

④ 高铭暄主编：《刑法学》，法律出版社1982年版，第136页。

⑤ 高铭暄主编：《刑法学》，法律出版社1982年版，第145页。

⑥ 陈泽杰：《主客观要件相统一是我国犯罪构成理论的核心》，载《法学研究》1986年第4期。

⑦ 高铭暄主编：《刑法学》，法律出版社1982年版，第100页。

⑧ 参见吴大英、濮稼先：《论犯罪构成》，载《山西大学学报（哲学社会科学版）》1980年第1期；朱华荣、苏惠渔：《略论我国刑法中的犯罪构成》，载《求是学刊》1980年第3期；杨春洗、甘雨沛、杨敦先、杨殿升等：《刑法总论》，北京大学出版社1981年版，第103—167页；杨敦先、张文：《刑法简论》，北京大学出版社1986年版，第55—103页；华东政法学院刑法教研室编著：《刑法概论》，浙江人民出版社1987年版，第57—103页。

80年代中期后，一些学者对“四要件”的犯罪构成理论进行深入研究，提出了不同意见，形成了三次论争。第一次论争始于1987年，一些学者对“四要件说”进行改良，提出“三要件说”或“二要件说”，否定犯罪客体、犯罪主体为犯罪构成的要件，否定犯罪结果、犯罪对象、犯罪目的、犯罪动机等犯罪构成要件的要素。1997年之后，学界开始了第二次论争，一些学者通过对犯罪构成的逻辑结构进行讨论，提出借鉴英美法系双层次说或者德、日刑法三阶层论来构建我国的犯罪构成理论。对于这些质疑，“四要件说”维护论者都给予了回应与反驳。2009年，司法考试大纲将犯罪构成“四要件说”调整为古典三阶层论，引发了学界第三次论争，这次论争的结果是“四要件说”没有被推翻。① 至今，“四要件说”影响仍然很大，为学界通说。②

4. 允许类推的存在

在苏联刑法学看来，“类推问题是同犯罪概念紧密联系的最重要问题之一”③。“类推在苏维埃刑事立法中的存在，是与犯罪的实质定义和承认危险性是犯罪的决定性特征相关联的。”④因此，是否允许类推是一个如何看待社会危害性在确定犯罪中的地位问题。往深层上考量，是否允许类推则反映出不同的刑法本质观和机能观。

苏联刑法学认为，刑法具有阶级性，是统治阶级通过惩罚犯罪维护有利于自身利益的社会秩序，是实行阶级专政的工具。因此，从有利于开展阶级斗争、巩固无产阶级专政的目的出发，应当允许类推的存在。苏联学者指出：“在苏维埃国家建设的最初年代里，允许类推存在是历史的必然，是政

① 参见曲新久主编：《共和国六十年法学论争实录·刑法卷》，厦门大学出版社2009年版，第85—118页。

② 参见高铭暄、马克昌主编：《刑法学》，北京大学出版社、高等教育出版社2016版，第48—126页；赵秉志主编：《刑法》，高等教育出版社2012年版，第42—103页；贾宇主编：《刑法学》，中国政法大学出版社2017年版，第61—118页。

③ ［苏］A.A.皮昂特科夫斯基等：《苏联刑法科学史》，曹子丹等译，法律出版社1987年版，第30页。

④ ［苏］贝斯特洛娃：《苏维埃刑法总论（讲义）》，中国人民大学刑法教研室译，中国人民大学1952年出版，华东政法学院教务处1954年翻印，第86页。

治的需要。过渡到新经济时期政策后(当时已经通过了第一部刑法典),在社会上的资产阶级分子中出现了一些新的阶级斗争形式。这些斗争形式,不可能事先由刑法典所规定。此外,用刑法同个别的来自劳动人民中间的不坚定分子所实施的社会危害行为作斗争的经验也缺乏。这也使得有必要把类推规定到刑事立法中去。”①因此,“类推的适用使社会主义司法机关得灵活与迅速适用于因阶级斗争变化所产生之新的犯罪形态之上,保证了对严重罪行的适时斗争”②。基于此种观点,类推规范被 1922 年《苏俄刑法典》列入。他们还指出,类推是一种例外情况,其适用有严格限制。皮昂特科夫斯基说道:“就是在那些年代里,类推也是被当作一般规定中的例外情况。……只有在某些特殊场合,即当受审人的行为在刑法典中虽未明确规定,但法院从工农政权建立起来的新法律秩序的观点看,这一行为有明显危害性时,才可以例外。”③孟沙金等学者指出,为了正确、确实遵守法律来适用类推,需要遵守下列条件:一是行为应该是确具社会危险性的;二是须确为未列入现行刑事立法罪行名目中的行为;三是行为应依刑事法律中最类似的条文判罪;四是如果法律依据某种条文系限定以某些特殊条件论罪,设该行为不具备此特殊条件,该行为即不能依类推判罪;五是在适用类推时,责任之限度只以该行为所适用之条文的范围为限。④ 在这些条件中,行为的社会危害性成为适用类推的关键。可见,适用类推使得犯罪概念中社会危害性的实质特征居于刑事违法性的形式特征之上,这凸显了维护符合统治阶级利益的社会秩序的刑法价值,却忽视了保障公民人权的刑法价值。

受苏联刑法学的影响,我国刑法学也是从刑法具有阶级性的观点出发,

---

① [苏]A.A.皮昂特科夫斯基等:《苏联刑法科学史》,曹子丹等译,法律出版社 1987 年版,第 31 页。

② [苏]B.Д.孟沙金主编:《苏联刑法总论》(上册),彭仲文译,大东书局 1950 年版,第 278 页。

③ [苏]A.A.皮昂特科夫斯基等:《苏联刑法科学史》,曹子丹等译,法律出版社 1987 年版,第 31—32 页。

④ 参见[苏]B.Д.孟沙金主编:《苏联刑法总论》(上册),彭仲文译,大东书局 1950 年版,第 280—282 页。

将类推的存在与阶级斗争、巩固无产阶级专政的需要联系起来。20 世纪 50 年代,学者们就指出:“我国刑法允许类推,是和我国当前政治、经济形势有着密切联系的。我国现在正处在向社会主义社会过渡的时期,一切都处在不断地发展、变化中,敌人和其他犯罪分子所实施的各种犯罪行为,是各式各样的。这是在制定刑事法律的时候,所难一一估计到的。因此,在目前我国刑事法律的规定中,还不可能包罗所有各式各样可能出现或正在出现的犯罪行为。虽然这种行为是个别的,但是,为了保证同那些现行刑事立法没有直接规定的,而实质上是危害社会的行为进行斗争,就有必要让审判人员有可能依照类推来进行工作。”①同时他们认为,“再经过若干年,随着国家社会主义建设的发展,和同犯罪作斗争的经验日益丰富,在刑法典更加充实完备的情况下,也就可以考虑废除类推制度”②。接着,他们根据法制原则进一步分析道:“适用类推必须严格地遵守一定条件,不然就有破坏法制的危险。”这些条件包括:依类推定罪的行为,必须是具有社会危害性的行为;依类推定罪的行为,必须是现行刑事立法条文所没有直接规定的;必须比照现行刑事立法最相类似的条文定罪判刑。③ 显然,行为的社会危害性这一条件起着决定性作用。1957 年“反右”运动开展后,学者们强调类推的作用,主张类推的长期存在。有学者指出,若干年之后废除类推的推论是值得研究的,“因为犯罪现象和阶级斗争一样是非常复杂的,而且随着阶级斗争的发展它必然要不断变化,即使经过若干年刑法典充实完备后,估计也很难规定得详尽无遗并完全预见到未来的变化。从对敌人专政和有利同犯罪作

① 中央政法干部学校刑法教研室编著:《中华人民共和国刑法总则讲义》,法律出版社 1957 年版,第 69 页。这种观点还可参见中国人民大学法律系刑法教研室编:《中华人民共和国刑法总则讲义(初稿)》(上册),中国人民大学 1957 年印,第 70 页。

② 中央政法干部学校刑法教研室编著:《中华人民共和国刑法总则讲义》,法律出版社 1957 年版,第 70 页。这种观点还可参见中国人民大学法律系刑法教研室编:《中华人民共和国刑法总则讲义(初稿)》(上册),中国人民大学 1957 年印,第 71 页。

③ 参见中央政法干部学校刑法教研室编著:《中华人民共和国刑法总则讲义》,法律出版社 1957 年版,第 70—71 页。这种观点还可参见中国人民大学法律系刑法教研室编:《中华人民共和国刑法总则讲义(初稿)》(上册),中国人民大学 1957 年印,第 72 页。

斗争的要求来看，现在提出将来废除类推的问题不仅是不现实的，而且也是无益的”①。有学者甚至提出要扩大类推的范围。他讲道：“在我国刑法总则中对于过失、预备和未遂的犯罪规定依刑法分则有特别规定的才能处罚。也就是说对于过失、预备和未遂的犯罪刑法分则中没有特别规定的就不能适用类推，这样就把适用类推的范围更加缩小了。”②

到了20世纪80年代，学者们仍然从刑法的阶级本质观和社会保护机能观出发，主张实行类推制度。有学者论述道：“社会生活是复杂的，不断变化的，反革命分子和各种坏分子的破坏活动，也会随着阶级斗争形势的变化而不断变换其手法。而根据经验制定的法律，却总是比较原则的和稳定的。特别是，我国刑法是建国以来的第一部刑法，很难把社会上正在发生和可能发生的各式各样的犯罪行为包罗无遗。为了切实保障国家和人民的利益，及时同法律没有明文规定的犯罪行为作斗争，在坚持法制原则的前提下，允许审判机关按类推的方法定罪判刑是完全必要的。”同时，他们还指出：“类推毕竟是针对法律无明文规定的行为的，因此，运用类推必须十分严肃，否则就有破坏法制的危险。”因此，运用类推必须遵守法定的条件，即依照类推定罪的行为必须是具有社会危害性，而且这种社会危害性已经达到犯罪程度的；依照类推定罪的行为，必须是刑法分则中没有明文规定的；必须比照刑法分则中最相类似的条文定罪判刑；依照类推定罪判刑的判决，应当报请最高人民法院核准。③ 从以上论述中可以看到，学者们认为行为的社会危害性是构成犯罪至关重要的条件，也是实行类推制度的根据。同时，学者们认为类推与罪刑法定原则并不矛

① 范明：《对“中华人民共和国刑法总则讲义”的几点意见》，载《政法研究》1958年第4期。

② 曹国卿：《在我国刑事立法中是否要“类推”的问题》，载《政法研究》1957年第3期。

③ 参见中国人民大学法律系刑法教研组：《中华人民共和国刑法讲话》，人民出版社1980年版，第35—37页。类似论述参见高铭暄主编：《刑法学》，法律出版社1982年版，第103—105页；华东政法学院刑法教研室编著：《刑法概论》，浙江人民出版社1987年版，第23—24页。

盾,它是这种原则的补充,①或者说它与这种原则是完全一致的,是它的一种体现。②

80年代末开始,学界对类推采取批判和否定的态度,认为类推破坏了罪刑法定原则,只有废除该制度才能使刑法科学化。③ 最终,这种观点为绝大多数学者所认同,类推制度也在1997年修订刑法时被废除。

5. 依据社会危害性构建一系列犯罪制度

在苏联法学理论的指导下,苏联刑法学揭示了犯罪的阶级性,在此基础上确立了以社会危害性为核心的实质犯罪概念,社会危害性成为构成犯罪论的基石,它不仅体现在犯罪构成的理论中,也成为构建一系列犯罪制度的根本依据。

首先,以社会危害性建立正当防卫和紧急避险制度。在构建正当防卫制度中,苏联刑法学用社会危害性解决了两个主要问题:一是确定了正当防卫的合法性;二是明确了对防卫过当追责的依据。关于前者,有学者指出,"正当防卫之目的是在抵抗社会危险行为,因此,其本身不是社会危险行为","其行为自身将无犯罪构成,亦不得适用刑罚"。④ 关于后者,有学者认为,"正当防卫的超越界限的行为乃是社会危险的、违法的行为。超越防卫范围所引起之对侵犯者的损害,应以一般法律认为是某种犯罪行为"⑤。

---

① 参见李由义:《罪刑法定和类推》,载《法学研究》1980年第5期;陈洪高:《试论我国的类推制度与罪刑法定原则》,载《深圳大学学报(人文社会科学版)》1986年第2期。

② 参见杨敦先:《罪刑法定和类推的适用》,载《北京大学学报(哲学社会科学版)》1982年第1期;张明楷:《关于类推的几个问题》,载《法学研究》1987年第2期;王作富:《中国刑法研究》,中国人民大学出版社1988年版,第26页。

③ 参见陈兴良:《论我国刑法的发展完善——关于罪刑法定、罪刑相适应原则的思考》,载《中国法学》1989年第3期;鲍遂献:《类推制度应当废止》,载《法学评论》1990年第4期;蔡道通、范晓芸:《类推制度应当废止》,载《法学家》1994年第4期;胡云腾:《废除类推及刑法科学化》,载《法学研究》1995年第5期。

④ [苏]B.Д.孟沙金主编:《苏联刑法总论》(下册),彭仲文译,大东书局1950年版,第400、401页。

⑤ [苏]B.Д.孟沙金主编:《苏联刑法总论》(下册),彭仲文译,大东书局1950年版,第407页。

在构建紧急避险制度时，苏联刑法学用社会危害性明确了行为人免责的条件和追责的依据。有学者指出："用牺牲另一利益的方法保全某一种利益——这种行为并不是永远不具社会危险性的，在这些场合下所实行之犯罪行为，只有在具备足以说明其行为实无社会危险性的种种条件时，始免除其罪刑。"基于此，他们阐述了紧急避险的合法条件。① 同时，他们还认为避险过当的行为要承担刑事责任，讲道："保全某一利益而牺牲相等的其他利益，并不会免除其行为的社会危险性，……在这些场合，只能依苏俄刑法法典第五十一条与其他盟员共和国刑法法典相应条文减轻处罚。"②

我国刑法学完全认同这种观点。20 世纪 50 年代时，学者们就认为："在实际社会生活中……某些行为从它的外表上看，好像是犯罪行为，但实质上则并不具有社会危害性，相反，它却是有利于国家、社会和公民的行为，在这种情况下，就应该认为这种行为是合法的。刑法上的正当防卫和紧急避难，就是属于这种行为的。"③80 年代我国重建刑法学时，学者们沿袭了这种观点。④ 90 年代后，许多学者坚持这种观点。⑤ 同时，学者们还认为，正当防卫和紧急避险是有条件的，防卫过当和避险过当，则对社会造成危

---

① 参见［苏］B.Д.孟沙金主编：《苏联刑法总论》（下册），彭仲文译，大东书局 1950 年版，第 411、412—414 页。

② ［苏］B.Д.孟沙金主编：《苏联刑法总论》（下册），彭仲文译，大东书局 1950 年版，第 414 页。

③ 中央政法干部学校刑法教研室编著：《中华人民共和国刑法总则讲义》，法律出版社 1957 年版，第 137 页。中国人民大学法律系刑法教研室 1957 年编写的《中华人民共和国刑法总则讲义（初稿）》（下册），也对这种排除社会危害性行为的合法性进行了论述，参见该书第 166—169 页。需要说明的是，当时学者将"紧急避险"称为"紧急避难"。

④ 参见杨春洗、甘雨沛、杨敦先、杨殿升等：《刑法总论》，北京大学出版社 1981 年版，第 169 页；高铭暄主编：《刑法学》，法律出版社 1982 年版，第 162 页；王作富：《中国刑法研究》，中国人民大学出版社 1988 年版，第 190 页。

⑤ 参见何秉松主编：《刑法教科书》，中国法制出版社 1994 年版，第 246—247 页；杨春洗、杨敦先主编：《中国刑法论》，北京大学出版社 1994 年版，第 111 页；苏惠渔主编：《刑法学》，中国政法大学出版社 1997 年版，第 174 页；高铭暄、马克昌主编：《刑法学》，北京大学出版社、高等教育出版社 2016 年版，第 127、137 页；贾宇主编：《刑法学》，中国政法大学出版社 2017 年版，第 119 页。

害，构成犯罪。20世纪50年代时，有学者就指出："防卫过当是危害社会的行为，因此，在超过正当防卫的范围，对侵袭人造成严重的损害，应该看作是相当于犯罪行为"，"防卫人应当负刑事责任"①。他们还指出："避免紧急危难的行为显然超过必要限度，应当负刑事责任。"②80年代时，我国学者仍然作出这样的论述。③ 可以看到，这种观点一直延续至今。④

其次，将社会危害性运用于故意犯罪形态。苏联刑法学认为，对于犯罪预备、未遂、中止行为，应按照社会危害性的有无和程度大小追究刑事责任。关于犯罪预备，有学者指出："预备行为与犯意表示显然不同。预备行为已经是可以危害社会的犯罪行为了。"⑤"我国刑事法律赋予法庭一种权利，得对预备行为加以刑罚，但这并不是说，法庭应该永远对一切预备行为一律加以刑罚。因此，只有在预备行为危害社会主义国家利益或社会主义法律秩序或个别公民法益时，预备行为才应受刑事处分。"⑥关于犯罪未遂，有学者指出："未遂乃是已经开始而尚未进行到底的犯罪行为"，"根据苏维埃刑事

---

① 中国人民大学法律系刑法教研室编：《中华人民共和国刑法总则讲义（初稿）》（下册），中国人民大学1957年印，第176页；中央政法干部学校刑法教研室编著：《中华人民共和国刑法总则讲义》，法律出版社1957年版，第142页。

② 中央政法干部学校刑法教研室编著：《中华人民共和国刑法总则讲义》，法律出版社1957年版，第144页。中国人民大学法律系刑法教研室1957年编写的《中华人民共和国刑法总则讲义（初稿）》（下册），也作出了同样的阐述，参见该书第180—181页。

③ 参见中国人民大学法律系刑法教研组：《中华人民共和国刑法讲话》，人民出版社1980年版，第58、60页；高铭暄主编：《刑法学》，法律出版社1982年版，第167、170—171页；杨春洗、甘雨沛、杨敦先、杨殿升等：《刑法总论》，北京大学出版社1981年版，第174—175、177—178页；华东政法学院刑法教研室编著：《刑法概论》，浙江人民出版社1987年版，第108、112—113页。

④ 参见何秉松主编：《刑法教科书》，中国法制出版社1994年版，第255—256、258—259页；杨春洗、杨敦先主编：《中国刑法论》，北京大学出版社1994年版，第122、125—126页；苏惠渔主编：《刑法学》，中国政法大学出版社1997年版，第184—186、192—193页；高铭暄、马克昌主编：《刑法学》，北京大学出版社、高等教育出版社2016年版，第136、141页；贾宇主编：《刑法学》，中国政法大学出版社2017年版，第124、128页。

⑤ ［苏］贝斯特洛娃：《苏维埃刑法总论（讲义）》，中国人民大学刑法教研室译，华东政法学院教务处1954年翻印，第159页。

⑥ ［苏］B.Д.孟沙金主编：《苏联刑法总论》（下册），彭仲文译，大东书局1950年版，第426页。

法律，对未遂要加以惩罚”。[①]“未遂罪刑事责任的基础是与苏维埃法律犯罪责任的一般基础相同的。犯罪者行为对社会主义法律秩序之社会危险性，乃是此种基础。”[②]他们进一步指出：“未遂罪的刑罚，由法院根据对既遂罪之同一条款确定之。同时法院不仅要注意到犯罪者开始实行的那种犯罪的危险性，而且要注意到未遂犯底危险性和接近危险结果发生的远近，以及未发生危险结果的原因。”[③]关于犯罪中止，有学者指出：“承认中止为免除其对着手实行之犯罪行为负刑事责任之情况，是根据以下几种理由：第一，预备或预谋之中止，说明实行此预谋或预备行为者之社会危险性已不存在，在某些情况下也表示了其所实行之预谋或预备行为之社会危险性之消失。第二，对已着手实行之犯罪预谋或预备之中止犯不加刑事处分的可能性，可以鼓励人民停止其已着手实行之犯罪行为。”[④]

我国刑法学受此影响，也以社会危害性来分析故意犯罪形态。20 世纪 50 年代时，学者们就指出：“无论是犯罪的预备行为、犯罪的未遂或者是犯罪的中止，犯罪人所希望得到的结果，都没有发生。但是，所有这些行为，都是对于社会有危害的行为。”他们还指出：“由于犯罪所停顿的阶段的不同，它们的危害程度也就不同，从而对这些行为的刑事责任的确定就应该根据不同情况分别对待。”[⑤]他们分析道，犯罪预备的“社会危害性的程度，比较犯罪的既遂和犯罪的未遂，就要小得多。……当行为的情节显著轻微并且缺乏社会危害性的时候，就不认为是犯罪。那么，对于社会危害性比较小的

---

① ［苏］贝斯特洛娃：《苏维埃刑法总论（讲义）》，中国人民大学刑法教研室译，华东政法学院教务处 1954 年翻印，第 160、162 页。

② ［苏］B.Д.孟沙金主编：《苏联刑法总论》（下册），彭仲文译，大东书局 1950 年版，第 426 页。

③ ［苏］贝斯特洛娃：《苏维埃刑法总论（讲义）》，中国人民大学刑法教研室译，中国人民大学 1952 年出版，华东政法学院教务处 1954 年翻印，第 163 页。

④ ［苏］B.Д.孟沙金主编：《苏联刑法总论》（下册），彭仲文译，大东书局 1950 年版，第 433 页。

⑤ 中央政法干部学校刑法教研室编著：《中华人民共和国刑法总则讲义》，法律出版社 1957 年版，第 147 页。

某些犯罪的预备行为，很显然，也就没有一律加以处罚的必要了”。“犯罪未遂的社会危害性要比犯罪的预备行为大，而比犯罪的既遂又小。因此，……在一般情况下，是比照犯罪的既遂从轻处罚。”“对于犯罪的中止行为，应当免除或者减轻处罚。这是因为犯罪人所实施的犯罪的预备行为和未遂行为的社会危害性，因为犯罪的中止行为而消除或者减小了”。① 到了80年代，有学者指出：“在故意犯罪中，由于种种原因而停顿在不同阶段上的不同行为，它们的性质有所不同，它们同可能发生的预期的危害结果之间有着不同程度的距离，因而反映出行为的危害性程度、犯罪分子实现犯罪意图的程度都不相同。一般说，同一种犯罪的未遂比既遂轻；预备行为比未遂轻；中止犯罪其危害性则更轻。”②因此，“对这些行为的刑事责任的确定也就应该根据不同情况分别对待”③。在此基础上，学者们结合我国《刑法》的规定，对犯罪预备、未遂和中止的不同社会危害程度以及刑事责任的确定作出分析。④ 90年代后，这种观点被延续下来，至今仍有相当影响。⑤

再次，以社会危害性程度确定共同犯罪人的种类及其刑事责任。苏联

① 参见中央政法干部学校刑法教研室编著：《中华人民共和国刑法总则讲义》，法律出版社1957年版，第149、152、155页。中国人民大学法律系刑法教研室1957年编写的《中华人民共和国刑法总则讲义（初稿）》（下册），对此也进行了论述，参见该书第193、198、203—204页。

② 中国人民大学法律系刑法教研组：《中华人民共和国刑法讲话》，人民出版社1980年版，第63页。

③ 中央政法干部学校刑法刑事诉讼法教研室编著：《中华人民共和国刑法讲义》，群众出版社1982年版，第152页。

④ 参见中国人民大学法律系刑法教研组：《中华人民共和国刑法讲话》，人民出版社1980年版，第63—68页；杨春洗、甘雨沛、杨敦先、杨殿升等：《刑法总论》，北京大学出版社1981年版，第182—192页；高铭暄主编：《刑法学》，法律出版社1982年版，第174—183页；中央政法干部学校刑法刑事诉讼法教研室编著：《中华人民共和国刑法讲义》，群众出版社1982年版，第154—161页；华东政法学院刑法教研室编著：《刑法概论》，浙江人民出版社1987年版，第116—123页。

⑤ 参见杨春洗、杨敦先主编：《中国刑法论》，北京大学出版社1994年版，第99—110页；苏惠渔主编：《刑法学》，中国政法大学出版社1997年版，第207—218页；王作富主编：《刑法》，中国人民大学出版社1999年版，第118—127页；赵秉志主编：《新刑法教程》，中国人民大学出版社1997年版，第189—203页；马克昌主编：《犯罪通论》，武汉大学出版社2000年版，第415—488页；高铭暄、马克昌主编：《刑法学》，北京大学出版社、高等教育出版社2016年版，第150—162页；贾宇主编：《刑法学》，中国政法大学出版社2017年版，第134—140页。

刑法学认为,“共犯者在构成一种或数种犯罪中是有罪的,一切共犯者底意图是由执行犯执行的。因此,所有的共犯者应依照对执行犯的行为定罪的苏维埃刑事法律的各条款负刑事责任。然而,苏维埃刑事法律向苏维埃司法机关提出了对每个共犯者个别定刑,并考虑到每一共犯者行为底危险性。因此,苏维埃法院对每个共犯者个别地确定刑罚。同时法院不仅考虑每个共犯者构成犯罪的危险性及其罪过的程度,而且也要考虑到其在执行犯罪中参加的程度”①。

在我国,刑法学也用社会危害性的观点来分析共同犯罪人的种类及其刑事责任。20 世纪 50 年代,有学者在对一般共犯作实行犯、教唆犯和帮助犯分类的基础上,根据犯罪人的犯意的危险程度和社会危害结果的大小,将其分为主犯和从犯。其中,犯意的危险性和社会危害性大的为主犯,犯意的危险性和社会危害性小的为从犯。② 因此,应当“对主犯从重处罚,对从犯从轻处罚”③。80 年代时,学者们将共同犯罪人分为主犯、从犯、胁从犯和教唆犯,指出:“以共同犯罪人在共同犯罪中的作用为标准来分类,可以帮助我们更直接、更容易看到共同犯罪人行为的社会危害性程度,更有利于明确共同犯罪人的刑事责任,实行区别对待。”④基于此,学者们根据共同犯罪人的作用以及给社会造成的危害大小,确定主犯、从犯、胁从犯和教唆犯,并对其作出从重、从轻、减轻或者免除处罚。⑤ 90 年代后,许多学者仍然持这

---

① ［苏］贝斯特洛娃:《苏维埃刑法总论(讲义)》,中国人民大学刑法教研室译,中国人民大学 1952 年出版,华东政法学院教务处 1954 年翻印,第 186 页。

② 参见李光灿:《论共犯》,载《法学》1957 年第 2 期。

③ 中央政法干部学校刑法教研室编著:《中华人民共和国刑法总则讲义》,法律出版社 1957 年版,第 173 页。

④ 高铭暄主编:《刑法学》,法律出版社 1982 年版,第 195 页。

⑤ 参见中国人民大学法律系刑法教研组:《中华人民共和国刑法讲话》,人民出版社 1980 年版,第 73—76 页;杨春洗、甘雨沛、杨敦先、杨殿升等:《刑法总论》,北京大学出版社 1981 年版,第 200—205 页;高铭暄主编:《刑法学》,法律出版社 1982 年版,第 196—203 页;中央政法干部学校刑法刑事诉讼法教研室编著:《中华人民共和国刑法讲义》,群众出版社 1982 年版,第 166—173 页;华东政法学院刑法教研室编著:《刑法概论》,浙江人民出版社 1987 年版,第 135—144 页。

种观点。①

（二）刑罚制度理论

苏联刑法学从刑法阶级性的观点出发，不仅建构了一套犯罪制度理论，而且形成了刑罚阶级性的观点和刑罚目的的学说，并以此为基础建立了系统的刑罚制度理论。与犯罪制度理论一样，建立在法的阶级本质观基础上的苏联的刑罚制度理论也深深地影响了我国的刑法学。

1. 提出刑罚具有阶级性的观点

苏联刑法学认为，刑法具有阶级性，因而作为其内容的刑罚也具有阶级性。苏联刑法学者指出，刑罚“是社会发展到某种阶段以内所发生的现象”，它的出现“是在私有财产制度成立之后，是在社会划分出阶级之后，是在国家组成之后”。我们揭发刑法发生的历史根源，同时也就说明了刑罚的阶级本质及其历史变动性。② 因此，“刑罚的阶级性质，系由刑法的阶级性质产生。刑罚的目的是在保证社会主义国家与社会主义的秩序，免除犯罪者的侵害，苏联刑法的刑罚的阶级性就在这里，其异于资产阶级刑法的刑罚之特征也在这里，资产阶级刑法的刑罚，其目的是在保护有利于资产阶级为统治阶级的资本主义国家的基础及其社会秩序”③。可见，“刑罚的基础，就是某种利害关系，由这种利害关系促使统治阶级把刑罚

---

① 参见何秉松主编：《刑法教科书》，中国法制出版社 1994 年版，第 301—311 页；杨春洗、杨敦先主编：《中国刑法论》，北京大学出版社 1994 年版，第 137—143 页；苏惠渔主编：《刑法学》，中国政法大学出版社 1997 年版，第 230—239 页；赵秉志主编：《新刑法教程》，中国人民大学出版社 1997 年版，第 214—221 页；王作富主编：《刑法》，中国人民大学出版社 1999 年版，第 135—141 页；高铭暄、马克昌主编：《刑法学》，北京大学出版社、高等教育出版社 2016 年版，第 173—179 页；贾宇主编：《刑法学》，中国政法大学出版社 2017 年版，第 150—155 页。

② 参见［苏］В.Д.孟沙金主编：《苏联刑法总论》（上册），彭仲文译，大东书局 1950 年版，第 1 页。

③ ［苏］В.Д.孟沙金主编：《苏联刑法总论》（上册），彭仲文译，大东书局 1950 年版，第 7 页。

作为政权的工具之一，并且对那些在行为上对统治阶级有害或危险的人加以惩罚”①。也就是说，“刑罚是统治阶级手中的工具，它运用这一工具来反对对其具有危害性的人的行为”②。然而，在剥削者国家，思想家们提出的所有刑罚适用的理论“都尽力抹杀一个事实：国家的要素乃是以特殊阶级的人的存在为前提，政权掌握在此特殊阶级的人手中，刑罚则是统治阶级用以反对人民大众的政治权力的工具之一”③。“社会主义国家不同于一切剥削者国家之处，是在于：它并不用各种不同的伪造的与不适合实际情形的理论，来掩饰其利用刑罚制度为政权工具的理由。社会主义国家是劳动者的国家。其一切行为、其一切职能（同犯罪的斗争也包括在内），都是根据劳动者的利益来实行。”④“刑罚的真实内容就在于镇压社会主义敌人——帝国主义阵营走狗的反抗，就在于对犯了罪的不坚定的公民施以强迫的纪律教育。”⑤

20世纪50年代，我国刑法学深受这种观点的影响，也以刑法的阶级本质观为指导，阐述了刑罚具有阶级性的观点。有学者指出：“刑法既然是进行尖锐的阶级斗争的工具，而它的内容则是以使用刑罚的方法来惩罚犯罪人。因此，什么样的行为是犯罪并对之适用什么样的刑罚，总是根据统治阶级的利益来决定的。”“在有阶级的社会里，它永远是为实现统治阶级的利益服务的。”⑥他们分析道：“作为一种阶级斗争工具来说，刑罚比起武装力

① ［苏］B.Д.孟沙金主编：《苏联刑法总论》（下册），彭仲文译，大东书局1950年版，第482页。

② ［苏］M.Д.萨尔果洛得斯基：《苏联刑法典草案中的刑罚问题》，载《苏维埃刑法论文选译》（第二辑），中国人民大学出版社1956年版，第45页。

③ ［苏］B.Д.孟沙金主编：《苏联刑法总论》（下册），彭仲文译，大东书局1950年版，第485页。

④ ［苏］B.Д.孟沙金主编：《苏联刑法总论》（下册），彭仲文译，大东书局1950年版，第486页。

⑤ ［苏］B.M.契柯瓦则主编：《苏联刑法总则》（上册），中央人民政府法制委员会编译室、中国人民大学刑法教研室译，中国人民大学1954年版，第18页。

⑥ 中央政法干部学校刑法教研室编著：《中华人民共和国刑法总则讲义》，法律出版社1957年版，第10、17页。

量来,更是统治阶级经常、广泛使用的一种斗争工具。”与武装力量相比,“刑罚的使用,在时间上则更为经常:它不仅在战争时期来巩固统治阶级后方的安全,而且更在平时用来维持安宁的统治秩序;在空间上更为广泛:它所对付的不是特定的某一反抗集团,而是整个社会上侵犯统治阶级利益的人——犯罪人其中主要是被统治阶级中的人”。① 他们认为,我国的刑罚同剥削者国家的刑罚有着原则上的区别,这是因为“剥削者国家的刑罚是少数剥削者用以保卫自己利益镇压广大人民的工具,刑罚的制定和适用是根据剥削者的意志和利益来进行的,因而这种刑罚具有反人民的性质,而我们国家的刑罚则是广大人民用以保卫自己利益惩办少数人民敌人和犯罪者的工具,刑罚的制定和适用是按照广大人民的意志和利益进行的,因而这也就决定了我们国家的刑罚的人民性”②。

20 世纪 70 年代末至 80 年代,我国学者仍然持这种观点。有学者指出,“犯罪和刑罚都是在阶级斗争不可调和的基础上,与国家同时产生的”③,因而“刑罚具有鲜明的阶级性”,“是统治阶级为了维护其阶级利益用以惩罚犯罪的手段”,④“是统治阶级对被统治阶级实行专政的工具”⑤,“是统治阶级手里进行阶级斗争的重要武器”⑥。他们分析道:一切剥削阶级国家的刑罚,“是少数剥削者用以维护其阶级利益、压迫大多数人民群众的手段”,“镇压和威吓劳动人民的工具”。⑦ 但是,“我国的刑罚同一切剥

① 参见中国人民大学法律系刑法教研室编:《中华人民共和国刑法总则讲义(初稿)》(下册),中国人民大学 1957 年印,第 225 页。

② 中国人民大学法律系刑法教研室编:《中华人民共和国刑法总则讲义(初稿)》(下册),中国人民大学 1957 年印,第 226 页。

③ 杨春洗、甘雨沛、杨敦先、杨殿升等:《刑法总论》,北京大学出版社 1981 年版,第 211 页。

④ 参见高铭暄主编:《刑法学》,法律出版社 1982 年版,第 207 页。

⑤ 邓又天、邓定一、赵长青:《刑罚的概念、目的和种类》,载《人民司法》1979 年第 10 期。

⑥ 中国人民大学法律系刑法教研组:《中华人民共和国刑法讲话》,人民出版社 1980 年版,第 77 页。

⑦ 参见高铭暄主编:《刑法学》,法律出版社 1982 年版,第 208、210 页。

削阶级国家的刑罚相比，有着本质上的区别”。它是“人民民主专政的工具之一，它的制定与执行反映了人民的意志，代表了人民的利益。它的职能是通过惩罚一切反革命和其他犯罪分子，保卫国家和人民的利益。它既是镇压敌人、惩罚犯罪的锐利武器，又是广大劳动人民的护身法宝。因此，我国刑罚具有广泛的人民性”①。90 年代后，仍有学者阐述刑罚的阶级性，②还有学者将此观点蕴涵在刑法阶级性的思想中。③ 但是，一些学者不从阶级性角度去思考刑罚的本质，而是从客观本体意义上研究并回答刑罚的本质，提出了各种不同观点，如将刑罚的本质看成是对犯罪的惩罚性、惩罚的严厉性、严厉性与痛苦性、惩罚性与教育性、对犯罪人的权利剥夺等。④

2. 明确社会主义刑罚的目的观

在刑法学理论中，刑罚目的理论十分重要，因为它“不仅会直接在刑罚论中影响刑罚体系、种类，乃至量刑和执行等方方面面的工作，而且会对犯罪论的结构和内容发生重大影响”⑤。可以说，刑罚目的理论是整个刑罚制度赖以建立的出发点和归宿。

在苏联，刑法学者基于刑罚阶级性的观点，构建刑罚的目的观。有学者将刑罚的任务归结为刑罚的直接目的，⑥认为“在关于矫正为刑罚之任务的

---

① 高铭暄主编：《刑法学》，法律出版社 1982 年版，第 208 页。

② 参见苏惠渔主编：《刑法学》，中国政法大学出版社 1997 年版，第 283—285 页；尚久孝：《三代刑罚阶级性管窥》，载《邯郸大学学报》1997 年第 3 期；王作富主编：《刑法》，中国人民大学出版社 1999 年版，第 167—169 页；马克昌主编：《刑罚通论》，武汉大学出版社 1999 年版，第 25—26 页。

③ 参见高铭暄、马克昌主编：《刑法学》，北京大学出版社、高等教育出版社 2016 年版，第 7—8 页；贾宇主编：《刑法学》，中国政法大学出版社 2017 年版，第 5 页。

④ 参见李永升、冯文杰：《论刑罚的本质、功能、目的的内涵及其逻辑关系》，载《江西警察学院学报》2015 年第 3 期。

⑤ 王世洲：《现代刑罚目的理论与中国的选择》，载《法学研究》2003 年第 3 期。

⑥ 有学者指出：“关于刑罚的任务问题，则是关于每一刑罚条例与全部刑罚体系所追求之直接目的。”参见［苏］В.Д.孟沙金主编：《苏联刑法总论》（下册），彭仲文译，大东书局 1950 年版，第 488 页。

问题上,也表现了剥削者国家刑罚与社会主义国家刑罚间之差异”①。他们分析道:“资产阶级的法律与资产阶级的法庭是压制劳动者的工具,资产阶级国家中的每一个刑罚条例,都是阶级制裁的条例。此种性质的刑罚是与任何矫正与训练的任务,绝不相容的。……把矫正犯罪者作为刑罚的任务之一,只有在社会主义的国家之内,才成为真实的。……苏维埃法庭与其所作之判决,实际上皆以矫正为任务。”“由此看来,剥削者国家中的刑罚与社会主义国家中的刑罚,完全起着深刻不同的社会作用,而且是追求着不同的国家任务。”②也就是说,资产阶级国家刑罚强调惩罚和报复,而社会主义国家才将教育改造引入刑罚,以彻底区别于资产阶级国家刑罚的目的。③ 他们进一步指出:“列宁与斯大林创造了关于刑罚的双重任务的学说,在社会主义国家的刑罚内,把强制的任务与教育的任务结合在一起。”④也就是说,“苏联法庭在使用刑罚时,不仅是对犯罪者加以处罚,而且是对他们加以矫正与教育。所以,在刑罚中结合着惩罚与矫正教育两种因素。惩罚实际的犯罪者,对于其他动摇不定的人,也可以发生教育的影响。这样看来,惩罚不仅要达到特别预防犯罪的任务(对犯罪者个人的影响),而且要达到普遍预防犯罪的任务(对动摇分子的影响)”⑤。因此,有学者总结道,“苏维埃刑法中的刑罚并不将惩治作为自己的目的”,“刑罚在过去和今后始终起着

---

① [苏]В.Д.孟沙金主编:《苏联刑法总论》(下册),彭仲文译,大东书局 1950 年版,第 478 页。

② [苏]В.Д.孟沙金主编:《苏联刑法总论》(下册),彭仲文译,大东书局 1950 年版,第 478—479 页。

③ 为了强调坚决放弃报复的目的,显示苏维埃国家与犯罪现象作斗争的完全不同的阶级立场,1924 年至 1934 年苏联立法中以“社会保卫方法”的概念取代“刑罚”的概念。参见[苏]A.A.皮昂特科夫斯基等:《苏联刑法科学史》,曹子丹等译,法律出版社 1987 年版,第 100—106 页。

④ [苏]В.Д.孟沙金主编:《苏联刑法总论》(下册),彭仲文译,大东书局 1950 年版,第 488 页。

⑤ [苏]В.Д.孟沙金主编:《苏联刑法总论》(上册),彭仲文译,大东书局 1950 年版,第 7 页。

一般的和特殊的预防作用”。[①] 可见,苏联刑法学确立了特殊预防和一般预防为内容的社会主义的刑罚目的观,这使得它与资产阶级刑罚目的观区别开来。关于特殊预防和一般预防的关系,皮昂特科夫斯基在 1923 年发表的论文中提出了这样的看法,即“一般预防和特殊预防的相互关系,刑罚的哪一个任务位于首位,取决于具体的社会政治环境;苏维埃刑事政策的进一步发展,将沿着加强特殊预防而不是加强一般预防的途径进行”[②]。显然,特殊预防比起一般预防更为重要。

20 世纪 50 年代,我国学者从刑罚的阶级性出发阐述刑罚的目的。有学者认为,“刑罚只是一种国家强制方法,只是一种工具,它本身并没有什么‘目的’”,其目的就是法院对于犯罪分子适用刑罚的目的。[③] 刑罚具有阶级性,是为统治阶级专政的国家服务的,因而“刑罚的目的,是由国家性质所决定的”[④],不同类型国家的刑罚有着不同的目的,因此“我国刑罚的目的和一切剥削者国家刑罚的目的是完全不同的”[⑤]。他们分析道:“在一切剥削者国家里适用刑罚的目的只能有一个,就是惩罚。而当剥削者国家愈趋向反动,则其刑罚的惩罚目的表露的愈明显。”[⑥]还有学者指出,“资产阶级刑法学者在论述资本主义国家刑罚的目的时,随着资产阶级刑法学派的不同而有不同的看法”。古典法学派认为刑罚的目的就是报应,刑罚的本质问题是痛苦。社会法学派提出目的刑论的主张,而以特殊预防作为刑罚

---

① [苏]M.Д.萨尔果洛得斯基:《苏联刑法典草案中的刑罚问题》,载《苏维埃刑法论文选译》(第二辑),中国人民大学出版社 1956 年版,第 46 页。

② [苏]A.A.皮昂特科夫斯基等:《苏联刑法科学史》,曹子丹等译,法律出版社 1987 年版,第 99 页。

③ 参见中央政法干部学校刑法教研室编著:《中华人民共和国刑法总则讲义》,法律出版社 1957 年版,第 177 页。

④ 参见望楚:《谈谈刑罚中的几个问题》,载《政法研究》1956 年第 5 期。

⑤ 中央政法干部学校刑法教研室编著:《中华人民共和国刑法总则讲义》,法律出版社 1957 年版,第 184 页。

⑥ 中央政法干部学校刑法教研室编著:《中华人民共和国刑法总则讲义》,法律出版社 1957 年版,第 184 页。

的目的，认为刑罚的本质问题是防卫社会，刑罚必须适应犯罪分子的性格。他认为，“虽然资产阶级刑法学者有的直接承认刑罚的目的是报应，有的却不承认刑罚的目的是报应，但是资本主义国家都是以报应作为刑罚的目的”。① 关于社会主义刑罚的目的，学者们认为就是预防犯罪，并提出了两个预防即特殊预防和一般预防的观点，指出：“人民法院对犯罪分子适用刑罚的目的可以表述为：不仅是要惩罚和改造犯罪分子而且要教育公民，预防犯罪。分别来说，这就是：1. 惩罚和改造犯罪分子，使他们不再犯罪；2. 通过对犯罪分子的惩罚，警戒社会上不稳定分子，使他们不走上犯罪的道路；3. 通过对犯罪分子的惩罚，教育公民并鼓舞他们起来与各种犯罪分子作斗争。”②“在刑法理论上把第一项称之为‘特殊预防’，把第二项和第三项称之为‘一般预防’。”③他们继续说道：“我国刑罚的一般预防和特殊预防是紧密结合的，人民法院对犯罪分子适用刑罚的时候，特殊预防和一般预防是同时出现的。”“正确地、全面地理解人民法院适用刑罚的目的，正确地解决特殊预防和一般预防的相互关系，就能够帮助我们正确地贯彻国家的刑事政策，正确地确定刑罚。”④在两个预防中，他们强调特殊预防的重要地位和作用，指出：“一般预防主要还是通过特殊预防而显示自己的作用，亦即通过对个别犯罪者适用刑罚这一活生生的事实，‘以儆效尤’者。”⑤因此，“教育改造犯罪分子是我们对犯罪分子适用刑罚的主要目的，这是社会主义国家刑罚和资本主义国家刑罚本质区别所在”⑥。

---

① 参见望楚：《谈谈刑罚中的几个问题》，载《政法研究》1956 年第 5 期。

② 中央政法干部学校刑法教研室编著：《中华人民共和国刑法总则讲义》，法律出版社 1957 年版，第 177—178 页。关于两种预防，中国人民大学法律系刑法教研室所编的《中华人民共和国刑法总则讲义（初稿）》（下册）也做了相同的论述，参见该书第 232 页。

③ 中央政法干部学校刑法教研室编著：《中华人民共和国刑法总则讲义》，法律出版社 1957 年版，第 180 页。

④ 中央政法干部学校刑法教研室编著：《中华人民共和国刑法总则讲义》，法律出版社 1957 年版，第 180—181 页。

⑤ 中国人民大学法律系刑法教研室编：《中华人民共和国刑法总则讲义（初稿）》（下册），中国人民大学 1957 年印，第 232—233 页。

⑥ 林克谐：《谈谈我国刑罚的目的》，载《政法研究》1957 年第 3 期。

20世纪80年代,学者们仍然从刑罚的阶级性出发,在批判剥削阶级特别是资产阶级刑罚目的观的基础上阐明社会主义国家的刑罚目的。有学者指出:"不同的阶级,有不同的刑罚观。""资产阶级的主要刑法学派,曾经围绕刑罚的目的问题长期争论不休。这种争论的实质,就是要证明哪一种理论最能适应变化了的政治经济形势,从而最有利于资产阶级的统治。"①他们在分析了古典刑法学派、社会法学派的观点后指出:"资产阶级关于防止犯罪的全部理论和措施,包括所谓报应刑主义或目的刑主义、一般预防主义或特别预防主义,以及所谓教育刑论和刑罚执行教育化等等,都不过是徒劳的幻想和欺骗。在这些国家,刑罚的作用,注定了只能是为了惩罚。"②他们认为,在社会主义国家,刑罚的目的不同于资本主义国家。"用刑罚惩罚犯罪分子,使其遭受一定的痛苦和损失,并不是我们适用刑罚的目的。我国对犯罪分子适用刑罚的目的是预防犯罪"。它包括两个方面:一是特殊预防,"就是对犯罪分子适用刑罚,以预防其再次犯罪";二是一般预防,"就是通过惩罚犯罪,教育和警戒社会上可能犯罪的分子,使他们不致走上犯罪的道路"。③ 关于两者的关系,他们一方面认为两者的作用是"相互联系,同时出现的";另一方面强调特殊预防的首要作用,认为"人民法院对犯罪分子适用刑罚,首先要着眼于特殊预防的需要,同时也要考虑一般预防的需要,使判决的结果,符合这两方面的要求"。④ 预防说在我国影响很大,尽管80年代以来学者们对刑罚目的的界定众说纷纭,但该说一直是学界的主流观点⑤,

---

① 高铭暄主编:《刑法学》,法律出版社1982年版,第214、216页。

② 高铭暄主编:《刑法学》,法律出版社1982年版,第217页。

③ 参见高铭暄主编:《刑法学》,法律出版社1982年版,第212—213页。

④ 参见高铭暄主编:《刑法学》,法律出版社1982年版,第214页。

⑤ 参见杨春洗、杨敦先主编:《中国刑法论》,北京大学出版社1994年版,第188—190页;苏惠渔主编:《刑法学》,中国政法大学出版社1997年版,第294—295页;高铭暄主编:《新编中国刑法学》,中国人民大学出版社1998年版,第311—314页;王作富主编:《刑法》,中国人民大学出版社1999年版,第171—172页;张明楷:《刑法学》,法律出版社2011年版,第459—462页;赵秉志主编:《刑法》,高等教育出版社2012年版,第164—169页;高铭暄、马克昌主编:《刑法学》,北京大学出版社、高等教育出版社2016年版,第223—228页;贾宇主编:《刑法学》,中国政法大学出版社2017年版,第177—180页。

被认为是通说①。

3. 确立起合乎社会主义刑罚目的的刑罚体系和种类

在苏联刑法学看来，刑罚的阶级性在刑罚的目的中得以充分体现，刑罚目的则决定了刑罚种类的安排和刑法体系的构建。对此，有学者指出："确定刑罚的体系和种类，不仅应该从一般的和特殊的预防目的出发，而且还应从用以达到这一总目的的具体任务和方法出发。"②基于此，学者们从预防犯罪的刑罚目的和矫正教育的任务出发，阐述苏维埃刑罚体系和种类。有学者论述道："苏维埃的刑罚制度，就其内容言，就其所规定刑罚方法之性质言，是贯穿了真正人道主义的精神，此种刑罚制度系据'基本原则'的原则编成：一切刑罚方法都应适合其目的，而且不应存有故意造成肉体痛苦与贬低人格之任何目的（见第四条第二项）。"③学者们分析了刑法典所列的十个刑种，并对其体现社会主义刑罚目的作了分析。例如，关于剥夺自由，他们讲道："剥夺自由在苏维埃社会主义刑法中，是将惩罚与教育的任务结合在一起，同时，保证社会在必要的期间可免除罪犯实行的新的犯罪行为。"④关于流放，他们讲道："流放之目的是在于：使罪犯退出一定地区，盖罪犯如继续居留该地区，仍有实行新犯罪之危险，而在宣告中限定其移居之地区，因在此所限定之地区内将不致对社会发生危险。"⑤关于驱逐出境，他们讲道："当某人之危害社会的危险行为与其所在地区具有关系，因此，使其退出一定地区即可防止其犯罪行为之再发时，在此种场合，驱逐出境为最

① 参见李永升、冯文杰：《论刑罚的本质、功能、目的的内涵及其逻辑关系》，载《江西警察学院学报》2015年第3期。

② ［苏］M.Д.萨尔果洛得斯基：《苏联刑法典草案中的刑罚问题》，载《苏维埃刑法论文选译》（第二辑），中国人民大学出版社1956年版，第46页。

③ ［苏］B.Д.孟沙金主编：《苏联刑法总论》（下册），彭仲文译，大东书局1950年版，第537页。

④ ［苏］B.Д.孟沙金主编：《苏联刑法总论》（下册），彭仲文译，大东书局1950年版，第544页。

⑤ ［苏］B.Д.孟沙金主编：《苏联刑法总论》（下册），彭仲文译，大东书局1950年版，第550页。

合宜的刑罚方法。"①关于矫正劳作,他们讲道:"苏维埃刑法在原则上不同于资产阶级国家刑法的地方就是在于广泛的适用不剥夺自由的刑罚。苏维埃法庭对不甚重要的犯罪,不适用剥夺自由刑,而适用其他方法,主要的是不剥夺自由的矫正劳作。"它的任务"就是在未剥夺自由的限制之下实行与政治教育相结合的强制劳动纪律训练"。② 对于上述苏维埃刑罚种类,有学者在论述其特征时讲道:"刑罚的名目上并没有规定肉刑和丑辱刑。""除了放逐于苏联国境及死刑以外,所有的刑罚,都是对被判处者惩罚与教育相结合的。"③

在我国,刑法学也将刑罚目的作为构建刑罚体系和种类的基本依据。20 世纪 50 年代时,有学者就主张"要根据我国刑罚的目的和国家对罪犯的惩罚与教育改造相结合的政策来建立我国的刑罚体系"。他们讲道,我国人民法院除了对极少数罪大恶极的犯罪分子依法判处死刑以外,"对于其余绝大多数罪行较重的犯罪分子,都根据他们的罪恶程度,分别判处无期徒刑、长期徒刑、短期徒刑和拘役等刑罚,并对他们实行劳动改造。对于罪行轻微的犯罪分子,则采取管制、训诫等刑罚"。他们分析道:劳动改造政策"突出地反映了我国刑罚目的的特点",因而"在我国刑罚体系中,反映劳动改造政策的刑种应当占有重要的地位"。基于这种刑罚目的,我国刑罚体系体现革命人道主义精神,反对残忍的残废刑、肉体刑、丑辱刑。④ 80 年代时,学者们仍然认为我国《刑法》规定的刑罚体系"体现了我国的刑罚目的和国家对罪犯的惩罚与教育相结合的政策",指出:"我国《刑法》规定了死

---

① [苏]B.Д.孟沙金主编:《苏联刑法总论》(下册),彭仲文译,大东书局 1950 年版,第 552 页。

② 参见[苏]B.Д.孟沙金主编:《苏联刑法总论》(下册),彭仲文译,大东书局 1950 年版,第 553—554 页。

③ [苏]贝斯特洛娃:《苏维埃刑法总论(讲义)》,中国人民大学刑法教研室译,中国人民大学 1952 年出版,华东政法学院教务处 1954 年翻印,第 206 页。

④ 参见中央政法干部学校刑法教研室编著:《中华人民共和国刑法总则讲义》,法律出版社 1957 年版,第 188—189 页。

刑。但是,把死刑的适用限制在最小的范围,对于绝大多数犯罪分子采取劳动改造的办法,逐步地把犯罪分子改造成为自食其力的新人。”劳动改造政策“突出地反映了我国刑罚目的的特点”。“拘役、有期徒刑、无期徒刑,都是剥夺犯罪分子人身自由的刑罚方法,它有利于对犯罪分子的劳动改造。所以这些刑罚方法在我国的刑罚体系中占有重要的地位。”①由此,“我国刑罚体系体现了社会主义人道主义精神。在我国刑罚体系中,没有剥削阶级国家所采用的摧残犯罪分子,造成犯人身体残废或皮肉痛苦的肉刑,也没有侮辱犯罪分子人格的丑辱刑”②。90 年代后,这种观点仍然为许多学者所沿袭。③

4. 将社会主义刑罚目的作为量刑的根本依据

苏联刑法学认为,社会主义的刑罚目的应当作为量刑的根本依据。有学者根据 1926 年苏俄刑法典等规定指出:“刑罚之适用系以一般预防犯罪与特别预防犯罪两者为目的。”“法院在判刑时应该把特别预防犯罪的任务与一般预防犯罪的任务结合在一起。”④他们进一步指出,为实现这一刑罚目的,“法院在确定刑罚时,……应当考虑到犯罪行为之社会危险性和案情及被判处者的个人状况”⑤。他们分析道:“所谓‘案件的情况’,首先即应

① 参见中央政法干部学校刑法刑事诉讼法教研室编著:《中华人民共和国刑法讲义》,群众出版社 1982 年版,第 185 页。

② 高铭暄主编:《刑法学》,法律出版社 1982 年版,第 221 页。关于我国刑罚方法充分体现我国刑罚目的的论述,还可参见华东政法学院刑法教研室编著:《刑法概论》,浙江人民出版社 1987 年版,第 160 页;王作富:《中国刑法研究》,中国人民大学出版社 1988 年版,第 294 页。

③ 参见苏惠渔主编:《刑法学》,中国政法大学出版社 1997 年版,第 297—299 页;赵秉志主编:《新刑法教程》,中国人民大学出版社 1997 年版,第 291—293 页;王作富主编:《刑法》,中国人民大学出版社 1999 年版,第 175—176 页;张明楷:《刑法学》,法律出版社 2011 年版,第 457、466—489 页;赵秉志主编:《刑法》,高等教育出版社 2012 年版,第 173 页;高铭暄、马克昌主编:《刑法学》,北京大学出版社、高等教育出版社 2016 年版,第 229—230 页;贾宇主编:《刑法学》,中国政法大学出版社 2017 年版,第 181—184 页。

④ [苏]B.Д.孟沙金主编:《苏联刑法总论》(下册),彭仲文译,大东书局 1950 年版,第 571 页。

⑤ [苏]贝斯特洛娃:《苏维埃刑法总论(讲义)》,中国人民大学刑法教研室译,中国人民大学 1952 年出版,华东政法学院教务处 1954 年翻印,第 212 页。

了解为基本原则第三十一、三十二条（苏俄刑法典第四十七与四十八条）所讲到的那些加重或减轻罪过的情况。”据此，他们依据法律详细分析了加重或减轻罪过的情况及其意义。① 另外，“法律指出法院在判刑时必须考虑罪犯的个人情况，这就说明了苏维埃法院应该研究犯罪者的所有个人特点、环境、动机等等”②。可见，法院量刑时不仅要考虑犯罪行为的社会危害程度，而且要考虑犯罪者的人身危险程度，这样才能实现社会主义刑罚目的。

我国刑法学深受苏联的影响，强调量刑必须根据社会主义刑罚目的。20 世纪 50 年代时，有学者就指出：“社会主义国家的法院，对每一刑事案件的判决（如果是有罪判决的话），都必须注意到判定适合一般预防和特别预防目的的刑罚。也就是说：法院判刑必须注意到：如何能起到惩罚改造犯罪者和教育一般群众的作用，无疑的，只有采取罪与刑相适应的原则，才能达到这个目的。”③可见，社会主义刑罚目的成为量刑的根本依据，遵循罪刑相适应原则是达到这一目的的重要保障。要做到罪刑相适应，量刑时必须贯彻“以事实为根据，以法律为准绳”的原则，“在全面而又具体的研究了犯罪的性质、情节和对社会的危害程度，参照犯罪分子的个人情况等等之后，再依照刑法典总则和分则的有关规定（刑法典公布以后），适当量刑”。④ 据此，学者们对从轻、从重、减轻、加重、免除等情节加以详尽分析。⑤ 80 年代时，学者们认为量刑应遵循“以事实为依据，以法律为准绳”的原则，强调量

---

① 参见［苏］B.W.契柯瓦则主编：《苏维埃刑法总则》（下），中央人民政府法制委员会编译室、中国人民大学刑法教研室译，中国人民大学 1954 年版，第 75—79 页。这方面内容还可参见［苏］B.Д.孟沙金主编：《苏联刑法总论》（下册），彭仲文译，大东书局 1950 年版，第 578—581 页。

② ［苏］B.M.契柯瓦则主编：《苏维埃刑法总则》（下），中央人民政府法制委员会编译室、中国人民大学刑法教研室译，中国人民大学 1954 年版，第 75 页。

③ 冯世名：《关于量刑问题》，载《政法研究》1957 年第 4 期。

④ 参见冯世名：《关于量刑问题》，载《政法研究》1957 年第 4 期。

⑤ 参见中央政法干部学校刑法教研室编著：《中华人民共和国刑法总则讲义》，法律出版社 1957 年版，第 219—227 页；中国人民大学法律系刑法教研室编：《中华人民共和国刑法总则讲义（初稿）》（下册），中国人民大学 1957 年印，第 286—294 页。

刑应考虑刑罚特殊预防和一般预防目的的需要。① 量刑如何实现刑罚目的呢？他们认为，一方面，要“正确确定犯罪的性质，衡量犯罪情节的轻重和犯罪对社会的危害程度”；另一方面，要考虑“犯罪分子的某些个人情况，以及犯罪后的态度”。② 在此基础上，他们对法定的从轻、从重、减轻、加重、免除等情节进行了分析。③ 90 年代以来，这种观点在我国刑法学界还有很大影响。④

5. 刑罚执行制度体现社会主义刑罚目的

苏联刑法学认为，苏维埃的刑罚执行制度体现了社会主义刑罚目的。关于缓刑，有学者指出：“‘基本原则’认为：犯罪者之社会危害程度未达到需要使之隔离或从事矫正劳作的程度，乃是适用缓刑的条件。……‘基本原则’讲到关于缓刑之适用是以特别预防的任务为出发点。”⑤关于假释，有学者认为“假释的可能性之存在，乃是对监狱中之善良形状的鼓励。缩短监禁期间之远景，可以成为经常有力的助因，促使各囚犯遵守监狱纪律、热心执行监狱工作、甚至超标准的执行工作”⑥。可见，它体现了特殊预

---

① 参见高铭暄主编：《中国刑法学》，中国人民大学出版社 1989 年版，第 234 页。

② 参见中国人民大学法律系刑法教研组：《中华人民共和国刑法讲话》，人民出版社 1980 年版，第 91、93 页。

③ 参见中国人民大学法律系刑法教研组：《中华人民共和国刑法讲话》，人民出版社 1980 年版，第 95—96、99—101 页；中央政法干部学校刑法刑事诉讼法教研室编著：《中华人民共和国刑法讲义》，群众出版社 1982 年版，第 207—215 页；高铭暄主编：《刑法学》，法律出版社 1982 年版，第 254—267 页；唐琮瑶：《论我国刑法量刑中关于从轻、减轻、免除处罚的规定》，载《东岳论丛》1981 年第 2 期。

④ 参见杨春洗、杨敦先主编：《中国刑法论》，北京大学出版社 1994 年版，第 212—219 页；苏惠渔主编：《刑法学》，中国政法大学出版社 1997 年版，第 318—322 页；高铭暄主编：《新编中国刑法学》（上册），中国人民大学出版社 1998 年版第 357—361 页；张明楷：《刑法学》，法律出版社 2011 年版，第 491—500 页；高铭暄、马克昌主编：《刑法学》，北京大学出版社、高等教育出版社 2016 年版，第 223、251—253 页；贾宇主编：《刑法学》，中国政法大学出版社 2011 年版，第 177、193—194 页。

⑤ ［苏］B.Д.孟沙金主编：《苏联刑法总论》（下册），彭仲文译，大东书局 1950 年版，第 601 页。

⑥ ［苏］B.Д.孟沙金主编：《苏联刑法总论》（下册），彭仲文译，大东书局 1950 年版，第 609 页。

防的目的。

我国刑法学也以社会主义刑罚目的来阐述刑罚执行制度。20 世纪 50 年代时,有学者就指出,“运用缓刑办法,使犯人在根据一定条件维持原判刑罚效力的影响下得到教育改造”,“它是用不执行刑罚的方法来达到刑罚的目的”①。有学者说道,减刑制度是与我国刑罚目的分不开的,“我们对犯罪分子适用刑罚的目的在于达到改造犯罪者本人,使其不再危害社会,以及使犯罪逐渐减少,以至最后消灭。……当一名罪犯被判刑后,在劳动改造过程中如果证明其人身社会危险性已经削弱,当然就应该将原判刑罚予以减轻或者缩短其刑期”②。还有学者认为,假释“是促使、奖励执行中的犯罪分子,加速认罪、悔改和自新并验证其是否已确实改造成为新人的一种有力工具”,“对罪犯在释放后预防其不至再犯新罪方面起着积极的作用”。③ 到了 80 年代,学者们仍作这样的论述。有学者指出:“我国刑法中采用缓刑制度明显地表现了我国适用刑罚的目的不是报复,而是改造教育犯罪分子成为新人。……这就是说,只要判处刑罚而不执行,就能够达到改造教育犯罪分子的目的,原判刑罚也就不再执行。”④还指出:“我国的减刑制度与假释制度一样,其目的同我国刑罚的目的是一致的。……有些犯罪分子积极从事劳动改造,真诚地接受政治思想教育,确有悔改表现,甚至有立功表现。这就表明其人身危险性已经减弱,或者基本消除,那么,在不损害国家判决的稳定性和严肃性的前提下,对其原判的刑罚予以适当的调整,就成为必要的了。减刑和假释,正是对已决犯调整刑罚的

① 中央政法干部学校刑法教研室编著:《中华人民共和国刑法总则讲义》,法律出版社 1957 年版,第 240、247 页。

② 刘灿璞:《中华人民共和国刑法中的减刑》,载《华东政法学报》1956 年第 3 期。

③ 参见甘雨沛:《关于中华人民共和国刑法的假释问题》,载《东北人民大学人文社会科学学报》1957 年第 Z1 期。

④ 高铭暄主编:《刑法学》,法律出版社 1982 年版,第 285 页。关于缓刑制度能够充分发挥预防犯罪的作用的论述,还可参见王根明:《缓刑是一种重要的刑罚制度》,载《西南政法学院学报》1980 年第 3 期;金子桐:《论缓刑》,载《法学研究》1981 年第 2 期。

重要措施。"①90年代后，许多学者仍然强调刑罚目的决定着刑罚的执行，并以此论述我国的刑罚执行制度。②

6. 建立时效制度以体现社会主义刑罚目的

苏联刑法学认为，建立追诉时效制度以体现社会主义刑罚目的。有学者指出："用一般预防的观点来看，执行判决过晚将不会再发生如按时执行时之对社会一般的教育影响。就犯罪者个人来说，从其实行犯罪或判决之时起，在此相当期间内，其个人也许已有了很大的变化，因此，用特别预防的观点看来，过晚的刑事追诉或行刑也是不甚适合目的的。"③因此，需要建立追诉时效制度。

我国刑法学完全接受这种观点。20世纪50年代时，有学者指出："我国刑法上所以要确立时效制度，这主要是从适用刑罚的目的来考虑的。某些犯罪分子在犯罪以后，检察机关或受害人由于某些原因未加追诉，或者执行刑罚的国家机关由于某些原因没有执行所判处的刑罚，在此期间内犯罪分子可能改过迁善，奉公守法，遵守社会公共生活准则，过着正常的生活，从事于对国家和人民的有益的劳动，变为无害于社会的人，从刑罚的特殊预防的观点看来，这时再对他进行追诉，或对他执行刑罚就成为不必要的了；而从刑罚的一般预防观点看来，过迟地进行追诉或者过迟地执行刑罚，对于社

---

① 高铭暄主编:《刑法学》,法律出版社1982年版,第292页。关于减刑和假释制度体现我国刑罚目的的论述,还可参见张维纯:《谈谈减刑》,载《河北法学》1984年第6期;康润森:《论减刑》,载《政法论坛》1987年第5期;李全德:《加强缓刑和假释的适用,促进罪犯的教育和改造》,载《兰州学刊》1984年第3期;姜代境:《假释制度的比较研究》,载《辽宁大学学报(哲学社会科学版)》1984年第3期。

② 参见杨春洗、杨敦先主编:《中国刑法论》,北京大学出版社1994年版,第247、251、255页;苏惠渔主编:《刑法学》,中国政法大学出版社1997年版,第343、357页;赵秉志主编:《新刑法教程》,中国人民大学出版社1997年版,第352—353、383、387页;王作富主编:《刑法》,中国人民大学出版社1999年版,第210、216、218页;张明楷:《刑法学》,法律出版社2011年版,第541—556页;赵秉志主编:《刑法》,高等教育出版社2012年版,第233、242—243、247页;高铭暄、马克昌主编:《刑法学》,北京大学出版社、高等教育出版社2011年版,第284、290—301页。

③ [苏]В.Д.孟沙金主编:《苏联刑法总论》(下册),彭仲文译,大东书局1950年版,第610页。

会也将不会发生预期的教育公民的效果。”①到了 80 年代，学者们继续从社会主义刑罚目的即预防犯罪的要求，论述我国《刑法》设立追诉时效制度的意义。② 90 年代以来，这种观点仍为许多学者所阐发。③

三、苏联法学理论与我国刑法学学科认识的形成

刑法学的性质、任务和方法等问题，是刑法学学科自身的基本问题，如何认识这些问题关乎刑法学的发展。对此，苏联刑法学以苏联法学理论关于法学的基本认识为指导，对这些问题加以具体阐述，以此推进苏联刑法学的构建和发展。我国刑法学是以苏联刑法学为范本建立起来的，因而苏联学者关于刑法学学科的论述也被植入我国的刑法学之中。

（一）刑法学的性质

刑法学的性质是什么？对于这个问题的回答，决定了刑法学的目的、任务和发展方向。苏联法学理论认为，与其他社会科学一样，法学也是有阶级性的。在这一观点的指导下，苏联刑法学认为，刑法学具有党性和阶级性，

---

① 中央政法干部学校刑法教研室编著：《中华人民共和国刑法总则讲义》，法律出版社 1957 年版，第 259—260 页。

② 参见中国人民大学法律系刑法教研组：《中华人民共和国刑法讲话》，人民出版社 1980 年版，第 107 页；杨春洗、甘雨沛、杨敦先、杨殿升等：《刑法总论》，北京大学出版社 1981 年版，第 280—281 页；高铭暄主编：《刑法学》，法律出版社 1982 年版，第 300—301 页；中央政法干部学校刑法刑事诉讼法教研室编著：《中华人民共和国刑法讲义》，群众出版社 1982 年版，第 242 页；华东政法学院刑法教研室编著：《刑法概论》，浙江人民出版社 1987 年版，第 207 页；王作富：《中国刑法研究》，中国人民大学出版社 1988 年版，第 356—357 页。

③ 参见何秉松主编：《刑法教科书》，中国法制出版社 1994 年版，第 498—499 页；杨春洗、杨敦先主编：《中国刑法论》，北京大学出版社 1994 年版，第 259 页；苏惠渔主编：《刑法学》，中国政法大学出版社 1997 年版，第 364 页；赵秉志主编：《新刑法教程》，中国人民大学出版社 1997 年版，第 396 页；王作富主编：《刑法》，中国人民大学出版社 1999 年版，第 223 页；张明楷：《刑法学》，法律出版社 2011 年版，第 565 页；高铭暄、马克昌主编：《刑法学》，北京大学出版社、高等教育出版社 2016 年版，第 303 页。曲新久主编：《刑法学》，中国政法大学出版社 2017 年版，第 248 页。

是为统治阶级利益服务的。苏联学者指出:刑法学是有党性和阶级性的,因为"刑法科学是社会的、政治的、科学的一个部门。在刑法的基础上,存在着某种政治思想,某种哲学观。"①也就是说,基于某种政治思想和哲学观点所形成的刑法科学,必然反映着某一阶级、党派的立场和利益,这使它具有了党性和阶级性。他们论述道:"苏维埃刑法科学也像一切苏维埃科学一样,贯穿着共产党党性。……苏维埃刑法科学的党性意味着:解决一切刑法问题、评定刑法制度的作用,只能是从工人阶级、社会主义国家和共产党的利益的观点出发。"②"它为保卫与巩固工农社会主义国家的利益而服务,同时研究在由社会主义过渡到共产主义时期同犯罪斗争的各种理论问题。"③他们还讲道:"资产阶级刑法'科学'也是有党性的,因为它是为资产阶级的利益服务的。"④但是,"他们竭力用'客观态度'、'无党性'的论调来掩盖资产阶级刑法'科学'的党性。他们也用各种'学派'——'古典学派'、'人类学派'、'社会学派'等等来掩饰资产阶级刑法'科学'的党性。他们还借宣传资产阶级的客观主义、法律教条主义和世界主义来掩盖资产阶级刑法'科学'的党性"⑤。因为刑法学具有阶级性和党性,"苏联的刑法学,……是与资产阶级的刑法学根本不同的"⑥。

我国刑法学受到苏联法学理论和苏联刑法学的影响,认为刑法学具有阶级性和党性。20 世纪 50 年代时,学者们就阐述了这一观点,指出:"中华

① [苏]B.Д.孟沙金主编:《苏联刑法总论》(上册),彭仲文译,大东书局 1950 年版,第 10 页。

② [苏]B.M.契柯瓦则主编:《苏维埃刑法总则》(上),中央人民政府法制委员会编译室、中国人民大学刑法教研室译,中国人民大学 1954 年版,第 20 页。

③ [苏]B.Д.孟沙金主编:《苏联刑法总论》(上册),彭仲文译,大东书局 1950 年版,第 10 页。

④ [苏]B.M.契柯瓦则主编:《苏维埃刑法总则》(上),中央人民政府法制委员会编译室、中国人民大学刑法教研室译,中国人民大学 1954 年版,第 20 页。

⑤ [苏]B.M.契柯瓦则主编:《苏维埃刑法总则》(上),中央人民政府法制委员会编译室、中国人民大学刑法教研室译,中国人民大学 1954 年版,第 20 页。

⑥ [苏]B.Д.孟沙金主编:《苏联刑法总论》(上册),彭仲文译,大东书局 1950 年版,第 10 页。

人民共和国刑法科学是贯穿着共产党党性的科学。它公开宣称,它是从工人阶级、劳动人民立场和观点出发,来解决和说明全部刑法科学问题的。”因此,他们强调“彻底揭露一切剥削者国家刑法的伪善性、反动性,彻底批判资产阶级刑法学的各种反动的、反科学的学说”,但又认为“批判不等于盲目否定和武断抹杀,而应以历史态度,审慎研究,一方面批判其反动性、伪善性、反科学性,同时也不抹杀其中若干合理因素”。① “反右”运动后,有学者对吸收资产阶级刑法和刑法学合理因素的观点进行了严厉批判,指出:“我们的刑法科学是具有强烈的政治性、战斗性的一门科学,它是以马克思列宁主义关于无产阶级专政、关于阶级斗争的一般原理以及毛主席关于两类不同性质矛盾的思想为基础的。”②在1958年中国人民大学刑法教研室编写的《中华人民共和国刑法教学大纲(初稿)》中,学者们强调我国刑法学与资产阶级刑法学和修正主义思想的根本对立,指出:“中华人民共和国刑法学是以毛主席关于两类不同性质矛盾和人民民主专政的理论为指导,在总结我国同犯罪作斗争的丰富经验的基础上,吸收了苏联及其他兄弟国家的先进经验,并在同资产阶级反动的旧法观点及现代修正主义思想进行不调和的斗争中建立和成长起来的一门社会主义的法律科学。”③

20世纪80年代时,我国学者仍然坚持刑法学具有阶级性的观点。有学者指出:“刑法学具有鲜明的阶级性。这是由刑法在巩固国家政权和统治阶级利益中所起的特殊作用所决定的。”④“我国的刑法学属于无产阶级的刑法学,马克思列宁主义的刑法学。”⑤他们还讲道,我国刑法学“以它的

① 参见中国人民大学法律系刑法教研室编:《中华人民共和国刑法总则讲义(初稿)》(上册),中国人民大学1957年印,第15页。

② 中国人民大学学校刑法教研室:《对“中华人民共和国刑法总则讲义”(初稿)的初步检查》,载《教学与研究》1958年第7期。

③ 中国人民大学刑法教研室:《中华人民共和国刑法教学大纲(初稿)》,载《教学与研究》1958年第7期。

④ 杨春洗、甘雨沛、杨敦先、杨殿升等:《刑法总论》,北京大学出版社1981年版,第2页。

⑤ 高铭暄主编:《刑法学》,法律出版社1982年版,第1页。

一些明显的特征区别于一切资产阶级的刑法学”，举其要者有：一是阶级性，二是科学性。就阶级性而言，他们讲道：“马克思列宁主义认为，刑法是阶级专政的工具，它反映着统治阶级的意志和利益。”“我国刑法公开宣布自己的阶级性质，明文规定其目的在于保卫社会主义革命和社会主义建设。我国刑法学的一切立论，均以这一点为依据。”“这和资产阶级刑法学的掩盖其阶级目的、力图巩固资产阶级统治，是相对立的。”他们还讲道：“我国刑法学的阶级性还表现在，它与反动法统决裂，绝不承袭资产阶级的或半殖民地半封建的现成法律。”①但是，学者们不再强调我国刑法学与资产阶级刑法学的根本对立，主张“对资产阶级的刑法学不是一概否定，而是在揭露其反动阶级本质、扬弃其反动的和反科学的部分的同时，借鉴其合理的和有益的部分”②。从那时起，我国学者开始介绍国外的刑法制度和刑法理论，涉及美国、英国、德国、法国、日本等国家，③提出借鉴西方刑法学的研究成果来改造、发展和完善我国的刑法学，以此推进刑法理论的研究。④ 90年代

---

① 参见高铭暄主编：《刑法学》，法律出版社1982年版，第9页。

② 高铭暄主编：《刑法学》，法律出版社1982年版，第10页。

③ 例如，储槐植：《美国刑法》，北京大学出版社1987年版；［英］鲁珀特·克罗斯、菲利普·A.琼斯：《英国刑法导论》，赵秉志等译，中国人民大学出版社1991年版；［法］斯特法尼等：《法国刑法总论精义》，罗结珍译，中国政法大学出版社1998年版；张明楷：《外国刑法纲要》，清华大学出版社1999年版；［德］耶赛克、魏特根：《德国刑法教科书（总论）》，徐久生译，中国法制出版社2001年版；［日］牧野英一：《日本刑法通义》，陈承泽译，中国政法大学出版社2003年版；方蕾、尹文健：《西方刑罚理论若干争论综要》，载《中国社会科学》1988年第6期；陈立：《刑事实证学派评述》，载《比较法研究》1990年第4期；林亚刚：《德、日刑法犯罪过失学说介评》，载《法学评论》2000年第2期。

④ 有的学者提出借鉴西方刑法学发展我国刑法学的思想，例如薛瑞麟：《发展繁荣刑法学之我见》，载《中外法学》1991年第1期；张文：《应当进一步完善刑法学体系》，载《中外法学》1991年第1期；周光权：《刑法学的西方经验与中国现实》，载《政法论坛》2006年第2期。有的学者借鉴西方刑法理论研究我国刑法学中的具体问题，例如姜伟：《犯罪构成比较研究》，载《法学研究》1989年第3期；么志龙：《罪刑法定主义与法律文化价值传统》，载《比较法研究》1990年第1期；阮齐林：《论刑法中的认识错误》，载《法学研究》1996年第1期；陈兴良：《过失责任论》，载《法学评论》2000年第2期；张明楷：《新刑法与并合主义》，载《中国社会科学》2000年第1期；等等。

后，少有人论述刑法学的阶级性，一些学者则开始研究刑法学的基本范畴。① 进入21世纪，有学者撰文反对刑法学的阶级性，提出如果不清除刑法学上的阶级观念，刑法学的科学性根本无从谈起。只有超越阶级性，我国刑法学才能从没有教义的刑法学中解脱出来。②

（二）刑法学的任务

苏联法学理论认为，法学的阶级性决定了法学的任务就是为统治阶级的国家和法服务，主张苏维埃法学应当肃清反马克思主义的敌对观点和资产阶级法学思想，根据马克思主义理论和通过研究社会主义建设的问题来构建苏维埃社会主义法律科学。根据这一观点，苏联刑法学者认为："苏维埃法律科学从产生之日起，便面临着这样的任务：批判地重新审查资产阶级法学提出的法律概念和制度；探讨适合于马克思列宁主义世界观、适合于在从资本主义向社会主义过渡的时代以及随后在共产主义建设时期与犯罪作斗争的实际要求的新原理和新概念。"③"马克思列宁主义刑法理论的建立，归根结底反映了我国各种社会关系革命性演变和社会主义社会建设的宏伟过程。这是社会存在（社会的经济基础、生产关系）的根本变化所致的政治、国家和法整个上层建筑发生深刻革命性变革的一部分。"④这些论述从法学的阶级性出发，规定了社会主义刑法学的两大主要任务，即批判和构建。

首先，提出以马克思主义的理论为基础构建社会主义刑法学，批判资产阶级刑法观点。苏联学者指出："苏维埃刑法科学是以马克思列宁主义关

---

① 参见曲新久：《试论刑法学的基本范畴》，载《法学研究》1991年第1期；陈兴良：《论刑法哲学的价值内容和范畴体系》，载《法学研究》1992年第2期。

② 参见陈兴良：《刑法学：向死而生》，载《法律科学》2010年第1期。

③ ［苏］A.A.皮昂特科夫斯基等：《苏联刑法科学史》，曹子丹等译，法律出版社1987年版，第2页。

④ ［苏］A.A.皮昂特科夫斯基等：《苏联刑法科学史》，曹子丹等译，法律出版社1987年版，第3页。

于国家与法权、关于无产阶级专政、关于社会主义国家的阶段和职能的学说为基础的。列宁和斯大林关于社会主义国家与法权的学说包括了苏维埃刑法的一切最重要的原则问题。"[①]同时要"揭露资产阶级刑法伪科学的真实阶级内容","同一切企图潜入苏维埃著作中的与我们背道而驰的资产阶级影响作无情的斗争。这些影响是:资产阶级的客观主义、法律形式主义和教条主义、生物主义、社会学主义、世界主义以及其他资产阶级刑法伪科学的表现"。[②] 为此,学者们在其论著中用大量篇幅批判资产阶级刑法学观点,并以马克思主义为指导构建社会主义刑法理论。例如,孟沙金在其主编的《苏联刑法总论》中,对资产阶级刑法学和刑事立法的犯罪形式概念进行了批判,在此基础上阐述了社会主义刑法的实质犯罪概念。[③] 再如,特拉伊宁等学者撰文指出,研究各门法律课程的体系是苏维埃法学家们担负的科学上的一些基本问题中最重要的一个,"因为在体系的结构中,彻底并充分地反映着足以区分社会主义的法与资产阶级的法的最深刻的特点"。关于刑法总则的体系,他批评道:"我们的'刑法总则'这一本作为高等法律学校学生主要教材的教科书……,总则的体系,都是按照上述资产阶级刑法教科书的死板公式——刑事法律、犯罪、刑罚——建立起来的。而且教科书的作者们不但没有想对这种从资产阶级教科书中套过来的公式加以批判或怀疑,反而把它说成是一种不容争辩的论点"。他在对这种体系进行深刻批判后提出,社会主义刑法总则的体系应该再增加独立的三篇:犯罪性、刑事责任的基础、犯罪的主体来对原有的三篇(犯罪、刑罚、刑事责任)加以补充。[④]

---

① [苏]B.M.契柯瓦则主编:《苏维埃刑法总则》(上),中央人民政府法制委员会编译室、中国人民大学刑法教研室译,中国人民大学1954年版,第15页。

② 参见[苏]B.M.契柯瓦则主编:《苏维埃刑法总则》(上),中央人民政府法制委员会编译室、中国人民大学刑法教研室译,中国人民大学1954年版,第20—21页。

③ 参见[苏]B.Д.孟沙金主编:《苏联刑法总论》(上册),彭仲文译,大东书局1950年版,第6—7页;[苏]B.Д.孟沙金主编:《苏联刑法总论》(下册),彭仲文译,大东书局1950年版,第310—314页。

④ 参见[苏]A.H.特拉伊宁等:《社会主义刑法总则与分则的体系问题》,载《苏维埃刑法论文选译》(第一辑),中国人民大学出版社1955年版,第168—174页。

其次，提出苏维埃刑法理论要解决审判、检察机关提出的新的迫切的问题，以促进实践的完善和理论的发展。① 为此，学者们作出了努力。例如，特拉伊宁等学者在研究苏维埃刑法分则体系时就指出："苏维埃国家生活中所发生的极其深刻的社会政治变化以及由这些变化所引起的苏维埃刑事立法的变更，必然会对苏维埃刑法理论提出根本改变苏维埃刑法分则体系的问题。因此，可以肯定地说，目前所用的体系显然已经过时了。"于是，他们按照1936年苏联宪法提出了新的苏维埃刑法分则体系。② 再如，关于刑罚的任务，皮昂特科夫斯基进行了新探索，提出了新观点。他认为，一般预防和特殊预防的相互关系，刑罚的哪一个任务位于首位，取决于具体的社会政治环境。他讲道："在无产阶级专政的最初阶段，……非常需要局部地实现无产阶级国家惩办活动的一般预防作用……随着苏维埃制度的巩固和社会主义建设的发展……，在与犯罪作斗争的广大领域中，就应当愈益把适用社会保卫方法时的特殊预防任务提到首位。"③

我国刑法学受到苏联法学理论的影响，20世纪50年代时学者们就将批判和构建作为刑法学的两项任务。关于第一项任务，有学者指出：我国刑法科学是"贯串着共产党党性的科学……是从工人阶级、劳动人民立场和观点出发，来解决和说明全部刑法科学问题的"，要"彻底揭露一切剥削者国家刑法的伪善性、反动性，彻底批判资产阶级学者关于刑法学的各种反动的、反科学的学说"。④ 基于这个任务，学者们运用马克思主义观点阐述社

---

① 参见［苏］B.M.契柯瓦则主编：《苏维埃刑法总则》（上），中央人民政府法制委员会编译室、中国人民大学刑法教研室译，中国人民大学1954年版，第26—27页。

② 参见［苏］A.H.特拉伊宁：《社会主义刑法总则与分则的体系问题》，载《苏维埃刑法论文选译》（第一辑），中国人民大学出版社1955年版，第176—183页。

③ ［苏］A.A.皮昂特科夫斯基等：《苏联刑法科学史》，曹子丹等译，法律出版社1987年版，第99页。

④ 参见中国人民大学法律系刑法教研室编：《中华人民共和国刑法总则讲义（初稿）》（上册），中国人民大学1957年印，第15页。《中华人民共和国刑法教学大纲（初稿）》中讲道：我国刑法学是"在同资产阶叙反动的旧法观点及现代修正主义思想进行不调和的斗争中建立和成长起来的一门社会主义的法律科学"。参见中国人民大学刑法教研室：《中华人民共和国刑法教学大纲（初稿）》，载《教学与研究》1958年第7期。

会主义刑法学理论,并对资产阶级刑法学理论进行了批判。例如,对于犯罪概念,学者们既阐述了社会主义刑法学以社会危害性为核心内容的实质犯罪概念,又对资产阶级学者提出的形式犯罪概念进行了批判;①对于刑罚的目的,学者们既论述了以预防为目的的社会主义的刑罚目的观,又深入分析资产阶级学者提出的各种刑罚目的观的错误所在。②“反右”运动后,我国学者突出强调批判,不管它对社会主义刑法学是否有借鉴之处。当时,有学者对借鉴资产阶级刑法观点中合理因素的观点进行批判,指出:“所有这些,都是在于抗拒党关于废除国民党反动派的‘六法全书’的原则指示,为反动旧法的复辟寻找根据。”③有学者批判罪刑法定原则,认为这一原则是“虚伪的,因而在资产阶级国家的司法实践上也格格不入”,进入帝国主义阶段后,“早已抛上九霄云外了”④。有学者对有人提出的刑法的三个原则,即“无罪不罚”“罪刑相称”和“改造罪犯为新人”的观点进行批判,认为其企图改变我国刑法作为无产阶级专政武器的性质,变为资产阶级复辟的工具。⑤ 还有学者对我国的死刑缓刑是来源于明清律例的观点进行了批判,认为其属于旧法继承论的观点,是从根本上反对马列主义国家观和法律观的。⑥

关于第二项任务,有学者指出:“中华人民共和国刑法科学的研究,必须从中国实际情况出发,从司法机关和立法机关的实际要求出发,运用马克

① 参见中央政法干部学校刑法教研室编著:《中华人民共和国刑法总则讲义》,法律出版社 1957 年版,第 56—60 页。

② 参见中央政法干部学校刑法教研室编著:《中华人民共和国刑法总则讲义》,法律出版社 1957 年版,第 177—184 页。

③ 中央政法干部学校刑法教研室:《对“中华人民共和国刑法总则讲义”(初稿)的初步检查》,载《教学与研究》1958 年第 7 期。

④ 叶孝信:《1789 年法国“人权宣言”的批判——从老根上清算右派分子关于民主、自由、法制等的谎言》,载《法学》1958 年第 4 期。

⑤ 参见徐一志、鲁风、黄文忠:《揭穿右派分子孔钊篡改我国刑法基本原则的阴谋》,载《政法研究》1958 年第 2 期。

⑥ 参见郭日齐:《就“死刑的缓刑问题”一文驳卢蔚乾》,载《政法研究》1957 年第 6 期。

思列宁主义刑法理论和国家政策，系统地、广泛地概括我国司法机关的实际经验，把丰富而复杂的经验条理化；有目的地研究实际中产生的各种问题，把这些问题给以科学上的说明。”①他们感到，“刑法科学研究的工作，远远落后于实际生活发展的要求，实践中存在的许多问题都有待于用刑法理论去总结说明”②。1956 年“双百”方针提出后，有学者针对法律科学的状况，提出法律科学要“克服教条主义的学习方法，认真研究和总结我国各个历史时期的革命法制和当前司法实践的经验”③。在这种背景下，刑法学者开始结合我国司法实践经验开展研究，问题涉及过失罪、刑种、有期徒刑缓刑、死缓制度、量刑、自首从宽处理、假释问题、犯罪预备和未遂的审判实践等。④ 由此可见，学者们研究的问题不多，研究成果较少，但为此作了不小的努力。之后，我国学者按照苏联法学理论提出的“根据马克思、恩格斯、列宁的异常丰富的遗产和斯大林的天才著作来建立苏维埃社会主义法律科学”⑤的任务要求，将毛泽东在《关于正确处理人民内部矛盾的问题》中提出的两类矛盾学说运用于刑法学，分析刑法现象。当时，许多学者运用这一

---

① 中国人民大学法律系刑法教研室编：《中华人民共和国刑法总则讲义（初稿）》（上册），中国人民大学 1957 年印，第 13 页。

② 中国人民大学法律系刑法教研室编：《中华人民共和国刑法总则讲义（初稿）》（上册），中国人民大学 1957 年印，第 15 页。

③ 吉甦生：《如何改变我国法律科学的落后现状》，载《华东政法学报》1956 年第 3 期。

④ 例如，史言：《过失罪》，载《政法研究》1957 年第 2 期；李琪：《我国刑法中应规定哪些刑种》，载《政法研究》1957 年第 1 期；孔钊、朱华荣：《中华人民共和国刑法中的有期徒刑缓刑》，载《政法研究》1956 年第 4 期；童颜、戈风和郑正非：《关于“中华人民共和国刑法中的有期徒刑缓刑”一文的几点意见》，载《政法研究》1956 年第 6 期；吴牧、刘树德、金子桐：《关于“中华人民共和国刑法中的有期徒刑缓刑”若干问题的探讨》，载《法学》1957 年第 3 期；丁书斋：《我国刑事立法中是否还要采用“死缓”制度》，载《法学研究》1957 年第 1 期；冯世名：《关于量刑问题》，载《政法研究》1957 年第 4 期；李克仁：《对犯罪自首分子从宽处理的认识》，载《中南政法学院学报》1957 年第 1 期；甘雨沛：《关于中华人民共和国刑法的假释问题》，载《东北人民大学人文科学学报》1957 年第 Z1 期；朱继良：《关于犯罪的预备行为和未遂在审判实践中的应用和处刑的问题》，载《中南政法学院学报》1957 年第 1 期。

⑤ ［苏］安·扬·维辛斯基：《国家和法的理论问题》，法律出版社 1955 年版，第 65 页。

学说分析犯罪现象,[①]在此基础上将该学说作为构建我国刑法学的基础。对此,有学者撰文指出:“两类矛盾学说从理论上奠定了社会主义刑法的科学基础,使我们进一步明确了刑法科学必须为经济基础服务”;“两类矛盾学说概括了我国社会矛盾的特点,使刑法在与犯罪作斗争中掌握了客观规律”;“两类矛盾学说为刑法科学奠定了与犯罪作斗争的策略思想”。[②] 1958年中国人民大学编写的刑法教学大纲,也将毛泽东两类矛盾学说与人民民主专政的原理一起作为我国刑法的理论基础。[③]

改革开放以后,我国刑法学开始恢复和发展。由于对刑法学阶级性认识的变化,学者们对于刑法学批判任务从强调到淡化以至消失。刑法学恢复之初,对于资产阶级刑法学的各种学派、各种观点,一些学者仍然进行彻底批判。例如,有学者对于资产阶级刑法学提出的罪刑法定原则进行批判;[④]有的学者批判资产阶级刑法学中的罪行相当的量刑原则。[⑤] 然而,许多学者则认为应当对此采取批判和借鉴的态度。有学者分析道,批判是因为“不论哪一个学派,都是从资产阶级立场出发,把这个阶级的利益冒充为全社会的利益,竭力掩盖资产阶级刑法的阶级性,设想出各种为资产阶级刑事镇压作辩护的学说和维护资产阶级统治的措施”。但是,“应该承认,资

---

① 参见邓平:《一切刑事犯罪是否都算作敌我矛盾?是否都看作专政对象?》,载《政法研究》1958年第3期;于铁民:《对各种刑事犯罪分子必须实行专政必须看作敌我矛盾》,载《政法研究》1958年第3期;谢飞:《一切刑事犯罪是否都是敌我矛盾》,《政法研究》1958年第4期;田家宝:《不能把一切刑事犯罪都看成是敌我矛盾》,载《政法研究》1958年第4期;王文昇、杨一平、刘可元:《从两类社会矛盾看犯罪的矛盾性质》,载《法学》1958年第5期;朱国祯、欧阳振:《绝不能把一切刑事犯罪都当作敌我矛盾或专政对象》,载《法学》1958年第5期;赖传祥:《不能说一切刑事犯罪是敌我矛盾的性质》,载《法学》1958年第9期。

② 杨一平:《两类矛盾学说对刑法科学的指导意义》,载《法学》1958年第7期。

③ 参见中国人民大学刑法教研室:《中华人民共和国刑法教学大纲(初稿)》,载《教学与研究》1958年第7期。

④ 参见宋占生:《罪刑法定不能成为我国刑法的原则》,载《西南政法学院学报》1981年第4期;何鹏:《评罪刑法定主义原则的“新发展”》,载《吉林大学社会科学学报》1982年第2期。

⑤ 参见宁汉林:《对剥削阶级国家量刑原则的剖析》,载《北京政法学院学报》1980年第3期。

产阶级刑法学在其长期发展中也提供了不少关于犯罪和刑罚的科学资料，作出一些可供无产阶级借鉴的实际结论”。[①] 许多学者就是采取这种态度去研究资产阶级刑法学说。例如，有学者研究罪刑法定原则时，既揭示其服务于资产阶级统治的工具性和虚伪性，又阐述了其超越资产阶级范围的进步意义，能为社会主义刑法所采用。[②] 有学者在探讨孟德斯鸠刑法思想时，提出要批判地进行借鉴。[③] 之后，在中国特色社会主义理论的指导下，刑法学界开始探索构建中国特色社会主义刑法学，在这一过程中，学者们大量介绍西方国家刑法学的内容，以寻找更多可供借鉴的知识资源。从那时起到20世纪末，学者们翻译出版了一批重要的西方刑法理论著作，如《刑罚与预防犯罪》《刑法的基本思想》《论犯罪与刑罚》《惩罚与责任》《肯尼刑法原理》《犯罪构成要件理论》《刑法的根基与哲学》《立法立论——刑法典原理》《犯罪论的基本问题》《英国刑法导论》《法国刑法总论精义》《日本刑法总则讲义》《意大利刑法学原理》等，撰写出版了外国刑法学的研究著作，如《外国刑法学》《比较刑法学大全》《美国刑法》《美国经济犯罪和经济刑法研究》《各国刑法比较研究》等，发表了一批介绍、评述外国刑法和刑法学的译文和论文，主要涉及西方国家刑事政策和刑事立法的最新进展，以及古典刑法学派、实证学派和新社会防卫论代表人物的思想。[④] 21世纪以来，学者们仍然在不断地介绍和借鉴国外的刑法学理论。

20世纪70年代末之后，我国学者开始注重根据社会实践的需要开展刑法学研究，在回答社会实践中提出的刑法问题的过程中，构建和发展我国的刑法学。有学者在总结改革开放以后十年中我国刑法学研究的实践特点时指出，首先，我国刑法学者“重视联系我国经济体制改革和商品经济发展的情况和需要来研究刑法问题”。许多论著从宏观上研究了经济犯罪的基

---

① 参见高铭暄主编：《刑法学》，法律出版社1982年版，第8页。

② 参见黎国智：《我国刑法应当逐步实行罪刑法定原则》，载《现代法学》1981年第4期；郑晓：《浅论罪刑法定》，载《河北法学》1984年第1期。

③ 参见杨少南：《略论孟德斯鸠的刑法思想》，载《内蒙古社会科学》1984年第6期。

④ 参见梁根林、何慧新：《二十世纪的中国刑法学（上）》，载《中外法学》1999年第2期。

本理论、原因危害以及刑法对打击经济犯罪和保障改革顺利进行的作用与意义等问题,“更多的论著则是对若干突出的具体经济犯罪问题,如走私、投机倒把、偷税抗税、假冒商标、伪造倒卖票证、盗伐滥伐林木、贪污、受贿、诈骗、挪用公款等犯罪的定罪量刑问题,进行了深入细致的研讨”。其次,我国刑法学者“注意开展对我国刑事司法和刑事立法完善问题的探讨”。“在刑事司法方面,探讨了诸如类推适用、正当防卫、犯罪未遂、共同犯罪、自首、数罪并罚、刑罚裁量以及若干犯罪尤其是经济犯罪和财产犯罪定罪量刑方面的完善问题”;“在刑事立法方面,探讨的内容较为广泛,诸如刑法如何以宪法为根据的问题,《刑法》与单行刑事法律以及非刑事法律中的刑法规范如何协调发展的问题,现行刑法中若干规定的修改问题,刑法分则体系的进一步完善问题,以及建议增加若干新罪名的问题等等”。① 90 年代以来,我国学者联系改革开放和社会经济发展状况,结合刑事立法和刑事司法实践,开展刑法学研究,在市场经济与刑法观念的更新、市场经济与惩治经济犯罪、廉政建设与刑法运用、刑法的基本原则、刑事政策司法化、刑法解释等重大问题,刑法修改与完善的宏观问题,在犯罪构成、单位犯罪、未成年人犯罪等犯罪论问题,死刑限制与改革、刑罚制度改革、刑罚目的、量刑情节与量刑方法等刑罚论问题,在具体犯罪的立法完善以及计算机与网络犯罪、金融犯罪、商业贿赂犯罪、著作权犯罪、黑社会性质组织犯罪、恐怖主义犯罪等新型犯罪问题,在对外开放的刑法问题,以及对典型刑事案件的法理分析上,取得了很多研究成果,完善刑事立法、推进刑事司法起到了积极的推动作用,促进了刑法学的发展。②

(三)刑法学的方法

苏联法学理论认为,社会主义法学应当以马克思主义方法论即唯物论

① 参见高铭暄:《十年来的刑法学研究》,载《法律学习与研究》1989 年第 5 期。

② 参见高铭暄、赵秉志编著:《新中国刑法学研究 60 年》,中国人民大学出版社 2009 年版,第 73—461 页;刘志伟、郭玮:《改革开放 40 年中国刑法学研究的成就与展望》,载《湖南科技大学学报(社会科学版)》2018 年第 5 期。

和辩证法作为研究的根本方法，运用它来研究法律的本质以及其他问题。在这一思想的指导下，苏联刑法学也提出运用马克思主义方法论开展研究。苏联刑法学者指出："苏维埃刑法科学也像一切苏维埃科学一样，是建筑在唯一的真正科学的方法——唯物辩证法上面的。"①"社会主义刑法的理论，在决定其理论问题时，应该从辩证法唯物论的方法论出发。"②他们讲道："社会现象的真正科学的研究，只有在历史唯物论的基础上，才能做到。"③对此，有学者分析道："资产阶级刑法科学的特点则是形而上学的、烦琐的、法律教条主义的方法，它脱离社会物质生活条件去研究法律形式。""资产阶级形而上学方法的特点，在于它把一般的法权形式，特别是刑法形式，看作是独立自主的、孤独自在的、并以仿佛不依赖社会物质生活条件的'永恒''不变'的思想为基础的某种东西。资产阶级形而上学的方法是掌握在资产阶级手里用以掩盖犯罪与刑罚的阶级本质和用以掩盖资产阶级刑法一切制度的阶级本质的工具。"④从根源上说，"资产阶级的刑法学，把法学的研究与社会学的研究互相对立起来，这是错误的。在第一种场合（法学研究），犯罪与刑罚被当做脱离具体历史环境的抽象逻辑概念来研究，这种研究只是推察这两个概念的联系、相互依属关系以及彼此逻辑的推移。在第二种场合（社会学的研究），是以纯粹社会学的观点，研究犯罪与刑罚，而不作任何法学的分析"⑤。但是，"与资产阶级'科学'相对立的苏维埃刑法科学并不局限于描述犯罪的法律形式的特征，而且也全面地揭露它的阶级的

① ［苏］B.M.契柯瓦则主编：《苏维埃刑法总则》（上），中央人民政府法制委员会编译室、中国人民大学刑法教研室译，中国人民大学1954年版，第17页。

② ［苏］B.Д.孟沙金主编：《苏联刑法总论》（下册），彭仲文译，大东书局1950年版，第335页。

③ ［苏］B.Д.孟沙金主编：《苏联刑法总论》（上册），彭仲文译，大东书局1950年版，第10页。

④ ［苏］B.M.契柯瓦则主编：《苏维埃刑法总则》（上），中央人民政府法制委员会编译室、中国人民大学刑法教研室译，中国人民大学1954年版，第17—18页。

⑤ ［苏］B.Д.孟沙金主编：《苏联刑法总论》（上册），彭仲文译，大东书局1950年版，第11页。

物质内容。同样地，苏维埃刑法科学也根据唯物的观点来了解刑罚，揭露刑罚的概念”①。可见，“苏联的刑法学不仅限于对刑法问题作法律条文的研究，而首先要揭发一切刑事法规的社会的、阶级的与历史变动的性质”。也就是说，它“是在历史的发展中，在与生产关系变化的联系中，在与阶级斗争形式变化的联系中，在与国家形态与作用的变化的联系中，来研究这些问题。刑法学把刑法的基本概念——犯罪、罪过、未遂、共犯、刑罚等——当做实际的社会现象与社会关系的性质来研究，它们在刑事法律中取得抽象的法律范畴的形态，而客观上他们是反映着一定的社会关系”。② 应当看到，苏联刑法学者运用唯物辩证法揭示了犯罪和刑罚的社会、阶级实质，并在此基础上构建起与资产阶级刑法理论根本不同的社会主义刑法科学。对此，特拉伊宁评论道：“在过去数十年中，社会主义刑法科学已经获得了很大的成绩。许多刑法中的基本制度和概念，像犯罪的概念及犯罪构成，刑罚的目的和种类，共犯的概念和种类，犯罪行为的个别种类等都已在马克思主义方法论的基础上得到了研究。”③

在我国，在苏联法学理论和刑法学的影响下，刑法学也提出以马克思主义方法论研究刑法问题。20 世纪 50 年代时，学者们就阐述了运用马克思主义方法论研究刑法问题的重要性，指出：“中华人民共和国刑法科学，是奠基在马克思列宁主义基础上的一门社会科学。”④“只有根据马克思列宁主义的立场、观点和方法，揭露刑法发生的历史根源，说明犯罪和刑罚的阶级本质及其发展，才能把对于中华人民共和国刑法的研究置于正确

---

① ［苏］B.M.契柯瓦则主编：《苏维埃刑法总则》（上），中央人民政府法制委员会编译室、中国人民大学刑法教研室译，中国人民大学 1954 年版，第 18 页。

② 参见［苏］B.Д.孟沙金主编：《苏联刑法总论》（上册），彭仲文译，大东书局 1950 年版，第 11 页。

③ ［苏］A.H.特拉伊宁：《社会主义刑法总则与分则的体系问题》，载《苏维埃刑法论文选译》（第一辑），中国人民大学出版社 1955 年版，第 140 页。

④ 中国人民大学法律系刑法教研室编：《中华人民共和国刑法总则讲义（初稿）》（上册），中国人民大学 1957 年印，第 11 页。

的方向。”[①]80 年代初，学者们仍然强调这一点。有学者指出：“作为无产阶级世界观的辩证唯物主义和历史唯物主义，是我们研究科学的唯一正确方法。”[②]“我国刑法学之所以是一门真正的科学，就是因为它是建立在辩证唯物主义和历史唯物主义的基础之上的。”[③]如何在刑法学中运用这种方法呢？他们提出了四点看法：一是“应该根据马克思列宁主义关于经济基础与上层建筑的理论，联系阶级斗争和社会制度来研究刑法”；二是“应该以辩证发展的观点，把刑法的现行规定与历史状况和未来前景联系起来研究，既着眼于现在，也考虑过去与未来”；三是“应该根据马克思列宁主义关于物质与精神的相互关系的理论，根据唯物主义的认识论，坚持理论联系实际的研究方针，使我们的刑法学始终不脱离实际，始终为实践服务”；四是“应该根据‘洋为中用’的方针，以我为主地对外国的刑法理论、刑事立法和司法实践，进行比较研究”。[④] 也就是说，辩证唯物主义和历史唯物主义是刑法学的方法论，在此方法论下形成阶级分析、历史分析、比较对照和联系实际的方法。学者们运用这一方法论，阐述犯罪论和刑罚论的内容，分析各种具体犯罪及其构成这些刑法的核心问题。

20 世纪 80 年代中期之后，一些学者提出引入多种研究方法进行刑法学研究。对此，有学者指出，刑法学研究要适应新的改革形势，摆在首位的还是以历史唯物论和唯物辩证法为指导，但这不意味着要以它来代替刑法学的具体研究方法。接着他们评述了几种常见的、行之有效的具体研究方法，如逻辑分析方法、比较研究方法、社会调查方法和中肯的法学评价方法。[⑤] 之后，学者们将系统论方法、比较方法、经济学方法、社会学方法、教

---

① 中央政法干部学校刑法教研室编著：《中华人民共和国刑法总则讲义》，法律出版社 1957 年版，第 9 页。

② 高铭暄主编：《刑法学》，法律出版社 1982 年版，第 11 页。

③ 杨春洗、甘雨沛、杨敦先、杨殿升等：《刑法总论》，北京大学出版社 1981 年版，第 5 页。

④ 参见高铭暄主编：《刑法学》，法律出版社 1982 年版，第 11—14 页。

⑤ 参见曹子丹、薛瑞麟：《刑法学研究方法刍议》，载《中国法学》1988 年第 3 期。

义学方法、实用主义方法等多种方法引入刑法学，使刑法学研究呈现出方法的多元性和综合性的特征。①

① 关于系统论方法，参见何秉松：《犯罪构成系统论》，中国法制出版社 1995 年版；储槐植：《刑事一体化与关系刑法论》，北京大学出版社 1997 年版；储槐植：《刑事一体化》，法律出版社 2004 年版。关于比较方法，参见刘少荣：《法、刑法的比较研究》，载《政治与法律》1984 年第 2 期；金凯：《比较刑法》，河南人民出版社 1985 年版。关于经济分析方法，参见卢建平、苗淼：《刑罚资源的有效配置——刑罚的经济分析》，载《法学研究》1997 年第 2 期；陈正云：《刑法的经济分析与伦理价值》，载《法学研究》1999 年第 6 期；詹坤木：《刑法经济分析方法思辨》，载《现代法学》2000 年第 6 期。关于社会学方法，参见许发民：《刑法社会学分析的对象及其意义》，载《现代法学》2002 年第 2 期；张心向：《社会学视阈中的刑法学研究范式》，载赵秉志主编：《刑法论丛》（第 12 卷），法律出版社 2007 年版，第 1—18 页。关于教义学方法，参见陈兴良：《刑法教义学方法论》，载《法学研究》2005 年第 2 期；陈兴良：《教义刑法学》，中国人民大学出版社 2010 年版。关于实用主义方法，参见李立丰：《论完善中国刑法学研究方法的一种选择：以美国实用主义法学理论为视角》，载高鸿钧主编：《法治论衡》（第 15 辑），清华大学出版社 2012 年版，第 280—314 页。

第五章

苏联法学理论对新中国民法学的影响

1949 年 2 月中共中央发布的《关于废除国民党〈六法全书〉和确定解放区司法原则的指示》,意味着资产阶级性质的传统民法被彻底废除,同时也开启了新中国民法和民法学的建设进程。"新中国的民法学完全是在全盘接受前苏联的社会主义民法学的基础上发展起来的"①,而苏联民法学则植根于苏联法学理论的沃土。因此,新中国民法学的构建,不仅是全盘接受苏联民法学的结果,而且是渗透其中的苏联法学理论作用的结果。与民法学原理的具体性和应用性不同的是,法学理论所包含的法律观、方法论则具有基础性和根本性,因此对于有学者作出的时至今日苏联民法学对中国的影响没有完全消失的感叹②,我们只能从苏联法学理论的影响没有完全消退中去思考,这种影响主要体现在民法观、民法制度理论和对民法学学科认识上。

---

① 柳经纬:《回归传统——百年中国民法学之考察之一》,载《中国政法大学学报》2010 年第 2 期。

② 参见柳经纬:《回归传统——百年中国民法学之考察之一》,载《中国政法大学学报》2010 年第 2 期。

一、苏联法学理论与我国民法观的确立

民法观是民法学体系的内核,因为民法观决定了民法学的性质和发展方向,规定了民法制度理论的旨趣、框架和内容。可以说,社会主义民法学与传统民法学的根本差异就在于民法观上的不同。在苏联,民法学是在法学理论指导下建立起来的,民法观是法律观在民法领域的具体表达。因此,对于全盘接受苏联民法学基础上建立起来的中国民法学来说,其民法观的形成归根结底是受到苏联法学理论的影响。

(一)民法本质观

苏联法学理论认为,法具有阶级性。维辛斯基在给法下的定义中明确揭示了这一点,他指出:"法是以立法形式规定的表现统治阶级意志的行为规则和为国家政权认可的风俗习惯和公共生活规则的总和,国家为了保护、巩固和发展对于统治阶级有利的和惬意的社会关系和秩序,以强制力量保证它的施行。"①苏达里可夫和贝可夫进一步指出:"在法律的内容中,直接表现着统治阶级底意志、它的阶级目的、利益、它的意识形态和道德观。"②可见,这种阶级性主要体现在法对于统治阶级的意志、利益、目的的体现和维护。因此,不同社会中的法,体现和维护不同统治阶级的意志、利益和目的。具体来说,"资产阶级的法是居于统治的少数人的意志,并且保护资本主义的剥削秩序,而社会主义的法是被人民提升为国家法律的劳动群众的意志、人民自己的意志,这一意志的目的是要保证社会摆脱人对人的剥削和建成新的共产主义的社会"③。因此,社会主义法与资本主义

---

① [苏]安·扬·维辛斯基:《国家和法的理论问题》,法律出版社1955年版,第100页。

② [苏]苏达里可夫、贝可夫:《苏维埃国家与法问题讲座》,中央人民政府法制委员会编译室编译,中央人民政府法制委员会1951年印,第16页。

③ [苏]彼·斯·罗马什金等主编:《国家和法的理论》,中国科学院法学研究所译,法律出版社1963年版,第347页。

法有着原则区别。

正因为法具有阶级性，苏联民法学者对于资产阶级民法的阶级实质进行了揭露和批判。他们认为，“资产阶级国家所保卫的是建立在生产工具和生产资料私有制、资本家剥削劳动者的基础上的生产关系”[①]，这种生产关系的特征“决定了资产阶级民法的整个剥削实质，资产阶级的民法是以作为资本主义制度神圣不可侵犯基础的资本主义私有制为出发点的”[②]。在此基础上，他们对资产阶级民法的性质、原则和制度，如民法的私法属性、所有权制度以及法律面前人人平等、人身自由、合同自由等原则进行了无情的批判，揭露其剥削和为资产阶级利益服务的实质。[③] 他们在批判资产阶级民法的同时，揭示了苏维埃民法的社会主义本质和目的。有学者指出：“社会主义的所有制体系决定着苏联全部民法的社会主义性质，把它与那种保护资本家占有生产资料的资产阶级的民法从原则上区别开来。”[④]他们论述道：“自苏维埃国家产生之时起，苏维埃民法即具有社会主义的性质”[⑤]，而且“苏维埃民法在它发展的各个阶段上都是社会主义性质的民法”，这是因为“它是以社会主义经济体系及生产工具和生产资料的社会主义所有制作为根据的”。[⑥] 因此，苏维埃民法的目的“就是全面地保护社会主义公共所有制”，“它巩固着社会主义经济体系，并包含着防止恢复私有

---

① ［苏］斯・恩・布拉都西主编：《苏维埃民法》（上），中国人民大学民法教研室译，中国人民大学 1954 年版，第 4 页。

② ［苏］坚金、布拉图斯主编：《苏维埃民法》（第一册），中国人民大学民法教研室译，法律出版社 1956 年版，第 51 页。

③ 参见［苏］坚金、布拉图斯主编：《苏维埃民法》（第一册），中国人民大学民法教研室译，法律出版社 1956 年版，第 51—59 页。

④ ［苏］斯・恩・布拉都西主编：《苏维埃民法》（上），中国人民大学民法教研室译，中国人民大学 1954 年版，第 191 页。

⑤ ［苏］斯・恩・布拉都西主编：《苏维埃民法》（上），中国人民大学民法教研室译，中国人民大学 1954 年版，第 10 页。

⑥ 参见［苏］坚金、布拉图斯主编：《苏维埃民法》（第一册），中国人民大学民法教研室译，法律出版社 1956 年版，第 19 页。

制和剥削的企图的规范”。[①] 可见,社会主义民法与资产阶级民法有着本质的区别。因此,苏维埃民法典必须“反对资本主义国家民法典的资产阶级原则和资产阶级内容”[②]。

在我国,民法学者以法的阶级性观点为指导,揭示民法的阶级本质。20世纪50年代时,有学者指出:“马克思列宁主义从来就认为,无论法和法学,都具有十分强烈的阶级性,只能为当时的统治阶级服务。”[③]因此,民法也具有阶级性。他们论述道:“民法,是阶级斗争和阶级矛盾的产物,它是统治阶级在根本财产利益的问题上进行阶级斗争的工具。民法上的所有权制度,规定和固定着统治阶级对生产资料的所有关系;民法上的债的制度,确定了有利于统治阶级的对社会财富的支配方式;而民法上的公民、法人制度,就是保护和巩固着一定社会的统治阶级在社会生产体系中的地位。总之,民法从几个主要方面巩固着统治阶级借以存在的经济基础。民法,就是统治阶级在这些根本问题上进行阶级斗争的工具,保护和巩固本阶级的根本利益,限制或取缔敌对阶级的财产利益。这就是民法的阶级性的极鲜明的表现。”[④]他们分析道:“我国民法,是社会主义的民法。……它是我国工人阶级领导广大劳动人民为彻底实现社会主义而进行阶级斗争的工具”[⑤],因为它“是以工人阶级领导的广大劳动人民意志的表现”[⑥]。因此,我国民法的实质就是“保护和巩固社会主义的利益,并在这一根本前提下,依照法

---

① 参见[苏]坚金、布拉图斯主编:《苏维埃民法》(第一册),中国人民大学民法教研室译,法律出版社1956年版,第19页。

② [苏]安·扬·维辛斯基:《国家和法的理论问题》,法律出版社1955年版,第51页。

③ 中央政法干部学校民法教研室编著:《中华人民共和国民法基本问题》,法律出版社1958年版,第1页。

④ 中央政法干部学校民法教研室编著:《中华人民共和国民法基本问题》,法律出版社1958年版,第4—5页。

⑤ 中央政法干部学校民法教研室编著:《中华人民共和国民法基本问题》,法律出版社1958年版,第5页。

⑥ 中央政法干部学校民法教研室编著:《中华人民共和国民法基本问题》,法律出版社1958年版,第9页。

律充分地保护公民的权利和合法利益”①。与此相反，“一切反动民法只能是保障反动统治阶级狭隘的反动的阶级利益的民法，是怯懦而又残酷的民法”②。他们还说道：“旧中国自有‘民法’以来，就是历代反动统治者用来残暴地压迫和剥削劳动人民的工具”。③ 并从“物权编”“债权编”“亲属编”等方面对国民党民法进行了批判，揭露了其维护封建和资本主义残酷剥削和压迫的本质。④ 由此他们得出结论说：“新法和旧法，是两个根本对立的法律范畴，表现了根本利益互相对立的阶级的法律意识。我们所禁止的，恰恰是反动民法所保护的；而我们所保护的，则正是反动民法所禁止的。两者之间是根本不可能相容的。”并进而指出：“一切反动民法和反动民法学从来就只能作为被批判和清除的对象。”⑤可见，学者们将新旧民法置于完全对立的境地，这为彻底否定对资产阶级民法、旧中国民法的继承和借鉴提供了理论依据。基于这种观点，学者们撰文对资产阶级民法、旧中国民法进行了批判。⑥

到了 20 世纪 80 年代初，我国民法学者仍然认为民法具有阶级性。有学者指出：“不同历史时期不同国家民法的经济基础、阶级本质是极不相同的，它们的内容和体系也是多种多样的”。因而，“以私有制为基础和以社会主义公有制为基础的民法之间存在着明显的差别。这种差别最本质的表现是前者分别服务于超经济剥削和经济剥削，后者则为禁止任何剥削”。⑦

① 中央政法干部学校民法教研室编著：《中华人民共和国民法基本问题》，法律出版社 1958 年版，第 5 页。

② 中央政法干部学校民法教研室编著：《中华人民共和国民法基本问题》，法律出版社 1958 年版，第 10 页。

③ 中央政法干部学校民法教研室编著：《中华人民共和国民法基本问题》，法律出版社 1958 年版，第 13 页。

④ 参见中央政法干部学校民法教研室编著：《中华人民共和国民法基本问题》，法律出版社 1958 年版，第 13—15 页。

⑤ 中央政法干部学校民法教研室编著：《中华人民共和国民法基本问题》，法律出版社 1958 年版，第 3 页。

⑥ 参见李浩培：《拿破仑法典初步批判》，载《政法研究》1955 年第 2 期；史怀璧：《对国民党反动民法的批判》，载《政法研究》1957 年第 6 期等。

⑦ 参见佟柔主编：《民法原理》，法律出版社 1983 年版，第 3—4 页。

有学者分析道，旧中国的民法是“官僚资产阶级、封建地主阶级和帝国主义的意志的体现”，“是反映并保护半殖民地半封建经济基础的上层建筑的重要组成部分”，“维护的是以四大家族为首的官僚买办地主阶级任意压迫剥削奴役人民的统治秩序和道德准则”。[①] 新中国的民法则不同，它“是社会主义民法，它与剥削阶级的民法有本质的区别。尽管它的某些法律用语、法律制度在形式上可能与资本主义国家的民法相雷同，然而，社会主义民法作为人民意志的集中表现，具有完全崭新的内容”[②]。因此，有学者认为，“由于社会主义与资本主义两种社会制度的根本对立，我国的民法与资本主义以及一切剥削阶级的民法有着本质的区别”[③]。他还说道：“社会主义民法与资产阶级民法，二者在法源上和理论上都是截然不同的。我们法律工作者决不能把二者混淆起来。……对于我们的民法研究，如果不划清社会主义与资本主义民法的界限，不把从罗马法继承下来的现代资产阶级式的一套从本质上加以批判，又如果不严格遵守列宁上述的教导，去冲破那些旧民法观点的老框框，那就根本不可能把马克思列宁主义的法律观与中国的历史现实相结合，创造出我们自己的新的社会主义的民法理论；同样，也就不可能制定出合乎我国国情的真正社会主义新型的民法。”[④]在强调两种类型民法的本质区别和对立的情况下，一些学者对资产阶级民法制度进行了批判。[⑤] 之后，随着经济体制改革的推进和有计划商品经济的建立，学者们在强调两类民法存在本质差别的同时，论述了它们之间的共性，并主张对私有制社会民法既要批判又要借鉴。他们论述道：“既然社会主义社会和它以

---

① 参见俞建平：《略论旧中国民法的阶级本质》，载《河北法学》1984 年第 6 期。

② 王家福、苏庆、夏淑华：《我们应该制定什么样的民法》，载《法学研究》1980 年第 1 期。

③ 陶希晋：《论我国社会主义民法的指导原则》，载《现代法学》1984 年第 1 期。

④ 陶希晋：《论民法研究》，载《青海社会科学》1983 年第 5 期。作者所说的列宁的论述，就是列宁关于社会主义民法是公法的论断。

⑤ 例如，有学者认为，贯穿于资产阶级合同制度的合同自由原则，实质上是维护资本主义剥削和压迫的工具。参见梁慧星：《资产阶级民法中的合同自由》，载《学习与思考》1981 年第 6 期。

前的私有制社会都是商品经济社会，商品经济有它共同的客观规律，而民法又是商品经济规律的法律表现，那么，资本主义及其以前社会的民法就有与社会主义民法共同的东西，就有值得我们借鉴的地方。当然，对它们维护生产资料私有制的那些东西，则应加以批判和摒弃。”①一些学者开始撰文介绍私有制国家民法的某些制度，并提出这些制度可为我国所借鉴。②

20世纪90年代初，有学者坚持民法具有阶级性的观点，认为剥削阶级的民法是统治阶级保护其生产资料私有制和人身权利的重要法律制度，我国民法是社会主义民法，根本上是代表工人阶级和广大人民群众的利益。在以经济建设为中心的社会主义建设时期，民法的阶级性没有消失。③另有学者提出，民法有阶级性，也有继承性。一方面，民法具有阶级性，不同社会制度下民事法律关系是其鲜明体现；另一方面，民法主要是调整商品经济，不论什么性质的商品经济，其基本的经济规律是相同的，因此调整社会主义商品经济的我国民法对资产阶级民法可以在批判的基础上加以继承和借鉴。④在建立社会主义市场经济体制目标提出之后，学者们更多地探讨我国借鉴、移植西方民法的理论问题和制度构建问题。⑤ 90年代中后期以后，学者们抛弃了社会主义民法与资产阶级民法对立的观念，开始大量翻

---

① 江平、张佩霖：《民法教程》，中国政法大学出版社1986年版，第12页。

② 例如，梁慧星：《民法时效研究》，载《法学研究》1984年第4期；黄海星：《试论法德两国民法典的不同特点》，载外国法制史研究会编：《外国法制史汇刊》第一集，武汉大学出版社1984年版，第114—126页；王利明：《论建立民法债权制度》，载《法律学习与研究》1988年第3期；郭明瑞：《关于无因管理的几个问题》，载《法学研究》1988年第2期。

③ 参见李静堂：《论民法的阶级性问题》，载《中南政法学院学报》1990年第1期。

④ 参见李道重：《试论民法的阶级性和继承性》，载《青海社会科学》1991年第1期。

⑤ 例如，孟勤国：《关于借鉴和吸收西方民法的问题》，载《法学研究》1993年第2期；崔建远：《民法制度移植的背景因素和内在和谐问题》，载《法学家》2003年第4期；李凤章：《法律移植，移植什么——以土地所有权的中国命运为中心》，载《法律科学》2009年第6期；崔建远：《缔约上过失责任论》，载《吉林大学社会科学学报》1992年第3期；杨立新、尹艳：《我国他物权制度的重新构造》，载《中国社会科学》1995年3期；王利明：《预期违约制度若干问题研究》，载《政法论坛》1995年第2期；杨立新、王海英、孙博：《人身权的延伸法律保护》，载《法学研究》1995年第2期；王利明、王轶：《动产善意取得制度研究》，载《现代法学》1997年第5期；王利明：《中国民法典的体系》，载《现代法学》2001年第4期。

译、介绍和研究西方国家民法，从中获得发展我国民法的知识资源。因此，他们一方面翻译出版了法国、德国、日本、意大利、瑞士、荷兰、加拿大、阿根廷、智利等国的民法典，以及许多西方学者的民法著作，如“外国法律文库”“当代德国法学名著”“外国法学名著：我妻荣民法讲义”等；另一方面，撰写了介绍和研究外国民法的论著，如谢怀栻的《大陆法国家民法典研究》、孙宪忠的《当代德国物权法》、尹田的《现代法国合同法》和《现代法国物权法》、于敏的《日本侵权行为法》、陈卫佐的《德国民法总论》、胡雪梅的《英国侵权法》等。①

（二）民法公法观

苏联法学理论认为，法的内容取决于社会的经济基础，其核心是生产资料所有制。苏联学者苏达里可夫和贝可夫指出：“法——这是上升为法律的统治阶级的意志，而它（意志）的内容是由这一阶级的物质生活条件所决定的”。然而，“在社会里所发生的一切变化之主要的、基本的、有决定意义的力量，是人类生存所必需的生活资料的生产方式和受此种生活方式所制约的生产资料和主要的生产工具的所有制的形式”。② 维辛斯基进一步分析道：“法的理论是法的原则的体系，全部法律科学、法律科学的各个部门，不管它们的具体内容怎样，都是根据这些原则建立起来的。……成文法规范以及整个成文法都应当根据法的理论所提出的原理、原则来制定。”他提出，“从建筑在各该社会生产关系上面的社会关系的内容上，从该社会和国家建设的特点上来研究这些原则”。③ 同时，苏联学者还指出：“生产工具和生产资料的私有，就是私法在资产阶级社会里创立起来的基础”，然而“在

① 参见柳经纬：《改革开放以来民法学的理论转型——百年中国民法学之考察之二》，《中国政法大学学报》2010 年第 3 期。

② 参见［苏］苏达里可夫、贝可夫：《苏维埃国家与法问题讲座》，中央人民政府法制委员会编译室编译，中央人民政府法制委员会 1951 年印，第 16、28 页。

③ 参见［苏］安·扬·维辛斯基：《国家和法的理论问题》，法律出版社 1955 年版，第 86—87 页。

苏联生产工具和生产资料的私有制已不存在，因此也就失掉为区别私法的本身根据，所以苏维埃社会主义的法律是不能被分成公法和私法的”。由此，“在苏维埃法律里面没有，也不可能有，作为表现私有财产关系和保护私有财产所有人利益底手段的私法”。①

基于法与经济基础关系的原理，苏联民法学者认为，“苏维埃民法和整个的苏维埃的法一样，是新的最高类型的法。它所根据的原则是社会主义的各项原则”②。也就是说，苏维埃民法是以社会主义原则作为立法的基本原则和出发点。他们阐述道：“这些原则就是：社会主义所有制、社会主义经济体系、社会主义的计划化、全体公民的劳动权利和劳动义务、按照劳动的质量和数量取得报酬、劳动者权利的实际保证和保护，以及这些权利和公共利益的相互结合。”③在分析了这些原则后，他们概括道：“调整社会主义社会财产关系的苏维埃民法是以社会主义所有制和社会主义经济体系为基础的，它消除了人对人的剥削，它受社会主义计划化的指导，并且是以价值规律、经济核算制和‘各尽所能，按劳取酬’这一社会主义原则为出发点。”④正因为苏维埃民法建立在社会主义公有制基础上，建立在社会主义原则之上，所以维辛斯基引用列宁的经典论断阐述了民法的公法性，他说道：“苏维埃社会主义民法，原则上不同于资产阶级民法。列宁主义教导我们必须用新的态度来对待民法问题。早在一九二二年，列宁在给库尔斯基的便笺中就写道：‘我们不承认任何“私的”，凡是经济领域以内的一切，我们都认为是公法的，而不是私的。’”由此他得出以下结论：“以生产工具和生产资料私有制为依据的罗马法，是剥削者社会的法和法律体系的基础，它

---

① 参见[苏]列文、哈尔芬纳、斯特罗郭维契：《国家与法律概论》，杨旭译，人民出版社1950年版，第105—107页。

② [苏]坚金、布拉图斯主编：《苏维埃民法》（第一册），李光谟等译，法律出版社1956年版，第19页。

③ [苏]坚金、布拉图斯主编：《苏维埃民法》（第一册），李光谟等译，法律出版社1956年版，第97—98页。

④ [苏]坚金、布拉图斯主编：《苏维埃民法》（第一册），李光谟等译，法律出版社1956年版，第21页。

是以私法原则作为最高原则的。苏维埃的法的基础,其中包括苏维埃社会主义民法的基础,不是罗马法,而是公法原则。”①民法的公法属性的揭示,明确了社会主义民法体系的构建方向,决定了社会主义民法制度的具体安排,使得社会主义民法与资本主义民法真正区分开来了。

在我国,民法学者深受这一观点的影响。他们对于民法与经济基础的关系论述道:“任何时代的法,任何法律部门,都必须以一定的社会经济制度为基础,以保护一定的物质生产方式所产生的利益为目标。”②“民法规范是和经济关系相适应的,是经济关系的表现形式。”③由此,民法学者根据社会主义经济基础阐述民法的基本原则,以此来构建民法的具体制度。对此,20 世纪 50 年代有学者就指出:“我国民法的基本原则,是社会主义的原则,是我国民法社会主义本质的集中表现,是社会主义经济规律在法律上的反映。”④在此基础上,他们提出了民法的五大基本原则,即公共财产神圣不可侵犯、特殊保护国家财产,保证彻底消灭剥削、消灭私有制,保证实现国家经济计划,公民民事权利义务一律平等,个人利益、局部利益和社会公共利益相结合等原则。在详尽论述其内容后,他们指出,在这些原则中,“又以保护社会主义公共财产、巩固与发展社会主义所有制为核心。因为只有这样,才能彻底根除剥削,防止资本主义复辟,使每个公民的利益在服从社会主义整体利益的前提下获得充分的满足,才能保障公民权利义务的真正平等,才能顺利地实现国家的经济计划和社会主义建设”⑤。可见,我国民法是以社会主义原则构建起来的,具有强烈的公法性,与维护私人利益为宗旨的资产

---

① [苏]安·扬·维辛斯基:《国家和法的理论问题》,法律出版社 1955 年版,第 117—118 页。

② 王作堂等:《民法教程》,北京大学出版社 1983 年版,第 34 页。

③ 中央政法干部学校民法教研室编著:《中华人民共和国民法基本问题》,法律出版社 1958 年版,第 12 页。

④ 中央政法干部学校民法教研室编著:《中华人民共和国民法基本问题》,法律出版社 1958 年版,第 25 页。

⑤ 中央政法干部学校民法教研室编著:《中华人民共和国民法基本问题》,法律出版社 1958 年版,第 25—30 页。

阶级民法有着本质区别。

80年代，许多学者仍然坚持社会主义民法的公法属性。有学者指出："我们坚持列宁把社会主义民法看作是公法，而不是私法的原则，也就是坚持社会主义的原则。在社会主义国家，民法是公法，不是私法，这是一个重大的原则。"①还有学者认为："社会主义民法是公法而不是私法，是调整公公、公私、私私之间发生的经济关系的大民法，而不是仅仅调整公民个人之间发生的经济关系的小民法。"他们分析道："社会主义民法之所以是公法，这是工人阶级领导的工农联盟为基础的无产阶级专政国家的政权性质所决定的，是消灭了资本主义私有制，建立了社会主义公有制的必然结果。社会主义民法，主要是调整公与公之间的经济关系。它所调整公民之间的经济关系，也主要是从社会主义公有制派生出来的。它跟资产阶级民法以私有制为基础调整私人与私人之间的经济关系截然不同。"②显然，民法的公法性成为社会主义民法区别于资产阶级民法的根本标志。还有学者对"民法即私法"的资产阶级观念进行了批判，认为它"是由他们的以私有制为经济基础的生活条件，以及由此产生的自私自利、自由放任等阶级意识所决定的"。他主张社会主义民法不是私法，"在社会主义条件下，民法同社会主义法的其他部门一样，都是公有制经济的上层建筑，是广大人民在无产阶级的领导下运用国家政权实行全面社会管理的工具。因此，'社会主义民法不是私法'，就成为社会主义法制建设中的一个基本的指导思想"。③ 可见，否定社会主义民法的私法属性实际上蕴涵了社会主义民法具有公法属性的观点。学者们基于对民法属性的这种认识，主张以社会主义原则构建民法基本原则，建立民法制度和民法规范。有学者指出："我国民法基本原则来源于我国民法的性质和任务，其理论基础是马克思列宁主义毛泽东思想，最

---

①　陶希晋：《关于起草民法的几个问题——陶希晋同志在我院师生大会上的讲话（摘要）》，载《西南政法学院学报》1980年第4期。

②　王家福、苏庆、夏淑华：《我们应该制定什么样的民法》，载《法学研究》1980年第1期。

③　参见王卫国：《社会主义民法不是私法》，载《法学季刊》1983年第2期。

终受社会主义经济制度的制约。”①据此，他们确定了民法的九大原则，即坚持社会主义道路的原则，社会主义公共财产神圣不可侵犯的原则，服从国民经济计划指导的原则，保护公民人身权利和财产权利的原则，平等互利的原则，民事权利、义务一致的原则，兼顾国家、集体、个人三方面利益的原则，遵守国家法律和社会主义道德准则的原则，坚持社会主义互助协作、恪守信用的原则。② 另有学者认为，我国民法的基本原则“是我国民法社会主义本质的集中体现，也是它区别于一切剥削阶级民法的根本标志”，它包括四大原则，即社会主义公共财产神圣不可侵犯原则、服从国民经济计划指导的原则、公民合法权益受充分保护的原则和平等、等价原则。③ 还有学者基于社会主义民法的公法属性，提出我国民法的基本原则包括计划调节和市场调节相结合，以计划调节为主的原则；等价交换的原则；经济核算，自负盈亏的原则；权利平等和义务平等相结合的原则；国家、集体、个人利益统一的原则；按劳分配的原则。④

1986 年，《民法通则》正式颁布后，民法学界开始对民法的公法属性产生质疑，提出对法律进行公、私法的分类，并将民法归属于私法。王家福在最高人民法院举办的《民法通则》培训班讲课时指出，资本主义国家对公法和私法有一个特定的理解。私法是调整私人之间关系的法律，如民法、商法等。公法是调整国家与个人之间关系的法律，如宪法、行政法、刑法等。从这个意义上看，说我们的民法是公法就不准确。⑤ 有学者撰文指出，法律的分类应以调整对象为基础，而不是以所有制为依据，公法和私法之分并不违

① 王作堂等：《民法教程》，北京大学出版社 1983 年版，第 33 页。

② 参见王作堂等：《民法教程》，北京大学出版社 1983 年版，第 34—44 页。

③ 参见佟柔主编：《民法原理》，法律出版社 1983 年版，第 13—17 页。

④ 参见王家福、苏庆、夏淑华：《我们应该制定什么样的民法》，载《法学研究》1980 年第 1 期。

⑤ 参见最高人民法院《民法通则》培训班编写组、全国法院干部业余大学编：《民法通则讲座》，1986 年内部印刷，第 74 页。转引自柳经纬：《改革开放以来民法学的理论转型——百年中国民法学之考察之二》，载《中国政法大学学报》2010 年第 3 期。

背社会主义法的本质。他分析道，随着经济体制改革的推进，我国将大力发展社会主义商品经济，这就必然长期存在公民和法人的有别于国家的“私的权利”和大量的“私法关系”，为了保护这种私权和发展私法关系，引用公、私法的概念并进行公、私法分类的研究具有极为重要的意义。从《民法通则》调整的平等法律关系看，我国民法的性质是私法。① 90年代后，学者们从市场经济体制的建立出发，从分析市民社会的运行入手，论证公、私法划分的必要性，论述民法在调整私人关系和私人利益中的作用，以此阐发民法的私法属性。② 自此，民法是私法逐渐为多数学者所认可。但是，也有学者不同意这种观点，认为民法有大量公法规范的存在，因而它不是纯粹的私法。③

（三）民法工具观

在苏联法学理论看来，在上层建筑中，国家比起法律更重要，法律不过是实现国家职能的手段。苏达里可夫在引用了斯大林的论述后指出：“在适合于一定经济基础的上层建筑体系里，政治观点和政治制度是起着最重要的作用的。最重要的政治制度就是国家。”④维辛斯基进一步指出，在社会主义社会，“在工人阶级手里，国家真正是根本改造社会关系、建立新的

① 参见袁成弟：《社会主义法也应有公私法之分》，载《法学季刊》1986年第4期。

② 参见王晨光、刘文：《市场经济和公法与私法的划分》，载《中国法学》1993年第5期；谢桂生：《市场经济与公法、私法的划分——一个需要重新认识的问题》，载《法学》1994年第5期；江平、张楚：《民法的本质特征是私法》，载《中国法学》1998年第6期；刘士国：《论民法是市民社会的一般私法》，载《法学杂志》1999年第6期；刘凯湘：《论民法的性质与理念》，载《法学论坛》2000年第1期。

③ 例如，徐国栋认为，民法既调整私法关系，也调整公法关系，因而是公私混合法。参见徐国栋：《民法是私法吗?》，载《江苏行政学院学报》2009年第3期。胡波认为，现代民法典中存在着大量公法性规范，已经不能再按照传统的公私法划分标准准确地描述其性质，因此民法从性质上说已不再是传统意义上的私法。参见胡波：《从公法私法角度看民法的性质——民法私法性的再认识》，载《北方工业大学学报》2008年第2期。

④ ［苏］苏达里可夫：《关于国家与法律问题的讲座》，华东政法学院1954年翻印，第32页。

社会主义经济、培养新的没有资本主义‘胎记’的人的强有力的工具”①。在国家和法律的关系上,苏联学者指出,一方面,“国家制定法律规范、监督它们的遵行,并对不遵守法律规范的人采取强制措施。另一方面,法是实现国家的基本任务和职能的重要手段,是在立法上确认国家机构的重要手段”②。对社会主义国家来说,其基本任务和职能除了对内镇压已推翻的阶级以及对外防卫国家免受外来侵略外,还要进行经济组织工作和文化教育工作。③ 因此,“苏维埃国家的职能发生了变化,因而法也发生了特别重大的变化。”④可见,法律不过是国家的工具,是国家完成其任务、实现其职能的工具,这体现了法律国家主义的法观念。⑤ 苏联学者还认为,苏维埃国家“只有在共产党的领导和鼓舞的作用之下才能产生和发展”⑥,共产党领导着苏维埃国家的政治生活和经济生活,因而法是实现党的政策的工具。维辛斯基指出:“苏维埃法律过去和现在一直是实现共产党政策的最重要的工具之一。”这是因为“共产党集中了和表达了苏联工人阶级的意志”,“共产党的政策是以对于经济法则的科学认识作为基础的,它决定着苏维埃国家在其每一发展阶段中的活动方向和为实现其职能所应采用的手段”。⑦

苏联民法学者运用上述观点来阐述民法与党和国家的关系。他们认为,“苏维埃民法发展的全部历史,就是党在苏维埃国家的发展和社会主义建设各个时期的政策的实现。苏联共产党历次代表大会和代表会议的决议,以及党中央委员会的决定,乃是颁布有关民法问题相当决议的先决条

---

① [苏]安·扬·维辛斯基:《国家和法的理论问题》,法律出版社1955年版,第526页。

② [苏]玛·巴·卡列娃等:《国家和法的理论》(上册),李嘉恩等译,中国人民大学出版社1956年版,第2页。

③ 参见[苏]苏达里可夫:《关于国家与法律问题的讲座》,华东政法学院1954年8月翻印,第98—102页。

④ [苏]安·扬·维辛斯基:《国家和法的理论问题》,法律出版社1955年版,第517页。

⑤ 参见周永坤:《法律国家主义评析》,《云南法学》1997年第1期。

⑥ [苏]安·扬·维辛斯基:《国家和法的理论问题》,法律出版社1955年版,第526页。

⑦ 参见[苏]安·扬·维辛斯基等:《苏维埃法学中的几个问题》,石健等译,人民出版社1954年版,第146页。

件”。这是因为“苏联的政治生活和经济生活是由伟大的苏联共产党所指导的,这个党掌握了马克思列宁主义科学的有力工具,从而有可能揭露社会发展的规律性,并自觉地把社会推向前进”。[①] 他们还认为,“因为苏维埃社会主义民法反映着党和苏维埃政权的政策,所以它的发展也是经历了苏维埃社会主义国家发展的两个阶段的”[②]。在苏维埃社会主义国家发展的两个阶段,民法的任务随着国家职能的变化而改变,由镇压已被推翻了的阶级,消灭它们的经济统治,剥夺剥夺者以及建立社会主义的经济基础,发展为集中力量保护社会主义的公共财产和全面发展社会主义的经济。[③]

在我国,民法学者按照这种理论作出了论述。20 世纪 50 年代时,学者们指出,“法律并不是什么技术性的名称术语的综合体,而只是政治、政策的条文化和规范化。我国民法,则是我们党和国家的民事政策的具体化,是为我们国家的政治任务服务的”[④]。因此,“我国各个时期在财产关系和人身非财产关系中所存在的矛盾的情况,以及党和国家在这一时期的政治经济任务,决定着我国各个时期民法的任务”[⑤]。基于此,有学者分析道,“在我国过渡时期,存在着资产阶级和无产阶级之间的斗争,资本主义道路和社会主义道路之间的斗争”,民法“是我国工人阶级领导广大劳动人民为彻底实现社会主义而进行阶级斗争的工具”,其任务是“坚定地保护和巩固社会主义的利益,并在这一根本前提下,依照法律充分地保护公民的权利和合法利益”。[⑥]

---

① 参见[苏]坚金、布拉图斯主编:《苏维埃民法》(第一册),中国人民大学民法教研室译,法律出版社 1956 年版,第 60 页。

② [苏]坚金、布拉图斯主编:《苏维埃民法》(第一册),中国人民大学民法教研室译,法律出版社 1956 年版,第 62 页。

③ 参见[苏]坚金、布拉图斯主编:《苏维埃民法》(第一册),中国人民大学民法教研室译,法律出版社 1956 年版,第 62—63 页。

④ 中央政法干部学校民法教研室编著:《中华人民共和国民法基本问题》,法律出版社 1958 年版,第 9 页。

⑤ 中央政法干部学校民法教研室编著:《中华人民共和国民法基本问题》,法律出版社 1958 年版,第 22 页。

⑥ 参见中央政法干部学校民法教研室编著:《中华人民共和国民法基本问题》,法律出版社 1958 年版,第 5 页。

通过社会主义改造，我国步入社会主义建设时期。“党的第八次全国代表大会关于政治报告的决议指出：‘由于社会主义革命已经基本完成，国家的主要任务已经由解放生产力变为保护和发展生产力，我们必须进一步加强人民民主的法制，巩固社会主义建设的秩序’。根据党的这个决议，我国民法在现阶段的任务应该是：进一步保护和巩固社会主义的公有制，保护和巩固社会主义民事流转的正常秩序，充分保护公民的民事权利和合法利益，以促进人民内部的团结并保证生产力的顺利发展。”①

20世纪80年代时，学者们强调民法是服务于党和国家政治任务的工具。有学者指出：“我国民法的基本任务和作用，是保障社会主义革命和社会主义建设的顺利进行。”②因此，社会主义革命和社会主义建设的任务就规定了民法的任务。他们进一步指出：“党和国家在新的历史时期的奋斗目标，就是把我国逐步建设成为具有现代化农业、现代化工业、现代化国防和现代化科学技术的，高度民主的和高度文明的社会主义强国。这是整个上层建筑的根本任务，也是我国民法的根本任务”。根据这一根本任务，“民法的具体任务是：保护公民、法人的合法权益，维护社会经济秩序，发扬社会主义道德风尚，巩固和发展社会主义公有制，促进公民的物质和精神生活不断改善和提高”。③ 90年代，一些学者仍以民法的这一特性来阐述观点。例如，有学者针对中共十四大提出建立社会主义市场经济体制改革任务时指出：“为了完成这个任务，我们必须把注意力首先集中在我国的民法和经济法的领域，因为民法和经济法是直接反映经济的。过去几十年里，我国的计划经济体制直接反映在我国的民法和经济法领域。现在要改变这种体制，要在我国建立社会主义市场经济体制，也必须从这个领域着手。……因此改变、革新我国的民法和经济法制度，建立适应社会主义市场经济的民

① 中央政法干部学校民法教研室编著：《中华人民共和国民法基本问题》，法律出版社1958年版，第24—25页。

② 王作堂等：《民法教程》，北京大学出版社1983年版，第31页。

③ 参见王作堂等：《民法教程》，北京大学出版社1983年版，第31页。

法经济法体系,就是当前的迫切任务。"①可见,民法必须服务于党和国家提出的经济体制改革的任务,按照这一任务的要求来建立和完善自己的制度。随着依法治国方略的提出和全面依法治国的推进,学者们在阐述民法对服务于党和国家任务的基础上,对民法在保护权利、制约权力中的作用有了越来越深刻的认识。90 年代时,有学者从打牢我国法治国家建设的根基考虑,在民法典制定中权力与权利的分配中,提出了民事权利保障体系化作为民法典立法的第一基础的观点。② 2017 年,《民法总则》颁布后,王利明在接受人民网记者采访时指出,《民法总则》是民法典的总纲,整个民商事立法都在其统辖下具体展开,使其真正成为了"民事权利的宣言书"。私权制约着公权的范围,规定私权的范围有利于明确公权的边界,进而有利于防止政府对私权的不当干预,有力地规范公权,并使民事主体在其私权受到侵害的情况下能够得到充分的救济。③

二、苏联法学理论与我国民法制度理论的构建

民法制度理论是在民法观指导下建立起来的,其内容无非是民法观在制度层面上的具体阐释。从上述分析可知,在苏联法学理论的影响下,苏联社会主义民法观得以形成,并帮助我国确立起此种民法观。以该民法观为指引,苏联的民法制度理论被构建起来,也被我国的民法学所全盘接受。因此,苏联法学理论通过所建立的民法观影响我国民法制度理论的构建,主要

① 谢怀栻:《论建立适应社会主义市场经济的民法经济法体系》,载《法学研究》1993 年第 1 期。类似观点还可参见宁金成:《论市场经济与确立民法经济法新制度》,载《郑州大学学报》(哲学社会科学版)1994 年第 1 期;邱建:《社会主义市场经济体制与民法典的制定》,载《云南社会科学》1993 年第 3 期。

② 参见王建平:《民法典立法的第一基础——民事权利保障体系化刍议》,载《黑龙江省政法管理干部学院学报》1999 年第 4 期。

③ 参见王利明:《〈民法总则〉实现对个人私权的全面保护》,http://legal.people.com.cn/n1/2017/0525/c42510—29300148.html。访问日期:2017 年 5 月 25 日。

包括民事主体、所有权和债三大方面的制度理论。

（一）民事主体制度理论

在民事主体制度理论的构建中，我国受苏联法学理论影响，强调民法的阶级观、公法观，彰显法律国家主义观念。

1. 用“公民”称谓“个人”这一民事主体

资本主义国家民法典对“个人”这一民事主体使用“自然人”的称谓，这是其采纳自然法理念的结果。按照该理念，“民法以自然人表述有血肉之躯的民事主体在于强调私法主体和私权的无差别性和天赋性”，同时也“表明了自然人民事主体地位的不可限制性和不可剥夺性”①。可见，使用“自然人”来表述个人这一民事主体也体现了私法原则。在苏联，情况则不同。1922年的《苏俄民法典》第四条规定：“苏俄为了发展国家生产力，给予全体公民以民事上的权利能力（享受民事上的权利和承担民事上的义务的能力）；但是被法院限制权利的人除外。”②这表明，苏联开始采用“公民”来指称个人。从该法典来看，在指称个人时，仅在第十七条中使用“自然人”这一词语，法典的其他各处使用“人”“人民”“公民”。该法典第十七条使用“自然人”一词，是考虑到在对外贸易业务时存在外国人的问题，公民不能涵盖苏俄境内的所有自然人。然而，在1964年的《苏俄民法典》中，则彻底抛弃“自然人”一词，该法典第二章第一节标题冠以“公民”，并且通篇找不到一个“自然人”字眼。③ 因而，坚金、布拉图斯主编的《苏维埃民法》采用“公民”概念来指称作为民事主体的人，其理由是在苏俄民法典中就

---

① 孔祥俊：《民法上的人·自然人·公民》，《法律科学》1995年第3期。

② 《苏俄民法典》，郑华译，法律出版社1956年版，第3页。

③ 参见朱晓喆：《自然人的隐喻——对我国民法中“自然人”一词的语言研究》，载《北大法律评论》第4卷第2辑，北京大学出版社2002年版，第494—495页。1922年《苏俄民法典》第十七条规定：“居住苏俄境内的一切自然人和法人参加对外贸易业务的时候，必须通过代表国家的对外贸易人民委员部进行。必须在法律有特别规定和在对外贸易人民委员部的监督下，才能独立进行对外贸易。”参见《苏俄民法典》，郑华译，法律出版社1956年版，第6页。

有这种称谓。[1] 从深层的原因来看，苏联民法使用“公民”这一概念，表明其注重人的社会属性，也显示了社会主义民法的国家主义和公法性。这正如有学者所言，“公民作为民法概念反映了民事生活的某种封闭性和非私法性”[2]。

在我国，从20世纪50年代至80年代初，学者们一直坚持采用“公民”指称“个人”这一民事主体。在1957年出版的民法教科书中，学者们讲道：“在我国，能够作为民事法律关系主体的，一般是公民（个人）和法人（一定的社会组织）。”[3]到了80年代初，许多学者仍然作这样的表述。例如，有学者指出：“在我国，能够作为民事法律关系主体的，一是公民，二是法人。”[4]为什么采用“公民”这一称谓呢？有学者认为，“资本主义国家的民法典和民法学有‘自然人’的用语。‘自然人’这个词显然只是着眼于人的自然属性。但是，人的本质是人的社会属性。……在阶级社会，人必然处于一定的阶级关系中。因此，关于‘个人’，我们不用‘自然人’这一措词”[5]。有学者进一步论述道：“自然界的人享有权利主体资格，成为具有法律地位的公民，不是天赋的，也不是与生俱来的，而是法律赋予的，归根结底由一定社会生产方式所决定。因此，自从人类进入阶级社会之后，在不同类型的国家里，他们的法律地位也不相同。”他分析说：“在奴隶社会，……只有自由民才享有法律上的人格，而奴隶则被看作‘物’，不得享有任何权利”。“在封建社会里，……人们因阶级、身份、职务、性别等不同，在法律上的地位亦有区别，人们享受权利的多少或大小是按照封建等级的高低来确定的”。在资本主义社会，资产阶级“宣扬‘天赋人权’、‘主权在民’的思想，主张人生

① 参见［苏］坚金、布拉图斯主编：《苏维埃民法》（第一册），中国人民大学民法教研室译，法律出版社1956年版，第160页。

② 张俊浩：《民法学原理》（上册），中国政法大学出版社2000年版，第94—95页。

③ 中央政法干部学校民法教研室编著：《中华人民共和国民法基本问题》，法律出版社1958年版，第52页。

④ 王作堂等：《民法教程》，北京大学出版社1983年版，第48页。

⑤ 王作堂等：《民法教程》，北京大学出版社1983年版，第52页。

而平等，国家属于全体公民，一国的人都是公民，在法律面前一切公民都是平等的。……它不可能真正地实行法律面前人人平等，这就决定了资产阶级法律的虚伪性”。“在我国社会主义制度下，由于废除了生产资料私有制，建立了社会主义公有制，实行按劳分配原则，就从根本上消除了产生不平等的经济根源，为实现公民在法律面前一律平等创造了必要的条件。……这一平等原则表现在民事上就是凡具有我国国籍的公民，其民事法律地位都是平等的，都有同等的权利参与民事活动。社会主义公有制是我国公民享有平等的法律地位的经济基础。随着我国社会主义公有制经济的不断巩固和发展，将为公民参与民事活动和实现自己的权利提供越来越多的物质保障。”[①]可见，我国民法学者在阐述“公民”概念的合理性时，对“人”作了社会历史考察和阶级分析，揭示了概念背后的国家意志和阶级本质，批判了“自然人”概念内含的自然法理念和私法原则，彰显了我国民法的公法属性。

1986年所颁布的《民法通则》，将个人称为“公民（自然人）”。这是因为当时虽然商品经济开始兴起，但计划经济仍然占据重要地位，国家在社会经济生活中还扮演着重要角色，因而学者们开始对个人的认识有所改变，但并没有完全将其纳入私法领域，大家对于“公民”与“自然人”两个术语的关系产生了不同的理解。[②] 进入90年代，随着市场化改革的深入以及民法私法观的建立，有学者开始认识到，民法属于私法，民法上的人只能是市民社会的人，主张以独自“自然人”来称谓个人这种民事主体，并在此基础上将自然人和法人统一于“人”的概念和制度之下。其目的在于以此区别于政治社会的公民，并理直气壮地表明民法上人的权利是作为市民社会成员的人的权利，这种权利和地位具有固有性，民法只不过对这种权利进行反映和

① 佟柔主编：《民法原理》，法律出版社1983年版，第38—40页。

② 有的学者认为两个术语是同义语，有的学者认为“自然人”的外延大于“公民”。参见孔祥俊：《民法上的人·自然人·公民》，载《法律科学》1995年第3期。

确认。[1] 1996年,梁慧星在其编写的《民法总论》一书中,采用“自然人”作为民事主体一章的标题。[2] 之后,这种观点为学界所认同。由此,1999年通过的《合同法》明确采用了“自然人”的表述,这表明在民事基本法中第一次承认了“自然人”的独立地位,“公民”则彻底隐退。[3]

2. 法人成为国家组织经济活动的手段

在强调私法原则的资本主义民法中,法人被看成自然人的联合,它不仅有独立的财产和地位,而且实行意思自治。在苏联,民法学者认为苏俄民法典把法人分为个人的联合(或结合)和机关,“但是必须注意这种划分反映出来的社会主义的内容”,机关(包括国家预算制机关,根据经济核算制进行活动或依经费预算书接受拨款的国营企业和国家经济组织)是社会主义组织,“个人的联合(即合作社组织和公共组织)不是私人的组织,而是社会主义的组织”。[4] 值得注意的是,既然苏维埃国家是国家所有权的唯一主体,为什么还要赋予机关和企业以法人资格呢?苏联学者指出:“虽然整个国家是管理事务的主体,但社会产品的生产过程和分配过程却要经过一定的阶段,即必须通过各个国家机关的活动才能反映出来。”[5]可见,法人成为国家组织经济活动的手段。基于此种公法观念,这些法人的独立性和意思自治应受到社会主义原则的限制。首先,法人受到国家意志的限制。苏联学者分析道:“机关——是这样一种集体的主体(法人),即它的发生、目的与活动内容以及其消灭,都不是由保证机关活动的人的意志决定的,而是由其创办人——苏维埃国家——的意志决定的。由社会主义国

① 参见孔祥俊:《民法上的人·自然人·公民》,载《法律科学》1995年第3期。

② 参见梁慧星:《民法总论》,法律出版社1996年版,第90页。

③ 参见朱晓喆:《自然人的隐喻——对我国民法中“自然人”一词的语言研究》,载《北大法律评论》第4卷第2辑,北京大学出版社2002年版,第510页。

④ 参见[苏]坚金、布拉图斯主编:《苏维埃民法》(第一册),中国人民大学民法教研室译,法律出版社1956年版,第186—187、193页。

⑤ [苏]坚金、布拉图斯主编:《苏维埃民法》(第一册),中国人民大学民法教研室译,法律出版社1956年版,第189页。

家各权限机关所设立的国家预算制机关和实行经济核算制的国营企业就是这种法人。"①"国家经济组织、国营企业和国家预算制机关的财产上的独立性,表现在从国家的统一财产中分出一定数量的财产(固定基金、流动资金)交由这些组织加以管理这一事实上。"②其次,法人受到经济计划的约束。苏联学者指出:"民主集中制是社会主义国家活动的基础。在经济领域内,民主集中制表现在国家的国民经济计划中,也表现在国营企业的业务独立性和企业的主动性中"。"国营企业除了少数例外,都是实行经济核算制的。……经济核算制所指的就是企业在业务上和财产上的独立性,就是企业对于完成计划课题的物质关心和责任感(卢布监督)"。因此,"国营企业除了有经济上的主动性外,根据这些企业的义务,还对他们规定了完成国家计划课题的切实责任"。③ 从上述分析中可以看到,既然将法人看成国家组织经济的手段,那么在法人背后必然存在一个真正的民事主体——国家,因此正如有学者所说,"苏联法学主张,民法的主体是国家、集体和个人,而不是传统民法中的'自然人、法人'"④。

在我国,学者们在公法观念的支配下,对法人制度提出了类似的看法。20世纪50年代时,有学者就指出:"我国法人制度是实现社会主义建设和社会主义改造的法律形式之一",还是"具体实现国家经济组织和文化教育职能的一种重要组织形式"。正因为如此,我国的法人必须遵循社会主义原则,其"设立、变更和消灭,以及法人的业务活动,都是有计划的,是在国家统一领导下进行的"。⑤ 同时,作为法人的国营企业"对国家财产有独立

---

① [苏]斯·恩·布拉都西主编:《苏维埃民法》(上),中国人民大学民法教研室译,中国人民大学1954年版,第93页。

② [苏]坚金、布拉图斯主编:《苏维埃民法》(第一册),中国人民大学民法教研室译,法律出版社1956年版,第187页。

③ 参见[苏]斯·恩·布拉都西主编:《苏维埃民法》(上),中国人民大学民法教研室译,中国人民大学1954年版,第108—109页。

④ 孙宪忠:《中国近现代继受西方民法的效果评述》,载《中国法学》2006年第3期。

⑤ 参见中央政法干部学校民法教研室编著:《中华人民共和国民法基本问题》,法律出版社1958年版,第70—71页。

的经营管理权”,但“财产的所有权仍然属于国家”,它只能“根据国家的意图,对国家财产行使占有、使用、处分的权能,以实现国家计划”。[①] 因此,我国学者也主张民事主体是国家、集体和个人三分的观点,并应用于所有权制度中,从而构建起国家、集体和个人三种所有权制度。[②] 到了 80 年代,学者们仍然持这种观点。有学者指出,我国法人制度“是执行和完成国民经济计划的重要手段”,“是落实经济核算制的有力工具”,“是实现社会主义建设根本目的的组织保证”。[③] 对于有法人资格的全民所有制企业来说,“国家享有财产所有权,企业享有相对独立的自主权”。“企业所享有的这些权利,都是在国家授权的基础上产生的,是从属于国家所有权和国家计划的,其自主权的范围不得超越国家授权的范围或违背国家计划;同时,国家根据国民经济发展的需要,可以通过行政手段或修订计划对企业的组织和生产进行必要的调整。”[④]可见,全民所有制企业法人不过是国家这一主体的从属物,因此在公民、法人背后存在着国家、集体和公民三种民事主体,以此形成所有权的主体,建立起所有权制度。[⑤]

随着经济体制改革的推进,有学者认为,应当按照《中共中央关于经济体制改革的决定》的要求建立我国企业的经济法人制度,使企业成为相对独立的经济实体,成为自主经营、自负盈亏的商品生产者和商品经营者。在这种制度中,经济法人有权利能力和行为能力,有自己的所建立的企业法人,以自己所有或经营管理的财产为限承担责任。[⑥] 1986 年颁布的《民法通则》确立了法人制度,尽管它仍然留有民法公法性的痕迹,如将公法人与私法人混杂在一起,从所有制的角度规定企业法人的主体地位,但明确了法

① 参见中央政法干部学校民法教研室编著:《中华人民共和国民法基本问题》,法律出版社 1958 年版,第 138—139 页。

② 参见中央政法干部学校民法教研室编著:《中华人民共和国民法基本问题》,法律出版社 1958 年版,第 133—172 页。

③ 参见佟柔主编:《民法原理》,法律出版社 1983 年版,第 56 页。

④ 佟柔主编:《民法原理》,法律出版社 1983 年版,第 136 页。

⑤ 参见佟柔主编:《民法原理》,法律出版社 1983 年版,第 133—164 页。

⑥ 参见王河:《论建立我国企业的经济法人制度》,载《社会科学家》1986 年第 1 期。

人特别是企业法人独立的民事主体地位。[①] 之后,学者们依照《民法通则》的规定,从本质特征、成立条件、民事能力、民事责任等方面阐述我国法人特别是企业法人的独立性。[②] 近年来,一些学者在对法人分类的研究中,主张抛弃企业法人的概念以及企业法人和非企业法人的基本分类,以消除法人制度的公法观念。例如,有学者指出,“企业法人这个概念不适宜再作为法律概念进行使用,更不能进入到民法典中”,因为“企业法人是计划经济时代的遗留物,其背后隐含的是以所有制来划分社会组织的政治逻辑”,因而在法人的基本类型上应当抛弃企业法人和非企业法人的分类,而代之以社团法人和财团法人的分类。[③] 还有学者认为,我国现行民事立法将法人分为企业法人和非企业法人,是为了直接实现国家对社会结构的总体构想,以管控法人的行为为制度宗旨,根据国家对不同法人类型的职能预期,以法人是否具备从事经营性活动、追求盈利的职能,对法人所作的分类,这属于职能主义的法人分类模式。这种模式是从国家的视角出发,立足于国家目的的实现,明确法人的职能、框定法人的行为类型,从而使法人以“适应社会主义现代化建设事业发展的需要”的方式各自安分守己履行其应向国家承担的职能。显然,它不能承载法人分类之于民事立法的意义,不能作为民法中的法人制度立法的有效支架。因此,法人的分类应回归结构主义法人分类模式,采取社团法人与财团法人的法人分类模式,并以此为主轴设计法人制度的相关规则。[④] 2017 年颁布的《民法总则》修改了企业法人与非企业法人的分类,作出了营利法人、非营利法人和特别法人的规定。

---

① 参见崔拴林:《论我国私法人分类理念的缺陷与修正——以公法人理论为主要视角》,载《法律科学》2011 年第 4 期。

② 参见佟柔主编:《中国民法学・民法总则》,中国人民公安大学出版社 1990 年版,第 145—178 页;梁慧星:《民法总论》,法律出版社 1996 年版,第 116—150 页。

③ 参见谭启平、黄家镇:《民法总则中的法人分类》,载《法学家》2016 年第 5 期。

④ 参见蔡立东:《法人分类模式的立法选择》,载《法律科学》2012 年第 1 期。

（二）所有权制度理论

在苏联法学理论指导下建立起来的民法的公法原则和法律国家主义观念，在苏联所有权制度理论中体现得非常充分，它以维护社会主义所有制的目标原则来阐述所有权制度理论的全部内容，这对我国所有权制度理论的构建产生了很大影响。

1. 重视所有权制度而排斥物权制度

在苏联民法学中，仅阐述所有权制度，而不论物权制度。之所以排斥民法物权制度，一是因为苏联理论视该制度“为生产资料私有制尤其是土地私有制的产物，是为资产阶级私有制服务的”①；二是由于“苏联法学理论很重视‘法律关系’，因为法律关系反映了社会关系、阶级关系”。在苏联学者看来，物权“是‘人对物的统治和管领’，……是人和物之间的关系，这就违反法律关系的基本理论了”，因而“物权这个概念，在苏联长期受批判”②。但更为重要的是，苏联学者认为，“所有（占有）就是生产的条件”，“所有制作为占有的形式，是与人类社会发展各阶段相联系”。然而，“一定社会经济结构的所有权的本质是由生产关系的类型所决定的。所有权是巩固占有生产资料的社会关系的规范体系，是巩固由这些关系所决定的分配该阶级社会消费物的社会关系的规范体系”。③ 可见，所有制与所有权制度是紧密联系的，它们之间是经济基础与上层建筑的关系。他们还认为，在苏维埃国家，“社会主义所有制——是苏维埃制度生存的基础”④，而“苏维埃民法的

---

① 柳经纬：《回归传统——百年中国民法学之考察之一》，载《中国政法大学学报》2010年第2期。

② 江平：《沉浮与枯荣——八十自述》，法律出版社2010年版，第288页。

③ 参见［苏］坚金、布拉图斯主编：《苏维埃民法》（第二册），中国人同大学民法教研室译，法律出版社1957年版，第1、2页。

④ ［苏］坚金、布拉图斯主编：《苏维埃民法》（第二册），中国人同大学民法教研室译，法律出版社1957年版，第3页。

目的也就是全面地保护社会主义公共所有制”①。因此，对于社会主义民法来说，构建所有权制度尤为重要。

我国民法学完全认同这种观点。有学者指出：“所有制，在人类社会一开始存在时便存在着，并且将永远存在下去。但是在不同社会里，所有制形式是不同的。所有制形式归根到底规定着社会的面貌。”②有学者进一步指出：“所有权是所有制在法权上的反映，表现为人们对于生产资料和生活资料的占有、使用和处分的权利。”③由此可见，“所有制和所有权的关系，便是社会经济基础和上层建筑之间的关系，所有制形式归根到底决定着所有权的性质和内容，而所有权又反过来确认和保护对于统治阶级有利的和必要的所有制形式”④。因此，对于社会主义民法而言，建立所有权制度就显得十分重要。学者们认为，所有权以外的其他物权是私有制之下的特有现象，而在社会主义国家，由于社会主义公有制的建立，特别是土地的社会主义公有，也就不存在所有权以外的其他物权，与此相适应的是，在法律上也就只承认所有权。⑤ 同时，物权被看成旧法的内容，因而“建国以后，受批判旧法的影响，我国民事立法中一直没有使用物权概念，理论界也很少使用这一概念”⑥。所以，自 20 世纪 50 年代起至 80 年代初，我国民法学教材、论著中就只阐述所有权制度，不讲物权制度。甚至由于我们“长期抵制和批判‘物权’这一重要民法名词，在 1986 年通过的《民法通则》第五章第一节中，还

---

① ［苏］坚金、布拉图斯主编：《苏维埃民法》（第一册），中国人同大学民法教研室译，法律出版社 1956 年版，第 19 页。

② 中央政法干部学校民法教研室编著：《中华人民共和国民法基本问题》，法律出版社 1958 年版，第 114 页。

③ 关怀：《论我国公民的个人所有权》，载《政法研究》1962 年第 3 期。

④ 中央政法干部学校民法教研室编著：《中华人民共和国民法基本问题》，法律出版社 1958 年版，第 115 页。

⑤ 参见李由义、李志敏、钱明星：《论建立我国民法物权体系的必要性及其意义》，载《中国法学》1987 年第 1 期。

⑥ 佟柔、张新宝、史际春：《我国民法学研究的现状与趋势（续）》，载《法律学习与研究》1989 年第 3 期。

只能用‘与财产所有权有关的财产权’这样拗口的说法来表达‘物权’”①。在这之后，才有学者开始提出“物权”概念和我国民法应当建立物权制度，并着手探索我国物权制度体系②。20世纪90年代后，物权概念为我国学者普遍接受，研究我国物权法律制度成为学界的一项重要任务。在学者们研究的基础上，我国于2007年颁布了《物权法》，建立起完整的物权法律制度体系。

2. 对所有权客体作出新的分类

在苏联民法学者看来，“调整社会主义社会财产关系的苏维埃民法是以社会主义所有制和社会主义经济体系为基础”③。为了建立这种基础，苏联民法学对作为所有权客体的物的基本分类，不能沿用资产阶级民法理论所作的动产和不动产的分类，而是将其分为生产工具与生产资料和消费品两种，因此有学者讲道：“在苏联，将物分为生产资料和消费品，这不仅是经济上的区分，而且也是作为社会主义民法的基础的最重要的法律上的区分。”④之所以这么说，是因为“这种区分是同以下这一问题相联系的，即在苏联有谁、并且在什么条件下可以作为生产资料或消费品的所有权的主体”⑤。因此，在苏联，“生产工具和生产资料构成以国家或集体农庄、合作社和其他公共组织为主体的社会主义财产”；“个人所有权的对象不是生产工具和生产资料，而是消费品”；“集体农庄农户财产中只能包括食用牲畜

① 江平：《沉浮与枯荣——八十自述》，法律出版社2010年版，第289页。

② 参见李由义、李志敏、钱明星：《论建立我国民法物权体系的必要性及其意义》，载《中国法学》1987年第1期；李由义、钱明星：《我国民法物权体系初探》，载《北京大学学报（哲学社会科学版）》1987年第1期；金平、赵万一：《我国民法应确立物权制度》，载《中南政法学院学报》1987年第1期；姜山：《试论物权和我国的物权制度体系》，载《法学研究》1988年第5期。

③ ［苏］坚金、布拉图斯主编：《苏维埃民法》（第一册），中国人民大学民法教研室译，法律出版社1956年版，第21页。

④ ［苏］斯·恩·布拉都西主编：《苏维埃民法》（上），中国人民大学民法教研室译，中国人民大学1954年版，第131页。

⑤ ［苏］坚金、布拉图斯主编：《苏维埃民法》（第一册），中国人民大学民法教研室译，法律出版社1956年版，第250页。

和由集体农庄农户成员在宅旁园地上劳动所使用的小型农具”;“个体农民和没有合作化的手工业者可以拥有生产工具和生产资料,但仅限于由他个人劳动使用,而不许用来剥削他人”。[①] 由此,所有权被分成国家、合作社集体农庄和公民个人三种,并以此构建所有权制度。[②]

我国民法学受其影响,也对物作出这种基本分类。20 世纪 50 年代时,我国学者认为,物是所有权的客体,“是指权利主体能够支配的实际存在的物体,包括天然存在的和人类劳动生产的物质资料”[③]。然而,所有权与所有制有着密切的关系。“所有制是一定社会经济关系的基本制度,是生产资料归谁占有,归谁支配的经济形式”。“在不同社会里,所有制形式是不同的。所有制形式归根到底规定着社会的面貌”。“所有权是集体或个人对于生产资料或生活资料据为己有的财产权利”,是确认所有制的法律制度。他们论述道:“所有制属于经济范畴。……所有权属于法律范畴。……所有制和所有权的关系,便是经济基础和上层建筑之间的关系,所有制形式归根到底决定着所有权的性质和内容,而所有权制度又反过来确认和保护对于统治阶级有利的和必要的所有制形式”。因此,“在社会主义国家里,所有权制度便成为巩固和发展社会主义公有制、根除剥削的法律手段”。[④] 他们进一步指出,由于所有制在社会经济生活中起着决定性作用,因此,“马克思主义政治经济学把物质资料区分为生产资料和生活资料,这同样也是社会主义类型法律区分所有权客体的基本方法。……这种分类方法是社会

---

① 参见[苏]坚金、布拉图斯主编:《苏维埃民法》(第一册),中国人民大学民法教研室译,法律出版社 1956 年版,第 250—251 页。

② 参见[苏]坚金、布拉图斯主编:《苏维埃民法》(第二册),中国人民大学民法教研室译,法律出版社 1957 年版,第 18—94 页。

③ 中央政法干部学校民法教研室编著:《中华人民共和国民法基本问题》,法律出版社 1958 年版,第 126 页。

④ 参见中央政法干部学校民法教研室编著:《中华人民共和国民法基本问题》,法律出版社 1958 年版,第 114—115 页。

主义法律特有的方法"[1]。同时,他们对资产阶级民法从法律形式上把物作不动产和动产的分类进行了批判,认为"他们是企图用这种法律分类方法来掩盖资本家占有作为剥削手段的生产资料,掩盖资产阶级和无产阶级的阶级矛盾和不可调和的阶级斗争"[2]。他们认为,进入社会主义社会之后,生产资料归国家所有或者合作社集体所有,生活资料是公民所有权的客体,个体农民、个体手工业者等个体劳动者在法律规定的范围内可以行使生产资料所有权,这种所有权是以个体劳动者自己劳动为基础,个体劳动者不得凭借私有生产资料发展资本主义,由此所有权被分成国家所有权、合作社所有权和公民的财产所有权,由此形成我国的所有权制度。[3] 60 年代时,学者们仍然认同这种观点。有学者就认为,在社会主义制度下,由于废除了生产工具和生产资料的私有制,建立了生产工具和生产资料社会主义公有制的社会主义经济,因而,生产资料由国家和集体拥有,公民个人所有权的范围主要是生活资料,但是我们也不排斥公民在从事个人劳动、家庭副业、耕种自留地时享有必要的小部分生产资料的权利,例如公民可以拥有自用的小农具和从事副业、手工业的工具等生产资料和一些家畜、家禽以及屋前屋后、自留地上和坟地上种植的树木,等等。他还说道,我国对于公民的个人所有权中的生产资料所有权进行了限制,这是为了防止资本主义成分的滋长与发展。但是,目前所保留下来的这一小部分生产资料个人所有权仅仅只能作为个人劳动的工具,而不能作为剥削的手段,不能与资本主义生产资料私有权相提并论。[4]

到了 20 世纪 80 年代初,我国民法学在物的分类中尽管引入了动产和

---

① 中央政法干部学校民法教研室编著:《中华人民共和国民法基本问题》,法律出版社 1958 年版,第 126 页。

② 中央政法干部学校民法教研室编著:《中华人民共和国民法基本问题》,法律出版社 1958 年版,第 126 页。

③ 参见中央政法干部学校民法教研室编著:《中华人民共和国民法基本问题》,法律出版社 1958 年版,第 133—169 页。

④ 参见关怀:《论我国公民的个人所有权》,载《政法研究》1962 年第 3 期。

不动产的分类,但是仍然将生产资料和生活资料(或称消费资料)作为物的主要分类。之所以这样做,学者们都是从生产资料所有制在社会生活中的决定作用进行分析。有学者讲道:“生产资料归谁所有是区分社会类型的根本标志,也是区别一定类型社会中不同经济成分的主要根据。因此,生产资料和消费资料的划分是物在法律上的一种主要分类。”①还有学者认为,“生产资料在哪个阶级手里,是区别迄今为止的各个社会经济形态的主要标志,体现着人们在生产、交换和分配中的阶级关系。资产阶级国家民法中没有这种分类法,其法学也避而不谈”②。基于此,我国学者认为,社会主义全民所有制和社会主义劳动群众集体所有者构成我国社会主义经济制度的基础,国家、集体组织拥有生产资料,公民个人主要拥有生活资料,但农村人民公社社员、个体经营户可以拥有少量生产资料。由此,所有权被分成国家、集体和公民个人三种,以此构建起我国的所有权制度。③ 之后,随着经济体制改革的深入,1988 年通过的《宪法》修正案规定,国家允许私营经济在法律规定的范围内存在和发展,国家保护私营经济的合法权益,1999 年通过的《宪法》修正案强调,个体经济、私营经济等非公有制经济成为我国社会主义市场经济的重要组成部分。④ 为了保障私营企业的合法权益,国务院于 1988 年 6 月 3 日颁布了《私营企业暂行条例》,这实际上是承认了雇佣劳动的合法性,并且在立法文件中第一次出现“私人所有”的概念表述。

---

① 佟柔主编:《民法原理》,法律出版社 1983 年版,第 68 页。

② 王作堂等:《民法教程》,北京大学出版社 1983 年版,第 72 页。

③ 参见王作堂等:《民法教程》,北京大学出版社 1983 年版,第 146—183 页;江平、张佩霖:《民法教程》,中国政法大学出版社 1986 年版,第 134—156 页。关于个体户、农户对生产资料拥有所有权,许多学者进行论述,可参见林国民:《经济体制改革和所有权问题》,载《山东大学文科论文集刊》1984 年第 1 期;华夫:《试论个体户所有权》,载《政法论坛》1985 年第 5 期。

④ 1988 年宪法修正案规定:“国家允许私营经济在法律规定的范围内存在和发展。私营经济是社会主义公有制经济的补充。国家保护私营经济的合法权利和利益,对私营经济实行引导、监督和管理。”1999 年宪法修正案规定:“在法律规定范围内的个体经济、私营经济等非公有制经济,是社会主义市场经济的重要组成部分。”“国家保护个体经济、私营经济的合法的权利和利益。国家对个体经济、私营经济实行引导、监督和管理。”

由此,个人对于生产资料的拥有开始突破苏联学说所设定的个体劳动的限制,扩大到经济投资的领域和从事私营经济的目的,计划经济体制下的个人所有权为市场经济体制下私人所有权所取代,这使得学者们确立起市场经济体制下的私人所有权的观念,[①]将我国所有权类型调整为国家所有权、集体所有权和私人所有权。[②] 在此基础上,2007 年通过的《物权法》第五章专章规定了这三种所有权。从此至今,我国所有权的类型分为国家所有权、集体所有权和私人所有权,成为学界的通说。[③] 可以说,这一观点是在苏联所有权理论基础上的一种超越。

对于上述所有权类型的观点,少数学者则提出了不同意见。例如,在《物权法》起草中,有学者提出应当重新认识和规定这些权利。他认为,原来的国家所有权理论已不能反映中国实际,集体所有权的法律规定以及普遍认可的学理解释有许多方面难以与法理相衔接,因此需要按照民法科学和实事求是原则、参照市场经济发达国家的做法进行改造,使其成为法律科学中的所有权。[④] 他还认为,所有权的“三分法”存在问题。第一,“三分法”否定法人所有权,而在我国经济体制改革中发挥重大作用的,却正是这种所有权,因此在物权法中应承认法人所有权;第二,不论是从法律科学的角度,还是从实事求是的角度,都不应坚持“国家所有权”的说法,而应该将其重新定义。应将公有财产区分为经营资产和公用物,然后确定其不同的

---

① 参见刘定华、屈茂辉、唐铁建:《市场经济条件下我国私人所有权观念与法律制度的变革》,载《求索》1999 年第 3 期。

② 一些学者明确将私人所有权与国家所有权、集体所有权一起作为我国所有权的类型。参见周林彬、李胜兰:《试论我国所有权主体制度改革与创新》,载《云南大学学报(法学版)》2001 年第 3 期。还有一些学者尽管在其论述中还是将所有权分为国家所有权、集体所有权和个人所有权,但认为个人所有权的客体不仅包括生活资料,而且包括法律允许的所有生产资料,这实质上就是私人所有权。参见郑立、王作堂主编:《民法学》,北京大学出版社 1995 年版,第 199—214 页;王利明主编:《民法学》,复旦大学出版社 2004 年版,第 288—289 页;高富平主编:《民法学》,法律出版社 2005 年版,第 304—310 页。

③ 参见梁慧星、陈华彬:《物权法》,法律出版社 2016 年版,第 115—118 页;王利明主编:《民法学》,复旦大学出版社 2015 年版,第 273—279 页。

④ 参见孙宪忠:《确定我国物权种类以及内容的难点》,载《法学研究》2001 年第 1 期。

所有权归属。①

3. 财产所有权的不同地位和差别保护

在苏联法学理论看来，在社会主义这个历史阶段中，生产资料的所有制被划分为三种形式或者三种阶段，即最高形式的全民所有制、其次形式的集体所有制和属于私有制的个人所有制，由此社会主义国家的财产所有权被划分为三种不同的等级，并形成立法上的“三分法”体例。② 基于此，苏维埃民法中就对国家财产、集体财产作出了不同地位和不同保护的规定，这正是保护社会主义所有制这一社会主义原则的体现。对于国家财产，一是民法规定了其客体的广泛性和取得方式的多样性。任何财产都可以成为国家财产，而土地、地下矿藏、水流、森林等专有财产归国家专有。③ 国家可以通过国有化、没收、征收、税收等多种方式取得财产，甚至所有权人没有精心管理的财产可以收归国有，无主财产、无人继承财产、无人认领的拾得物、埋藏物归国家所有。④ 二是民法规定了其统一与唯一的所有者，即苏维埃国家（国家统一基金），国家机关和国营企业不是国家财产各别部分的所有者，他们只是受托管理这些财产而已。⑤ 三是民法规定对其实施特殊保护。第一，“对于国家财产，只要它还是处在原来的状态下，有关的国家机关在任何情况下都应当提起返还的诉”；第二，“国家机关和企业对它所管理的财产，不论用哪一种非法方法出让的，都可以向一切取得人——无论是善意的或非善意的——要求返还”；第三，“凡追索属于国家的物的诉

① 参见孙宪忠：《我国物权法中所有权体系的应然结构》，载《法商研究》2002年第5期。

② 参见孙宪忠：《物权法应采纳“一体承认、平等保护”的原则》，载《法律科学》2006年第4期。

③ 参见［苏］坚金、布拉图斯主编：《苏维埃民法》（第二册），中国人民大学民法教研室译，法律出版社1957年版，第36—43页。

④ 参见［苏］坚金、布拉图斯主编：《苏维埃民法》（第二册），中国人民大学民法教研室译，法律出版社1957年版，第22—36页。

⑤ 参见［苏］坚金、布拉图斯主编：《苏维埃民法》（第二册），中国人民大学民法教研室译，法律出版社1957年版，第19页。

讼，不适用时效”。① 对于合作社财产，“在苏俄民法典中所占的地位优于私人财产。……根据专门法律的规定，合作社组织有权索回属于它所有的财产（第五十九条附则三），此外还享有其他权利”②。

苏联民法学关于财产所有权的不同地位和差别保护的观点，为我国民法学所接受。20世纪五六十年代，我国学者认为各种财产所有权有着不同的法律地位。有学者指出：“我国现阶段的所有权制度，主要包括国家所有权、集体所有权和公民个人所有权三个部分”，但是，“社会主义公有制是个人所有制产生的前提和发展的源泉，个人所有制所以能够不断地充实和提高，完全依赖社会主义公有制的日益发展和繁荣。社会主义公有制和个人所有制的这种依存关系，反映在法权关系上，就是国家所有权、集体所有权是我国所有权制度之树的根源和主干，公民个人所有权是它的枝叶”。③ 另外，受苏联所有制理论的影响，我国学者也认为，“全民所有制是高级水平的公有制，集体所有制是低级水平的公有制，并根据全民所有制比集体所有制公有化程度高的理由，无条件地认为全民所有制比集体所有制优越”④。当时，学者认为国家所有权的特殊地位主要表现在两个方面：一是客体的无限广泛性和取得方式的多样性。任何财产都可以作为国家所有权的客体，而矿藏、水流、森林等专有财产只能作为国家所有权的客体。另外，国家通过没收、赎买、税收、征购等方式取得财产所有权。⑤ 二是主体的统一性和唯一性。中华人民共和国是国家财产的主体，国家机关、国营企业根据法律

---

① 参见［苏］坚金、布拉图斯主编：《苏维埃民法》（第二册），中国人民大学民法教研室译，法律出版社1957年版，第51—53页。

② ［苏］坚金、布拉图斯主编：《苏维埃民法》（第一册），中国人民大学民法教研室译，法律出版社1956年版，第82页。

③ 参见柴发邦：《论我国公民个人所有权和个体劳动者所有权的质的差异》，载《政法研究》1962年第4期。

④ 陈汉章：《论全民财产国家所有权的实现机制》，载《中南政法学院学报》1987年第3期。

⑤ 参见中央政法干部学校民法教研室编著：《中华人民共和国民法基本问题》，法律出版社1958年版，第134—136页。

规定，对国家财产有独立的经营管理权，但财产所有权仍然属于国家。① 同时，我国学者认为对不同财产所有权实行差别保护，指出："由于法律规定各种所有权各有其不同的目的，所以对各种所有权的保护，也规定了不同的原则。"②为此，他们提出对国家财产所有权特殊保护的原则，具体包括：第一，"国家财产被他人不法占有时，国家行使返还请求权不受时效的限制"；第二，"国家财产被他人不法占有时，不问占有人是不是有过错，也不论占有人是直接占有或者通过不法让与而占有，国家都可以请求返还"；第三，"国家与他人（合作社、社会团体、公民）对财产所有权发生争议而所有权的归属在事实上无法确定时，推定为国家所有"。③

20 世纪 80 年代时，我国学者仍然认为财产所有权的地位是不同的，特别是国有财产所有权与集体所有权和个人所有权相比具有特殊的法律地位。他们分析道："这种特殊的法律地位决定于两个因素：第一，全民所有制经济是国家的经济命脉，是国民经济的领导力量。……第二，全民所有制代表全社会的最高经济利益。劳动群众的集体所有制的存在和发展，公民个人财产权利的存在和实现，都是以全民所有制为基础的。"④这种特殊地位主要表现在两个方面：一是客体的无限广泛性和取得方式的多样性，任何财产都可以作为国家所有权的客体，而矿藏、水流、军事设施等专有财产只能作为国家所有权的客体。另外，国家通过没收、赎买、税收、征购、扩大再生产等方式取得财产所有权。⑤ 二是主体的统一性和唯一性。中华人民共

---

① 参见中央政法干部学校民法教研室编著：《中华人民共和国民法基本问题》，法律出版社 1958 年版，第 135、138—139 页。

② 中央政法干部学校民法教研室编著：《中华人民共和国民法基本问题》，法律出版社 1958 年版，第 127 页。

③ 参见中央政法干部学校民法教研室编著：《中华人民共和国民法基本问题》，法律出版社 1958 年版，第 139—142 页。

④ 王作堂等：《民法教程》，北京大学出版社 1983 年版，第 147 页。

⑤ 参见佟柔主编：《民法原理》，法律出版社 1983 年版，第 136、142—146 页；江平、张佩霖：《民法教程》，中国政法大学出版社 1986 年版，第 135—136 页；王作堂等：《民法教程》，北京大学出版社 1983 年版，第 148—153 页、第 154—155 页。

和国是国家财产的主体，国营企业根据法律规定对国家财产有独立的经营管理权，但财产所有权仍然属于国家。[①] 同时，我国学者还认为，“我国宪法明确宣布：社会主义财产神圣不可侵犯。在这一基本原则的指导下，考虑到国家财产所有权的特殊的法律地位，我国民法对国家财产所有权采取特殊保护的原则。”这些原则包括：一是返还国家财产的请求权不受善意取得的限制；二是返还国家财产的请求权不受诉讼时效的限制；三是财产所有权归属不明时，推定为国家所有。[②]

值得注意的是，80 年代中期，就有学者主张对国家、集体和个人所有权同等保护。他指出：“公民个人所有权在法律上应受到与其他所有权同等的保护。不能在权利保护上实行‘先国家、集体，后个人’的原则。我们不能以保护个人财产为名而侵犯公有财产，我们也不能借口保护公有财产而侵犯个人财产。只要是宪法肯定的所有权，其保护就应是‘法律面前人人平等’。”[③]90 年代以后，学者们将私有财产和公有财产区别对待的意识逐渐淡化，多数民法教科书不再倡导公共财产神圣不可侵犯的观念，不再有国家财产特殊保护的内容，而是强调自然人、法人的财产平等地受法律保护的观念。[④] 21 世纪后，我国开始起草《物权法》，在财产是否处于同等地位和获得同样保护的问题上，学者们展开了争论。多数学者赞同不同主体所有权或者公私财产应享有同等地位，获得同等保护。例如，有学者主张应当将所有权类型化，即所有权的“三分法”，将所有权区分国家、集体和私人所有

---

① 参见佟柔主编：《民法原理》，法律出版社 1983 年版，第 134—136 页；江平、张佩霖：《民法教程》，中国政法大学出版社 1986 年版，第 134—135 页；王作堂等：《民法教程》，北京大学出版社 1983 年版，第 153—154 页。

② 参见王作堂等：《民法教程》，北京大学出版社 1983 年版，第 155—157 页；佟柔主编：《民法原理》，法律出版社 1983 年版，第 147 页；刘春田：《论国家所有权的本质和内部结构》，载佟柔主编：《论国家所有权》，中国政法大学出版社 1987 年版，第 224 页。

③ 江平、张佩霖：《民法教程》，中国政法大学出版社 1986 年版，第 151 页。

④ 参见柳经纬：《当代中国民法学的理论转型》，中国法制出版社 2010 年版，第 101—102 页。

权,但不同主体的所有权应平等保护。[①] 有学者反对所有权的“三分法”,主张对合法财产一体保护,即公共财产和私人财产一体保护。[②] 少数学者强调公共财产的特殊地位和特殊保护。例如,有学者针对《物权法(草案)》写了一封公开信,认为草案废除了“公共财产神圣不可侵犯”的社会主义原则是违宪的,这意味着他不同意《物权法(草案)》提出的财产平等保护原则,主张对公共财产仍应按宪法给予特殊的保护。[③] 对此,民法及其他法学专家在两次学术会议上集体予以回击,[④]一些学者还撰文加以批驳。例如,有学者认为,个别学者主张如果在《物权法》中不明确写上对公有财产的特殊保护就是违宪的观点,显然是对《宪法》的误解。我国《宪法》和《民法通则》都已经明确规定了公有财产神圣不可侵犯的原则,但《宪法》也规定了合法的个人财产受法律保护。所以强调保护公有财产与私有财产是并举的,绝对不能割裂二者之间的密切联系而对《宪法》的规定断章取义。[⑤] 有学者撰文指出,物权法必须遵循“一体承认、平等保护”的原则,即对我国目前存在的各种类型的财产所有权在法律上给予平等地承认和保护。[⑥] 还有学者从违宪涵义的解读和对“社会主义公共财产神圣不可侵犯”原则作宪法文本分析入手,阐述公共财产和私人财产平等

---

① 参见王利明:《物权立法若干问题新思考》,载《法学》2004 年第 7 期;刘保玉:《所有权的类型化与平等保护原则的结合》,载《法学评论》2005 年第 6 期;韩松:《论物权平等保护原则与所有权类型化之关系》,载《法商研究》2006 年第 6 期。

② 参见孙宪忠:《我国物权法中所有权体系的应然结构》,载《法商研究》2002 年第5 期。

③ 2005 年 7 月 10 日,《物权法(草案)》向社会公开征求意见。同年 8 月 12 日,北京大学巩献田教授在网上发表了致吴邦国委员长的《一部违背宪法和背离社会主义基本原则的〈物权法(草案)〉——为〈宪法〉第 12 条和 86 年〈民法通则〉第 73 条的废除写的公开信》,http://www.peacehall.com/news/gb/pubvp/2005/08/200508201243.shtml,访问日期 2005 年 8 月 20 日。

④ 参见易继明:《物权法草案“违宪”了吗——质疑巩献田教授的〈公开信〉》,载《私法》2007 年第 1 期;蒋安杰:《物权法学界首度回应违宪质疑》,载《法制日报》2006 年 2 月 28 日第 3 版。

⑤ 参见王利明:《物权法平等保护原则之探析》,载《法学杂志》2006 年第 3 期。

⑥ 参见孙宪忠:《物权法应采纳“一体承认、平等保护”的原则》,载《法律科学》2006 年第 4 期。

保护的宪法依据。① 至此,公共财产与个人财产同等地位和同样保护成为学术界的主流观点。这表明,我国学界放弃了苏联法学理论和苏联民法学所提出的公共财产特别是国家财产的特殊地位和特殊保护的观点。

(三)债的制度理论

苏联法学理论认为,社会主义经济体系是建立在社会主义计划化原则基础上的,有计划地开展经济活动是社会主义的经济规律。基于公法原则和法律国家主义观念而建立起来的民法,必须以社会主义计划化原则为依据。因此,苏联民法学就以维护计划原则建立起社会主义债的制度理论。20 世纪 50 年代至 80 年代,我国按照苏联模式实行计划经济体制,民法学也深受苏联法学理论的影响,将维护计划原则作为贯穿债的制度的红线。

1. 强调债的制度的计划性

苏联学者指出:“债权法的本质,是为苏联生产关系的社会主义性质所决定的”,而“依据苏联宪法第十一条的规定,苏联的经济生活受国家所定的国民经济计划的决定和指导”,因此“苏维埃的债权法反映了我国(苏联)经济的社会主义计划性”。② 基于这样的认识,实现国民经济计划成为债的制度的核心内容和价值所在。由于合同被看成“是把经济核算制与计划结合起来的最好方式”③,因此合同制度就成为债的制度的基本内容。

苏联学者提出的这种观点被引入我国民法学中。20 世纪 50 年代时,我国学者就认为,债的法律制度的首要意义在于“加强社会主义组织间的

---

① 参见韩大元:《由〈物权法(草案)〉的争论想到的若干宪法问题》,载《法学》2006 年第 3 期。

② 参见[苏]坚金、布拉图斯主编:《苏维埃民法》(第二册),中国人民大学民法教研室译,法律出版社 1957 年版,第 102、109 页。

③ [苏]坚金、布拉图斯主编:《苏维埃民法》(第二册),中国人民大学民法教研室译,法律出版社 1957 年版,第 100 页。

经济联系,具体实现国民经济计划"①。而作为该制度规范的合同,"是将各经济组织在执行国民经济计划的前提下联系起来的工具"②。到了80年代初,我国学者在谈到债的制度时指出:"我国的债权制度明显含有由国家进行计划指导、监督和管理的因素。国家通过各种形式直接间接地参与或干预债的法律关系,使之有利于国计民生,保持社会主义方向。"③在谈到其中重要组成部分的合同制度时,有学者从理论层面和制度层面对合同制度的计划性进行阐述,他指出:"由于社会主义经济是计划经济,因此,在这个基础上产生的经济合同制度,理所当然的不同于建立在市场经济基础上的资本主义契约制度。如果说,资本主义契约制度来源于资本主义私有制基础上的契约自由理论的话,那么,社会主义经济合同制度则来源于社会主义公有制基础上的计划经济理论。"他还指出:"《经济合同法》则进一步规定,订立经济合同必须符合计划的要求;违反计划的合同是无效的;如果国家计划进行调整,订立经济合同所依据的国家计划被修改或取消,也应该相应地调整、变更、或解除原有的经济合同。所有这些规定都说明,我国的经济合同与国家计划之间有着水乳交融的关系。计划是签订经济合同的重要依据,经济合同是编制计划的重要基础,也是实现计划的重要手段。计划是经济合同的起点,同时也是它的归宿。"④因此,有学者总结道:"经济合同是实现国家计划和巩固经济核算制的重要纽带"⑤,"合同制度是加强国民经济计划的重要工具"⑥,"是社会主义国家有效组织生产,密切协作关系,实现国

① 中央政法干部学校民法教研室编著:《中华人民共和国民法基本问题》,法律出版社1958年版,第175页。

② 佟柔、胡金书:《巩固合同纪律,为实现国民经济计划而斗争》,载《政法研究》1956年第1期。

③ 佟柔主编:《民法原理》,法律出版社1983年版,第183页。

④ 邱宏铮:《关于经济合同制的几个问题》,载《经济问题探索》1983年第4期。

⑤ 崔勤之:《试论我国经济合同制度的特点、作用及法律责任》,载《学习与思考》1981年第6期。

⑥ 王作堂等:《民法教程》,北京大学出版社1983年版,第206页。

民经济计划的重要保证”[1]。可见，计划性渗入我国债和合同制度之中，并成为主导因素。

2. 将计划作为债产生、变更和消灭的原因

关于债的产生，苏联学者指出，“国家的国民经济计划是苏维埃法权中债的发生根据”，这是因为“国家的国民经济计划决定着并指导着苏联的经济生活。它是苏维埃社会主义国家的法律。凡接受了国家计划课题的组织，就负有履行计划课题的义务。在计划课题的基础上，设定了社会主义组织之间、有时是社会组织与公民间的经济联系和财产上的相互关系”。[2] 他们分析道，因执行国民经济计划而产生的债的具体种类，包括根据调整文件和国民经济计划产生的债，以及在一定的（上述计划文件所指明的）社会主义组织间由必须订立的合同形成的债；同是由于执行国民经济计划所成立的债，以及在社会主义组织间由合同形成的债；根据计划由社会主义组织和公民之间的合同所产生的债（特别是依照出版合同和其他合同）；直接由国民经济计划和调整文件产生的债（不是由合同构成的）。[3] 关于债的变更和消灭，苏联学者指出：“当有权限的国家机关变更或者废除某一计划任务时，根据该计划任务而定的债也随之变更或消灭。”[4]

我国民法学受此影响，作出了相同的阐述。20 世纪 50 年代时，我国学者指出，债发生的根据很多，其中主要有行政文件、合同、侵权行为三种，而行政文件包括计划文件。[5] 还指出：“债因计划文件或法律直接

---

① 初思、大榜：《论违反合同的民事责任》，载《法学研究》1982 年第 3 期。

② 参见［苏］斯·恩·布拉都西主编：《苏维埃民法》（上），中国人民大学民法教研室译，中国人民大学 1954 年版，第 267 页。

③ 参见［苏］坚金、布拉图斯主编：《苏维埃民法》（第二册），中国人民大学民法教研室译，法律出版社 1957 年版，第 109—110 页。

④ ［苏］坚金、布拉图斯主编：《苏维埃民法》（第二册），中国人民大学民法教研室译，法律出版社 1957 年版，第 253 页。

⑤ 参见中央政法干部学校民法教研室编著：《中华人民共和国民法基本问题》，法律出版社 1958 年版，第 177 页。

规定而消灭。”①20 世纪 80 年代时，我国学者仍然认为计划是债产生、变更和消灭的原因。有学者指出：“在我国，大量的债权关系是依据和参照国家计划产生、变更或消灭的，这是我国商品流通具有社会主义性质的一个标志，也是国家行使其组织和管理经济职能的一种手段。”②他们分析道，社会主义组织之间为实现国家指令性计划或指导性计划而订立的合同，能够引起债的发生。当国家计划发生变化时，根据或参照计划指标订立的合同就需要作相应的改变。主管机关发布行政命令，变更或取消某些计划产品的生产指标，就使负有执行义务的单位相互以及它们和其他单位或个人之间的某些债归于消灭。③

3. 注重债的实际履行以实现计划

苏联学者认为：“在社会主义组织间由合同或行政文件以及为实现国民经济计划产生的债，必须以实物履行；否则，作为产生这些债的根据的计划任务，就不能完成。在社会主义组织间的合同中，对于迟延或不适当的履行，规定了过期罚款、罚金、赔偿损失等，但是所有这些金钱支付都是用以保障实际履行的‘罚则’。”④他们还提出了具备实行实际履行的条件，指出：“在社会主义国家中，有着一切必要的前提与条件足以正确地用实物履行债务。这些前提与条件是：社会主义经济体系、计划的现实性及其超额完成的可能性、集体利益与个人利益的结合、没有失业现象以及所有公民对于国家的远景有着坚定的信念。”⑤

20 世纪 50 年代时，我国民法学界接受了这种观点。有学者指出，实际

① 中央政法干部学校民法教研室编著：《中华人民共和国民法基本问题》，法律出版社 1958 年版，第 189 页。

② 参见佟柔主编：《民法原理》，法律出版社 1983 年版，第 183 页。

③ 参见佟柔主编：《民法原理》，法律出版社 1983 年版，第 188、203、208 页。

④ [苏]坚金、布拉图斯主编：《苏维埃民法》（第二册），中国人民大学民法教研室译，法律出版社 1957 年版，第 195 页。

⑤ [苏]斯·恩·布拉都西主编：《苏维埃民法》（上），中国人民大学民法教研室译，中国人民大学 1954 年版，第 283 页。

履行原则是社会主义的原则,“它是国民经济有计划(按比例)发展的经济规律在债权法上的表现,这一原则保证债在完成产品分配和商品交换中的作用由可能性变为现实性。它对于实现债权人的生产计划是非常必要的,任何程度的违反都会破坏债权人的计划和企业的经济核算制,影响国民经济计划的完成”。因此,债的实际履行“不仅是当事人的权利义务问题,而且是双方对国家应尽的义务”①。80年代初期,我国仍然实行计划经济为主的体制,因而有许多学者仍然强调这一点。有学者指出,“我国的债权制度特别强调实际履行,显示出它与资本主义债权制度的明显不同”,“实际履行这一要求既是我国社会主义债权制度的一个特点,同时也是区别于具有剥削性质的债权制度的一个标志”。这是因为,实际履行“是由我国债的社会主义性质所决定的。在我国,债主要是实现国民经济计划的重要手段,也是满足人民需要所普遍适用的法律形式。贯彻实际履行的要求,就能发挥债在流通领域中的重要作用,同时也可以促使当事人采取认真负责的态度,严格遵守债的规定,积极履行自己所承担的义务。如果不要求实际履行,……势必引起产、供、运、销的脱节,造成经济秩序的混乱,影响生产的发展和群众生活的提高。因此,实际履行作为对各种债的普遍要求,必须严格遵守”。② 还有学者认为,直接依据国家计划订立的合同在整个合同中是占主导地位的,有些不是直接依据国家计划所订立的合同在实践中还是要受到依据计划所订立合同的制约,或者会受到国家计划的影响而间接地被纳入国家计划的轨道。因此,从总体上来说,我国的合同是落实和实现国家计划的有力工具。所以,对已经依法成立的合同能不能实际履行,不仅会影响到双方当事人的合法权益,而且还会直接影响到国家计划能不能实现、国民经济能不能按比例发展。③ 20世纪80年代中期后,随着有计划商品经济体

---

① 中央政法干部学校民法教研室编著:《中华人民共和国民法基本问题》,法律出版社1958年版,第181—182页。

② 参见佟柔主编:《民法原理》,法律出版社1983年版,第193—194页。

③ 参见李铸国:《论合同的实际履行原则》,载陶希晋主编:《民法文集》,山西人民出版社1985年版,第245—246页。

制的实行，有学者提出，“我国计划制度的改革和社会主义统一市场的形成，使实际履行原则丧失其存在的根据和重要性”①。对于此种观点，有学者撰文坚持实际履行原则，指出：“实际履行原则，是社会主义计划经济的需要。……现阶段我国是社会主义有计划的商品经济。要实现社会主义生产的目的，提供扩大社会再生产所需要的物质生产资料和人民生活所需要的生活资料，要保证国民经济有计划按比例地协调发展，合同特别是经济合同的作用不容忽视。而合同的作用能否充分发挥，固然决定于它的签订是否依照国家计划或接受国家计划的指导，但最终决定于它是否按约定标的履行。……可见，实际履行原则是计划经济的要求，并非只是‘单一指令性计划制度在法律上的反映’。”②

4. 设定违约金以完成计划

苏联学者指出：“违约金是生活中极其重要和广泛应用的债的担保形式，因为它适合于社会主义组织间的合同。”③他们分析道，“违约金可以具有各种不同的意义”，评价性违约金或选择性违约金具有预先确定当事人一方违约时，所可能致他方的损害范围的意义；而罚款性违约金或附加性违约金则具有罚金的意义，它是不论因不履行或不适当履行合同所致之损害如何及赔偿与否而向不当的一方追索的。他们认为，在社会主义组织间的合同关系中，于违反合同债务时，“不问当事人是否受到损害，均追索违约金。若损害超过违约金时，则追索违约金并不能免除追索损害赔偿之可能。……给付违约金的一方不能因给付了违约金而免除履行契约，如果这种履行不与计划相抵触的话”④。显然，这里的违约金属于罚

① 梁慧星：《民法通则对原来民法理论的突破》，载《中国法制报》1986 年 11 月 7 日第 3 版。

② 赵国鼎：《合同的实际履行原则没有过时——与梁慧星同志商榷》，载《中南政法学院学报》1987 年第 3 期。

③ ［苏］坚金、布拉图斯主编：《苏维埃民法》（第二册），中国人民大学民法教研室译，法律出版社 1957 年版，第 230 页。

④ ［苏］斯·恩·布拉都西主编：《苏维埃民法》（上），中国人民大学民法教研室译，中国人民大学 1954 年版，第 353—354 页。

款性违约金，具有惩罚性。他们进一步指出，在社会主义组织间的合同中“包含违约金的目的是在于保证合同纪律，而最终目的则是在于协助完成国民经济计划”①。因此，“在社会主义组织间的合同中包括违约金（或称为过期罚款、罚金、金钱罚则）是有着极现实的意义的，以致于凡是没有规定这种金钱罚则的合同都被认为是有缺陷的，在这种合同中包括违约金是必要的”②。

受苏联观点的影响，我国民法学也对违约金作了阐述。20世纪50年代时，我国学者将违约金列为债的担保形式，并指出：“我国的违约金制度是惩罚性的违约金。违约金的支付，按照事前约定的标准，不因损失的大小而转移。”他们论述了违约金对于实行经济核算制和实现计划的重要性，说道，“违约金事先在合同中明确规定，可以加强债务人履行债务的责任感，债务人不履行债务时，更具有制裁的作用，督促债务人履行债务，以巩固企业的经济核算制”。③ 因此，“社会主义组织特别是国营企业、国家机关间订立的合同，必须有违约金的条款，否则合同的内容将认为是有缺陷的”④。20世纪80年代时，学者们将违约金既作为债的担保形式，也作为违约责任的方式，但仍然强调违约金对于计划完成的作用。有学者指出：“如果当事人一方不履行合同，势必给对方的生产带来影响，造成财产损失，从而妨害一方或双方计划的完成……违约金是以法律制裁违约当事人最有效的一种方式，……它对监督合同的履行是一种刺激性的重要法律手段。有了这种刺激性的法律手段，合同签订时，就为它的履行奠定了坚实的基础。”⑤

---

① [苏]坚金、布拉图斯主编：《苏维埃民法》（第二册），中国人民大学民法教研室译，法律出版社1957年版，第233页。

② [苏]坚金、布拉图斯主编：《苏维埃民法》（第二册），中国人民大学民法教研室译，法律出版社1957年版，第231页。

③ 参见中央政法干部学校民法教研室编著：《中华人民共和国民法基本问题》，法律出版社1958年版，第191页。

④ 中央政法干部学校民法教研室编著：《中华人民共和国民法基本问题》，法律出版社1958年版，第210页。

⑤ 邓大榜：《合同违约金探讨》，载《现代法学》1981年第3期。

5. 建立计划合同制度

在苏联民法学中，根据社会主义计划原则建立了计划合同制度。有学者指出："社会主义组织和企业的合同，通常是根据计划，并为完成计划而订立的。"他们将这种根据计划订立的合同称为计划合同或者计划经济合同。① 还有学者将计划合同称为计划契约，指出："凡是为履行约束两个组织——契约当事人——的计划课题而缔结的契约，就叫做计划契约。"在给出定义的基础上，他们阐述了计划契约的特点，即"在计划契约中，计划课题是契约的基础，也是产生契约债务的事实构成中的一项要素。契约如违背约束双方当事人的计划课题时，根据苏俄民法典第三十条的规定，即视为无效。撤销或变更上述计划课题，便引起契约的消灭或变更。计划契约应在不迟于苏联政府所规定的期限内缔结。这种契约的有限期限，由作为契约基础的计划课题的履行期限来决定"。② 学者们认为计划合同对于实现计划至关重要，说道："社会主义企业的计划合同使每一个当事人所接受的计划任务固定起来。苏维埃合同是更好地完成社会主义总计划的社会主义各企业间联系的形式。"③在对计划合同的一般问题进行论述的基础上，他们对根据计划订立的供应合同、建筑承揽合同、运送合同、银行贷款合同等法律制度进行了具体阐述。④

受苏联民法学的影响，我国民法学也将合同分为计划合同与非计划合同，并建立起计划合同制度，以实现国民经济计划。20 世纪 50 年代时，有学者指出："社会主义组织间订立的合同，以完成国民经济计划为目的，用合同制度把国民经济计划和企业的经济核算制很好地结合起来。"这种根

① 参见[苏]坚金、布拉图斯主编:《苏维埃民法》(第二册)，中国人民大学民法教研室译，法律出版社 1957 年版，第 150、154 页。

② 参见[苏]斯·恩·布拉都西主编:《苏维埃民法》(上)，中国人民大学民法教研室译，中国人民大学 1954 年版，第 326—327 页。

③ [苏]坚金、布拉图斯主编:《苏维埃民法》(第二册)，中国人民大学民法教研室译，法律出版社 1957 年版，第 123 页。

④ 参见[苏]坚金、布拉图斯主编:《苏维埃民法》(第三册)，中国人民大学民法教研室译，法律出版社 1957 年版，第 22—49、151—168、197—246、295—301 页。

据计划订立、以完成计划为目的合同就是计划合同。在此基础上,他们对供应合同、预购合同、农副产品收购合同、基本建设包工(承揽)合同、信贷合同、运送(运输)合同等计划合同制度作出具体论述。① 80年代初,学者们仍然将计划合同作为实现国民经济计划的手段。有学者将合同分为计划合同和非计划合同,指出:"直接根据国家指令性计划订立的合同,称为计划合同。例如,供应合同、基本建设包工合同等。"在此基础上,他就计划合同的特点分析道:"计划合同与非计划合同的区别,在于计划合同的当事人必须根据国家计划订立合同。订立计划合同是当事人的权利,也是当事人对国家应尽的义务。计划合同的内容必须以计划为依据,当事人可在计划规定的范围内进行协商。计划任务变更时,计划合同也会随之变更或解除。计划合同违反计划时,会引起合同无效的法律后果。"②在此基础上,学者们对供应合同、基本建设承揽合同、运送(运输)合同、贷款合同等各种具体计划合同的法律制度进行论述。③ 80年代中期,在商品经济不断发展的情况下,一些学者仍然承认计划合同的存在,但其民事合同的性质被更加强调了。对此,有学者指出:"就计划合同而言,它受商品经济规律制约的本质并无改变,仍然与一般商品交换存在的前提同一,具备一般商品等价交换的本质特征,要求当事人的法律地位平等。因此,计划合同仍然是民事合同的一种,而不应被看作是独立于民事合同的所谓经济合同。"④

中共十二大召开后,我国加快了经济体制改革的步伐,在社会主义计划经济体制中引入商品经济和市场机制的内容,1984年召开的中共十二届三中全会提出了社会主义有计划商品经济的体制,1987年召开的中共十三大

① 参见中央政法干部学校民法教研室编著:《中华人民共和国民法基本问题》,法律出版社1958年版,第199、222—254、263—264、277—297页。

② 佟柔主编:《民法原理》,法律出版社1983年版,第252页。

③ 参见佟柔主编:《民法原理》,法律出版社1983年版,第279—282、296—304、322—326、335—347页;王作堂等:《民法教程》,北京大学出版社1983年版,第267—279、286—293、320—329、336—343页。

④ 谢邦宇、王学政、刘俊臣:《对经济合同法实施中几个问题的研究(上)》,载《政法论坛》1987年第3期。

把这一体制界定为计划和市场内在统一的体制。1992 年,中共十四大最终确立了社会主义市场经济体制,市场开始取代计划,在经济发展和资源配置中发挥基础性的作用。在这一过程中,维护计划原则逐渐淡出我国的民法学,也从债的制度理论中慢慢消失。

三、苏联法学理论与我国民法学学科认识的形成

对于民法学的性质、任务和方法等问题的认识,关系到民法学的发展方向和发展路径。在苏联,民法学者运用法学理论阐述了对社会主义民法学学科问题的基本认识,以此来推进苏联民法学的发展。我国民法学在苏联法学理论的指导下,接受了苏联民法学的观点,也形成了对这些问题的看法。

(一)民法学的性质

苏联法学理论认为,法学是有阶级性的。对此,苏联学者指出:"马克思主义的法律科学同整个马克思主义的社会科学一样,公开承认自己的阶级性,用科学的共产主义的党性来表达这一点。这意味着,科学公开地和有目的地为工人阶级和全体劳动人民——共产主义社会的建设者的历史任务服务。……这就是马克思主义法律科学同站在剥削阶级立场上的资产阶级法律科学的根本区别。"①因此,苏维埃法学必须同资产阶级法学的形式主义、教条主义和客观主义作斗争。这是因为,资产阶级法学通过形式主义与教条主义,"掩盖其国家与法律的真正实质","掩盖它们同资本主义剥削制度的内在联系";客观主义"模糊了资产阶级法律的阶级性,而把资产阶级法律理想化"。② 基于上述观点,苏联民法学者指出:"科学不能是同政治无

① [苏]彼·斯·罗马什金等主编:《国家和法的理论》,中国科学院法学研究所译,法律出版社 1963 年版,第 10 页。

② 参见[苏]安·扬·维辛斯基等:《苏维埃法学中的几个问题》,石健等译,人民出版社 1954 年版,第 3、8 页。

关的东西，它是有党性的；苏维埃民法科学是政治性极强的、同唯心主义观念进行不调和斗争的战斗的布尔什维主义的科学。”“它是在同妄想把资产阶级的各色理论拖进苏维埃社会主义民法科学中来的企图进行斗争、乃至同直接的毒害思想进行斗争的过程中成长起来的。”[①]可见，民法学也具有阶级性，作为马克思主义法学重要组成部分的苏维埃民法学是为工人阶级和全体劳动人民服务的科学。

我国民法学受到苏联法学的影响，认为法学是有阶级性的，并以此为指导提出民法学的阶级性。20 世纪 50 年代时，我国学者就指出：“马克思列宁主义从来就认为无论法和法学，都具有十分强烈的阶级性，只能为当时的统治阶级服务”，因此“一切民法和民法科学，都具有十分强烈的阶级性和党性”。[②] 他们分析道：“一切反动民法学，则具有反动剥削阶级的阶级性和党性（虽然他们否认这一点）。它们是彻底反动的民法学，是一小撮反动统治者及其帮凶用来敌视和压迫劳动人民的民法学”。“旧中国的反动‘民法学’，也和国民党民法一样表现了半封建半殖民地的本质。反动‘民法家’只是东拼西凑、支离破碎地抄袭资本主义各国著作，实际上他们只是现代一些反动民法学派的一伙反动而又低能的应声虫而已”。然而，“我国民法科学，具有鲜明的工人阶级党性。它是马克思列宁主义的民法学，是实事求是地阐明我国民事政策法令和不断总结我国民事实践经验的民法学，是为建设社会主义和为广大劳动人民利益服务的民法学。它科学地阐明了民法的本来面貌，公开地主张民法的阶级性，认为民法和其他法律部门一样只能是统治阶级进行阶级斗争的工具。它具有彻底的革命性和战斗性，它是在不断批判和战胜一切反动民法观点中发展起来的”。因此，“马克思列宁主义

① ［苏］坚金、布拉图斯主编：《苏维埃民法》（第一册），中国人民大学民法教研室译，法律出版社 1956 年版，第 33 页。

② 参见中央政法干部学校民法教研室编著：《中华人民共和国民法基本问题》，法律出版社 1958 年版，第 1、16 页。

民法学和一切反动民法学是根本对立的”。[①] 到了20世纪80年代，一些学者仍然坚持这一观点。有学者指出：“我国民法学的科学性与阶级性是统一的”，“民法学的阶级性是民法学的科学性的重要组成部分”，因为“我国民法学不仅客观反映经济关系的要求，而且体现我国工人阶级和广大人民的利益和由这一利益决定着的意志”。[②] 20世纪90年代后，随着法的阶级性观点的淡化，学界很少有人论述民法学的阶级性。

（二）民法学的任务

法学的任务是由法学的性质决定的，也取决于社会生活对法学提出的需要。同时，法学的任务指引着法学发展的方向。苏联法学理论认为，法学的阶级性决定了法学的任务就是为统治阶级的国家和法服务。主张苏维埃法学应当肃清反马克思主义的敌对观点和资产阶级法学思想，根据马克思主义理论和通过研究社会主义建设的问题来构建苏维埃社会主义法律科学。基于此种观点，维辛斯基指出：“我国民法学家的首要的、基本的任务就是清除旧的、形式主义和教条主义的资产阶级废物。苏维埃民法科学部门，比其他任何部门都更需要克服资产阶级法学思想。”[③]还有学者说道：“苏维埃民法科学的任务就是根据对社会主义建设经验的研究，遵循党的指示，对苏维埃民法的规范加以马克思主义的、党性的理论阐明，促使它得到正确的实际运用，创造性地研究今后社会主义建设道路上和逐步向共产主义过渡的途程中所产生的新问题。”[④]可见，社会主义民法学的任务有两项，即按照马克思列宁主义的理论，批判资产阶级的民法学思想；创造性地

① 参见中央政法干部学校民法教研室编著：《中华人民共和国民法基本问题》，法律出版社1958年版，第15—16页。

② 参见寇志新：《谈民法学的科学性阶级性及其现实意义》，载《西北政法学院学报》1986年第2期。

③ ［苏］安·扬·维辛斯基：《国家和法的理论问题》，法律出版社1955年版，第119页。

④ ［苏］坚金、布拉图斯主编：《苏维埃民法》（第一册），中国人民大学民法教研室译，法律出版社1956年版，第38页。

研究社会主义实践中的新问题,发展社会主义民法学。

在苏联法学理论的影响下,我国学者对民法学的任务也作出了基本相同的阐述。早在20世纪50年代,我国学者就指出:“我国民法科学的历史,也是彻底摧毁和不断清算资产阶级反动民法学的历史。在我国人民民主革命和社会主义革命的过程中,……新法学和旧法学之间一直进行着你死我活的斗争”。同时,“我国民法科学,……是实事求是地阐明我国民事政策法令和不断总结我国民事实践经验的民法学,是为建设社会主义和为广大劳动人民利益服务的民法学”。因此,“我们的任务就在于依据马克思列宁主义的法学原理,彻底批判和清除反动民法观点,不断总结实践经验,以发展社会主义的民法科学”。[①] 可见,我国学者也将民法学的基本任务归结为两项:批判和构建。所谓批判,就是依据马克思主义法学原理,彻底批判和清除反动民法观点;所谓构建,就是依据马克思主义法学原理,不断总结实践经验,构建社会主义民法学。当时,我国民法学者就是按照这两项任务去做的。首先,学者们对于资产阶级民法学和反马克思主义的民法观点展开了批判。例如,“反右”运动前,有学者就对“契约自由”原则进行批判,认为它不过是资产阶级用来掩盖其对劳动者实施经济压迫的一种卑鄙手段,从而掩盖了资产阶级的剥削自由、劳动人民不自由和处处受剥削的事实。为了区别资产阶级的契约自由原则,学者们提出坚持社会主义的自愿原则。[②] 有学者批判资本主义国家法律将善意占有和恶意占有均作为取得时效根据的做法,认为在资本主义社会的民事关系中,巧取豪夺、尔诈我虞、损人利己、勾心斗角等等都是习见习闻的常事,资产阶级的法律确认不分善意占有与恶意占有都可以作为产生所有权的根据,不惜使恶意占有合法化,这正是资产阶级唯利是图的产物,正是丑恶不堪的资本主义私有制所注定了的法

① 参见中央政法干部学校民法教研室编著:《中华人民共和国民法基本问题》,法律出版社 1958 年版,第 3、16、17 页。

② 参见李浩培:《拿破仑法典的初步批判》,载《政法研究》1955 年第 2 期;中央政法干部学校民法教研室编著:《中华人民共和国民法基本问题》,法律出版社 1958 年版,第 203—206 页。

律表现形式。[①] “反右”运动后,学者们将批判右派观点作为重要任务。例如,有学者批判有人提出的“民法只是处理人民内部矛盾的工具,没有对敌专政的作用”的观点,认为民法是阶级斗争的工具。[②] 再如,有学者批判有人提出的“国家所有权为党员所有权”的观点,认为这是右派分子企图取消全民所有制和取消社会主义。[③] 这种批判逐渐走向极端,许多人认为凡是资产阶级的民法理论、制度均应彻底批判,以至于资产阶级民法的一些概念、术语也遭到排斥。例如,在60年代的民事立法中,我们不再使用“法人”这一概念,而用“单位”来代替;不再使用“处分”这一概念,而用“处理”来代替。[④] 其次,学者们投入到构建我国社会主义民法学的工作中。一方面,他们以毛泽东思想为指导研究民法问题,形成对民法的新认识、新观点。1957年,毛泽东发表了《关于正确处理人民内部矛盾问题》一文后,学者们根据两类矛盾的学说研究民法问题,以丰富社会主义民法学的内容。有学者认为,民法中的许多问题都应当根据该学说来进一步研究,例如,区分两类社会矛盾对于民法的意义、民法是否对敌专政、如何根据“团结——批评——团结”的公式解决民事纠纷、人民内部的民主集中制在民事活动中如何加以贯彻,以及在各经济部门中如何根据社会主义原则建立生产和交换相互关系的适当形式等。[⑤] 在这些问题中,他们对民法是否对敌专政即民法是否解决敌我矛盾的问题展开了热烈的讨论,讨论中虽有不同意见,但多数学者认为民法主要是解决人民内部矛盾,但在某种情况下也解决敌我矛盾,形成了“我国民法就是依据社会主义的原则在一定范围内处理人民

① 参见张定夫:《时效制度中的取得时效问题》,载《政法研究》1956年第2期。

② 参见中央政法干部学校民法教研室编著:《中华人民共和国民法基本问题》,法律出版社1958年版,第8—9页。

③ 参见中央政法干部学校民法教研室编著:《中华人民共和国民法基本问题》,法律出版社1958年版,第143—145页。

④ 参见何勤华、李秀清、陈颐编:《新中国民法典草案总览》(下卷),法律出版社2003年版,第15—25页。

⑤ 参见赵炳霖:《民法与专政》,载《法学》1958年第5期。

内部矛盾和解决敌我矛盾的法律工具”的观点。① 另一方面,他们认识到实践中有许多急待研究的问题,②于是对民事立法和司法实践中的具体问题进行研究,尽管涉及的问题不多,但也取得了一些进展。例如,有学者研究民法调整对象问题③,有学者研究公私合营后资本家生产资料所有权问题④,有学者研究个人所有权问题⑤,有学者研究合同问题⑥,有学者研究定息问题⑦,有学者研究损害赔偿责任问题⑧,等等。

---

① 参见中央政法干部学校民法教研室编著:《中华人民共和国民法基本问题》,法律出版社 1958 年版,第 6—8 页;赵炳霖:《民法与专政》,载《法学》1958 年第 5 期;高呈祥:《关于民事纠纷的性质的看法》,载《法学》1958 年第 5 期;张企泰:《民法既解决人民内部矛盾,也解决敌我矛盾》,载《法学》1958 年第 6 期;寒丁:《中南政法学院辩论民法是否解决敌我矛盾问题》,载《法学》1958 年第 6 期;林云:《我对民事违法行为的矛盾性质的认识》,载《法学》1958 年第 7 期。

② 例如,有学者撰文指出,宪法条文中涉及的许多问题,如保护公共财产、所有权、继承权等问题,经济建设中的许多问题,如农业生产合作社社员的土地和劳动报酬等问题、涉及企业之间财产关系的合同制度、公证制度等问题,都值得民法学者研究。参见杨玉清:《加强和开展法律科学研究工作》,载《政法研究》1956 年第 2 期。

③ 参见黄社骥、卓萍:《民法对象中的财产关系问题》,载《政法研究》1956 年第 2 期;中央政法干部学校东北分校民法教研组:《民法对象——财产关系,有什么根据归入上层建筑的范畴呢?》,载《政法研究》1956 年第 3 期;李奋武:《民法所调整的财产关系是物质关系吗?》载《政法研究》1956 年第 3 期;志敏、镇汉:《民法的主要对象——财产关系问题》,载《政法研究》1956 年第 3 期;郭寿康、佟柔:《关于民法调整的对象——财产关系的几个问题》,载《政法研究》1956 年第 3 期;孙亚明、史怀璧:《关于民法调整对象问题的初步意见》,载《政法研究》1957 年第 1 期。

④ 参见芮沐、祜周:《关于全行业公私合营后资本家生产资料所有权的讨论》,载《政法研究》1957 年第 2 期;仝志敏:《论资本主义工商业全行业公私合营后资本家生产资料所有权问题》,载《法学》1957 年第 2 期。

⑤ 参见关怀:《论我国公民的个人所有权》,载《政法研究》1962 年第 3 期;柴发邦:《论我国公民个人所有权和个体劳动者所有权的质的差异》,载《政法研究》1962 年第 4 期;皮纯协:《对我国公民个人所有权问题的一些看法》,载《政法研究》1963 年第 1 期。

⑥ 参见佟柔、胡金书:《巩固合同纪律,为实现国民经济计划而斗争》,载《政法研究》1956 年第 1 期;刘歧山:《结合合同是一个新的独立的合同制度》,载《政法研究》1957 年第 2 期。

⑦ 参见曹杰:《关于“定息”在法律上的性质问题的意见》,载《政法研究》1957 年第 4 期。

⑧ 参见马起:《论损害赔偿责任构成的一般条件》,载《东北人民大学人文科学学报》1957 年第 Z1 期。

改革开放以后，学者们虽然还主张民法学的阶级性，认为社会主义民法学与以往民法学的不同，但是不再一味强调对以往民法和民法学的批判，而是提出对其有益部分进行借鉴。有学者指出："既然社会主义社会和它以前的私有制社会都是商品经济社会，商品经济有它共同的客观规律，而民法又是商品经济规律的法律表现，那么，资本主义及其以前社会的民法就有与社会主义民法共同的东西，就有值得我们借鉴的地方。当然，对它们维护生产资料私有制的那些东西，则应加以批判和摒弃。"①还有学者指出："为了使我国民法能够吸收一切'保护劳动人民利益的东西'，具有时代气息，适应现代化的要求，不仅要向社会主义国家民事立法的好经验学习，还要向资本主义国家民事立法的有益经验学习。这个学习和借鉴绝非照搬照套，而是采取'拿来主义'的办法，去其无用之物，取其有用之精华，为我所用。"②从 90 年代起，一大批国外民法学著作被介绍到中国。在民法总论方面，有梅迪库斯所著的《德国民法总论》、拉伦茨所著的《德国民法通论》、山本敬三所著的《民法讲义·总则》、大村敦志所著的《民法学总论》、我妻荣所著的《新订民法总则》等；在物权法方面，有劳森和拉登所著的《财产法》、铃木禄弥所著的《物权的变动与对抗》、山田辉明所著的《物权法》、沃尔夫所著的《物权法》、鲍尔和施蒂尔纳所著的《德国物权法》、伯恩哈特安和伯克哈特所著的《不动产》、斯普兰克林所著的《美国财产法精解》、近江幸治所著的《物权法》等；在债权法方面，有科宾所著的《科宾论合同》、盖斯特所著的《英国合同法与案例》、我妻荣所著的《债法在近代民法中的优越地位》、海因·克茨所著的《欧洲合同法》、范斯沃思所著的《美国合同法》、戈德雷所著的《现代合同理论的哲学起源》、费里尔所著的《美国合同法精解》等；在侵权法方面，有冯·巴尔所著的《欧洲比较侵权行为法》、布萨尼和帕尔默所编的《欧洲法中的纯粹经济损失》、福克斯所著的《侵权行为法》、考茨欧

① 江平、张佩霖：《民法教程》，中国政法大学出版社 1986 年版，第 12 页。

② 王家福、苏庆、夏淑华：《我们应该制定什么样的民法》，载《法学研究》1980 年第 1 期。

负责的蒂尔堡小组撰写的丛书《侵权法的统一》等。①

在这一时期，为了制定、实施我国民法，建立和发展中国特色的社会主义民法学，学者们特别强调对民事实践中具体问题和新问题的研究。1985年，佟柔撰文指出，新时期中国民法学有三大任务，一是要科学地解释法律以正确适用法律，为民事和经济审判工作服务；二是为我国民事立法提供合理的方案；三是从我国实际出发，建立具有中国特色的理论体系。② 当时，甘重斗也说道，我国的民法学应该反映我国的实际经济生活，反映我国的经济体制改革，对社会主义现代化建设中提出的一系列法律问题，应该有新的理论概括。我国的经济是有计划的商品经济，既不同于苏联的高度集中的经济体制，也不同于资本主义国家的市场经济，具有中国自己的特色，应该在此基础上建设具有中国特色的民法学理论体系。③ 为此，20世纪80年代至21世纪初期，我国民法学者一方面对我国特定时势背景下民事立法中的具体问题进行研究，为许多重要的民事法律如合同法、婚姻法、著作权法、产品质量法、消费者权益保护法的制定提供了理论支持，同时对已经颁布的法律进行注释和学理研究，取得了丰硕成果；另一方面，注重基础理论研究，在民法总则、物权、合同、侵权责任、人格权、知识产权、婚姻继承等民事基本制度方面确立了完备的理论构架，从而建立了基本完善的中国化的民法学理论体系，并密切结合改革开放和市场经济体系构建中的新问题、新现象深入开展各种专题性研究，而且所涉及的领域不断拓展，如互联网的侵权问题、信息财产权、隐私的保护、承包经营权的流转、征收征用中的公共利益及补偿、环境侵权损害赔偿、医疗事故侵权、缺陷产品召回、一般人格权、动产担保、纯粹经济损失、安全保障义务等，从而丰富了民法学理论，指导了我国的

---

① 参见孙宪忠、谢鸿飞：《中国民法学六十年：1949—2009年》，载陈小君主编：《私法研究》（第8卷），法律出版社2010年版，第18—19、24—25、31、35页。

② 参见佟柔：《我国民法科学在新时期的历史任务》，载陶希晋主编：《民法文集》，山西人民出版社1985年版，第15—16页。

③ 参见甘重斗：《民法学、经济法学要为经济体制改革服务——在中国法学会民法学经济法学研究会成立大会上的讲话（摘要）》，载《法学》1985年第6期。

司法实践。① 近年来,民法学界围绕民法典的制定深入开展理论研究,取得了大量研究成果,推动了我国民法学的进一步发展。

(三)民法学的方法

关于法学研究的方法,维辛斯基在《苏维埃社会主义法律科学的基本任务》一文中指出:"我们掌握了进行真正科学研究工作的可靠指南针——马克思列宁主义方法论,马克思、恩格斯、列宁、斯大林的学说。"② 唯物主义和辩证法构成马克思列宁主义的方法论。因此,有学者在讨论此问题时指出:"我们之所以研讨了辩证法底基本特点和研究国家与法律的唯物主义看法的本质,是为了要使大家对这些特点及看法加以注意,并且不仅应用它们来研究我们所提出来的关于国家与法律之起源与本质的问题,而且还要用来研究其他一切的问题。"③在苏联学者看来,"唯物主义的国家观和法律观底本质就是:马克思主义者认为国家和法律是社会经济基础的丛生现象。国家和法律只是社会经济基础上的上层建筑"。因此,"马克思主义者对国家法律形式的分析不是从这些形式本身开始的,而是从它们所由发生的那种物质基础开始的,也就是从实际存在着的物质生产关系开始的"。④ 关于辩证法的方法,就是以联系、运动、矛盾的观点来研究法律现象。⑤ 因此,法学家们不能"脱离苏维埃国家的实际任务,脱离国家法律机关的工作,对国家与法律的理论问题不进行创造性的科学研究,而代之以形式主义——教条主义的议论,以资产阶级法学的非科学精神毫无目

① 参见王利明、周友军:《与改革开放同行的民法学——中国民法学 30 年的回顾与展望》,载《吉林大学社会科学学报》2009 年第 1 期。

② [苏]安·扬·维辛斯基:《国家和法的理论问题》,法律出版社 1955 年版,第 86 页。

③ [苏]苏达里可夫、贝可夫:《苏维埃国家与法问题讲座》,中央人民政府法制委员会编译室编译,中央人民政府法制委员会 1951 年印,第 7 页。

④ 参见[苏]苏达里可夫、贝可夫:《苏维埃国家与法问题讲座》,中央人民政府法制委员会编译室编译,中央人民政府法制委员会 1951 年印,第 6、7 页。

⑤ 参见[苏]苏达里可夫、贝可夫:《苏维埃国家与法问题讲座》,中央人民政府法制委员会编译室编译,中央人民政府法制委员会 1951 年印,第 3—6 页。

的地玩弄定义”[①]。在上述观点的指导下，苏联学者提出了民法学的方法论，指出，苏维埃民法科学是“以唯一科学的方法论——马克思列宁主义的方法论——所武装起来的”，“它彻底地贯穿着战斗唯物主义的理论和马克思列宁主义的辩证方法”。[②] 因此，必须克服工作中存在的主要缺点，即“形式主义、教条主义的方法来说明苏维埃民法的各个制度，客观主义地叙述资产阶级民法的‘理论’”[③]。

在苏联法学理论和民法学的影响下，我国民法学也主张运用马克思列宁主义的方法论研究法律问题。20 世纪 50 年代，我国学者指出：“我国民法科学……是马克思列宁主义的民法学”，“其任务就在于依据马克思列宁主义的法学原理，……不断总结实践经验，以发展社会主义的民法科学。”[④]也就是说，民法学研究必须运用马克思主义方法论。那时，学者们运用这一方法论研究民法学的具体问题。例如，学者们运用辩证唯物论关于经济基础与上层建筑（特别是法律）关系的原理，来讨论作为民法调整对象的财产关系究竟属于物质关系还是思想关系的问题。[⑤] 80 年代时，学者们仍持这一观点。对此，有学者明确指出：“我们从事民法学研究，必须以无产阶级世界观和方法论——辩证唯物论和唯物辩证

---

① ［苏］安·扬·维辛斯基等：《苏维埃法学中的几个问题》，石健等译，人民出版社 1954 年版，第 2 页。

② 参见［苏］坚金、布拉图斯主编：《苏维埃民法》（第一册），中国人民大学民法教研室译，法律出版社 1956 年版，第 33 页。

③ ［苏］坚金、布拉图斯主编：《苏维埃民法》（第一册），中国人民大学民法教研室译，法律出版社 1956 年版，第 36—37 页。

④ 中央政法干部学校民法教研室编著：《中华人民共和国民法基本问题》，法律出版社 1958 年版，第 16、17 页。

⑤ 参见黄社骥、卓萍：《民法对象中的财产关系问题》，载《政法研究》1956 年第 2 期；李奋武：《民法所调整的财产关系是物质关系吗?》，载《政法研究》1956 年第 3 期；中央政法干部学校东北分校民法教研组：《民法对象——财产关系，有什么根据归入上层建筑的范畴呢?》，载《政法研究》1956 年第 3 期；志敏、镇汉：《民法的主要对象——财产关系问题》，载《政法研究》1956 年第 3 期；郭寿康、佟柔：《关于民法调整的对象——财产关系的几个问题》，载《政法研究》1956 年第 3 期。

法作为指导思想。”[1]还有学者强调，民法学研究“必须坚持理论联系实际的马克思主义学风，研究一切民法问题都要既坚持马克思主义理论的指导，又从中国的实际出发”[2]。90年代后，学者们在坚持马克思主义哲学方法论基础上，积极探索民法学自身的方法论，并借用其他科学方法来研究民法学。例如，有的学者将法解释学方法引入我国民法学研究，形成民法解释学；[3]有的学者将分析法学方法引入我国民法学，主张对民法制度开展语义分析与逻辑分析；[4]有的学者将经济分析方法引入我国民法学，对具体民法问题进行思考；[5]有的学者运用利益法学方法论，来研究民法的具体条文。[6] 由此，民法学研究方法呈现出多元化的局面。[7]

---

① 寇志新：《谈民法学的科学性阶级性及其现实意义》，载《西北政法学院学报》1986年第2期。

② 佟柔、张新宝、史际春：《我国民法学研究的现状与趋势（续）》，载《法律学习与研究》1989年第3期。

③ 例如，梁慧星：《论法律解释方法》，载《比较法研究》1993年第1期；梁慧星：《民法解释学》，中国政法大学出版社1995年版；陈年冰：《简论民法解释学》，载《中国法学》1998年第5期；等等。

④ 例如，王涌：《分析法学与中国民法的发展》，载《比较法研究》1997年第4期；王涌：《作为民法方法论的分析法学导论》，载《南京大学法律评论》1999年第2期；等等。

⑤ 例如，王文宇：《民商法理论与经济分析》，中国政法大学出版社2002年版；周林彬：《物权法新论——一种法律经济分析的观点》，北京大学出版社2002年版；王成：《侵权损害赔偿的经济分析》，中国人民大学出版社2002年版；彭汉英：《财产法的经济分析》，中国人民大学出版社2002年版；侯国跃：《经济分析法学与民法方法的革新》，载《北方法学》2013年第2期；张淞纶：《傲慢与偏见：传统民法学与法经济学》，载《人大法律评论》2017年第1辑，法律出版社2017年版，第103—122页；等等。

⑥ 例如，高富平、晏夏：《合同法公共利益条款适用反思——基于利益法学方法论的尝试》，载陈金钊、谢晖主编：《法律方法》第23卷，中国法制出版社2018年版，第361—377页；等等。

⑦ 王利明指出，改革开放四十年来，我们的民法学在方法论方面进行了不少创新。首先，立法论与解释论并举，即民法学研究既注重对既有法律规范的阐释，也注重研究如何完善我国的民事立法。其次，引入了法律经济分析方法、法社会学研究方法以及实证研究等方法。参见王利明：《中国民法学四十年回顾与展望》，载《江汉大学学报》（社会科学版）2019年第1期。

第六章

苏联法学理论对新中国法学影响的思考

在探究苏联法学理论对我国法学的影响时，分析它对我国理论法学和部门法学的基本观点和具体原理所产生的影响固然重要，但是我们不能停留于此，而是要在此基础上进一步思考这种影响产生的主要原因和形成的基本途径，看清这种影响所产生的正反两方面作用，从中获得对于构建中国特色社会主义法学理论和法学体系的有益启示。

一、苏联法学理论对我国法学影响的缘由

苏联法学理论对我国的影响不是外在力量强加的，而是我们自己选择的结果。有学者认为当初的这种选择是错误的，以至于丧失了我国法学发展的自主性和连续性。这就促使我们思考这样的问题：我们为什么要选择苏联法学理论？我们还有其他选择吗？列宁说过，“在分析任何一个社会问题时，马克思主义理论的绝对要求，就是要把问题提到一定的历史范围之内”①。因此，从当时的历史条件来看，引入苏联法学理论是一种必然选择，

① 《列宁选集》第2卷，人民出版社2012年版，第375页。

也是一种正确选择。

（一）引入苏联法学理论的直接原因

新中国成立前夕中共中央所发布的《关于废除国民党〈六法全书〉和确定解放区司法原则的指示》，不仅确立了新中国法制建设的根本基础和指导方针，而且提出了构建以马克思主义法律观为基石的社会主义法学的基本任务。要完成这一任务，就必须形成以马克思主义法律观为核心内容的法学理论，并以此为指导建立起全部的部门法学。

马克思、恩格斯是马克思主义法学理论的创始人，列宁、斯大林是马克思主义法学理论的发展者，但是他们都没有写过专门阐述其法学理论的著作，而是在论述唯物史观、无产阶级专政理论，批判资产阶级学说、揭露资本主义法律制度本质的过程中阐发其法律思想的，因而这些思想分散在他们的许多著作中，不少法律观点又与阐述其他问题的观点交织在一起，因此需要学者从中挖掘整理以形成一个完整、系统的法学理论。完成这项工作至少需要两个条件：一是要有一批具备马克思主义理论素养和深厚法学功底的学者；二是要有完整的马克思、恩格斯、列宁和斯大林的著作。

新中国成立初期，这两项条件我国都不具备。从第一项条件来看，当时我们缺乏一批能够独立研究马克思主义法学理论的学者。董必武 1955 年 9 月在同苏联法学专家谈话时说道：“过去搞法律的在参加革命后，多数改做其他工作了。继续做法律工作的现在只有几个人。”①可见，当时的法律工作者中有着法律专业背景的不多。他还讲道：“苏联根据马列主义发展了的法律科学，在中国过去是一点也没有的。只在第二次国共合作（一九三七年）后，我们中国共产党才开始把苏联宪法加以传播。那时有关苏联的法学，在大学里没有人讲过，在刊物上也很少看到。”②这意味着，当时能

---

① 《董必武法学文集》，法律出版社 2001 年版，第 309 页。

② 《董必武法学文集》，法律出版社 2001 年版，第 308 页。

够了解马列主义法学是很困难的，而且了解的人、了解的内容也是很有限的。在这种情况下，我们无法设立法学研究机构①，也没有一批人去专门从事法学研究，来建立我国的马克思主义法学理论。即使我们成立了政治法律研究会，其运转也存在困难。对此，1955 年 9 月董必武在同苏联法学专家谈话时讲道："学术研究机构现有政法学会，成立了二年多，……真正在内工作的只有一个人，……内部做些什么，目前还是空的。"②在这种条件下，为了迅速培养我国的政法干部，改造旧的司法人员，我们只能引进苏联法学理论，翻译苏联的教科书，请苏联专家讲课，培训我们的教员，帮助我们建立起马克思主义法学理论。因此，有学者就讲道，当时我们缺乏直接从马克思主义出发独立阐释社会主义法律观的能力，只能在继受苏联法学理论的过程中接受苏联学者阐释的所谓"马克思主义法学观"③。

从第二项条件来看，当时我们还没有完整的马克思、恩格斯、列宁和斯大林著作翻译本。新中国成立初期，我国学者能够直接阅读原版马克思主义著作的很少，绝大多数需要通过阅读中文版进行研究。然而，我们对马克思主义著作的翻译经历了一个漫长的过程。十月革命后，我国的进步知识分子就开始零星地翻译马克思主义著作。从 1920 年到 1938 年，翻译出版了一些马克思主义经典著作，如《共产党宣言》《社会主义从空想到科学的发展》《哥达纲领批判》《反杜林论》《哲学的贫困》《家庭、私有制和国家的起源》《费尔巴哈和德国古典哲学的终结》《政治经济学批判》《苏维埃政权的当前任务》《伟大的创举》《国家与革命》《帝国主义是资本主义的最高阶段》《唯物主义与经验批判主义》《共产主义运动中的"左派"幼稚病》《苏维埃政权的成就和困难》《资本论》等。1938 年 5 月，中共中央决定成立延安马列学院，在学院下设马列主义经典著作编译部，集合了一批优秀的翻译家

---

① 我国于 1952 年成立政治法律研究会，1958 年设立中国科学院法学研究所。

② 《董必武法学文集》，法律出版社 2001 年版，第 305 页。

③ 陈甦：《当代中国法学的历程——〈当代中国法学研究〉导论》，载《中国社会科学院研究生院学报》2010 年第 6 期。

和理论家翻译马克思主义著作，翻译出版了许多作品，如《马克思恩格斯丛书》10 种、《列宁选集》18 卷和《斯大林选集》5 卷，此外，还出版了许多单行本和专题文集，其中有《法兰西内战》《共产党宣言》《哥达纲领批判》《法兰西阶级斗争》《马恩通信集》《德国的革命和反革命》《路易·波拿巴的雾月十八日》《剩余价值学说史》《劳动在从猿到人转变过程中的作用》《社会主义从空想到科学的发展》《什么是马克思主义》《什么是列宁主义》等。到新中国成立时，马克思主义经典著作翻译已初具规模，不少马克思主义著作的翻译本已问世。但是，有系统地有计划地翻译马克思、恩格斯、列宁、斯大林的全部著作，是从 1953 年 1 月中共中央编译局成立时才开始，至 1963 年完成中文版《列宁全集》39 卷的出版，1986 年完成中文版《马克思恩格斯全集》50 卷的出版。① 显然，新中国成立初期我国缺少完整的马克思主义著作翻译本，更缺少集中论述国家与法的问题的马克思主义著作翻译本，在这种情况下要求学者从中概括出马克思主义法学理论是不现实的。

从上述分析可以看到，一方面我们急需构建系统的马克思主义法学理论，并以此为指导建立社会主义法学，另一方面我们又不具备构建的基本条件，在这种情况下引进其他国家学者已经形成的马克思主义法学理论就成为一种必然。

十月革命胜利后，苏联学者就开始了马克思主义法学理论的探索，他们从马克思主义经典作家的相关论述出发，结合苏维埃社会主义的具体实践，探讨以法的本质和定义为核心的马克思主义法律观，揭示法在社会主义阶段的本质、作用和命运，形成了观点不同的学术流派。及至 1938 年，在加强社会主义法制的背景下，苏联学者对法的概念和本质逐渐达成共识，维辛斯基在总结学者们广泛讨论的基础上作出了法的定义，这一定义得到苏联学术界的广泛认可，并以此为基础构建完整的法学理论。自那时起的 20 多

---

① 参见衣俊卿：《百年经典著作编译事业与中国马克思主义理论创新》，载《天津社会科学》2011 年第 5 期；王燕：《百余年马克思主义经典著作编译出版及对中国理论创新的影响》，载《出版发行研究》2015 年第 5 期。

年，这种法学理论日益成熟，并在苏联学术界占据了统治地位。从内容上看，这种法学理论一方面从马克思、恩格斯、列宁、斯大林的论述中总结出马克思主义法律观，给出了马克思主义关于法的本质以及法的产生和发展规律的回答，从而建构了法的一般原理；另一方面在马克思主义世界观、方法论指导下，运用马克思主义法律观思考社会主义法和法制的基本问题，揭示了社会主义法的产生规律、本质特征、内在功能和运行方式，阐述了社会主义法制的本质涵义、基本特征和具体要求，从而形成了社会主义法与法制原理。显然，这种法学理论具有马克思主义的属性，符合我们学习、借鉴以建立马克思主义法学理论和社会主义法学的需要。

（二）引入苏联法学理论的推动因素

苏联法学理论的引入，固然与其所具有的马克思主义理论品质符合我们构建法学理论和法学体系的需要有关，但也离不开一些外在因素的推动。

1.“一边倒”政策的推动

第二次世界大战结束前后，国际关系出现了一系列重大的变化。在战争即将结束时召开的雅尔塔会议期间，美国和苏联这两大反法西斯战争中并肩战斗的盟国，便在商讨战后欧洲的安排等许多重大问题上出现了严重裂痕，它们之间的矛盾日渐尖锐。战争结束后，苏联与美英的矛盾没有解决反而愈演愈烈，终于导致它们在第二年便反目为仇，从联盟走向了对抗。1946 年 2 月 9 日，斯大林在莫斯科选区的选民大会上发表演说，认为在美国、英国以及法国有着侵略的势力渴望新的战争，强调优先发展重工业作为应付各种意外事件的保障。斯大林的讲话在美国引起了轩然大波，美国最高法院法官威廉·道格拉斯甚至把它称为“第三次世界大战的宣言”。1946 年 3 月 5 日，英国首相丘吉尔在美国的富尔顿发表了著名的“铁幕”演说，宣称“从波罗的海的什切青到亚得里亚海边的里雅斯特，一幅横贯欧洲大陆的铁幕已经降落下来”，在“铁幕”的一边“无处不在苏联的势力范围之内。不仅以这种或那种屈服于苏联的势力影响，而且还受到莫斯科日益增强的高压控制”。由此，冷战的序幕拉开了。1947 年 3 月 12 日，杜鲁门发表国情咨文，要求国会授权向希腊和土耳其提供援助，称“这就是美国对共产主义暴君扩张浪潮的回答”，“是向全世界说明，美国在这个新的极权主义的挑战面前所持的立场”。从此，长达近半个世纪的冷战全面展开。美苏之间矛盾的加剧，“两个阵营”的出现以及新的国际格局的形成，迫使世界各主要国家必须做出判断和选择，新中国选择了倒向苏联的“一边倒”政策。① 对此，毛泽东在 1949 年 6 月 30 日发表的《论人民民主专政》一文中论述道：“一边倒，是孙中山的四十年经验和共产党的二十八年经验教给我们的，深知欲达到胜利和巩固胜利，必须一边倒。积四十年和二十八年的经验，中国人不是倒向帝国主义一边，就是倒向社会主义一边，绝无例外。骑墙是不行的，第三条道路是没有的。我们反对倒向帝国主义一边的蒋介石反动派，我们也反对第三条道路的幻想。”②

应当说，倒向苏联一边是一种正确的选择，因为对于一个要走向社会主义的中国，选择苏联为首的社会主义阵营是再自然不过的事情。但是，在两大阵营激烈对抗、你死我活的状况下，倒向苏联的“一边倒”政策的推行，对于没有社会主义建设经验的中国来说，只有做出向苏联学习的选择，因为当时的形势实际上切断了我们向资本主义国家学习的路径。因此，“一边倒”政策更加坚定了我国向苏联全面学习的决心，并大大加速了这种学习的步伐，也有力推动了苏联法学理论的引入。

2. 苏联社会主义建设成就的推动

十月革命胜利后，苏联开始了社会主义建设，特别是在 1929 年以后通过实行国家工业化、电气化和农村集体化，苏联的国民经济取得了辉煌成就。有学者认为，在第二次世界大战前的几个五年计划期间，苏联国民经济

---

① 参见丁明：《战后国际关系与我国建国初“一边倒”方针的形成》，载《当代中国史研究》2003 年第 2 期。

② 《毛泽东选集》第四卷，人民出版社 1991 年版，第 1472—1473 页。

特别是工业生产的增长率远高于西方国家。[①] 在第一个五年计划期间(1928—1933 年),苏联年均经济增长率为 16.1%,新建了 1500 多家大工业企业,并建立了拖拉机、汽车、飞机、化工、电力制造等重要工业部门。到 1937 年 3 月第二个五年计划结束时,苏联已经全面实现了国家工业化,其工业产值跃居欧洲第一、世界第二,仅次于美国。当时,苏联宣布已经建成社会主义。第二次世界大战结束后,苏联的经济发展速度总体上得以保持,第四个五年计划(1945—1950 年)年均经济增长率为 11.9%,第五个五年计划(1951—1955 年)年均经济增长率为 11.3%。到 20 世纪 50 年代,苏联已成为与美国并驾齐驱的军事、经济和科技超级大国。[②] 与此同时,苏联的政治和社会方面也取得了伟大成就。

苏联社会主义建设所取得的辉煌成就对于刚刚建立的新中国有着很大的吸引力,增强了我国开展社会主义建设的信心。毛泽东在 1955 年召开的省委、市委、自治区党委书记会议上指出:“苏联建成社会主义的伟大历史经验,鼓舞着我国人民,它使得我国人民对于在我国建成社会主义充满了信心。”[③]同时,它也推动了我们向苏联全面学习。毛泽东在 1953 年 2 月 7 日一届四次政协会议上指出:“我们要进行伟大的五年计划建设,工作很艰苦,经验又不够,因此要学习苏联的先进经验。”“我们现在学习苏联,广泛地学习他们各个部门的先进经验,……把他们所有的长处都学来,不但学习马克思列宁主义的理论,而且学习他们先进的科学技术,一切我们用得着的,统统应该虚心地学习。”他还说道:“应该在全国掀起一个学习苏联的高潮,来建设我们的国家。”[④]因此,学习苏联法学理论和苏联先进的政治法律

---

① 参见杨荣、季正矩:《经济建设的成败与苏联的兴衰》,载《当代世界与社会主义》2005 年第 6 期。

② 参见张亚斌、任学丽:《20 世纪 50 年代中国学习苏联经济建设经验的反思及启示》,载《西南法学》(社会科学版)2013 年第 1 期;陆南泉:《如何评价苏联经济建设问题》,载《中国特色社会主义研究》2007 年第 1 期。

③ 《毛泽东文集》第六卷,人民出版社 1999 年版,第 431 页。

④ 参见《毛泽东文集》第六卷,人民出版社 1999 年版,第 263—264 页。

工作经验,成为建立我国法学理论和社会主义法学,巩固我国人民民主法制的重要手段。对此,董必武1951年在为苏达里可夫、贝可夫所著的《苏维埃国家与法律问题讲座》一书作序时指出:“中国人民革命已取得了伟大胜利,打碎了全部旧的为反动地主、官僚资产阶级和帝国主义服务的、残暴地压迫人民的国家机器,而代之以人民民主专政的、保护和巩固人民底胜利果实的新的国家机器,这是一个艰巨复杂的任务,为要顺利地完成这一任务,则必须学习研究苏联社会主义国家的先进经验,在这个意义上说,苏达里可夫、贝可夫两同志的这些讲演及对我们工作中的一些建议是值得重视的。”①1954年5月1日,董必武在为《政法研究》写的代发刊词中提出,作为法学学术研究团体的中国政治法律协会,其活动的一项重要宗旨就是要“介绍苏联法学理论及政治法律工作的先进经验”。他论述道:“根据苏联和各人民民主国家进行社会主义建设的先进经验,巩固革命法制的原则,对于保证国家建设计划的胜利实施,具有十分重大的意义。”②为了动员大家更好地学习苏联法学理论,董必武在给维辛斯基所著的《国家和法的理论问题》中译本的题词中写道:“读了这本书,可以帮助我们加深对马克思列宁主义关于‘国家和法’的学说的理解。”③可见,苏联社会主义建设所取得的成就和经验,推动了我们对苏联法学理论的学习和借鉴。

二、苏联法学理论对我国法学影响的途径

苏联法学理论对我国法学的影响主要是通过两种途径实现的:一是通过法学教育传播苏联法学理论以及由该理论而形成的部门法学,培养掌握这一理论的法学人才,使该理论为我国法学界所接受,为苏联法学理论影响

① [苏]苏达里可夫、贝可夫:《苏维埃国家与法问题讲座》,中央人民政府法制委员会编译室译,中央人民政府法制委员会1951年印,序第1页。

② 《董必武政治法律文集》,法律出版社1986年版,第325—326页。

③ [苏]安·扬·维辛斯基:《国家和法的理论问题》,法律出版社1955年版,扉页。

的形成奠定基础；二是通过对旧法观点的批判和旧法人员的清理、改造，彻底清除资产阶级法学理论的影响，为苏联法学理论影响的加强创造条件。

（一）通过学习和传播为苏联法学理论的影响奠定基础

1. 聘请苏联法学专家来华讲学和工作

为了全面学习苏联法学理论和法学体系，我们聘请了一批苏联法学专家来华讲学、工作。1949 年 6 月，刘少奇访苏聘请了苏达里可夫、贝可夫等 5 位苏联法学专家来华工作，以后更多的苏联法学专家如谢米里亨、贝斯特洛娃、楚贡诺夫、鲁涅夫等陆续来到中国。据大致推算，每年在华工作的苏联法学专家总人数是：1949 年 5 人，1950 年约 11 人，1951 年 9 人以上，1952 年 11 人以上，1953 年约 11 人，1954 年约 14 人，1955 年约 15 人，1956 年约 14 人，1957 年约 10 人，1958 年约 3 人，1959 年 1 人。在这些专家中，到高校工作的最多，如到中国人民大学工作的 15 人，到北京政法学院工作的 2 人。他们在高校发挥了重要作用，包括培养我国的法学师资，编写和指导编写大量法学教材，帮助建立一套教育制度和教学方法等，这为引进和传播苏联法学理论和法学体系作出了贡献。① 在其他部门工作的苏联法学专家在做好其他工作的同时，也参与传播苏联法学理论，帮助我国法律工作者学习和掌握马克思主义法学原理。例如，作为政法委员会首席顾问的苏达里可夫和贝可夫，除了做好其他工作外，“为中央各政法部门的工作人员及有关的学校、团体做了许多次论述苏联国家与法律的讲演”，“系统讲解了马克思主义国家观、法律观的重要原理”，这“对于干部理论、业务学习的开展，曾起了很大的帮助及推动作用”。② 其演讲集《苏维埃国家与法律问题讲座》作为“政法丛书”的第一辑第一种出版，成为帮助政法部门工作人员进

---

① 参见唐仕春：《建国初期来华苏联法学专家的群体考察》，载《环球法律评论》2010 年第 5 期。

② 董必武为苏达里可夫、贝可夫合著的《苏维埃国家与法律问题讲座》所作的序。参见［苏］苏达里可夫、贝可夫：《苏维埃国家与法问题讲座》，中央人民政府法制委员会编译室译，中央人民政府法制委员会 1951 年印，序第 1 页。

行理论与业务学习的重要书籍。

2. 开展以苏联法学为内容的大学教育

新中国成立后，法学教育的课程、教材以苏联为主。1951 年教育部制定的《法学院、法律系课程草案》规定："讲授课程有法令者根据法令，无法令者根据政策……如无具体材料可资根据参照，则以马列主义、毛泽东思想为指导原则，并以苏联法学教材及著述为讲授的主要参考资料。"①根据教育部 1953 年推出的统一法学课程，法学院（系）开设的课程主要以介绍苏联法学理论和部门法学为内容，它包括：苏联国家与法权史、苏联国家法、苏联民法、苏联刑法、土地法与集体农庄法、人民民主国家法、中国与苏联法院组织法、中国与苏联民事诉讼法、中国与苏联劳动法、中国与苏联行政法、中国与苏联财政法。② 大学法学教科书基本是苏联教科书的版本，从 1952 年到 1956 年，我国翻译出版的苏联法学教材达 115 种。③

新中国成立之初，旧中国延续下来的法律院系都以传授资产阶级法学为目标。为了引进和传播包括苏联法学理论在内的苏联法学，我国请苏联专家建立了中国人民大学法律系，并将其作为引进、传播苏联法学的大本营和工作母机，因而它的一项重要职能就是为全国高等学校法律系培养师资和从事法学研究的人员。当时，中国人民大学的法学教学主要靠苏联专家的帮助，将培养师资和教学活动紧密结合。其运行模式是：在教研室内，苏联专家、翻译、中国教师组成若干小组，苏联专家通过翻译向中国教师传授苏联法学，中国教师当场记录，课后与翻译一起整理课堂笔记，第二天或稍晚的时候再按笔记向学生演讲。苏联专家的讲义、苏联的法学教材经过中

---

① 中国教育年鉴编辑部：《中国教育年鉴（1949—1981）》，中国大百科全书出版社 1984 年版，第 266 页。

② 参见汤能松等：《探索的轨迹—中国法律教育发展史略》，法律出版社 1995 年版，第 485—486 页。

③ 参见中国教育年鉴编辑部：《中国教育年鉴（1949—1981）》，中国大百科全书出版社 1984 年版，第 389 页。

国人民大学翻译、整理、改写后成为各大学统一使用的教科书。[①] 经过法学教育培养出来的人大的毕业生,分配到各地法律院系任教。[②] 通过这种教学模式和人才培养模式,苏联法学理论和法学体系迅速传播到各个大学,占据了我国法学教育阵地,成为构建新中国法学的唯一知识来源。

3. 派遣留学生赴苏学习苏联法学

考虑到苏联的法学教育比新中国的法学教育更为系统、更为专业,到苏联学习能更好地掌握苏联法学理论和法学体系,以迅速培养一批法学领域和法制建设的高级人才,20 世纪 50 年代我国派遣了一批有潜力的年轻学人到苏联留学,直接接受苏联法学教育。1951 年我国向苏联派遣第一批 12 名法科留学生,之后又陆续派了几批,前后共计 86 名,其中有江平、王家福、王叔文、吴建璠、陈汉章、甘雨沛、曹子丹、何秉松、吴一清、王哲、肖蔚云、吴大英、张宏生、陈宝音、韩延龙、刘楠来、韩铭立、康英杰、常怡、高恒、刘振江、宫模义、彭万林、马骧聪、曹庆敏、魏敏、佟明晖、司马念媛等。[③] 他们通过几年的刻苦学习,深入了解苏联法学和法律制度的内容,"回国后把苏联的法律思想和法学理论带回中国,并成为新中国第一代法制人才的中坚力量"[④]。在这批留学生的参与下,以苏联法学理论为指导的我国法学建立起来并得到发展。应当说,他们在苏联法学理论对我国法学影响中发挥了重要作用。

(二)通过批判和运动为苏联法学理论的影响扫除障碍

中共中央于 1949 年 2 月 22 日发布的《关于废除国民党〈六法全书〉和

---

① 参见方流芳:《中国法学教育观察》,载《比较法研究》1996 年第 2 期。

② 参见孙光妍、于逸生:《苏联法影响中国法制发展进程之回顾》,载《法学研究》2003 年第 1 期。

③ 参见江平:《沉浮与枯荣——八十自述》,法律出版社 2010 年版,第 105—107 页;何勤华:《新中国法学 60 年——以若干历史事件为线索》,载曾宪义主编:《法律文化研究》(第六辑),中国人民大学出版社 2010 年版,第 11—12 页;於海梅:《新中国移植苏联法学教育之反思——论法学教育的移植与法制现代化》,载《伊犁教育学院学报》2004 年第 3 期。

④ 顾培东:《当代中国法治话语体系的构建》,载《法学研究》2012 年第 3 期。

确定解放区司法原则的指示》，明确了新中国法学的方向及对待旧法观点和资产阶级法律学说的态度。该指示指出："司法机关应该经常以蔑视和批判国民党《六法全书》及其他一切反动法律法令的精神，以蔑视和批判欧美日本资本主义国家的一切反人民的法律法令的精神，以学习和掌握马列主义——毛泽东思想的国家观、法律观及新民主主义的政策、纲领、法律、命令、条例、决议的办法，来教育和改造司法干部。"①这意味着，马克思主义法学理论与旧法观点、资产阶级法律学说是根本对立的、不相容的，只有批判旧法观点和资产阶级法律学说，才能确立马克思主义法律观，建立社会主义法学。由此，20 世纪 50 年代党和政府通过开展政治运动和专项工作，持续不断地清除旧法观点，以扫除马克思主义法学理论和社会主义法学建立的思想障碍，这为苏联法学理论的进入并产生影响提供了空间和条件。

1. 新中国成立初期批判"六法全书"及其观点和改造旧法人员活动

新中国成立之初，"六法全书"被废除后，全国就开展了对"六法全书"及其观点的批判。例如，有学者针对一些人提出的共同纲领没有法律知识，旧的民法、刑法才是专门法律知识的观点批判道："这是一种轻视人民法律的'六法'观点的表现。实际上恰恰相反：我们的共同纲领、土地改革法、婚姻法等的草拟，必须摈除旧的'六法'观点，完全采用新的法律观点，才能制定出来的。"②同时，国家对大学课程进行改革，废止有关"六法全书"的课程。例如，1949 年 10 月，华北高等教育委员会颁布了《各大学专科学校文法学院各系课程暂行规定》，规定了"废除反动课程（如国民党党义、'六法全书'等），添设马列主义的课程，逐步改造其他课程"的原则，将"政策与法令、马列主义法律理论、名著选读等"作为必修课，将宪法等课程改为选修课，并在"民法原理""刑法原理"前加一"新"字，称之为"新民法原理""新刑法原理"。这一规定发布后，各高校课程改革轰轰烈烈地开展

① 《中共中央文件选集》第十八册，中共中央党校出版社 1992 年版，第 152 页。

② 李剑飞：《系统地建立人民司法制度》，载《人民日报》1950 年 8 月 26 日第 1 版。

起来。北京大学法律系废除了“六法全书”的课程，对一些课程进行初步修改，将“刑事诉讼法”改为“刑事诉讼程序”，将“中国司法组织”改为“司法制度研究”，将“土地法”改为“土地制度研究”等。1950 年，武汉大学法律系废除“六法全书”课程，按照少而精的原则对课程进行改革，并将业务学习与政治学习融成一片，停开了过去的大部分课程，集中力量增开了两门新课——马列主义的法律理论和政策法令，将其列为必修和重点课程。①

旧法观点是存在于旧法人员头脑中的，只要这些人员还在法律部门或者法律院校工作，这种观点仍然是在起作用的。新中国成立之初，为了解决新中国司法工作和法律教育的燃眉之急，我们采取了对旧法人员改造的办法，使他们抛弃旧法观点，确立马克思主义法律观。对此，董必武指出：“过去不管是司法工作人员、律师或是法学教授，他们所学的和所做的，都不能不受旧的国家和法律的局限。他们有适应旧社会生活的一套思想方法和工作方法，他们的观点、立场，他们的经验、习惯，他们的工作作风，在旧的国家里从事司法工作或做律师、法学教授等，可以站得住脚。可是现在旧中国已死亡，新中国已诞生的时候，社会生活各方面已经改变或正在改变着。国家本质改变了，法律也改变了，司法工作人员、律师和法学教授不改变怎能站得住脚呢？所以旧的司法工作人员、律师和法学教授要继续担负起原来所担负的工作，就必须要经过改造。”②于是，从 1949 年至 1952 年，国家组织旧法人员到设在北京的“新法学研究院”或各地的“司法干训班”接受培训，培训的旧法人员达 11000 多名。③ 从培训的目的和内容看，新法学研究院提出培训“以学习马列主义与毛泽东思想的理论知识，学习新民主主义的

---

① 参见李龙、刘连泰：《废除“六法全书”的回顾与反思》，载《河南省政法管理干部学院学报》2003 年第 5 期。

② 《董必武政治法律文集》，法律出版社 1985 年版，第 89 页。

③ 参见陈守一：《关于教学计划的报告》，载《中国新法学院院刊》(3) 1951 年 5 月。转引自张小军：《1949 年至 1953 年司法改革演变及若干思考——以“新法学研究院”对旧法人员的改造和 1952 年司法改革为例》，载《政治与法律》2010 年第 12 期。

政策知识,新中国的法律知识与司法工作为方针,以确立研究员为人民服务的新人生观为教育目的";安排我国政法工作领导、哲学家和理论家讲课,还请苏联专家苏达里可夫、贝可夫讲授"马克思主义国家观与法律观"。经过培训,取得了初步成效,学员初步明确了阶级观点、政策观点,思想意识得到一些改造,建立了思想方法的革新基础。①

可以说,新中国成立之初的这一活动使得"六法全书"的内容从一些大学的课程中被清除,旧法观点受到了严厉批判,旧法人员通过改造其思想有所改变,这为苏联法学理论产生影响创造了一定的条件。

2. 1952—1953 年司法改革运动和法律院系调整

经过 3 年的思想批判和人员改造活动,旧法人员仍在开展审判活动,旧法观点并没有得到清除。董必武指出:"不少旧司法人员存在着浓厚的旧法观点,实际上就是剥削、压迫人民的反动统治阶级的法律观点。他们的思想中浸透着资产阶级所谓法律是超阶级超政治的荒谬理论,根本不了解人民法律就是为人民服务"。因为"旧司法人员受过系统的反动法律教育,长期在反动司法机关从事统治人民、压迫人民的工作,绝不可能希望他们会很快的转变过来为人民服务"。② 这种司法机关政治不纯、组织不纯和思想不纯的问题,在各项变革运动、特别是"三反""五反"运动中充分暴露出来。于是从 1952 年 6 月至 1953 年 2 月,党和政府组织开展了以清除旧司法人员、肃清旧法观点和纠正旧司法作风为主要内容的司法改革运动。八个月的运动取得了以下成果:首先,彻底批判了存在于司法领域和法学教育中的旧法观点,前者包括"法律超阶级、超政治论""旧法可用论""司法独立论""程序至上论""法律技术论"和"旧司法作风";后者如诉讼法教师讲授的"三段论法的判决",商法教师把票据法看作"世界性"的法律,刑法教师所讲的"法律面前人人平等"观点,讲授惩治反革命条例时强调"不究既往",

① 参见张小军:《1949 年至 1953 年司法改革演变及若干思考——以"新法学研究院"对旧法人员的改造和 1952 年司法改革为例》,载《政治与法律》2010 年第 12 期。

② 参见《董必武政治法律文集》,法律出版社 1986 年版,第 370、234 页。

民法教师讲授绝对的“契约自由原理”,等等。① 其次,一批旧司法人员被清除出审判人员队伍,受旧法观点和旧司法作风影响的法律工作者接受了以马克思主义法律观为内容的思想改造,消除了旧法观点在司法领域生存的空间。再次,马克思列宁主义和毛泽东思想的国家观和法律观得以在中国法学界取得支配地位。② 可见,司法改革运动在肃清旧法观点的同时,也为苏联法学理论在我国的影响提供了坚实基础。

司法改革运动主要通过两种办法来肃清司法领域的旧法观点:一是从思想上揭露和批判司法领域存在的各种旧法观点,二是从组织上清理掌握旧法观点的旧司法人员,改造受旧法观点影响的司法人员,应当说成绩比较显著,“对残存的旧法观点和旧司法作风,给予了有效的打击,在干部思想中基本上划清了新旧法律的界限”③。在司法改革运动中,一些学校也揭露和批判了一些存在于法学教育领域中的旧法观点,但该运动的重点是在司法领域。因此,为了改革旧的法律教育的内容和体系,清除大学法学教育中的旧法观点,在司法改革运动的影响下,1952 年国家开展了法律院系调整工作。经过调整,原来旧中国留下来的 53 所法律院系,合并、组建成北京政法学院、华东政法学院、西南政法学院和中南政法学院 4 所政法学院。这些学校以培养、培训政法干部为主要任务,学习的课程不再是旧法的内容,而是辩证唯物主义、马克思列宁主义国家与法律的基本理论、共同纲领以及政法工作等内容。④ 在调整中,一批接受旧法教育的教授被剥夺了教学的资格。这些法学教授只能改行,做其他工作。⑤ 对此,杨兆龙在 1957 年撰写

① 参见刘风景:《司法理念的除旧与布新——以 1952 年司法改革对旧法观点的批判为素材》,载《北方法学》2009 年第 1 期。

② 参见何勤华:《论新中国法和法学的起步——以“废除国民党六法全书”与“司法改革运动”为线索》,载《中国法学》2009 年第 4 期。

③ 《第二届全国司法会议决议》,载《江西政报》1953 年第 9 期。

④ 参见何勤华:《论新中国法和法学的起步——以“废除国民党六法全书”与“司法改革运动”为线索》,载《中国法学》2009 年第 4 期。

⑤ 参见何勤华:《新中国法学发展规律考》,载《中国法学》2013 年第 3 期。

的文章中讲道:“在1952年,有些新成立的政法学院虽然吸收了一部分党外的教师,但这些教师尽管从1949年以来在业务上及政治上已有提高,一般地都没有机会担任实际教学工作,使大家感到非常苦闷。这种情况恐怕到现在都还没有完全扭转过来。”“有些新成立的政法学院,将被并学校的学生,一部分年轻助教(多数是党团员),及图书馆接收过去以后,竟将党外的所谓‘学旧法’的中老年教师全部拒绝于门外,弄得大家好几年来哭笑不得。”①可见,法律院系调整不仅完成了课程改造,从传授旧法内容到讲授马克思主义法学理论和新中国法律制度,而且将“学旧法”的教师赶下讲台,以此来完成肃清旧法观点、确立马克思主义国家观和法律观的任务,这使得苏联法学理论的影响覆盖到所有大学的课堂,渗透到全部法律专业的学生。

3. 1957年“反右”运动

司法改革运动和法律院系调整对旧法观点的肃清取得了显著成绩,但没有达到彻底清除的目标。董必武在1954年召开的一届人大发言中对司法改革运动总结道:“经过这一斗争,各级人民司法机关的组织和工作作风有了明显的改进。但是,必须指出,残余的旧法观点并未完全彻底肃清,它仍在时时影响着我们,必须进行长期的斗争,彻底加以肃清。”②因此,1957年6月“反右”运动开始后,法律界将彻底清除旧法观点作为十分重要的任务。

经过思想批判和人员处理相结合的“反右”运动,旧法观点从此销声匿迹,这为苏联法学理论的影响扫清了障碍。

三、苏联法学理论对我国法学影响的评价

从前述可以看出,苏联法学理论对新中国法学的影响可谓巨大而深远,

---

① 杨兆龙:《法律界的党与非党之间》,载中国政治法律学会资料室编:《政法界右派分子谬论汇集》,法律出版社1957年版,第107—108页。

② 《董必武政治法律文集》,法律出版社1986年版,第371页。

这是客观存在的事实，问题是我们怎样看待这种影响，它是积极的，消极的，抑或两者兼具？也就是说，我们要对这种影响作出一个正确的评价。这样做是十分重要的，因为它是对苏联法学理论影响新中国法学建立和发展过程进行思考的需要，也是对我国未来法学发展之路进行选择的需要。

（一）评价的态度、标准和方法

如果将苏联法学理论对我国法学的影响看成是一个历史现象的话，那么对它进行评价可以归入历史评价的范畴。从历史评价来看，其基本要素主要涉及评价主体、评价标准、评价客体和评价方法，其中评价主体和评价标准显得尤为重要。

评价主体是依据一定的评价标准对评价客体进行价值判断的人。评价主体不是评判机器，而是一个集生理条件、心理基础和社会文化属性于一体的，处于一定社会关系中的现实的人，因此评价主体一定会受到诸多因素的制约，这些因素包括评价主体的立场、情感、目的、知识和能力等。立场是评价主体对客体进行评价的根本出发点，这往往与其所处的社会经济地位和所持的价值观有关；情感是评价主体对评价客体的好恶感，它带有强烈的主观性；目的是评价主体进行评价所要获得的结果，它会影响评价的行为和方向；知识是评价主体对评价客体和评价工作的认识；能力是评价主体运用相关知识对评价客体作出评价的本领。这些因素都带有一定的主观性，都会影响评价的结果。要获得对事物的科学评价，就必须在评价中减少主观性，增强客观性，也就是要选择正确的立场，减少情感的干扰，认清评价的目的，掌握相关的知识，提高评价的能力。就苏联法学理论对我国法学影响的评价而言，评价主体的状况对评价结果影响很大。20 世纪 80 年代时，学者们为了冲破“阶级斗争法学”的束缚，寻找新的知识资源，更新法学观念，构建新的法学，在对这种影响进行评价时大多持否定的态度，情绪化较重，客观性较弱，偏激的话语不少，冷静的分析不多，因而否定评价占据上风也就不足为怪了。今天，我们在系统构建中国特色社会主义法学时，已经领略过世界上众多的法学流派,懂得只有立足中国实践,借鉴各种法律思想和学说,才能创造出自己的法学体系,明白聪明的民族从来不会简单地拒斥外来的东西,聪明的民族善于从他人的创造中找到对自己有价值的东西。因此,我们应当抱着客观冷静的态度,从寻找和利用学术资源的目的去评价苏联法学理论所带来的影响。

在评价活动中,"评价标准是影响评价科学性的核心或关键的因素。如果评价标准缺乏科学性,评价必然失去科学性"①。那么,什么样的评价标准才是科学的?历史评价说到底是一种价值评价,因为历史评价的本质就是评价主体对历史现象的评价有着自己的价值追求。② 从这个意义上说,评价标准是价值标准的反映和运用,评价标准的科学性决定于价值标准的科学性。从价值评价的实质来说,评价标准最根本的就是评价主体的需要。③ 因为如果离开了主体的需要,主体就没有必要对客体进行评价,它也使这种评价失去了根据。④ 但是,评价主体的多元性以及其需要的多层性导致评价标准的多样性。我们认为,只有当这种需要符合社会发展的总体需要时,由这种需要形成的评价标准才是客观的、科学的。应当注意的是,随着社会历史的发展,评价主体及其需要也是在发生变化的,因而评价标准不是永恒的、绝对的,而是变动的、相对的,或者说它是具有时间性的,这就存在着以往形成的历史性评价标准和当下形成的现实性评价标准,以及两者之间的矛盾。⑤ 就苏联法学理论对我国法学的影响而言,我们在评价它时,也必须依据一定的评价标准,这种标准就是评价主体的需要。20 世纪 50 年代我们要引入苏联法学理论,80 年代我们要清除苏联法学理论,现在我们又要利用和获得苏联法学理论的有益资源和启示,显然三个时代的评

① 王玉樑:《论评价的科学性或合理性问题》,载《天府新论》2007 年第 5 期。

② 参见朱智文:《论历史评价》,载《甘肃社会科学》1991 年第 2 期。

③ 参见刘秀芬:《评价标准的矛盾探析》,载《求实》2000 年第 8 期。

④ 参见邓京力:《关于历史评价标准的反思》,载《史学月刊》1999 年第 3 期。

⑤ 参见邓京力:《试论历史评价标准中的现实性与历史性的矛盾》,载《首都师范大学学报》(社会科学版)2000 年第 2 期。

价标准是各异的。50 年代从有利于构建我国社会主义法学的角度去建立评价标准,80 年代从不利于发展我国社会主义法学的角度去设置评价标准,而今要结合上述两个方面去设定评价标准。

历史评价活动比较复杂,需要多种多样的方法,包括价值分析方法、理解方法等,但是最根本、最重要的方法是唯物辩证法。它一方面要求主体根据客体所具有的客观属性和所反映的实际情况作出评价,另一方面要求主体用全面、联系和发展的观点进行评价,这样才能对客体作出准确的评价。因此,我们在评价苏联法学理论对我国法学影响时,也需要运用这一根本方法,将这种影响放到我国历史发展的具体环境中加以考量,以得出客观、全面和科学的结论。

(二)评价的基本结论

从客观、全面和历史的角度来看,苏联法学理论对我国法学的影响既有积极的一面,也有消极的一面。

1. 积极影响

苏联法学理论引入我国后,其带来的积极影响是多方面的。在笔者看来,这种积极影响主要表现在以下两个方面。

(1)它帮助我国建立起以马克思主义法学理论为核心的社会主义法学。新中国成立之初,国民党六法全书被彻底废除,建立以马克思主义法律观为核心的社会主义法学,并以此为指导构建社会主义法制,成为摆在法学界面前的基本任务。然而,当时我国的法学界没有能力、也没有条件,独立地从马恩列斯的著作中概括总结出马克思主义法律观,形成马克思主义的法学理论,并以此为指导建立起社会主义法学。在这种情况下,我们选择引入苏联法学理论和以此为指导而形成的苏维埃法学,从而帮助我国建立起马克思主义法学理论和社会主义法学。

首先,它帮助我国建立了马克思主义法学理论。苏联法学理论是马克思主义法律思想的系统总结,它的引入使得我国建立起马克思主义法学理论。具体来说,一是它给我们带来了系统的马克思主义法律观。苏联法学理论从分析法的产生入手,以法的定义为基点,全面系统地阐述了马克思主义法律观的基本内容,包括法的本质、目的和功能,法与经济、政治、国家等社会现象的关系,法的历史发展和历史类型等,这些都成为构建我国法学理论的基石部分。二是它给我们带来了完整的社会主义法和法制的基本原理。苏联法学理论以马克思主义法律观为指导,从无产阶级专政的建立和任务出发,阐述了社会主义法与法制的基本原理,包括社会主义法产生的规律和存在的必要性,社会主义法的本质、目的和功能,社会主义法与经济、政治和国家等社会现象的关系,建设社会主义法制的重要性,以及社会主义法的运行和社会主义法的实现等,这些内容成为构建我国法学理论的核心内容。三是它给我们带来了马克思主义法学的方法论。苏联法学理论强调以马克思主义辩证唯物主义和历史唯物主义作为法学方法论,来认识和研究法律现象,探寻法律的本质和发展规律,这种方法论也被植入我国的法学理论之中。因此,在苏联法学理论的影响下,我国在短短的七八年间就建立起以马克思主义法律观为根本、以社会主义法和法制原理为核心、以辩证唯物论为方法论的马克思主义法学理论。

其次,它帮助我国完成了部门法学的社会主义转型。我国的部门法学是在全盘接受苏联的部门法学基础上发展起来的,而苏联部门法学则植根于苏联法学理论的沃土,它是马克思主义法律观和社会主义法的基本原理的具体应用与展开,从这个意义上说,苏联法学理论帮助我国建立起社会主义的部门法学。具体来说,一是它帮助我国部门法学确立了马克思主义法律观。作为社会主义法学重要组成部分的苏联部门法学,是建立在苏联法学理论所阐述的马克思主义法律观的基础之上的。各个部门法学都是以马克思主义法律观为指导确立具体的法律观,并以此为统领形成自身的理论体系。我国部门法学在全面继受苏联部门法学时,将其具体的法律观也作为自己的重要内容,从而使得马克思主义法律观在我国部门法学中确立起来。在本书的第三章至第五章中,笔者论述了苏联法学理论所阐述的马克思主义法律观对我国宪法观、刑法观和民法观形成的影响,并以此法律观为基础建立起各自部门法律制度理论。二是它使得我国部门法学获得了社会主义的性质。苏联法学理论认为法学是有党性或者阶级性的,它取决于法的阶级意志和阶级利益,这种意志和利益实际上体现在法的目的即统治阶级所要建立的社会秩序和社会关系上。因此,作为社会主义的法应当建立在社会主义原则之上,其任务是保护社会主义制度和社会主义社会关系。从本书的第三章至第五章的分析中可以看到,苏联部门法学就是以此构建起来的社会主义的部门法学。由此,以苏联法学理论为指导、以苏联部门法学为范本构建起来的我国部门法学,完成了由资产阶级类型向社会主义类型的转变。

(2)它为构建中国特色社会主义法学提供了一定的基础条件。改革开放以后,我国进入社会主义发展的新时期。在新的历史时期,中国共产党带领全国人民建设中国特色社会主义,以实现中华民族的伟大复兴。在建设中国特色社会主义的过程中,我们逐步建立起中国特色社会主义的理论体系。与此同时,法学界开始探索建立中国特色社会主义法学。中国特色社会主义法学是以马克思主义、毛泽东思想和中国特色社会主义理论体系为指导,以中国特色社会主义法治实践为基础,以中国特色社会主义法学理论和部门法学为内容的法学体系。这种法学体系不是凭空产生的,而是对我国原有的马克思主义法学理论和社会主义法学加以发展的结果。不能否认的是,我国的法学理论和法学体系是在苏联法学理论的影响下建立起来的,改革开放之初在其影响下得以恢复和重建,并在中国特色社会主义实践中得到发展的,因而这种影响为构建中国特色社会主义法学提供了一定的基础条件。

首先,它为构建中国特色社会主义法学提供了知识资源。苏联法学理论是苏联学者对马克思、恩格斯、列宁、斯大林的法律思想加以系统总结和具体运用而形成的关于法的一般知识体系,它全面、系统地阐述了马克思主义法律观和社会主义法与法制的基本原理。以这些基本观点和基本原理为基础,苏联建立起各个部门法学,由此形成了以马克思主义法律观为核心的社会主义法学体系。以今天的眼光来看,苏联法学理论的内容有些已不够正确,有些已不合时宜,但其阐述的一些观点和原理是对马克思主义法律思想的正确表述,对于构建中国特色社会主义法学理论和法学体系具有重要价值。从这个意义上说,苏联法学理论应当成为构建中国特色社会主义法学的重要知识资源。

其次,它为构建中国特色社会主义法学提供了基本方法。苏联法学理论将马克思主义哲学即辩证唯物主义和历史唯物主义作为方法论,去认识、研究法律的内在本质和发展规律,由此形成自己的理论观点和理论体系。同时,它将这种方法论归结为法学的方法论,并强调用这种方法论来分析具体的法律现象和法律制度,以形成各个部门法学。将唯物辩证法运用于法学领域,使得苏联法学理论和法学体系具有了马克思主义的属性。目前我们所要构建的中国特色社会主义法学,是基于当代中国社会主义的法治实践对马克思主义法学的丰富和发展,它必须建立在马克思主义方法论的基础之上。改革开放以来,在构建中国特色社会主义法学理论和法学体系中,学者们始终将唯物辩证法作为法学的根本方法论,辅之以法学自身的研究方法,深入研究中国特色社会主义建设中的法律问题,取得了许多重大理论成果,极大地推动了中国特色社会主义法学理论和法学体系的构建。

再次,它为构建中国特色社会主义法学指明了实践路径。苏联法学理论强调马克思主义法学理论不是封闭的,而是需要不断发展的,这种发展是基于对社会主义建设实践的理论总结,而社会主义法学的构建就是在不断研究社会主义建设实践的各种问题中得以实现。对此,苏联学者指出:"为纯洁马克思列宁主义的国家和法的学说而斗争,决不等于教条主义地对待这一学说的原理。……马克思列宁主义的国家和法的理论是同共产主义建设的实践不可分割地联系着的。根据新的条件来创造性地发展马克思主义的结论和原理——舍弃陈旧的结论和原理并代之以新的、完全符合于新的历史条件的结论和原理——这是马克思列宁主义的国家和法的理论的不可缺少的属性。”[①]因此，“我们和苏维埃科学面临着许多重大的任务，这就是对社会主义建设任务所产生的一系列问题，须在法律上加以研究”[②]。按照辩证唯物主义的认识论，实践是人类认识的基础，也是科学理论的源泉，因而面向社会主义建设实践是发展马克思主义法学理论和构建社会主义法学的正确路径。20 世纪 50 年代，我们按照这一认识路径，研究社会主义建设中的法律问题，建立起我国社会主义的法学。改革开放后，我国学者在构建中国特色社会主义法学的过程中，坚持面向中国特色社会主义建设事业，在回答法治实践中提出的各种问题中不断推进理论法学和部门法学的发展。

最后，它为构建中国特色社会主义法学奠定了人才基础。中国特色社会主义法学是马克思主义法学在当代中国的具体形态，构建这样一种法学需要大量谙熟马克思主义法学的专业人才。新中国成立之初，我国缺少马克思主义法学人才，既缺乏教员，更缺乏研究人员。1950 年，史良在第一次司法工作会议上的报告中就说道：“目前大学法律教育由于师资和教材缺乏，存在着若干困难。”[③]董必武在多次会议以及会见苏联专家时都谈到这个问题。[④] 苏联法学理论引入后，新中国早期的法学和法律工作者，除少量被留用的民国时期的法律工作者外，基本上是运用苏联法学教材或以苏联教材为基础编写的本土教材教育培养出来的。[⑤] 他们中的许多人成为我国法学界的专家、学者。改革开放初期，这些法学专家、学者又以苏联法学理论为基础编写法学教材，培养了一大批马克思主义法学人才，这批人才目前已经成为我国法学界的领军人物、骨干力量，在构建中国特色社会主义法学理论和法学体系中发挥了至关重要的作用。

---

① ［苏］玛·巴·卡列娃等：《国家和法的理论》（上册），李嘉恩等译，中国人民大学出版社 1956 年版，第 14 页。

② ［苏］安·扬·维辛斯基：《国家和法的理论问题》，法律出版社 1955 年版，第 79 页。

③ 史良：《第一届全国司法会议综合报告》，载《山东政报》1950 年第 11 期。

④ 参见《董必武法学文集》，法律出版社 2001 年版，第 211、223、304—306 页。

⑤ 参见黄建武：《苏联法理学对中国法理学的影响——从教材角度的透视》，载法学研究编辑部、黑龙江大学法学院编：《俄罗斯法论丛》（第 1 卷），中国社会科学出版社 2006 年版，第 33 页。

2. 消极影响

苏联法学理论的引入在给我国法学带来积极影响的同时,也带来了一些消极影响。笔者认为,这种消极影响主要体现在以下两个方面。

(1)它对我国法学的向"左"偏转产生了重要作用。20 世纪 50 年代初,苏联法学理论引入我国,之后的七八年间,我国学者一方面接受和传播这种理论,另一方面以此为范本和指导建立起我国的社会主义法学。1957 年"反右"运动开展后,由于政治形势的急剧变化,阶级斗争成为社会的主要矛盾和工作的重心,在政治运动中形成的极左法学观点在法学界逐渐占据了上风,我国法学急速向"左"偏转,以至于在"文革"时期变成荒芜之地。我国法学的偏转有自身的原因,但苏联法学理论的影响也起了重要作用,主要表现在它为极左法学观点的形成提供了理论条件,这可以从以下几个方面的分析中看到这一点。

首先,苏联法学理论强调法的阶级本质和阶级统治目的,为我国学者提出法是阶级斗争工具的极左观点提供了理论条件。在苏联学者看来,法具有阶级性、国家意志性和物质制约性这些本质特征,其中法的阶级性是"法所独有的特征",是"法的最重要最本质的特征",它使得不同社会的法得以区分开来。① 法的阶级性则意味着"在法律的内容中,直接表现着统治阶级底意志、它的阶级目的、利益、它的意识形态和道德观"②;意味着"法的目的是为了保护、巩固并发展惬意和有利于统治阶级的社会关系和社会秩序"③。因而,法被视为统治阶级实行阶级统治的工具。由此,社会主义的法是工人阶级和全体劳动人民意志的体现,是无产阶级专政的工具。苏联学者认为,无产阶级专政的国家就是社会主义国家,在其第一阶段执行镇压已被推翻的剥削阶级反抗、保卫国家和经济组织与文化教育工作的职能,在

---

① 参见[苏]玛·巴·卡列娃等:《国家和法的理论》(上册),李嘉恩等译,中国人民大学出版社 1956 年版,第 74 页。

② [苏]苏达里可夫、贝可夫:《苏维埃国家与法问题讲座》,中央人民政府法制委员会编译室编译,中央人民政府法制委员会 1951 年印,第 16 页。

③ [苏]安·扬·维辛斯基:《国家和法的理论问题》,法律出版社 1955 年版,第 49 页。

其第二阶段还执行保护社会主义财产、保卫国家和经济组织与文化教育工作的职能,社会主义的法就是服务于这些职能。① 在这些职能中,镇压剥削阶级反抗就属于阶级斗争的范畴。

1957 年“反右”运动开展后,阶级斗争重新被视为我国社会的主要矛盾,并成为国家的中心工作,学界强调无产阶级专政的基本任务是进行阶级斗争,消灭阶级,最终实现共产主义。对此,有学者在论述无产阶级专政内涵时就指出:“无产阶级掌握国家权力在工农联盟的基础上实现对社会的国家领导;任务是重新组织社会——消灭阶级剥削制度和完全消灭阶级,实现社会主义和共产主义;为此而采取的手段是专政制度和民主制度。”②在这种情况下,作为无产阶级专政工具的法自然就成为服务于阶级斗争的手段。对此,有学者论述道:“法律的阶级性最为强烈,是为当前的阶级斗争服务,这是它的特殊性所在。它只为统治阶级服务,是统治阶级用来镇压被统治阶级的工具。”“法律是阶级斗争的工具,与政治的关系最为密切。”③有学者进一步讲道:“社会主义的法的作用主要是为了解决国内外敌我之间的矛盾,就是镇压国家内部的反动阶级、反动派和反抗社会主义革命的剥削者,压迫那些对于社会主义建设的破坏者,镇压国外敌人的颠覆活动。”④由此可见,法是阶级斗争工具的观点是在苏联法学理论相关观点基础上的极端发展。

其次,苏联法学理论强调国家高于法并不受法的制约,为我国学者提出强调无产阶级专政国家而忽视社会主义法的极左观点提供了理论条件。苏联法学理论认为,国家比起法更为重要,法不过是实现国家职能的手段,国家是不受法律制约的强力。苏联学者指出:“国家是阶级统治的政治组织,对法权来说,它是一种直接的决定力量,因为国家:一、制定或认可法权规

---

① 参见[苏]玛·巴·卡列娃等:《国家和法的理论》(下册),李嘉恩等译,中国人民大学出版社 1956 年版,第 232—233、301—314 页。

② 吴江:《无产阶级专政四十年》,载《教学与研究》1957 年第 11 期。

③ 刘家骥:《从法律的特殊性来谈法学研究上的厚今薄古》,载《法学》1958 年第 5 期。

④ 吕剑光:《学习无产阶级专政学说的体会》,载《政法研究》1959 年第 1 期。

范;二、用自己的强制的机关的力量保证法权规范的实施和遵守"①,而法不过"是实现国家的基本任务和职能的重要手段,是在立法上确认国家机构的重要手段"②。在他们看来,"作为权力组织的国家,具有强制遵守其规定的能力。它对其敌人采用强力,这种强力并无任何限制,它所凭借的就是在法权上毫无限制的权力——它就是专政"③。因而,他们批判资产阶级自由主义法学家提出的将国家置于法律之下、受法律制约的法治国家理论。④由此,他们在阐述无产阶级专政国家与社会主义法的关系时指出,社会主义的法不过"是巩固苏维埃国家的一个杠杆"⑤,是苏维埃国家借以建立新的社会主义经济、新的经济关系的手段。⑥"无产阶级专政是不受任何法律限制的一种政权。"⑦

"反右"运动开展后,我国学者在认同苏联法学理论的基础上,往"左"的方向发展。首先,突出国家高于法的地位。有学者指出:"法和国家的正确关系应该是:国家是第一位的,法是第二位的;国家权力是主要的,法是从属的。"⑧其次,强调革命和专政不受法的限制。有学者认为,任何法律都是一定阶级专政的产物,任何法律的执行都必须以国家强制为后盾,为阶级的

---

① [苏]苏联科学院法权研究院科学研究者集体编著:《马克思列宁主义关于国家与法权理论教程》,中国人民大学马列主义关于国家与法权理论教研室译,华东政法学院教务处1953年翻印,第151页。

② [苏]玛·巴·卡列娃等:《国家和法的理论》(上册),李嘉恩等译,中国人民大学出版社1956年版,第2页。

③ [苏]苏联科学院法权研究院科学研究者集体编著:《马克思列宁主义关于国家与法权理论教程》,中国人民大学马列主义关于国家与法权理论教研室译,华东政法学院教务处1953年翻印,第106页。

④ 参见[苏]杰尼索夫:《国家与法律的理论》(下),方德厚译,中华书局1951年版,第416—417页。

⑤ [苏]玛·巴·卡列娃等:《国家和法的理论》(下册),李嘉恩等译,中国人民大学出版社1956年版,第302页。

⑥ 参见[苏]苏联科学院法权研究院科学研究者集体编著:《马克思列宁主义关于国家与法权理论教程》,中国人民大学马列主义关于国家与法权理论教研室译,华东政法学院教务处1953年翻印,第149页。

⑦ [苏]安·扬·维辛斯基:《国家和法的理论问题》,法律出版社1955年版,第18页。

⑧ 陈处昌:《对编写〈国家和法的理论〉的几点意见》,载《政法研究》1962年第2期。

专政服务,绝不是什么“法律产生政权”和“法律限制专政”。他分析道:“决不能想像,无产阶级的革命和解放,不依靠强力的斗争,而按照什么预先存在的法律进行活动,就能取得胜利的。法律只能是促进和巩固革命的一种手段,绝不能成为限制专政的障碍”。“社会主义法是无产阶级革命和专政的产物,不是什么法产生了革命和专政。因此,社会主义法是实现无产阶级专政任务的一种工具,必须为巩固和加强无产阶级专政服务,绝不能限制和削弱无产阶级专政”①。

(2)它使我国法学的发展受到了严重限制。由于苏联法学理论本身的局限性以及我国学者对于这种理论的信守,使得我国社会主义法学难以得到发展,其原因主要是受到两个方面的限制:一是知识资源的限制,二是方法资源的限制。

首先,知识资源受到限制。苏联法学理论认为,法是有阶级性的,不同社会中的法体现和维护着不同统治阶级的意志、利益和目的,因而社会主义的法与资产阶级的法有着原则区别。基于此,作为研究法律现象的法学也就具有了阶级性,它是为不同的阶级利益服务的。马克思主义法学公开承认这种阶级性,它代表着工人阶级的利益,而工人阶级利益和劳动人民利益又是一致的,因而它没有阶级的偏狭性,能够科学地揭示法的本质和规律。相反,资产阶级法学却千方百计掩盖这种阶级性,它基于本阶级的狭隘性与局限性,不愿意也不可能以真正科学的观点来对待法的问题。因此,这两种法学存在着根本的区别。正因为如此,苏维埃法学的重要任务就是揭露资产阶级法的阶级实质,批判资产阶级法学理论,同反马克思主义的法律观点作斗争。苏联法学理论的这种观点对我国影响很深,从 20 世纪 50 年代至 80 年代初期我国法学界形成了对立的法学思维,即将社会主义的法律制度和法学理论与资产阶级的法律制度和法学理论完全对立起来。在这种思维

① 鲁直、张浩:《我国社会主义法在人民民主专政中的地位和作用》,载《政法研究》1962 年第 4 期。

的作用下,法学界长期将资产阶级的法律制度和法学理论作为批判和清除的对象,甚至对其中的一些法律概念、术语也加以拒斥①。这样,我国法学只能在苏联法学理论及其所建立的法学体系的框框内打转,或者重述这些内容,或者按照它们的逻辑发展。20 世纪 70 年代末,我国步入了以经济建设为中心的社会主义现代化建设的新时期。在这一时期,我们需要通过改革开放,变革原有的经济、政治和社会关系,建立社会主义市场经济体制,推进社会主义民主法治建设,发展社会主义先进文化,构建社会主义和谐社会,以推动中国特色社会主义的建设。市场经济、民主法治与社会文化建设无不与人类共同的文明成果有着某些关联,因而这种建设必须是在借鉴人类一切优秀成果基础上的一种创造,唯有如此才能完成这样的创造,实现我们的目标。在这样的背景下,我们所需要的中国特色社会主义法学一定是借鉴包括资产阶级法律制度和法学理论在内的人类法律文化成果的产物。然而,苏联法学理论的影响使得我们拒斥一切非马克思主义法学理论和非社会主义法学体系,从而限制了我国法学发展的知识资源。

其次,研究方法受到限制。苏联学者认为,"马列主义国家与法权理论是唯一真正严肃的科学的国家与法权理论","因为它是以唯一科学的哲学——辩证唯物论武装起来的。把辩证唯物论用在对一切社会生活——包括国家与法权——的研究上,然后这种研究便成为真正的科学"。② 也就是说,"唯一正确的、真正科学的马克思列宁主义的研究方法使国家和法的理论能揭示国家和法的本质,能正确地回答国家和法的一切根本问题"③。他

① 例如,1963 年 4 月中国科学院法学研究所起草的《中华人民共和国民法(草稿)》中,不再使用"法人"这一概念,而用"单位"来代替;不再使用"处分"这一概念,而用"处理"来代替。参见何勤华、李秀清、陈颐编:《新中国民法典草案总览》(下卷),法律出版社 2003 年版,第 15—25 页。

② [苏]苏联科学院法权研究院科学研究者集体编著:《马克思列宁主义关于国家与法权理论教程》,中国人民大学马列主义关于国家与法权理论教研室译,华东政法学院教务处 1953 年翻印,第 12—13 页。

③ [苏]玛·巴·卡列娃等:《国家和法的理论》(上册),李嘉恩等译,中国人民大学出版社 1956 年版,第 12 页。

们还认为："资产阶级法学家所创立的各种研究国家和法的方法，如实证主义方法、社会学方法、实在主义方法、心理学方法以及诸如此类的其他方法，都只不过是同一种唯心主义方法的不同变种而已。唯心主义的方法论，无论它的哪一种变种，都不能使研究者得出正确的、科学的关于国家和法的结论，因为它在研究这些现象时，不是以社会发展的客观规律为基础，因此在实质上就等于拒绝了对现象的科学的认识。"①他们还说道：资产阶级法学采用形而上学的思维方法研究法，"这样的方法或者把他们引到绝路上去或是把他们引到形式逻辑矛盾底圈子里去"，对于法律现象"终不免得出不正确的结论"。② 可见，苏联法学理论一方面将辩证唯物论作为唯一的法学方法论，另一方面排斥资产阶级法学家所创立的全部研究方法。按照这种观点，苏联部门法学也建立起对法学方法的这种认识。苏联法学理论引入我国后，它对法学方法的看法长期以来为我国法学理论和部门法学所接受。运用辩证唯物的方法研究法律现象，把法律放入社会之中，联系经济、政治、道德等社会现象对其作经济的、阶级的、历史的分析固然是正确的，它能够帮助人们看清法的本质和发展规律，但是法的问题不限于哲学层面和宏观领域，还有法律形式的问题和法律运行的问题，这些都需要运用法学自身的研究方法加以解决。尤其是进入建设中国特色社会主义新的历史时期，我国的民主法治建设不断得到推进，由此产生了大量的法学理论和法律实践问题需要回答，这就要求我们对以往的法学加以更新，构建起中国特色社会主义法学。学科更新与方法创新密切相关，这正如有学者所指出的："任何一门学科体系的更新与理论研究的创新首先表现在研究方法的成熟与发展上。"③更新我国法学学科，构建中国特色社会主义法学也是如此，它需要引

① [苏]玛·巴·卡列娃等：《国家和法的理论》(上册)，李嘉恩等译，中国人民大学出版社 1956 年版，第 12—13 页。

② 参见[苏]苏达里可夫、贝可夫：《苏维埃国家与法问题讲座》，中央人民政府法制委员会编译室编译，中央人民政府法制委员会 1951 年印，第 2 页。

③ 韩大元：《"中国宪法学三十年(1985—2015)"引论》，载中国宪法学会编：《中国宪法学三十年(1985—2015)》，法律出版社 2015 年版，第 9 页。

入更多新的研究方法。但是,苏联法学理论的影响所带来的研究方法的局限,给我国法学的发展带来一定阻碍。

四、苏联法学理论对我国法学影响的启示

考察苏联法学理论的目的不仅仅在于深入把握这一理论的内容以及它对我国法学影响的范围、过程及其发展变化,而是要从中开掘出推动我国法学发展的有效资源。我们在对这种影响的深入考察中,不仅看到其盛衰过程及其背后原因,而且从其中所呈现的经验教训中获得推进中国特色社会主义法学构建的有益启示。

(一)应当坚持我国法学发展的马克思主义方向

新中国成立之初,我们选择引入苏联法学,并以此为范本构建自己的社会主义法学,之所以这样做,就是因为我们所要构建的社会主义法学是马克思主义的法学,是以马克思主义法律观为核心的法学,而苏联法学正是建立在马克思主义法学理论基础之上,这种理论系统论述了马克思主义关于法的一般原理,并在此基础上详尽阐发了社会主义法与法制的基本原理。正因为如此,在这之后的几十年中,苏联法学理论以及由此建立起来的苏联法学一直深刻地影响着我国法学的建立和发展,使得我国法学建立在马克思主义的基础上。

改革开放以来,中国共产党深刻总结了社会主义发展的经验教训,明确了我国社会发展所处的历史方位,开创了中国特色社会主义伟大事业。在推进这一伟大事业中,民主法治建设是其中的一项重要内容,这就需要建立起完善的中国特色社会主义法学。习近平在哲学社会科学工作座谈会上的讲话中指出:“坚持以马克思主义为指导,是当代中国哲学社会科学区别于其他哲学社会科学的根本标志,必须旗帜鲜明加以坚持。”①我们所要构建

① 习近平:《在哲学社会科学工作座谈会上的讲话》,人民出版社2016年版,第8页。

的中国特色社会主义法学是当代中国哲学社会科学的重要组成部分,因此在构建中必须始终坚持以马克思列宁主义、毛泽东思想、邓小平理论、“三个代表”重要思想、科学发展观和习近平新时代中国特色社会主义思想为指导,将中国特色社会主义理论体系中有关法和法治的重要思想以及以此为指导所形成的重大法学理论成果加以总结、归纳并予以体系化,形成中国特色社会主义法学理论,并贯穿于各部门法学之中。

在构建中国特色社会主义法学中如何坚持马克思主义?习近平指出:“马克思主义立场观点方法,贯穿于马克思列宁主义、毛泽东思想和中国特色社会主义理论体系之中,是马克思主义科学思想体系的精髓所在。”①因此,“坚持马克思主义,最根本的是坚持马克思主义立场观点方法”②。可见,在构建中国特色社会主义法学中坚持马克思主义,从根本上说就是要坚持马克思主义法学的立场、观点和方法。首先,我们应当坚持马克思主义法学的基本立场。何谓立场?习近平指出:“立场,是人们观察、认识和处理问题的立足点。这个立足点,从根本上讲是由人们的经济政治社会利益和地位决定的。”③按照马克思主义的观点,在阶级社会中,人们的利益和地位与其所在的阶级紧密联系在一起的,因而“在阶级社会和阶级世界里,最根本的立场是阶级立场”④。这意味着,人们总是从某个阶级立场出发去认识世界,从而形成自己的理论成果。同样的,马克思主义也是立足于特定阶级立场而形成的。“马克思主义立场就是工人阶级和劳动人民的立场”⑤,马

---

① 习近平:《深入学习中国特色社会主义理论体系,努力掌握马克思主义立场观点方法》,载《求是》2010 年第 7 期。

② 张耀灿:《马克思主义立场观点方法教育研究》一书序言,载罗成富:《马克思主义立场观点方法教育研究》,人民出版社 2014 年版,序言第 1 页。

③ 习近平:《深入学习中国特色社会主义理论体系,努力掌握马克思主义立场观点方法》,载《求是》2010 年第 7 期。

④ 余斌、程恩富:《论马克思主义立场、观点和方法的辩证统一》,载《马克思主义研究》2013 年第 12 期。

⑤ 叶庆丰:《马列主义“老祖宗”哪些不能丢,哪些需要发展?》,载《理论学刊》2007 年第 7 期。

克思主义就是站在工人阶级和广大劳动人民的立场上认识世界而形成的、为工人阶级和广大劳动人民利益服务的伟大学说。作为马克思主义组成部分的马克思主义法学,其立场也应当是工人阶级和劳动人民的立场。对于马克思主义法学的立场,苏联法学理论有着明确的阐述。苏联学者说道:"马克思主义的法律科学同整个马克思主义的社会科学一样,公开承认自己的阶级性,用科学的共产主义的党性来表达这一点。这意味着,科学公开地和有目的地为工人阶级和全体劳动人民——共产主义社会的建设者的历史任务服务。……这就是马克思主义法律科学同站在剥削阶级立场上的资产阶级法律科学的根本区别。"①可见,马克思主义法学是站在工人阶级和全体劳动人民的立场,为他们的根本利益和历史使命服务的。从20世纪50年代以来,这种基本立场一直为我国法学所认同,所坚持。目前,我国进入中国特色社会主义的新时代,我们所构建的中国特色社会主义法学是中国化的马克思主义法学,它应当始终站在工人阶级和广大人民群众即人民大众的立场,以反映和维护他们的根本利益作为其核心内容。

其次,我们应当坚持马克思主义法学的基本观点。习近平指出:"观点,是人们对事物的看法。马克思主义观点是马克思主义关于自然、社会和人类思维规律的科学认识,是对自然界规律和人类社会实践经验的科学总结,体现在马克思主义哲学、政治经济学和科学社会主义这三个组成部分之中,涵盖面非常广泛。"②由此可见,马克思主义观点是分层次的。关于自然、社会和人类思维发展的一般规律的科学认识,属于最高层次的马克思主义观点,它是辩证唯物主义和历史唯物主义的基本观点,表达的是马克思主义的世界观。第二层次的马克思主义观点,则广泛地体现在马克思主义的政治经济学、政治学、文化学、社会学、人类学、法律学、社会主义学以及哲学

① [苏]彼·斯·罗马什金等主编:《国家和法的理论》,中国科学院法学研究所译,法律出版社1963年版,第10页。

② 习近平:《深入学习中国特色社会主义理论体系,努力掌握马克思主义立场观点方法》,载《求是》2010年第7期。

的具体观点。马克思主义各门学科的许多具体观点，可归属于马克思主义第三或第四层次。① 苏联法学之所以将自己定性为马克思列宁主义，就在于其法学理论是在系统阐述和具体应用马克思列宁主义法学观点的基础上构建起来，并以这种法学理论为指导建立起完整的法学体系。正因为这一点，它成为新中国成立之初我们构建社会主义法学的知识来源。当前，我们所构建的中国特色社会主义法学，是马克思主义法学在中国特色社会主义事业中运用和发展的产物，因此坚持马克思主义法学的基本观点是必须的，也是必然的。坚持马克思主义法学的基本观点，一方面要坚持马克思主义经典作家提出、苏联法学理论准确概括的基本观点，诸如关于法的本质，法与经济、国家、政治等社会现象的关系，法的产生和历史发展，以及社会主义法与社会主义法制原理中的科学阐述，另一方面要坚持中国特色社会主义理论体系中关于法与法治的基本观点，诸如党的领导、人民当家作主和依法治国的有机统一，中国特色社会主义法治的基本方针，中国特色社会主义法治建设的总体布局，中国特色社会主义法治建设的价值目标等。

再次，我们应当坚持马克思主义法学的基本方法。习近平指出："这里所说的方法，是与马克思主义世界观相统一的方法论，它是指导我们正确认识和改造世界的根本思想方法和工作方法。"②由此可见，辩证唯物主义和历史唯物主义既是马克思主义的世界观，也是马克思主义的方法论。对于马克思主义法学来说，它必须以此为方法论。苏联法学理论十分强调这一点，并把它作为唯一的方法论。苏联学者指出："我们掌握了进行真正科学研究工作的可靠指南针——马克思列宁主义方法论，马克思、恩格斯、列宁、斯大林的学说。在这个基础上，我们能够建立法和国家理论。"③并指出："唯一正确的、真正科学的马克思列宁主义的研究方法使国家和法的理论

---

① 参见余斌、程恩富：《论马克思主义立场、观点和方法的辩证统一》，载《马克思主义研究》2013 年第 12 期。

② 习近平：《深入学习中国特色社会主义理论体系，努力掌握马克思主义立场观点方法》，载《求是》2010 年第 7 期。

③ ［苏］安・扬・维辛斯基：《国家和法的理论问题》，法律出版社 1955 年版，第 86 页。

能揭示国家和法的本质，能正确地回答国家和法的一切根本问题。”①按照苏联法学理论的观点，苏联的部门法学都把唯物辩证法当作唯一的方法论。可以说，苏联法学就是在运用马克思主义方法论的基础上构建起来的，这使它具有了马克思主义的属性。新中国成立以来，我国法学深受这种影响，也将自己建立在马克思主义方法论基础之上。因此，作为以马克思主义为指导构建起来的中国特色社会主义法学，必须以唯物辩证法作为最根本的方法论，以此来分析中国特色社会主义实践中的法律现象，形成正确的法学观点和法学理论。与此同时，从具体把握法律现象及其规律出发，我们还可以运用法学自身的方法，甚至借用其他科学的方法，但这些方法应当在马克思主义方法论的统辖之下发挥作用。

（二）应当秉持我国法学发展的实践路径

在苏联法学理论看来，法学工作者的重要任务就是构建苏维埃社会主义法学，这种法学是建立在马克思主义法学理论的基础之上的。马克思主义法学理论是在同一切反马克思主义的法学理论的斗争中建立起来，又需要在社会主义实践中加以发展。对此，他们论述道：法学工作者的任务就是要“肃清苏维埃法学理论中反马克思主义、反列宁主义的各种敌对观点”，“根据马克思、恩格斯、列宁的异常丰富的遗产和斯大林的天才著作来建立苏维埃社会主义法律科学”。② 但是，“为纯洁马克思列宁主义的国家和法的学说而斗争，决不等于教条主义地对待这一学说的原理。……马克思列宁主义的国家和法的理论是同共产主义建设的实践不可分割地联系着的。根据新的条件来创造性地发展马克思主义的结论和原理——舍弃陈旧的结论和原理并代之以新的、完全符合于新的历史条件的结论和原理——，这是

---

① ［苏］玛·巴·卡列娃等：《国家和法的理论》（上册），李嘉恩等译，中国人民大学出版社1956年版，第12页。

② 参见［苏］安·扬·维辛斯基：《国家和法的理论问题》，法律出版社1955年版，第65页。

马克思列宁主义的国家和法的理论的不可缺少的属性”。因此,“马克思列宁主义的国家和法的理论的党性表现在:它不但要求猛烈地批判一切反马克思主义的国家和法的学说以及唯心主义方法论影响的一切表现,而且要求在新的经验的基础上为了社会上最先进的阶级即工人阶级的利益、为了全人类的进步而勇敢地发展这一理论”。① 所以,建立和发展社会主义法学,除了要求法学工作者“完全、透彻地精通马克思列宁主义和马克思、恩格斯、列宁、斯大林的全部理论”,还“应当动员自己的一切力量对从尽量巩固苏维埃国家和苏维埃的法这一任务中产生的某些问题,进行科学研究”,“就是对社会主义建设任务所产生的一系列问题,须在法律上加以研究”。② 可见,苏联法学理论指明了马克思主义法学理论发展和社会主义法学建立的实践路径。

苏联法学理论的这一阐述,对于我国法学的建立和发展产生了很大影响。20 世纪 50 年代,我国学者就认识到理论联系实际对于发展马克思主义法学理论和构建社会主义法学的重要性。他们讲道:我们研究马克思列宁主义的国家和法的理论,“首先就是要理论联系实际”,“不仅要理解它的精神实质,更重要的是要善于应用它深刻地、科学地分析实际问题(个人的思想实际、工作实际,党和国家的方针政策,社会主义革命和建设的经验,国际工人运动等等),找出它的发展规律,作为我们行动的向导”。③ 要建立以马克思列宁主义、毛泽东思想为指导的社会主义法学,其任务“首先要研究我国政法工作中基本的和急待解决的法律理论问题和实际问题”,“其次要研究我国重要立法的基本原则和它们的理论根据”。④ 基于这种认识,我国

① 参见[苏]玛·巴·卡列娃等:《国家和法的理论》(上册),李嘉恩等译,中国人民大学出版社 1956 年版,第 14 页。

② 参见[苏]安·扬·维辛斯基:《国家和法的理论问题》,法律出版社 1955 年版,第 79、94 页。

③ 参见中央政法干部学校国家和法的理论教研室编著:《国家和法的理论讲义》,法律出版社 1957 年版,第 11 页。

④ 参见周新民:《关于法学研究所的筹建工作和今后研究计划》,载《政法研究》1958 年第 5 期。

学者开始根据我国社会主义革命和建设实践研究实际问题，以探索建立适合中国实际的社会主义法学。例如，法理学界研究我国法的性质、作用和人民民主法制等问题；宪法学界围绕1954年宪法的制定研究宪法的概念、类型、本质、原则和作用，人民代表大会制度的性质、特点、内容和原则等问题；民法学界研究公私合营后资本家生产资料所有权、个人所有权、合同、定息以及两类不同性质的矛盾与民法的关系等问题。80年代后，我国学者仍然强调实践路径对于发展我国社会主义法学的重要性。他们指出："无论我国的社会主义法律或法制，还是以这种法律或法制为研究对象的马克思主义法学，都应具有中国的特色。""为了建立具有中国特色的马克思主义法学，法学研究必须贯彻理论联系实际的原则。法学研究工作者应该把自己的工作和社会主义法制建设的实践紧密地结合起来，对当前社会主义法制建设中提出的重大理论问题和实际问题进行创造性的研究，……以指导实践。"①由此，学者们在马克思主义法学理论的指导下，对于中国特色社会主义建设中的法律问题展开了深入研究，在法的本质理论、法治理论、人权理论、权利本位论、法制现代化理论、法律移植论、法律多元理论、本土资源理论、民间法/习惯法理论、法律职业理论、法律方法论、法律全球化理论等重大法学理论上取得很大学术进展，在部门法学理论和法律制度理论上也取得了很多成果。由此可见，我国马克思主义法学理论、社会主义法学的建立和发展，是贯彻理论联系实际原则、遵循法学发展的实践路径的结果。

当今，全面总结中国特色社会主义法学理论，并在此基础上系统构建中国特色社会主义法学，是摆在法学界面前的一项重要任务。在完成这一任务的过程中，学者们一方面应当对已经取得的中国特色社会主义法学理论成果进行系统总结，并将其贯彻到所有的法学领域，以此建立起中国特色社

① 北京大学法律系法学理论教研室编：《法学基础理论》，北京大学出版社1984年版，第8—9页。相同观点还可参见沈宗灵主编：《法理学》北京大学出版社2000年版，第22页。

会主义法学；另一方面应当坚持理论联系实际，在马克思主义和中国化马克思主义理论的指导下，深入研究我国社会主义法治实践中的新问题，形成对于社会主义法律与法治的新观点、新认识，探寻我国法治建设的基本路径和法治运行的一般规律，以此丰富中国特色社会主义法学理论，发展中国特色社会主义法学。为什么实践对于法学发展如此重要？这是因为“法学作为以法律为研究对象的科学活动和知识体系，其本和源是包括法律实践在内的社会实践。社会实践是法学的生命所在，离开社会实践，法学就会变成无本之木，无源之水。法学的理论观点来源于实践，又需要回到实践中，接受实践的进一步检验，在实践中完善和发展”①。因此，对于学者来说，“研究一个问题，认识一个问题，一定要理论联系实际，特别是研究法制建设问题，不能坐在书斋里，从空想出发，从书本出发，而必须从实际出发，了解事实，总结经验”②。我们所要构建的中国特色社会主义法学，必须贯穿中国特色社会主义法学理论，而这一理论既体现马克思主义法学的一般原理，又体现法学理论的中国性和时代性；我们所要构建的中国特色社会主义法学，必须是以这一法学理论为指导，在回答社会主义法治建设的具体问题中形成的科学成果。可见，离开了社会实践，离开了法治实践，中国特色社会主义法学建不起来，也发展不了。

在系统构建中国特色社会主义法学中，如何才能坚持实践路径，坚持理论联系实际的方法呢？首先，学者必须深入我国的法治实践，确立以实践为导向的研究方式。许多学者习惯于坐在书斋，通过文献搜集、哲学思考和逻辑推演来进行研究，这种方式的研究往往对我国法治实践缺乏全面和深入的认识，甚至把未必适合我国实际的国外理论或观点拿来分析问题，其带来的结果是不能准确理解中国化马克思主义关于中国特色社会主义法治建设的基本观点，完成对中国特色社会主义法学理论的系统

① 张文显：《再论建构有中国特色的社会主义法学》，载《中国法学》1997 年第 3 期。
② 张友渔：《当前法学研究的任务和方法》，载《法学研究》1991 年第 4 期。

建构;也不能根据中国特色社会主义法学理论,在回答我国法治建设的实际问题中全面建立中国特色社会主义部门法学。因此,要完成系统构建中国特色社会主义法学的任务,学者们必须走出书斋,走进法治实践的第一线,深刻把握、深入研究我国法治实践中的具体问题、关键问题,形成有效推动中国法治发展的理论体系。① 学者深入法治实践的路径很多,例如到立法、司法等法律部门、政府相关部门任职或者兼职,赴企业、街道、乡镇开展蹲点调查等。为了保证和促进学者关注法治实践,我们应当探索建立一些制度或者提供一些条件,例如建立学者到政府部门、法律部门任职或者兼职的制度,政府、高校提供更多经费帮助学者开展调研活动,学术期刊更多地刊登法治实践调研报告或者对于法治实践问题进行研究的论文等。

(三)应当拓展我国法学发展的知识资源

苏联法学理论对我国法学的影响是多方面的,在如何对待国外和以往的法学成果的问题上,这种影响也是深刻的。首先,从这种影响的本身来看,我们对于苏联法学理论及其所建立起来的苏联社会主义法学,长期以来采取的是全盘接受和全面维护的态度。之所以如此,是因为我们认为苏联法学理论是对马克思主义法律观和法律思想的系统阐述,苏联社会主义法学是在苏联法学理论基础上建立起来的马克思主义法学。其次,从这种影响的内容来看,我们对于资产阶级法律观点和一切反马克思主义的法律

---

① 邓正来2003年时就曾撰文指出,从1978年以来的25年间,我国法学在“专政与权利”、“逻辑与社会”、“国家与社会”和“移植与本土”的四大论争中形成了“权利本位论”、“法条主义”、“本土资源论”和“法律文化论”四种法学分析范式,并支配了我国法学。这些范式都属于来自西方的“现代化范式”,它们提供的是源出于西方经验世界的“西方法律理想图景”,这种“西方法律理想图景”不可能或者没必要对中国的现实世界进行“切实”的关注。因此,他认为要建构“中国法律理想图景”,必须以关注中国现实为切入,以研究中国问题为使命。参见邓正来:《中国法学向何处去(上)、(中)、(下)——建构“中国法律理想图景”时代的论纲》,载《政法论坛》2005年第1、2、3期;邓正来:《中国社会科学的当下使命》,载《社会科学》2008年第7期。

思想，长期以来采取的是全盘否定和全面排斥的态度。之所以如此，是因为我们完全认同苏联学者提出的法学具有阶级性以及马克思主义法律思想与资产阶级法律观点完全对立的观点，因而法学学者的重要任务就是肃清法学理论中反马克思主义的各种敌对观点，根据马克思主义经典作家的思想来建立社会主义法律科学。显然，我们在对待国外和以往的法学成果的态度选择，是以法学成果的马克思主义与非马克思主义属性为标准的，对于前者持接受和维护的态度，对于后者则持批判和拒斥的态度。

对于国外和以往的法学成果的态度，关系到社会主义法学的基本任务确定和知识资源选择。正因为我们对苏联法学理论及苏联社会主义法学所采取的接受和维护的态度，20 世纪 50 年代学者们就以苏联法学理论为范本构建我国的法学理论，并以苏联法学理论为指导、以苏联部门法学为内容建立起我国的部门法学，由此形成了以马克思主义法律观为核心的我国社会主义法学。之后的几十年，苏联法学理论及其建立起来的苏联社会主义法学一直深深地影响着我国的法学。也正因为我们对资产阶级法律观点和一切反马克思主义的法律思想采取否定和排斥的态度，从 20 世纪 50 年代初开始法学界就以批判旧法观点作为自己的一项重要任务，“反右”运动中法学界又对资产阶级法律观点进行全面而严厉的批判，及至 80 年代初法学界仍对资产阶级法律思想和法律学说展开批判。这种批判是一种全盘否定式的批判，这意味着资产阶级法学理论和资产阶级法学只能成为批判的对象、舍弃的东西，它使得我国法学构建的知识资源不能从资产阶级法学中获得，只能局限于苏联法学理论及其建立起来的苏联社会主义法学。显然，苏联法学理论和苏联法学成为我国法学的唯一知识资源。应当看到，这两种态度对于我国社会主义法学的建立和发展是有害的。首先，全盘接受、全面维护苏联法学理论和苏联法学，使得我们把苏联法学理论教条化，将苏联法学原理神圣化，因而学者的主要工作就是照搬照抄这些理论和原理，忽视对中国实际问题的深入思考，这不利于构建起具有中国特点的社会主义法学。[①] 其次,全盘否定、全面排斥资产阶级法学理论和西方法学,使得我们以蔑视态度对待这些成果,彻底否定其法律思想、法律观点和法学原理,甚至在“反右”运动后还否定法律概念等法律技术层面的东西,这导致我国社会主义法学的发展缺少了必要的知识资源。

我们还看到,随着我国社会主义事业的推进,这种对于知识资源偏狭认识的危害逐渐显现。苏联法学理论及整个苏联法学建立在传统社会主义理论和实践的基础之上,它强调无产阶级专政国家在社会中的主导地位和对于法律的决定作用,实行社会主义公有制的经济制度和社会主义计划经济的运行体制,加强社会主义的民主与法制。新中国成立后,我们是在奉行传统社会主义理论并借鉴苏联模式条件下,探索社会主义的发展道路,开展社会主义的建设,因而我国与苏联在国家基本性质、政治制度、经济制度和经济体制、意识形态上大体相同。在这样的条件下,苏联法学的理论观点和制度原理符合我国法学构建的基本需要,因此以苏联法学成果为范本构建我国的法学理论和法学体系是必然和可行的,这种单一的知识资源对于我国法学建立的负面影响是有限的。然而,中共十一届三中全会后,我国步入改革开放和社会主义现代化建设的新时期。在这一时期,我们在坚持四项基本原则的基础上,对经济、政治和文化等各种体制进行全面改革。在经济上,在坚持社会主义公有制的基础上,引入多种所有制经济,建立起社会主义市场经济体制;在政治上,在坚持人民民主专政的基础上,实施依法治国

---

① 针对当时我国学者照抄照搬苏联法学的情况,董必武在 1959 年 5 月召开的全国公安、检察、司法先进工作者大会上就指出:“对兄弟国家的先进经验,我们应当认真学习,但是我们国家的具体历史条件同他们不一样,必须结合中国实际情况去学习,照抄也不好。”参见《董必武法学文集》,法律出版社 2001 年版,第 425 页。也有学者认识到照抄照搬苏联法学不利于我国法学和法制的建立。例如,有学者针对蔡云岭著作中照搬照抄苏联法学理论的问题时指出:“毛泽东同志和党中央经常教导我们要努力向苏联学习,同时,也教导我们要善于将苏联的先进经验同中国的革命实践结合起来。这对于立法工作和法学研究工作都是应该明确的。如果我们庸俗地认为法只是由经济基础决定,而不考虑法同其他非经济因素的关系,就会使我们安于苏联的立法经验和法学成就,不努力发展我国法学研究工作,硬搬苏联的法律条文。”参见张鑫、朱华泽:《评介蔡云岭同志著〈什么是法律〉》,载《政法研究》1956 年第 4 期。

的基本方略,保障公民的基本人权。在此过程中,逐步建立起中国特色社会主义的制度和理论体系,形成了中国特色社会主义的发展道路。中国特色社会主义是处于社会主义初级阶段的中国建设社会主义的行动纲领、基本理论和发展道路,它是建立在传统社会主义的基础上,又是对传统社会主义的突破和发展。在这样的背景下,以苏联法学为依据建立起来的我国法学已经不能完全适应社会发展的新变化,需要在中国特色社会主义理论指导下,借鉴多种法学知识资源,更新法律观点和法学方法,以总结中国特色社会主义法治实践,构建中国特色社会主义法学。在此过程中,我们如果仍以苏联法学理论和苏联法学作为唯一的知识资源,其弊端便凸显出来。

那么,我们应该如何构建中国特色社会主义法学呢?习近平在谈到构建中国特色哲学社会科学时指出:"我们要善于融通古今中外各种资源,特别是要把握好3方面资源。一是马克思主义的资源,……这是中国特色哲学社会科学的主体内容,也是中国特色哲学社会科学发展的最大增量。二是中华优秀传统文化的资源,这是中国特色哲学社会科学发展十分宝贵、不可多得的资源。三是国外哲学社会科学的资源,包括世界所有国家哲学社会科学取得的积极成果,这可以成为中国特色哲学社会科学的有益滋养。要坚持古为今用、洋为中用,融通各种资源,不断推进知识创新、理论创新、方法创新。"①因此,对于中国特色社会主义法学来说,它是以中国特色社会主义法学理论为核心、并以此为指导形成的部门法学为组成部分的当代中国的社会主义法学,也是以马克思主义和中国特色社会主义理论为指导对中国特色社会主义法治实践进行理论概括所形成的知识体系。这种知识体系的建立,是以马克思主义法学理论的主要成果、中国特色社会主义法学理论的深入探索、中国特色社会主义民主和法治建设的实践研究、中国传统法律文化的梳理挖掘以及人类政治法律文明的基本共识为基础。因此,在创立这一知识体系时,离不开对国外和以往法学成果的借鉴、利用。首先,我

① 习近平:《在哲学社会科学工作座谈会上的讲话》,人民出版社2016年版,第16页。

们仍然需要借鉴和利用苏联的法学成果。这是因为,苏联法学理论总结了马克思主义关于法的一般原理,阐述了马克思主义法律观,这应当成为构建中国特色社会主义法学理论的基础条件。苏联法学理论按照马克思主义法律观建立了社会主义法和法制的基本原理,其中带有普遍性的基本原理对于中国特色社会主义法学理论的构建具有一定借鉴意义。同时,在苏联法学理论指导下建立起来的部门法学中,其所阐述的部分基本理论和制度理论对我们仍然具有启示作用。其次,我们还要借鉴和利用西方国家的法学成果,即资产阶级的法律观点、学说,特别是带有技术性的法律制度理论成果。列宁在谈到马克思主义的伟大意义时指出:“马克思主义这一革命无产阶级的意识形态赢得了世界历史性的意义,是因为它并没有抛弃资产阶级时代最宝贵的成就,相反却吸收和改造了两千多年来人类思想和文化发展中一切有价值的东西。”①他还讲道:“哲学史和社会科学史都十分清楚地表明:马克思主义同‘宗派主义’毫无相似之处,它绝不是离开世界文明发展大道而产生的一种故步自封、僵化不变的学说。恰恰相反,马克思的全部天才正是在于他回答了人类先进思想已经提出的种种问题。他的学说的产生正是哲学、政治经济学和社会主义极伟大的代表人物的学说的直接继续。……马克思学说是人类在 19 世纪所创造的优秀成果——德国的哲学、英国的政治经济学和法国的社会主义的当然继承者。”②作为马克思主义中国化成果的中国特色社会主义法学,也应当建立于人类法律文明和优秀法学成果的基础之上。这是因为,不同国家的文明之间有着共同共通之处,不同时代的文明之间又有着相继相随之性,因而“文明从来就是积累、借鉴、交流和升华的产物”③,对于政治法律文明来说也是如此。从这个意义上讲,中国特色社会主义法学是不可能在抛弃以往社会的法律文明的条件下凭空建立起来。另外,从中国特色社会主义法治实践来看,确实在某些具体

① 《列宁选集》第 4 卷,人民出版社 2012 年版,第 299 页。
② 《列宁选集》第 2 卷,人民出版社 2012 年版,第 309—310 页。
③ 张文显:《再论建构有中国特色的社会主义法学》,载《中国法学》1997 年第 3 期。

做法上与资本主义国家有相同之处，这就要求我们合理借鉴西方资产阶级的优秀法学成果，以推进中国特色社会主义法学的构建和发展。

从上述分析可以看到，构建中国特色社会主义法学必须转变对国外和以往法学成果的态度，形成一种正确对待这些法学成果的认识，即立足中国特色社会主义的内涵与目标，合理借鉴、利用国外和以往的法学成果。我们必须反对两种错误倾向：第一，全面否定苏联法学成果。20 世纪 80 年代以来，一些学者将构建中国特色社会主义法学与苏联法学对立起来，认为苏联法学所阐述的法律观点和法学原理已经过时，它严重阻碍了我国法学的发展和中国特色社会主义法学的构建，提出全面清理甚至清除苏联法学的影响。这种观点是错误的，它实际上抛弃了苏联法学对马克思主义法律观以及社会主义法和法制的正确论述，无益于中国特色社会主义法学的构建。第二，全盘接受西方法学成果。一些学者认为，西方法学中的法律思想、法律学说是人类文明的成果，对于各国的民主法治建设具有普适性，因此我国法学必须全盘接受这些思想、学说。他们把西方法学成果奉为绝对真理，将西方学者的话语当作至理名言，在论著中或照搬照抄，或诠释解读，谁要有不同意见就被斥责为思想僵化。这种态度是有害的，它放弃了我们所要构建的法学的马克思主义属性和中国特色社会主义目标，因而所建立起来的法学不过是西方法学的翻版，是不可能用来指导中国特色社会主义法治实践的。

（四）应当建立我国法学发展的良好学术环境

学术研究是学者在探索自然、社会基础上建构和创造知识的认识活动，这种活动的目的是为了获得对事物本质和规律的正确把握。为了达成这样的目的，就需要建立一个良好的学术环境，以保证学者们能够独立、自由地开展学术研究，并激发他们的学术热情、学术批判力和学术创造力。这种学术环境包括外部环境和内部环境。前者是学术圈外的环境，主要涉及国家与学术的关系，表现为国家对学术的干预程度，解决的是学者的学术自由问题;后者是学术圈内的环境,主要涉及学者之间的学术关系,表现为学者之间对学术的宽容程度,解决的是学者之间的学术争论问题。一个良好的学术环境,应当是国家对学术的合理干预,学者之间在学术争论中保持足够的包容,这样才能推进学术进步和科学发展。因此,无论是自然科学的进步还是社会科学的发展,都需要建立良好的学术环境,法学也是如此。

从苏联法学理论对我国法学影响的过程我们可以看到,良好的学术环境对于我国法学建立和发展的重要性。自20世纪50年代初苏联法学理论引入我国后,我国法学按此理论建立起来,在这之后三十年中基本没有超出这种理论所设定的框架,基本没有突破这种理论所阐述的观点,少有中国的鲜明特色和实质创造。之所以苏联法学理论在我国长时期一统天下、影响深刻,原因很多,但其中一个重要原因就在于当时的学术环境不利于学者的创新。这必然形成对马列主义法学理论、对苏联法学理论的教条主义态度,从而阻碍了我国法学理论和社会主义法学的发展。

新中国成立初至80年代初,由于我国学习苏联而形成了与之相同的政治经济体制,在此基础上建立起来的苏联法学理论及其所构建起来的苏联法学能够满足我国法学建立的知识需求,我国法学的创造性要求是不强烈的。80年代之后,随着中国特色社会主义事业的推进,我们在探索中开始建立起与以往不同的、适应新时期发展的政治经济体制,苏联法学理论及其所构建起来的苏联法学已经不能适应中国特色社会主义实践的要求,我们需要建立中国特色社会主义法学。在这一法学的建立中,学者们不仅要对中国特色社会主义法学理论观点进行系统总结,还要对中国特色社会主义实践中的法律问题进行理论概括,这种总结、概括是对马克思主义法学理论的丰富和对社会主义法学的发展,没有现成的东西可以照搬照抄,而是需要学者们的努力探索和不断创新。要完成这一艰巨的学术任务,良好的学术环境不可缺少且至关重要,这是因为它能激发学者的学术热情和学术创造力,积极投身于构建中国特色社会主义法学的事业中。

在中国特色社会主义法学的建立过程中,需要形成什么样的学术环境?

首先,从外部环境来说,应当形成国家对学术适度干预、确保学者自由开展研究的局面。学者的学术热情和学术创造力源于自由的学术环境,它需要排除国家对学术的不当干预。20 世纪 50 年代,国家对学术的干预主要集中在政治方面,因而法学研究领域受到限制,法律思想观点受到束缚,学者难有作为,法学难以发展。80 年代开始,国家对学术的政治干预越来越少,这使得法学研究冲破了一个又一个理论禁区,推倒了一个又一个思想障碍,人权、法治这些问题逐渐成为法学研究的热门课题,自由平等、法律至上、权利本位、权力制约、罪刑法定、无罪推定等观点成为社会主义法学的重要内容,实证主义、规范主义、经济分析等研究方法为学者们所运用。这种学术自由推动了中国特色社会主义法学的建立,对此我们应当予以坚持。当然,学术自由不是绝对的,学术活动必须以遵守宪法和法律为基础,坚持四项基本原则,维护公共利益和国家利益,否则国家应当予以必要的干涉。① 基于此,我们所要形成的外部学术环境,就是研究问题要有立场但不设禁区、学术观点自由表达但不破底线的场景,其要义就是在宪法和法律基础上的学术自由。

其次,从内部环境来说,应当形成学者之间开展正常学术争论、宽容他人学术批评的良好氛围。有了学术自由的外部环境而没有学术争论的内部机制,科学也是难以建立和发展起来的。这是因为,科学是建立在对事物全面和正确认识的基础之上的,而单个学者的认识范围、认识角度和认识能力总是有限的,他不可能一下子认清事物的本质和发展规律,要正确地把握事物的全貌,学者之间开展学术争论是一个非常重要的途径。学术争论既可以帮助学者纠正研究中产生的错误认识,从而寻找到获得正确认识的方向;又可以使得学者能够从多角度去观察事物,从而弄清事物的全貌和内在本

① 有学者认为,学术自由是我们应该关注的卓越价值,但学术自由应有基本界限,即以他人的基本权、公共利益和国家利益为界,国家在对学术自由侵害了公共利益(公共秩序和公共安全)和国家利益时,可以依法进行限制。参见何生根、周慧:《论学术自由的法律界限》,载《法律科学》2007 年第 2 期。

质;还可以激发学者去探索新事物,研究新问题,从而形成新思想。显然,学术争论能够繁荣学术,推进科学发展。因此,对于法学界来说,要建立和发展中国特色社会主义法学同样需要形成学术争论的内部机制。学术争论内含着质疑和批评,因为学术争论的引发总是源于一些学者对原有观点的质疑甚至批评;学术争论又意味着交锋和交融,因为其实质就是不同学者观点的激烈碰撞,在相互争辩、启发、修正中达成某些共识。正常学术争论的开展是有条件的,概括起来说有两个:一是要形成学术观点的争辩,即有学者针对已有学术观点提出学术批评或者提出不同看法,主张该学术观点的学者与之展开辩论;二是要形成学术争论的良性运行,即争论双方在相互平等、相互尊重基础上,基于推动学术发展的善良动机开展学术争论。20世纪50年代,由于各种因素,法学界的学术争论不够正常,对于学者提出的不合主流观点的不同意见,采用的是彻底批判、不容争辩的办法,这在“反右”运动中表现得十分突出,以至于在之后很长时间内都无法形成正常的学术争论,法学发展归于停滞。80年代后,法学界开始意识到正常学术争论的重要性,因而逐渐培育学术争论的良好氛围,在许多重大法学理论问题的争论中显示了其积极效果。我们要建立中国特色社会主义法学,必须不断消除各种不良因素,努力建立起更加良好的内部学术环境,让学术争论成为学术发展的重要推动力。

主要参考文献

一、 马克思主义经典著作和党的文献

《马克思恩格斯选集》第1—4卷，人民出版社2012年版。

《列宁选集》第1—4卷，人民出版社2012年版。

《列宁全集》第13卷，人民出版社1987年版。

《列宁全集》第30、31卷，人民出版社1985年版。

《毛泽东选集》第四卷，人民出版社1991年版。

《毛泽东文集》第六卷，人民出版社1999年版。

习近平：《在哲学社会科学工作座谈会上的讲话》，人民出版社2016年版。

《董必武政治法律文集》，法律出版社1986年版。

《董必武法学文集》，法律出版社2001年版。

《中共中央文件选集》第十八册，中共中央党校出版社1992年版。

二、 中文著作

北京大学法律系法学理论教研室编：《法学基础理论》，北京大学出版社1984年版。

蔡定剑：《历史与变革——新中国法制建设的历程》，中国政法大学出版社1999年版。

蔡云岭：《什么是法律》，湖北人民出版社1955年版。

陈金全主编:《新中国法律思想史》,人民出版社2011年版。

陈守一、张宏生主编:《法学基础理论》,北京大学出版社1981年版。

陈甦主编:《当代中国法学研究》,中国社会科学出版社2009年版。

陈兴良:《教义刑法学》,中国人民大学出版社2010年版。

陈兴良主编:《刑法学》,复旦大学出版社2016年版。

陈云生:《改革开放三十七年的中国宪法学——亲历的体验与感受》,中国社会科学出版社2015年版。

储槐植:《刑事一体化与关系刑法论》,北京大学出版社1997年版。

储槐植:《刑事一体化》,法律出版社2004年版。

董和平:《宪法学》,法律出版社2018年版。

《法理学》编写组:《法理学》,人民出版社、高等教育出版社2010年版。

高铭暄主编:《刑法学》,法律出版社1982年版。

高铭暄、赵秉志:《中国刑法立法之演进》,法律出版社2007年版。

高铭暄、赵秉志编著:《新中国刑法学研究60年》,中国人民大学出版社2009年版。

高铭暄、马克昌主编:《刑法学》,北京大学出版社、高等教育出版社2016年版。

公丕祥主编:《法理学》,复旦大学出版社2008年版。

公丕祥主编:《马克思主义法学中国化的进程》,法律出版社2012年版。

韩大元主编:《宪法学》,高等教育出版社2006年版。

韩大元:《宪法学基础理论》,中国政法大学出版社2008年版。

韩大元主编:《共和国六十年法学论争实录·宪法卷》,厦门大学出版社2010年版。

韩延龙主编:《中华人民共和国法制通史》(上、下),中共中央党校出版社1998年版。

何秉松主编:《刑法教科书》,中国法制出版社1994年版。

何秉松:《犯罪构成系统论》,中国法制出版社1995年版。

何勤华、殷啸虎主编:《中华人民共和国民法史》,复旦大学出版社1999年版。

何勤华、李秀清、陈颐编:《新中国民法典草案总览》(上、中、下卷),法律出版社2003年版。

胡锦光主编:《宪法》,清华大学出版社2008年版。

胡锦光、任端平:《宪法学》,中国人民大学出版社 2018 年版,

胡玉鸿:《法学方法论导论》,山东人民出版社 2002 年版。

华东政法学院马列主义关于国家与法权理论教研组:《“马克思列宁主义关于国家与法权理论”报告摘要》,华东政法学院 1954 年印。

华东政法学院刑法教研室编著:《刑法概论》,浙江人民出版社 1987 年版。

蒋传光:《邓小平法制思想概论》,人民出版社 2009 年版。

李步云主编:《法理学》,经济科学出版社 2000 年版。

李达:《中华人民共和国宪法讲话》,人民出版社 1956 年版。

李龙主编:《法理学》,武汉大学出版社 2011 年版。

梁慧星:《民法解释学》,中国政法大学出版社 1995 年版。

梁慧星:《民法总论》,法律出版社 1996 年版。

梁慧星、陈华彬:《物权法》,法律出版社 2016 年版。

刘作翔主编:《法理学》,社会科学文献出版社 2005 年版。

刘作翔主编:《多向度的法理学研究》,北京大学出版社 2006 年版。

莫纪宏、蒋南成、翟国强、陈云生:《宪法学的新发展》,中国社会科学出版社 2008 年版。

钱端升、楼邦彦:《资产阶级宪法的反动本质》,湖北人民出版社 1956 年版。

曲新久主编:《共和国六十年法学论争实录 · 刑法卷》,厦门大学出版社 2009 年版。

曲新久主编:《刑法学》,中国政法大学出版社 2017 年版。

沈宗灵主编:《法理学研究》,上海人民出版社 1990 年版。

沈宗灵主编:《法理学》,北京大学出版社 2000 年版。

苏惠渔主编:《刑法学》,中国政法大学出版社 1997 年版。

《苏联刑法典起草问题论文集》(第一辑),全国人民代表大会常务委员会办公厅编译室 1955 年编印。

《“苏维埃国家和法律底基础”讲座》,华东司法部秘书处 1950 年翻印。

《“苏维埃刑法底几个基本问题”讲义》,华东政法学院刑法教研组 1955 年印。

《苏维埃刑法论文选译》(第一辑),中国人民大学出版社 1955 年版。

《苏维埃刑法论文选译》(第二辑),中国人民大学出版社 1956 年版。

孙国华主编:《法学基础理论》,法律出版社 1982 年版。

孙国华主编:《法理学教程》,中国人民大学出版社 1994 年版。

孙国华、朱景文:《法理学》,中国人民大学出版社 1999 年版。

孙国华主编:《马克思主义法理学研究关于法的概念和本质的原理——兼论法是“理”与“力”的结合,“理”是基本的,“力”是必要的》,群众出版社 2007 年版。

佟柔主编:《民法原理》,法律出版社 1983 年版。

王利明主编:《民法学》,复旦大学出版社 2015 年版。

王珉、王叔文:《宪法基本知识讲话》,中国青年出版社 1962 年版。

王文宇:《民商法理论与经济分析》,中国政法大学出版社 2002 年版。

吴家麟主编:《宪法学》,群众出版社 1983 年版。

西北大学法律系国家和法的理论与历史教研组编:《国家和法的理论基本知识》,陕西人民出版社 1958 年版。

西南政法学院国家法教研组:《人民代表大会制度讲话》,重庆人民出版社 1955 年版。

萧蔚云、魏定仁、宝音胡日雅克琪编著:《宪法学概论》,北京大学出版社 1982 年版。

徐步金编译:《苏联法学原理》,上海三民图书公司 1950 年版。

许崇德主编:《中国宪法》,中国人民大学出版社 1989 年版。

许崇德、王向明、宋仁:《中国宪法教程》,人民法院出版社 1991 年版。

许崇德主编:《宪法》,中国人民大学出版社 1999 年版。

许崇德主编:《宪法学》,高等教育出版社 2000 年版。

徐显明主编:《法理学》,中国政法大学出版社 2007 年版。

张俊浩:《民法学原理》(上册),中国政法大学出版社 2000 年版。

张明楷:《刑法学》,法律出版社 2011 年版。

张庆福:《中华人民共和国宪法讲话》,湖北人民出版社 1986 年版。

张庆福主编:《宪法学基本理论》,社会科学文献出版社 1994 年版。

张庆福、韩大元主编:《1954 年宪法研究》,中国人民公安大学出版社 2005 年版。

张文显主编:《法的一般理论》,辽宁大学出版社 1988 年版。

张文显主编:《法理学》,法律出版社 1997 年版。

张文显主编:《马克思主义法理学——理论、方法和前沿》,高等教育出版社

2003 年版。

张文显主编:《法理学》,高等教育出版社、北京大学出版社 2007 年版。

张文显、黄文艺主编:《中国高校哲学社会科学发展报告 1978—2008 · 法学卷》,广西师范大学出版社 2008 年版。

张友渔:《关于社会主义法制的若干问题》,法律出版社 1982 年版。

张友渔主编:《中国法学四十年》,上海人民出版社 1989 年版。

张宗厚:《法学更新论——对传统法学的反思》,云南人民出版社 1989 年版。

赵晓耕:《新中国民法典起草历程回顾》,法律出版社 2011 年版。

中国人民大学法律系编:《破除资产阶级法权思想(文选)》,中国人民大学 1959 年印。

中国人民大学法律系国家与法的理论教研室编:《国家与法的理论教学大纲》,法律出版社 1956 年版。

中国人民大学法律系国家与法权理论教研室编著:《论人民民主专政和人民民主法制》,中国人民大学出版社 1958 年版。

中国人民大学法律系国家与法权理论教研室编:《马克思列宁主义国家和法的理论教学大纲》(初稿),中国人民大学 1958 年版。

中国人民大学法律系国家与法的理论教研室编:《中国宪法教程》,中国人民大学出版社 1988 年版。

中国人民大学国家与法权理论教研室编:《1957—1958 学年国家和法的理论讲稿》,中国人民大学 1958 年印。

中国人民大学民法教研室编:《苏维埃民法教学提纲》,中国人民大学 1954 年印。

中国人民大学法律系刑法教研组:《中华人民共和国刑法讲话》,人民出版社 1980 年版。

中国人民大学刑法教研室、北京政法学院刑法刑诉教研室编:《中华人民共和国刑法教学大纲》(综合大学法律系及政法学院用),法律出版社 1956 年版。

中国宪法学研究会编:《中国宪法学三十年(1985—2015)》,法律出版社 2015 年版。

中央政法干部学校民法教研室编著:《中华人民共和国民法基本问题》,法律出版社 1958 年版。

中央政法干部学校国家和法的理论教研室编著:《国家和法的理论讲义》,法律出版社 1957 年版。

中央政法干部学校国家法教研室编著 :《中华人民共和国宪法讲义》,法律出版社 1957 年版。

中央政法干部学校刑法教研室编著:《中华人民共和国刑法总则讲义》,法律出版社 1957 年版。

中央政法干部学校刑法刑事诉讼法教研室编:《中华人民共和国刑法讲义》,群众出版社 1982 年版。

三、 外文译著

[苏]安・扬・维辛斯基:《国家和法的理论问题》,法律出版社 1955 年版。

[苏]安・扬・维辛斯基等:《苏维埃法学中的几个问题》,石健等译,人民出版社 1954 年版。

[苏]维辛斯基等:《苏联社会主义法律》,万叶译,生活・读书・新知三联书店 1950 年版。

[苏]A.A.皮昂特科夫斯基等:《苏联刑法科学史》,曹子丹等译,法律出版社 1987 年版。

[苏]A.H.特拉伊宁:《犯罪构成的一般学说》,薛秉忠等译,中国人民大学出版社 1958 年版。

[苏]B.Д.孟沙金主编:《苏联刑法总论》(上册),彭仲文译,大东书局 1950 年版。

[苏]H.A.别利亚耶夫、И.M.科瓦廖夫主编:《苏维埃刑法总论》,马改秀、张广贤译,群众出版社 1987 年版。

[苏]B.M.契柯瓦则主编:《苏维埃刑法总则》(上、下),中央人民政府法制委员会编译室、中国人民大学刑法教研室译,中国人民大学 1954 年版。

[苏]贝斯特洛娃:《苏维埃刑法总论(讲义)》,中国人民大学刑法教研室译,华东政法学院教务处 1954 年翻印。

[苏]彼・斯・罗马什金等主编:《国家和法的理论》,中国科学院法学研究所译,法律出版社 1963 年版。

[苏]吉尼索夫、基里钦科:《苏维埃国家与法律基础》,法制委员会编译室译,中

国人民大学 1953 年版。

[苏]杰尼索夫:《国家与法律的理论》(上、下),方德厚译,中华书局股份有限公司 1951 年版。

[苏]坚金、布拉图斯主编:《苏维埃民法》(第一册),中国人民大学民法教研室译,法律出版社 1956 年版。

[苏]坚金、布拉图斯主编:《苏维埃民法》(第二册),中国人民大学民法教研室译,法律出版社 1957 年版。

[苏]坚金、布拉图斯主编:《苏维埃民法》(第三册),中国人民大学民法教研室译,法律出版社 1957 年版。

[苏]列文:《苏联国家法概论》,杨旭译,人民出版社 1951 年版。

[苏]列文、哈尔芬纳、斯特罗郭维契:《国家与法律概论》,杨旭译,人民出版社 1950 年。

[苏]玛·巴·卡列娃等:《国家和法的理论》(上、下册),李嘉恩等译,中国人民大学出版社 1956 年版。

[苏]帕舒卡尼斯:《法的一般理论与马克思主义》,杨昂、张玲玉译,中国法制出版社 2008 年版。

[苏]斯·恩·布拉都西主编:《苏维埃民法》(上、下),中国人民大学民法教研室译,中国人民大学 1954 年版。

[苏]司徒金尼根等:《苏维埃国家法》(第一册至第四册),中国人民大学国家法教研室译,中国人民大学 1953 年版。

[苏]苏达里可夫、贝可夫:《苏维埃国家与法问题讲座》,中央人民政府法制委员会编译室编译,中央人民政府法制委员会 1951 年印。

[苏]苏达里可夫:《关于国家与法律问题的讲座》,华东政法学院 1954 年翻印。

[苏]H.Г.苏达里可夫:《对资产阶级法学反动本质的批判》,中央人民政府法制委员会编译室译,湖北人民出版社 1956 年版。

《苏俄民法典》,郑华译,法律出版社 1956 年版。

《苏联大百科全书选译——国家法、行政法》,法律出版社 1955 年版。

[苏]苏联科学院法权研究院科学研究者集体编著:《马克思列宁主义关于国家与法权理论教程》,中国人民大学马列主义关于国家与法权理论教研室译,华东政法学院教务处 1953 年翻印。

［苏］苏联司法部全苏联法律科学研究所编:《苏维埃刑法分则》,中国人民大学刑法教研室译,法律出版社1956年版。

［苏］特拉伊宁等编:《苏联国家法教程》(上、下册),彭健华译,大东书局1951年版。

责任编辑:李春林　张　立
装帧设计:周方亚
责任校对:张红霞

图书在版编目(CIP)数据

苏联法学理论对新中国法学的影响/胡志民 著. —北京:人民出版社,
2020.12
(中国特色社会主义法治理论研究丛书/蒋传光主编)
ISBN 978－7－01－022163－2

Ⅰ.①苏…　Ⅱ.①胡…　Ⅲ.①苏联-法律-影响-法学-研究-中国
Ⅳ.①D920.0

中国版本图书馆 CIP 数据核字(2020)第 090233 号

苏联法学理论对新中国法学的影响

SULIAN FAXUE LILUN DUI XINZHONGGUO FAXUE DE YINGXIANG

胡志民　著

人民出版社 出版发行
(100706　北京市东城区隆福寺街 99 号)

中煤(北京)印务有限公司印刷　新华书店经销

2020 年 12 月第 1 版　2020 年 12 月北京第 1 次印刷
开本:710 毫米×1000 毫米 1/16　印张:26.5
字数:375 千字

ISBN 978－7－01－022163－2　定价:89.00 元

邮购地址 100706　北京市东城区隆福寺街 99 号
人民东方图书销售中心　电话 (010)65250042　65289539